침례교회 특성 되돌아보기: 신약성서적 교회회복을 위하여

Baptist Distinctives in Historical Context:

For the Restoration of the New Testament Church

남병두 지음

침례신학대학교출판부

머리말

이 책은 "침례교회사"와 "침례교회의 역사적 특성"이라는 과목을 강의하면서 조금씩 정리한 내용을 담고 있다. 필자는 침례교회의 역사를 강의할 때 항상 첫 몇 주 동안 침례교회의 특성을 먼저 강의했다. 침례교회가 기본적으로 어떤 신앙과 전통을 가진 교회인지 먼저 이해한 난 뒤에 구체적인 역사를 공부하는 것이 바람직하다고 생각한 까닭이다. 신학대학원에서는 침례교회사의 대체과목으로 침례교회의 특성만을 따로 심층적으로 다루는 "침례교회의 역사적 특성"이라는 과목을 수차례 강의했다. 이 과목에서는 침례교회의 특성들을 역사적 정황과 문맥에서 좀 더 구체적으로 다루었다. 이 책의 구성과 내용은 대체로 이러한 강의들을 토대로 이루어졌다.

침례교회의 특성은 대체로 교회론적 특성이다. 침례교회가 처음 세워진 동기는 첫 침례교인들의 교회론적 자각에 있었기 때문에 그들의 역사적 정체성은 그들의 교회에 대한 이해에 있다. 이 책에서 논의하는 침례교회의 특성들은 모두 교회론의 각론이라고 할 수 있다. 이 특성들은 대체로 침례교회가 '신자들의 교회'(believers' church)이기 때문에 본질적으로 가져야할 것들이다. 신자들의 교회이기 때문에 침례교회는 신자침례(believer's baptism)의 교회론적 의미를 강조해야 할뿐 아니라 교회와 국가의 분리와 및 완전한 종교자유를 주장해야 한다. 신자들의 교회이기 때문에 침례교회는 회중 주체적 교회일 수밖에 없으며, 지역교회의 중요성과 그 자치권을 강조할 수밖에 없다. 침례교인들은 현실적이고 일시적인 문제들 앞에서 그들의 역사적 특성들을 양보해서는 안 된다. 그들의 본질을 비본질적인 이유로 약화시키는 것은 그들의 존재 자체를 약화시키는 일이기 때문이다. 이러한 특성들이 오늘날 교회 현실에 비추어 실천 불가능한 것으로 치부해서도 안 된다. 만약에 신약성서적 교회를 지향하는 침례교회의 특성들이 현실 교회와 동떨어진 것들이라면, 현실 교회가 그만큼 신약성서가 가르치는 교회에서 멀어져 있음을 깨달아야 할 것이다.

기독교 신앙은 세상에서 하나님의 이상을 추구하는 일이다. 세상 현실, 인간 현실 때문에 하나님의 이상을 축소해서도 안 되고 왜곡시켜서도 안 된다. 바뀌어야 할 것은 세상이고 인간이지 하나님이 아니다. 마찬가지로, 신약성서에 나타난 그리스도의 교회 이상은 교인들이 처한 현실 때문에 훼손되어서도 안 되고, 그 의미가 축소되어서도 안 되며, 타협의 대상이 되어서도 안 된다. 침례교회의 특성들이 신약성서 교회 이상을 추구하는 것들이라면, 그 특성들은 어떠한 역사적 현실에서도 지켜져야 하고, 그 특성들이 그 교회와 교회의 삶을 규정해야 한다. 그 특성들을 현실 삶에서 구현하는 일을 얼마나 잘 하는가가 그 시대의 침례교회를 평가하고 판단하는 잣대가 되어야 할 것이다. 이러한 관점으로 이 책이 읽혀졌으면 한다.

이 책은 한국의 침례교회가 그들의 역사적 정체성을 되돌아보고, 그들의 현 역사적 좌표가 어디에 찍혀 있는지를 평가해보고, 그리스도의 교회로서 그들이 처한 역사적 현실 가운데 앞으로 어떤 방향으로 가야 할 것인지를 가늠해보는 일에 약간의 도움을 주고자 한다. 일단 완성하고 나니 이 책의 구성과 내용에서 미흡한 부분들이 많이 있음을 인정할 수밖에 없다. 더 효과적인 책의 구성이 아쉽게 느껴졌지만 원래 강의 구성에 따라서 집필하기로 마음먹었던 터라 그대로 하기로 했다. 내용의 아쉬움은 개정판에서 어느 정도 달랠 수 있기를 기대해본다. 이 책이 나오는 데에 도움을 주신 분들께 감사드린다. 굳이 그 분들의 이름을 밝히지 않는 것은 졸저로 인해 그 분들의 명예에 흠이 되지 않기를 바라서이다. 출판 과정에서 자기 일처럼 관심을 가지고 수고해주신 이정훈 형제께 마음의 감사를 드린다.

2015년 5월

전민동 홀리스에서

남병두

차 례

서론 및 침례교회 약사

서 론

침례교회의 특성들을 논의하기에 앞서 전제되어야 할 사항들이 있다. 첫째, 여기에 소개되는 침례교회의 특성들은 자유교회 전통에 있는 교회들이 대체로 공유할 수 있는 것들이다. 물론 교단이나 교회에 따라서 그것들을 수용하는 범위와 표현해내는 양식들은 다를 수 있지만 그 특성들이 가지는 기본적인 개념과 방향은 거의 동일하다고 해도 좋을 것이다. 만약에 이 책의 제목을 "자유교회 전통의 교회론적 특성"으로 했다 하더라도 이 책을 통해 전하려고 하는 기본적인 메시지가 근본적으로 달라질 것은 거의 없을 것이다. 그래도 이 책의 제목에 '침례교회'라는 말을 사용한 것은 침례교회의 역사적 문맥 안에서 논의했고, 주로 침례교회의 문헌들을 사용했기 때문이다.

둘째, 여기서 거론되는 침례교회의 모든 특성들은 대체로 처음부터 나타난 특성들이지만, 그 가운데는 좀 더 구체적인 개념의 발전과 적용이 점차적으로 이루어진 부분들도 있다. 그러한 발전도 기본적인 특성들로부터 유추된 것이지 새로운 발명품은 아니다. 초기 침례교인들이 그들의 교회론에서 유추해내거나 표현해내지 못했던 개념들을 후대의 침례교인들이 발전시켰다하더라도 그것들은 대체로 침례교회의 특성들에 이미 내재되어 있었다는 것이다. '영혼의 역량'(Soul's Competency)이라는 말을 그 예로 들 수 있다. 이 용어의 개념은 침례교회의 기본적 특성에 이미 내재되어 있지만 후대 학자들에 의해 그 용어가 의미하고자 하는 바를 좀 더 명확하게 드러냈다.

셋째, 한국의 침례교회들은 이 책에서 논의하는 침례교회의 특성들을 그렇게 잘 살려내고 있다고 말하기는 힘들다. 솔직하게 말하면, 한국 침례교회 가운데 그들의 역사적 특성들을 모두 진지하게 받아들이고 실행하는 교회는 별로 많지 않다. 그들은 한국적 상황에서 그들이 표방하는 특성들을 제대로 구현해 내지 못하고 있다. 일차적으로 그들은 침례교회의 역사적 특성들에 대한 이해가 부족하다. 한 가지 예를 들면 그들은 지역교회 자치주의에 대해 알고 있고 표방하고 있지만 그것이 정확하게 의미하는 바대로 실행하지 않는다. 그들은 이 특성을 대체로 '개교회주의'로 이해하고 교단적 협력 사역에 대해서는 상당히 소극적이면서, 지방회의 지역교회에 대한 불필요하고 적절하지 않은 권위행사에 대해서는 별로 문제의식을 가지지 않는다.[1] 이 문제 하나만으로 한국의 침례교회들은 중요하고 근본적인 그들의 특성에서 멀어져 있다.

넷째, 여기에서 설명하는 침례교회의 역사적 특성들은 교단을 초월하여 스스로 신약성서적 교회라고 자부하는 교회라면 적어도 한 번쯤은 심각하게 고려해봐야 할 것들이다. 이러한 특성들은 단순히 교단적 카테고리에 국한되어야 할 내용이 아니다. 오늘날 진정 교회 개혁을 생각하고 고민하는 교회라면, 그리고 신약성서적 교회의 회복을 염원하는 교회라면, 여기에 소개되는 침례교회의 특성들이 특정 교단의 전유물로만 여

1) 여기서 '개교회주의'라는 말은 여기서 사용하는 '지역교회 자치주의'와 같은 의미로 사용되고 있지만 실제로 그 의미를 제대로 살리지 못할 뿐 아니라 그 진정한 의미를 왜곡하는 경우들이 많이 있다. 이 논의는 '지역교회 자치주의'를 논할 때 좀 더 구체적으로 이루어질 것이다.

겨지는 것은 바람직하지 않다. 적어도 이 특성들은 교회의 본래적 특성들과 밀접한 관련이 있기 때문이다.

침례교회의 역사적 특성에 비추어 한국 침례교회의 현실을 바라보면 상당한 괴리감을 느끼게 된다. 최근 한국 침례교회의 퇴행적 현상들이 그것을 잘 보여준다. 강경이나 공주에 세워진 교회들이 최초의 한국 침례교회들이라고 한다면 그 역사는 이제 100년을 훌쩍 넘기고 있다. 영국이나 미국의 침례교회 역사에 비한다면 일천한 역사이지만 100년이라는 세월은 짧은 시간이 아니다. 한국 침례교회가 처음부터 침례교회의 모든 특성들을 인식하지도 못했고, 그 결과 그것들을 모두 실천하지 못했지만, 분명히 신자들의 교회 전통에서 출발했고 그 기본적인 특성들을 표현해왔음을 부인할 수 없다. 그리고 해방 이후 미국 침례교회들과 연계되면서 그 영향을 받은 지도 상당한 시간이 지났다. 이제는 단순히 침례교회는 이러이러한 교단이라는 상투적이고 주입된 자기 정체성을 공허하게 남발하는 데서 벗어나야 한다. 그들은 이제 그들의 역사적 특성들을 성서 연구와 검증을 통해서 확인한 다음, 역사적 현실과 교회 현장에서 그것들을 치열하게 시험하고 고민해야 한다. 바로 그러한 경험의 내력들이 한국 침례교회들을 규정지어야 하고, 또한 그들의 역사가 되어야 한다.

1970년대까지만 하더라도 한국에서 침례교단은 “이단인 듯 이단 같은 이단 아닌” 교단으로 여겨졌다. 사도신경을 사용하지 않고 ‘이상한’ 침례 방식을 실행하는 비주류 교단으로서 겪어야 했던 불운이었다. 한국의 많은 침례교회들은 이러한 열악한 상황에서 벗어나기 위해 침수례를 포기하지는 않았지만 그 외의 부분에서는 다른 주류교단의 신학과 행습을 좇고 시류를 따르는 경향을 보여주었다. 그 결과 오늘날 침례교회는 “침례교회인 듯 침례교회 같지 않은” 교단이 되었다는 자괴감을 들게 한다. 상당히 많은 교회들이 현실적인 판단을 하면서 사도신경을 사용하기 시작했고, 회중주의는 교회의 삶에서 체화되지 않은 상태에서 '명목적인' 제도에 불과한 모습을 보여주고 있다. 지방회는 점차적으로 타교단의 노회와 같이 권위 기관화되어 가는 모습을 보여준다. 최근에 있었던 호칭장로제 도입은 한국 침례교회의 '탈침례교회화' 현상의 징후를 보는 듯해 마음이 무겁다. 한국의 침례교회들은 다른 교회 전통에 기대거나 그 전통의 일부를 수용함으로써 그들의 약함을 극복하려는 시도를 하면서 자신들의 정체성을 약화시키고 있다. 침례교회가 그들의 정체성을 희생시켜가면서 이루려고 하는 것은 과거의 침례교인들이 그들의 교회 정체성을 지키기 위해서 버렸던 것들이다.

과거에도 이러한 일들이 없지는 않았다. 박해의 시대 때 영국의 침례교회인들은 자신들이 이단이 아님을 강변하면서 교회론을 제외한 그 외의 신학은 다른 주류 교단들과 다르지 않다는 것을 보여주기 위해 무척 애쓴 흔적들을 종종 보여 왔다. 여러 가지 다른 요인들도 많이 있지만, 침례교회의 일부 신학 진영이 교회론 이외의 신학 영역에서 다른 교단 신학자들의 논리에 기대는 타성은 이러한 아픈 역사의 결과라고 말하지 않을 수 없다. 명백하게 역사적 비주류의 대표적 교단인 침례교회는 신학적으로 주류에 진입하기 위해, 특수침례교회의 경우에는, 그들이 확고한 칼뱅주의자임을 과도하게 표현한 때가 없지 않았고, 일반침례교회의 경우에는, 상황에 따라 그들의 입장을 조절하는 모습들을 보여주었다.

17세기에 발표된 일반침례교회의 신앙고백서들을 보면 그들이 처한 시대적 상황에 따라서 그들의 원래적 신앙적 입장을 완화시키고 주류 신학의 풍조를 반영하려고 노력한 점들이 눈에 띈다. 이전의 신앙고백서들에 비해 왕정복고가 진행되고 있었던 1660에 서두른 듯이 발표한 "표준신앙고백서"(Standard Confession)는 럼킨(Lumpkin)의 표현대로 '온건한 아르미니우스주의'를 반영하고 있고, 정부와 공직자들에 대한 입장에 있어서 오해된 부분을 풀려고 노력한 흔적을 여실히 보여준다.[2] 이 신앙고백서가 왕정복고를 이룬 영국 왕 찰스 2세에게 인사말과 함께 증정된 것을 보면 그 상황을 짐작해볼 수 있다. 그들은 다른 칼뱅주의적 비국교도들과 함께 연대하기 위해서 그들의 아르미니우스주의를 완화해야 할 필요가 있었을 것이고 정부에 대해 '반항적인' 인상을 지우기 위해 그들의 사회에 대한 입장을 유화적으로 표현해야 할 필요가 있었을 것이다.[3] 그들의 1678년 신앙고백서인 "정통신조"(Orthodox Creed) 역시 '타협'이 필요한 시점에 나왔다. 1677년에 특수침례교회가 발표한 "제2런던신앙고백서"에 자극을 받고 "신학적으로 연합을 이루기 위해...다른 어떤 일반침례교 신앙고백서보다 더 칼뱅주의에 가까이 접근했다."[4] 이것은 신학의 옳고 그름의 문제가 아니라 자신들이 견지하는 입장을 상황에 따라 어정쩡하게 취하는 문제이다.

20세기에 들어와서는 미국의 침례교회들이 그들의 교회론적 정체성을 강조하는 것보다 더 '복음주의'(Evangelicalism)에 기대는 모습들을 보여주었다. 용어 자체의 모호성 문제는 차치하고라도 이 '복음주의'에 대한 천착은 신학적 '근본주의'(Fundamentalism)가 남침례교단(Southern Baptists)을 농단하게(monopolizing) 만드는 결과를 낳았다. 복음주의는 그 자체가 모호한 말이기 때문에 규정하기 힘든 개념이다. 이것은 진지한 신학적 탐구의 영역보다는 거의 정서적 영역에 있는 개념으로 보는 것이 정당할지 모른다. 이 용어를 즐겨 사용하는 사람들은 '복음적'이라는 말을 '성서적'이라는 말과 동일시하면서 다른 신학적 입장을 '비성서적'이라고 비판하는 수단으로 사용하는 경향이 있다. 그러나 자신들의 신학을 복음적이라고 표명한다고 해서 그 신학이 반드시 성서적이라고 말할 수 있는 근거는 없다. 그들 각자의 신학도 많은 신학 가운데 하나의 신학일 따름이

2) William L. Lumpkin, 「침례교 신앙고백서」, 김용복 외 2인 역, 침례교신학연구소 펴냄 (대전: 침례신학대학교출판부, 2008), 264-66.

3) Ibid., 267-68.

4) Ibid., 344-45.

기 때문이다. 자신들의 신학을 복음주의로 생각하는 사람들 간의 신학적 차이도 이만저만이 아니기 때문이다.

'성서적 신학'을 어떤 카테고리나 체계 안에 묶어두는 순간 그것은 더 이상 성서적 신학이 될 수 없다. 침례교회가 신조주의를 배격하는 이유는 바로 여기에 있다. 어떤 특정한 신학을 '한 신학'(a theology)라고 말하지 않고 '복음주의'라는 이름 아래 "그 신학"(the theology)이라고 규정하는 순간 그 신학은 신조화되고 우상화된다. 20세기의 미국 침례교회는 '그 신학'이라는 복음주의 대열에서 이탈하지 않으려는 몸부림 속에 자신들의 유산을 약화시켰다. 초대교회 역시 교회의 분열을 막기 위해 감독중심적 교회체제를 만들기 시작했고, 이단들과 정통교회를 구별하기 위해 사도계승주의와 신조주의의 사고방식을 도입하기 시작한 데서 그 비슷한 예를 찾을 수 있다. 그 목적은 정당했을지 모르지만 그 수단은 교회의 본질을 훼손하는 결과를 가져왔다. 범을 피했는지는 모르지만 곰을 만나는 경우가 된 것이다.

20세기 후반의 미국 남침례교단은 '복음주의' 신학을 통해 신학적 '자유주의'를 극복하려고 하는 가운데 오히려 '근본주의'의 영성을 가지고 교권을 강화하고 신앙의 자유정신을 훼손하기 시작했다. 남침례교단 총회(SBC)는 어느 때보다 '중앙집권화'되어 있고, 각 기관의 자율성을 침해하고 있다. 심지어 일부 교단 지도자들은 정치적 보수주의와 결합하여 교회와 국가의 분리 원칙을 심각하게 침해하고 있다. 예를 들면, 20세기 후반의 대표적인 한 남침례교회 목회자는 교회와 국가의 분리 원칙을 '불신자의 망상'쯤으로 치부했다. 그 목회자는 신학적 '근본주의'에 매몰되어 가장 본질적인 침례교회의 특성 가운데 하나를 폐기하기에 이른 것이다.

과거에도 그랬듯이 현재와 미래에도 침례교회는 그들이 처한 현실에서 그들의 정체성이 역사의 시험대에 오르는 일들에 직면하게 될 것이다. 위의 역사적 사례들에서 보듯이 침례교인들은 그러한 시험대에서 실패할 가능성이 언제나 있다. 그 시험대에서 실패하지 않기 위해서는 그들의 역사적 정체성을 분명하게 인식하는 일과 그 정체성을 새로운 상황에서 어떻게 변질과 왜곡 없이 표현해 낼 것인지 고민하는 일을 게을리 하지 말아야 한다. 이러한 점에서 침례교회의 교회론적 특성들은 한 번 논의하고 말 일이 아니다. 침례교인들은 그들의 역사 현실 가운데 끊임없이 이 특성들을 돌아보고 복기해야 한다. 그러한 반복된 작업을 통해서 그들의 정체성을 갱신하고 정련하는 일을 멈추지 말아야 한다. 그동안 침례교회의 정체성과 관련된 책들이 많이 나왔음에도 불구하고 이 책에 의미를 부여한다면 그것은 이 책이 그러한 작업의 연속선상에 있다는 점에서이다.

교회론의 중요성

침례교회의 특성은 거의 교회론에 집약되어 있다. 침례교회의 교회론이 침례교회의 역사적 전통이며, 그것이 그들이 독립된 교단으로 역사에 존재하는 이유이다. 교회는 신약성서가 전하는 그리스도의 복음 사상을 이 세상을 향하여 보여주고 드러내는 가시적 체제이다. 그리스도의 성육신 사건에 의해 하나님의 말씀이 역사 안에서 완전히 드러났듯이 교회는 '그리스도의 몸'(Body of Christ)으로서 이 세상에서 복음의 '성육신'을 이루어가는 가시적 체제이다. 이것이 신약성서가 지향하는 신자들의 교회이며, 16세기 아나뱁티스트 교회와 아울러 17세기 침례교회가 회복하려고 했던 교회이다.

신앙의 내용으로서 복음은 가시적 체제를 통해서 드러날 수밖에 없다. 신학의 영역에서 교회론이 중요한 이유는 여기에 있다. 올바른 신학도 잘못된 교회론에 기반을 둔 교회전통에서는 왜곡되거나 잘 드러나지 못하게 된다. 예를 든다면, 루터의 '전신자 제사장'(priesthood of all believers) 이론은 적어도 16세기 루터교회에서는 제대로 꽃을 피우지 못했다. 그 이론은 오히려 침례교회와 같은 자유교회 전통에서 뿌리를 내렸다. 여전히 사제 위주의 교회체제에서 그 이론은 신학적 타당성에도 불구하고 사실상 무용지물이 될 수밖에 없었다. 그 이론이 회중 중심적 교회에서 제대로 구체화될 수밖에 없는 것은 명약관화(明若觀火)한 일이다. 전신자 제사장 개념은 회중중심적 교회체제에서 비로소 실질적인 삶과 사역의 형태로 그 모습을 드러내게 된다는 말이다. 교회론이 제대로 정립되지 못한다면 신학과 신앙의 내용은 공허한 논리에 불과할 뿐이다. 교회가 무엇인가를 질문하고, 그것을 신약성서에서 제대로 발견하고, 그러한 교회를 실제로 세우는 것이 복음을 복음 되게 하는 일이다.

이 책에서 소개하는 침례교회의 각 특성들은 모두 교회론에서 다뤄져야 할 주제들이다. 이들 특성들은 유기적으로 그리고 논리적으로 서로 연결되어 있기 때문에 각 장으로 나눠져 있는 주제들을 설명하는 과정에서 불가피한 중복이 어느 정도 나타날 수밖에 없다.

침례교회 약사

1. 16-17세기의 유럽대륙과 영국: 침례교회 시작 배경

침례교회가 언제 시작되었는가를 묻는 질문에 대해서는 역사적으로 여러 견해들이 제기되어 왔지만, 오늘날 개신교회의 한 교회단체로서 침례교단(Baptist Denomination)은 17세기 초에 영국에서 시작되었다. 이 책은 침례교회의 역사를 기술하는 목적을 가지고 있지 않지만, 침례교회의 특성들을 설명하기 위해서는 그 역사적 배경, 특히 그 역사의 시작 배경을 먼저 설명하지 않을 수 없다. 먼저 침례교회가 시작된 시대를 전체 교회사적인 관점에서 폭넓게 이해하는 것이 선행되어야 하고, 그 다음 영국의 17세기 초를 전후한 구체적인 상황들을 살펴보는 것이 기본적으로 필요하다.

침례교회가 시작된 영국의 17세기 초의 다양한 정치사회적, 종교적 상황들은 16세기 종교개혁 운동과 밀접한 관련을 가진다. 전 세기에 유럽 대륙을 휩쓸었던 종교개혁 운동에 대한 포괄적인 이해 없이는 17세기 영국의 상황을 이해하기 힘들 것이다. 영국 왕 헨리 8세(Henry VIII, 1509-1547) 이후로 진행된 영국의 정치적, 종교적 변화들은 그의 아들과 딸들이 집권하는 과정에서 여러 굴곡과 사연들을 거쳐, 특별히 엘리자베스 1세(Elizabeth I, 1558-1603)의 45년이라는 장기 집권에 힘입어, 영국국교회(Church of England)라는 새로운 교회전통을 수립했다. '중도정책'(*Via Media*)을 통한 '엘리자베스식 타결'(Elizabethan Settlement)은 영국 특유의 종교개혁을 마무리하는 것이었다. 여느 대륙의 주류 개신교 종교개혁 운동의 결과가 그랬듯이 영국에서도 일종의 '영역 교회'(territorial church)가 세워졌고, 영국식 에라스투스주의(Erastianism)가 실현되었다.[5]

16세기 유럽대륙의 곳곳에서 종교개혁 운동이 전개되는 동안에 영국에서는 독특하게 왕권 주도의 종교개혁이 일어났다. 영국 왕 헨리 8세로부터 시작된 영국 종교개혁은 그 동기와 과정이 대륙의 종교개혁 운동과 상당히 다른 양상을 띠었다. 헨리 8세의 결혼 문제에서 시작하여 이루어진 가톨릭교회와의 결별 과정을 보면 교리적, 신학적 동기가 결여된 정치적 동기들이 먼저 눈에 들어온다. 루터의 "교회의 바빌론 유수"(Babylonian Captivity of the Church)를 비판하는 글 "칠성사 변호"(Defense of the Seven Sacraments)라는 글을 써서 교황 레오 10세로부

5) 이 용어들에 대한 설명은 "제5장: 침례교회는 교회와 국가의 분리 원칙을 준수한다"에서 좀 더 구체적으로 이루어질 것이다.

터 "신앙의 수호자"(Defender of the Faith)라는 칭호를 얻었던 헨리 8세는 일생동안 가톨릭 신앙을 견지했던 왕이었다. 그가 정치적인 이유로 가톨릭교회와 결별하는 과정에서 부분적으로 허용한 개신교 신학과 교리는 그로서는 결별의 이유를 표면적으로 정당화하는 데에 따르는 '필요악'이었을 뿐이었다. 그가 의회를 종용하여 통과시킨 1534년의 "수장령"(Act of Supremacy)은 수세기 동안 영국의 왕들이 쟁취하기 원했던 내용을 담았다. 영국의 국왕이 '영국 교회의 수장'(Supreme Head)이라는 표현이다. 이것은 국가의 법적 통치권이 영국의 교회법보다 우위에 있음을 명시한다. 헨리 8세가 영국교회를 로마 가톨릭교회와 분리시키고 그 교회를 장악하는 과정에서 탁월한 정치적 수완을 보여준 토마스 크롬웰(Thomas Cromwell)은 그 이듬해에 중세 후기의 정치 사상가 파두아의 마르실리우스(Marsilius of Padua)가 쓴 「평화의 수호자」(*Defensor Pacis*)를 윌리엄 마셜(William Marshall)을 통해 번역 출판하여 그 이론적 배경으로 삼았다.[6]

위의 사실에도 불구하고 영국의 종교개혁을 단순히 영국 왕권의 정치적 결과물로만 설명하는 것은 잘못이다. 헨리 8세가 추진했던 변화는 당시 영국의 종교적 분위기에 편승함으로써 이루어졌다고 봐야 할 것이다. 천 년 이상 유일한 보편교회로서 가톨릭체제 내에서 발전되어온 영국교회를 한순간에 그 체제로부터 떼어놓는 일은 그렇게 간단한 일일 수 없었다. 영국 내에서는 그러한 급격하고 충격적인 변화를 수용할만한 교회 개혁과 변화에 대한 기대가 무르익어 있었다. 이미 대륙의 종교개혁운동에 대한 우호적인 분위기가 팽배해 있었고, 그 영향을 받은 개신교 성향의 인사들이 모든 계층에 걸쳐 있었다. 헨리 8세와 그를 도왔던 자들은 이러한 '다리를 뻗고 누울 자리'를 예의주시하고 있었다.

---

6) 남병두, "Marsilius of Padua의 정치사상과 그 교회사적 의의," 「복음과 실천」, 54 (대전: 침례신학대학교출판부, 2014): 187

영국 사람들 가운데 팽배하고 있었던 민족주의적 정서와 종교개혁에 대한 열망이 없었다면 헨리 8세가 가톨릭교회와의 결별을 추진하는 일은 용이한 일이 아니었다. 영국 사람들의 이러한 정서는 수세기 동안 축적된 것이었다. 영국이 가진 지형적 특성은 항상 유럽 대륙과의 관계에 있어서 독립주의 정서를 견지하게 만들었고, 이탈리아의 교황에 대한 민족주의적 적대감은 상수(常數)였다. 세속 영역에 있어서 영국 교회에 대한 영국 왕의 영향력도 16세기의 상황에서 왕 주도적 개혁에 강점이 되었다.[7)]

캠브리지 대학을 비롯한 영국의 대학들에도 개혁을 기대하는 인문주의자들이 있었고, 그 가운데는 개신교 사상에 열려 있는 학자들이 많이 있었다. 독일과 스위스 각 도시에서 종교개혁이 진행되고 있는 동안에 그들의 사상적 영향은 영국에까지 미쳤고, 윌리엄 틴들(William Tyndale)과 마일즈 커버데일(Myles Coverdale)의 성서번역 작업은 일반 영국인들이 자국어로 성서를 읽을 수 있는 기회를 제공했다. 그들의 선구적 영어 성서 작업은 이후에 「대성서」(*Great Bible*, 1539), 「제네바성서」(*Geneva Bible*, 1560), 그리고 「흠정역성서」(*Authorized Version* 혹은 *King James Version*, 1611)의 출판으로 이어지면서 영국인들의 개혁 열망과 방향에 적지 않은 영향을 주었다.

영국인들의 종교개혁에 대한 열망이 단순히 대륙으로부터만 왔다고 말하는 것은 잘못이다. 14세기의 개혁가 존 위클리프(John Wycliffe)의 사상적 유산이 영국의 서민들 가운데 지속적으로 남아 있었던 사실도 간과되어서는 안 된다. 위클리프의 사후에 그의 사상은 롤러드파(Lollards)라는 그의 추종자들을 통하여 서민 계층 가운데 확산되었으며, 이는 영

7) 정복자 윌리엄(William the Conqueror)이 영국을 정복한 이후 영국의 봉건체제는 왕 중심의 체제였고, 교회의 땅도 예외는 아니었다. 특히 1107년의 "런던 협정"(Concordat of London)과 1164년의 "클래런던 헌법"(Constitutions of Clarendon)은 교직자들에 대한 왕의 영향력을 보장했다.

국 사람들이 개신교 사상을 받아들일 토착적인 정서적 토양을 만들어 주었다. 그들의 신앙적 유산은 영국의 청교도-분리주의 전통을 비롯하여 여러 분파들 가운데 지속적인 영향을 주었다.[8)]

이러한 16세기 영국의 상황들은 영국 왕이 영국 교회를 로마 가톨릭교회로부터 분리시키는 일에 있어서 중요한 여건들을 만들어주었다. 다른 측면에서 보면, 영국의 개신교도들도 그들이 원하는 교회 개혁을 이루기 위해 왕의 편에서 그의 정치적 활동을 적극적으로 지원했다. 그들의 궁극적 목적은 달랐을지라도 영국교회를 로마 가톨릭교회과 분리시키는 일은 그들의 목적을 이루는 데 반드시 필요한 과정이었기 때문에, 영국식의 종교개혁은 왕권과 개혁가들의 합작품이었다고 말해도 될 것이다.

헨리 8세는 1536년에 "10개 조항"(Ten Articles)을 발표했는데 기본적으로 가톨릭 신앙의 기반 위에 개신교적인 요소를 약간 가미한 것이었다. 특별히 주목할 만한 부분은 주의 만찬에서 '화체설' 개념을 빼고 '실제 임재론'(Doctrine of Corporeal Presence of Christ) 혹은 '공재론'(Consubstantiation)을 포함시킨 일이다. 이것은 영국교회가 로마 가톨릭교회와 분명한 차별을 보여주는 것이었다. 그러나 3년 뒤에 헨리 8세는 루터파 학자들이 런던에 와서 영국교회와 신학적 조율을 시도한 일에 대해 못마땅하게 생각하면서 새로운 "6개 조항"(Six Articles, 1539)을 통해 거의 가톨릭 신앙으로 복귀했다. 새로운 조항들은 화체설을 포함하여 주요 가톨릭 교리를 다시 재확인하였다. 왕 자신은 기본적으로 자신이 견지해왔던 가톨릭 신앙을 버리고 싶은 생각 없었기 때문에 가톨릭교회와의 분리가 성공적으로 이루어진 이후에는 개신교적 신앙의 요소들을 더 이상 견딜 필요가 없다고 생각했을 것이다.

---

8) 롤러드파의 신앙적 유산과 초기 침례교회의 관계에 대해서는 진지한 연구가 필요하다. 양 진영 간에 직접적인 영향관계가 없었다 하더라도 넓게는 청교도-분리주의 전통을 통하여, 좁게는 침례교회를 설립했던 사람들에게 정서적 토양을 마련해 줌으로써, 간접적인 영향이 있었음을 주장하는 일은 항상 타당하다.

영국교회가 다시 개신교 신학의 방향으로 선회하게 된 것은 헨리 8세의 사망 이후의 일이었다. 그는 죽기 전에 어린 아들 에드워드 6세(Edward VI, 1547-1553)의 집권을 보필할 섭정위원회를 구성했는데 그 위원들이 대체로 개신교 성향의 사람들이었다. 토마스 크랜머(Thomas Cranmer)를 필두로 하여 그들은 개신교 사상을 이전보다 더 적극적으로 수용하기 시작했다. 크랜머의 신학적 주도 하에 만들어진 "공동기도문"(Book of Common Prayer, 1549)과 "42개 조항"(Forty-two Articles, 1552)은 그러한 성향을 분명히 드러냈다. 진정한 의미에서 영국국교회의 신학적 개혁은 이때 본격적으로 이루어지기 시작했다고 해야 할 것이다. 여기에는 아직 어리긴 했지만 에드워드 6세가 개신교 교육을 받았고, 그 신앙을 지키려는 의지가 있었음도 간과할 수 없는 요인이었다.

에드워드 6세의 요절은 이러한 상황을 반전시켰다. 뒤를 이어 집권한 매리 여왕(Queen Mary, 1553-1558)은 그동안 있었던 정치적, 신학적 개혁을 거꾸로 돌리기 시작했다. 여왕의 모친이 당했던 수모로 인해 맺혀 있었던 감정과 아울러 그녀의 가톨릭 신앙에 대한 확신은 영국교회를 다시 가톨릭교회로 되돌리게 만들었다. 그녀는 수많은 개신교 인사들을 숙청하고 처형함으로써 '피의 매리'(Bloody Mary)라는 별명을 얻었다. 그러나 그녀의 죽음은 또 다시 영국교회를 다른 방향으로 인도했다. 뒤를 이은 엘리자베스 1세는 그동안 영국에 있었던 종교적 갈등을 정치적으로 해결했다. 소위 '중도정책'을 통해 가톨릭과 개신교 신앙의 중간 형태를 취하면서 양측을 다 만족시킴으로써 정치적 안정을 취하고자 하는 시도였다. "42개 조항"은 "39개 조항"(Thirty-Nine Articles)으로 수정되었고, "공동기도문"도 1559년판으로 개정되었다. 이에 대한 "새일치령"(New Act of Uniformity)이 또한 발표된 것은 말할 나위 없었다.

엘리자베스의 '중도정책'이 어느 정도 정치적 안정에 기여했다하더라도 모든 불만세력을 잠재울 수는 없었다. 가톨릭교도들의 불만은 영국교회가 가톨릭교회와 분리된 상황에서 어떤 경우에도 해소될 수 없었다. 그러나 영국에서 가톨릭교도들의 영향력은 그들의 숫자가 격감한 만큼 격감했다. 많은 개신교도들도 영국교회의 중도적 개혁이 미흡하다고 생각했다. 그들은 영국국교회 체제 내에서 지속적으로 교회를 (가톨릭 신앙으로부터) 정화하려는(purifying) 시도를 함으로써 '청교도'(Puritans)라는 이름을 얻게 되었다. 시간이 지남에 따라 그들 가운데는 체제 내의 개혁이 더 이상 가능하지 않다는 판단과 함께 영국국교회로부터 분리하여 그들 고유의 독립교회를 세우는 자들이 생기기 시작했으며, 그들은 '분리주의자들'(Separatists)로 불렸다. 17세기에 첫 침례교회들은 이들 분리주의자들 가운데서 나왔다.

2. 침례교회의 시작

1) 침례교회 기원론 문제

침례교회의 기원에 관해서는 많은 논의들이 있어 왔다. 이 논의는 침례교회 전통의 정체성과 관련하여 중요한 의미를 가진다. 실제로 기원론에 따라서 과도한 '침례교회지상주의'를 주장하게 되거나, 침례교회 전통을 다른 교회전통에 기대게 만들기도 하고 그 본질을 약화시키게도 한다. 교단 기원 문제는 그 교단 전통을 어떻게 이해하고 해석해야 할 것인가의 문제와 밀접한 관계가 있다. 필자는 침례교회 기원 문제와 관련하여 이미 두 편의 논문을 썼다.[9] 여기서는 그 두 논문의 일부를 인용함으로써 그 기본적인 설명을 대신하려고 한다. 기원론에 대한 좀 더 구체적인 논의는 그 논문을 직접 참조하기를 기대한다.

---

9) 남병두, "침례교 기원에 관한 소고," 「복음과 실천」 44 (2009년 가을): 125-56; 남병두, "침례교회 기원론," 「침례교회 정체성: 역사, 신학, 실천」 (대전: 침례신학대학교출판부, 2014), 201-46.

> 침례교 기원론은 과거에 세 가지로 분류되기도 했고 네 가지로 분류되기도 했다. 「침례교회사」(*A History of the Baptists*)의 저자 로버트 톨베트(Robert G. Torbet)는 침례교 기원론을 "계승설"(Successionist Theory), "아나뱁티스트 영적 혈연설"(Anabaptist Spiritual Kinship Theory), 그리고 "영국 분리주의 후예설"(English Separatist Descent Theory)로 분류했다. 「침례교회 역사와 유산」(*The Baptist Heritage: Four Centuries of Baptist Witness*)의 저자 리언 맥베스(H. Leon McBeth)는 "침례교회들의 계승설"(Succession of Baptist Churches), 성서적 가르침의 연속설(Continuation of Biblical Teachings), 영국분리주의 결과설(the Outgrowth of English Separatism), 성서적 재침례교 영향설(the Influence of Biblical Anabaptists)로 분류했다.[10]

톨베트와 맥베스의 분류법과 사용 용어의 차이는 혼란을 줄 수 있다. 필자는 "침례교 기원에 관한 소고"에서 기본적으로 맥베스의 네 가지 분류법을 사용하면서도 용어에 변화를 줌으로써 다른 분류법을 제안한 바 있다. 네 가지 분류법을 사용하는 것은 그 분류법이 20세기 중반 이후 점화되었던 "아나뱁티스트 영향설"과 "분리주의 결과설"을 구분하고 있기 때문이다.

> 기원론을 크게 두 가지로 나눈 다음에 각각 다시 두 가지로 나누는 방법이다. 우선 크게 두 가지를 '계승설'과 '영국분리주의 후예설'로 나눈 다음 '계승설'을 다시 '역사적 계승설'과 '영적 계승설'로 나누고 '영국분리주의 후예설'을 다시 '분리주의 결과설'과 '16세기 재침례교 영향설'로 나누는 것이다. 톨베트의 '아나뱁티스트 영혈설'을 모건 패터슨(Morgan Patterson)이 표현한 대로 '영적 계승설'로 바꾸면 '아나뱁티스트'라는 용어가 중복되지 않기 때문에 자연히 '재침례교(Anabaptist) 영향설'과의 혼동을 피할 수 있을 것이다. 그리고 아예 '영국분리주의 후예설' 아래에 '분리주의 결과설'과 '재침례교 영향설'

10) 남병두, "침례교회 기원론," 203. Robert G. Torbet, *A History of the Baptists*, 3rd ed. (Valley Forge: Judson Press, 1963), 18-21와 H. Leon, McBeth, 「침례교회의 역사와 유산」, 김용국, 남병두, 장수한 역 (대전: 침례신학대학교출판부, 2014), 49-60을 각각 참조.

> 을 함께 묶어두는 것이 '아나뱁티스트 영혈설'과의 혼동을 피하고 후자의 의미를 이해하는 일에 도움이 될 것이다.[11]

필자의 입장은 영국분리주의 후예설 가운데 '재침례교 영향설'이다. 최초의 침례교회 혹은 일반침례교회(General Baptists)가 설립되는 과정에서 대륙의 아나뱁티스트 혹은 재침례교의 영향이 분명히 있었다는 것이다. 침례교회 기원을 논의할 때 두 가지 전제되어야 할 점들이 있다. 첫째, '재침례교 영향설'이 '분리주의 후예설'을 전제로 한다는 점이다. 그러므로 '분리주의 후예설'과 '분리주의 결과설'은 동의어가 아니라는 점이다. 둘째, '분리주의 결과설'과 '재침례교 영향설'의 문제는 기원 문제라기보다는 영향의 문제라는 점이다. 이것은 침례교회의 교회론적 사상이 어디서 왔느냐는 문제이다. 그것이 분리주의 사상의 논리적 결과인지 아니면 16세기 아나뱁티스트의 교회론적 영향인지를 따져야 하는 문제라는 것이다. 그러므로 '아나뱁테스트 영향설'을 주장한다고 해서 '분리주의 후예설'을 부인하는 것이 아니며, '분리주의 결과설'을 반대한다고 해서 '분리주의 후예설'을 반대하는 것이 아니라는 것이다. 구체적인 논의는 이미 언급한 두 논문을 참고했으면 하지만, 여기서도 필요한 부분에서는 기원에 관한 간단한 논의들을 할 것이다.

2) 일반침례교회와 특수침례교회의 시작

침례교회는 처음부터 두 개의 다른 독립적인 그룹에 의해서 시작되었다. 일반침례교회(General Baptists)와 특수침례교회(Particular Baptists)가 그것이다. 두 그룹은 서로 다른 시기에 서로 다른 사람들에 의해 시작되었으며, 신학적 차이로 인해 상당한 기간 동안 독립된 교단 체제를 유지했다. 1891년에 마침내 두 침례교단이 통합되기 이전까지 그들은 별개의

---

11) 남병두, "침례교 기원에 관한 소고," 135.

교단이었다. 이 둘은 침례교회라고 할 만한 본질적인 부분에서 공통분모가 있었지만 역사적으로 형성되어온 칼뱅주의와 아르미니우스주의의 신학적 대립관계에서 쉽사리 벗어나지 못했다. 17세기의 네덜란드와 영국에서 개신교 신학의 주류를 형성했던 칼뱅주의자들은 아르미니우스주의자들을 이단이라고 생각했을 정도였기 때문에 이러한 신학적 차이는 극복하기 쉽지 않은 문제였다.

일반침례교회와 특수침례교회라는 이름의 구별은 그들의 신학적 차이에서 유래되었다. 그리스도의 속죄론(doctrine of atonement)에 대해 아르미니우스주의와 칼뱅주의 입장을 각각 주장함으로써 생겨난 이름이다. 즉, 일반침례교회는 십자가에서 흘려진 그리스도의 피는 모든 사람들의 죄를 속량했다는 '일반속죄론'(general atonement) 혹은 '무제한 속죄론'(unlimited atonement)을 주장했고, 특수침례교회는 그리스도의 피는 오직 구원으로 예정을 받은 사람들을 위해서만 흘려졌다는 '특수속죄론'(particular atonement) 혹은 '제한 속죄론'(limited atonement)을 주장했다.[12)]

(1) 일반침례교회

일반침례교회는 존 스마이스(John Smyth)와 토마스 헬위스(Thomas Helwys)를 주축으로 하는 일단의 분리주의자들이 네덜란드의 암스테르담으로 종교적 망명을 감행한 직후 그곳에서 '신자들의 교회'를 설립함으로써 시작되었다. 원래 영국 분리주의 교회 가운데 하나였던 게인스보로

12) 일반속죄론은 그리스도의 피가 모든 사람들을 위해 흘려졌지만, 그 피의 혜택을 받는 것은 그리스도를 믿는 사람들에만 해당된다는 입장이다. 즉, 그리스도의 은혜가 모든 사람들에게 열려있다는 주장이다. 특수속죄론은 예정론에 근거하여 그리스도의 피는 모든 사람들을 위해 흘려져야 할 필요가 없다는 입장이다. 그것은 오직 구원으로 예정 받은 자들에게만 해당되는 일이지 유기(遺棄)로 예정된 사람들에게는 해당 사항이 없다는 것이다.

공동체(Gainsborough Congregation)는 1608년경에 두 공동체로 분리하여 스크루비(Scrooby) 지역에서 새로 분리된 공동체를 설립했다.[13] 두 공동체는 비슷한 시기에 각각 암스테르담으로 망명했고, 존 로빈슨(John Robinson)과 리처드 클리프턴(Richard Clyfton)의 리더십 아래 있었던 스크루비 공동체는 결국 라이덴(Leiden)으로 가서 그곳에서 소위 '필그림교회'(Pilgrim Church)를 설립했다. 이 그룹은 1620년경에 신대륙으로 건너가 플리머스식민지(Plymouth Colony)를 세운 사람들이었다.

스마이스와 헬위스의 리더십 아래 있었던 게인스보로 공동체는 암스테르담에 머무는 동안 메노파(Mennonites) 교인이었던 얀 문터(Jan Munter)의 빵공장에서 숙식하게 되면서 대륙의 아나뱁티스트 그룹과 접촉하게 되었다.[14] 1609년에 그들은 유아세례를 거부하고 신자침례가 신약성서적 방식이라는 사실에 입각하여 새로운 신자들의 교회를 설립하게 되었다. 이것이 최초의 침례교회였다. 그들의 이러한 자각은 성서적 자각이라고 해야 할 것이다. 그들이 그러한 결론에 도달한 것은 그들이 신약성서를 검토한 결과였기 때문이다. 이 과정에서 메노파 교회의 사상적 영향 유무를 두고 상반된 견해들이 있다. 그들과의 접촉을 부인할 수는 없다. 그러나 메노파의 영향을 부인하는 자들은 접촉했다는 사실과 사상적 영향 유무는 별개의 문제라고 주장한다. 스마이스와 그의 그룹이 신자침례와 신자들의 교회 개념이 성서적이라고 판단한 것은 그들이 신약성서를 탐구한 결과이지 메노파의 영향은 없었다는 주장이다. 이것은 그들이 영국에서부터 아나뱁티스트들의 존재를 알고 있었고, 아나뱁티스트들이 왜 박해를 당하는지를 알고 있었고, 그렇기 때문에 그들이 어떤

13) 당시 비국교도 공동체들은 집회 장소 문제 때문에 숫자가 증가하면 평화적으로 분리하는 방법을 취했다. 공동체의 숫자가 많아지면 넓은 장소를 구하는 일도 문제지만 당국의 감시를 피하는 일에 어려움이 따랐기 때문이었다.

14) 스마이스 그룹과 메노파의 접촉이 침례교 기원문제와 어떤 상관관계가 있는지에 대해서는 필자의 "침례교회 기원," 232-34, 237-40을 참조.

주장들을 하는지를 알고 있었다는 사실을 부정해야만 가능한 주장이다. 스마이스 그룹이 이러한 사실들을 몰랐다는 것은 역사적으로 불가능한 일이다.

네덜란드에 온 스마이스 그룹과 메노파 사이에는 분명한 접촉이 있었다. 이것은 단순한 접촉이 아니었다. 그들이 기거했던 빵공장은 메노파 교인의 소유였다. 메노파 소유의 빌딩이 그들의 삶의 터전이었던 것이다. 이 접촉은 우연히 한두 번 지나치는 정도의 접촉이 아니었다. 생활과 생활이 맞닿아 있는 접촉이었다. 스마이스가 신자침례와 신자들의 교회가 성서적이라는 결론에 도달한 것은 그가 신약성서를 읽다가 우연히 일어난 일이라고 말하기는 어렵다. 그는 메노파와의 접촉이 계기가 되어 그들의 독특한 주장들에 대해 새로운 관심을 가지게 되었고, 신약성서를 읽으며 그들의 주장을 검토했고, 그들과 동일한 결론에 이르렀던 것이다. 스마이스 그룹은 영국에 있을 때 분리주의자들로서 유아세례의 정당성에 대해 아직 의심하지 않았지만, 유아세례를 거부하면서 이단으로 몰려 박해를 당하고 있었던 아나뱁티스트들에 대해 알고 있었다. 그들이 이 문제에 대해서 진지하게 생각하게 된 계기는 암스테르담에 와서 그들을 직접 접촉한 이후였을 것이고, 그들을 겪어본 뒤에 그들의 주장들을 성서를 통해 검토하려고 했을 것이라는 추론은 그렇게 어렵지 않다.[15)]

스마이스 그룹이 1609년에 침례교회를 설립하기 전에 메노파 교회와 접촉했음을 보여주는 최근의 자료가 있다. 침례신학대학교 역사신학 교수 김승진은 2013년에 학생들과 종교개혁 현장들을 방문하는 여행 중에 네덜란드의 암스테르담에 있는 '둡스게진데교회'(*Doopsgesinde Gemeenten*) 혹은 '징겔교회'(*Singelkerk*)에서 스마이스와 헬위스가 1608년에 그 교회의

---

15) 남병두, "침례교 기원에 관한 소고," 143-45.

영국인 교사였음을 명기한 자료를 발견했다.

> [징겔] 메노나이트 교회당의 복도에는 17세기 당시 교회 봉사자들의 명단이 게시되어 있는데, 게시판의 중앙에 1608년에 영국인으로서 교사로 봉사했던 존 스마이드와 토마스 헬위즈의 이름이 쓰여 있다. 1609년 이들이 침례교회를 개척하기 전에 네델란드의 메노나이트들과의 교제가 있었음을 보여준다.[16]

위의 인용은 김승진 교수가 그 명단을 찍은 사진을 설명한 내용이다. 이 명단은 그들의 교회 역사자료를 바탕으로 만들어진 것임을 알 수 있다. 이 교회는 17세기 초에 스마이스 그룹과 접촉한 시점 이후에 가입한 영국인들의 이름이 연도 별로 명기된 자료가 아직까지 보존되어 있는 것으로 알려져 있다. 이 자료는 스마이스 그룹이 1609년에 침례교회를 세우기 이전에 이미 그들과 깊은 교제관계에 있었음을 보여주는 중요한 증거자료가 되며, 이제까지 그 접촉을 의심하거나 부인하면서 영향관계를 인정하지 않았던 사람들의 견해를 뒤집는다. 끝까지 메노파와에 합류하는 일에 동조하지 않았던 헬위스도 그들이 메노파로부터 좋은 영향을 받았음을 시인했다.[17]

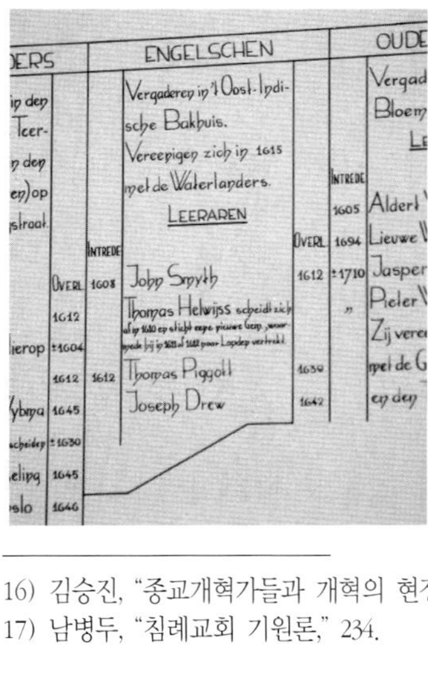

네덜란드의 첫 침례교회는 곧 두 그룹으로 나누어진다. 이번에는 스마이스를 따르던 그룹과 헬위스를 따르던 그룹의 의견 차이에 의한 분리였다. 스마이스 그룹은 그들이 또 다른 교회를 설립하기보다는 기존 신자들의 교회인 메노파 교회에 가입하는 것이 올바른 방법이라고 생각했고, 헬위스 그

16) 김승진, "종교개혁가들과 개혁의 현장들," 미출판 원고(2015)의 사진 설명.
17) 남병두, "침례교회 기원론," 234.

룹은 메노파 교회와 분명히 동의할 수 없는 점들이 있기 때문에 한 교회가 될 수 없다고 생각했다.[18] 결국 스마이스 그룹은 메노파 교회에 가입 신청을 했고, 그들이 받아들여진 것은 5년 뒤에야 이루어졌다. 스마이스는 가입이 허가되기 전 1612년경에 병사했다.

한편 소수파였던 헬위스 그룹은 박해를 피해 네덜란드로 건너온 것이 처음부터 잘못된 일이었다고 생각하면서 결국 1612년경에 본국으로 돌아가서 런던 동쪽 지역인 스피털필즈(Spitalfields)에서 그들의 교회를 재설립했다. 이것이 영국 땅에서 시작된 최초의 침례교회였고, 일반침례교회의 본격적인 시작이었다. 박해를 피해서는 안 된다는 자각은 헬위스와 그의 후계자들로 하여금 과감하게 양심의 자유와 종교의 자유를 부르짖게 만들었다. 이러한 활동으로 인해 일반침례교회의 첫 두 목회자들은 모두 감옥에 갇혔다가 그곳에서 죽음을 맞이했다. 1624년경에 런던에는 적어도 5개의 일반침례교회가 있었음이 확인되고, 1644년경에는 확인된 교회만 47개에 달했다고 알려진다.[19]

(2) 특수침례교회

특수침례교회는 일반침례교회가 시작된 이후 25년 이상이 지난 뒤에 동일한 도시에서 시작되었다. 특수침례교회가 뒤에 시작되었지만 그 시작 과정에서 일반침례교회와 직접적인 관련이 있었다는 증거는 발견되지 않는다. 그들 가운데 눈에 띄는 인적(人的) 관련성이 있지도 않았다. 특수침례교회의 시작은 일반침례교회가 아니라 'JLJ 교회'로 불렸던 한 독립교회에서 비롯되었다.[20] 이 교회는 헨리 제이콥(Henry Jacob)이라는

---

18) 헬위스가 말했던 차이점은 기독교인이 공직자가 될 수 있는가 하는 문제와 정당전쟁과 맹세의 문제에 있었다. 아나뱁티스트 가르침과는 달리 헬위스 그룹은 기독교인도 공직자가 될 수 있다고 보았고, 국가에 의한 정당한 폭력과 국가에 대한 맹세가 가능하다고 보았다. 이것은 결국 지속적으로 침례교회와 아나뱁티스트교회를 구분하는 차이점이 되었다.

19) McBeth, 「침례교회의 역사와 유산」, 48.

한 '비분리주의'(non-Separatist) 혹은 '반(半)분리주의'(semi-Separatist) 청교도 지도자에 의해 런던의 서덕(Southwark) 지역에 설립되었다. 그는 영국 국교회로부터 공식적인 탈퇴하지 않은 가운데 독립적인 예배공동체를 세움으로써 영국교회를 거짓교회(false church)로 규정하지 않으면서도 그들이 원하는 개혁된 예배가 가능한 교회를 세웠던 것이다. 이 교회는 설립자의 정신을 따라 비분리주의 원칙을 고수하는 사람들이 추축을 이루었지만, 점차적으로 분리주의자들이 함께 참여하는 교회가 되었다. 분리주의자들의 참여는 이후에 일어났던 몇 차례의 결별 사건들과 무관하지 않을 것이다.

1630년에 있었던 결별 사건은 침례교회의 시작과 직접적인 관계가 있었다고 보기는 힘들다. '미스터 더퍼'(Mr. Dupper)로 불리는 자가 소수의 무리와 함께 독립하여 교회를 나간 일이다. 이 결별은 필시 JLJ 교회와 함께 했던 일단의 분리주의자들이 결국은 그 교회의 비분리주의 원칙에 염증을 느낀 결과로 보인다. 그들이 '거짓 교회'로 단정한 국교회와 완전히 관계를 청산하지 않은 교인들에 대한 실망감이 그들의 결별을 부추겼을 것이다. 좀 더 주목해야 할 결별 사건은 1633년에 새뮤얼 이튼(Samuel Eaton)과 함께 나간 무리이다. 기록에 의하면 그들은 유아세례를 반대하고 "또 다른 침례"(further baptism)를 주장한 사람들로서 미스터 더퍼 무리가 결별한 이유에 비해 상당히 '침례교회적' 결별 이유를 가진 것으로 보인다.[21] 여기서 "또 다른 침례"가 무엇을 의미하는지는 명확하지 않지만, 신자침례일 가능성이 매우 높다. 그들이 유아세례를 반대했다면, 그리고 그것이 신자침례가 아니라면, 어떤 침례를 지칭한 말일까?

---

20) JLJ 교회는 첫 세 목회자 이름의 첫 자를 딴 이름이다. 그들은 헨리 제이콥(Henry Jacob), 존 래스롭(John Lathrop), 헨리 제시(Henry Jessey)였다. 당시에 독립교회들은 대체로 그 교회 목회자 이름으로 불리는 경우들이 많았다. 이 교회가 처음 세워졌을 때는 외부 사람들이 '제이콥교회'(Jacob Church)라고 부르곤 했다.

21) McBeth, 「침례교회의 역사와 유산, 54.

1638년의 결별은 명백하게 신자침례를 주장하는 사람들의 결별이었다. 1633년의 결별을 특수침례교회의 시작이라고 할 수 없다면, 1638년의 결별은 명백하게 그 시작이었다고 말할 수 있다. 그들은 유아세례를 배격하고 신자침례를 신약성서적 침례라고 주장했고 그 침례를 근거로 새로운 교회를 세웠다. 주목할 만한 일은 이 새로운 무리가 곧 1633년 무리와 연합했다는 것이다. 이 무리의 지도자로 떠오른 존 스필스베리(John Spilsbury)가 이때 JLJ 교회에서 주축이 되어 나왔는지, 아니면 1633년 무리의 목회자였다가 1638년 무리의 결별과정에서 그들을 인도하는 역할을 했는지, 불분명하다.[22] 이 두 무리의 연합은 1633년 무리가 결별 당시에 신자침례를 받아들였을 가능성을 높여준다.

앞에서도 언급했지만 특수침례교회가 형성되는 과정에서 일반침례교회가 직접적으로 관련된 증거는 없다. 그러나 전자가 후자의 생성에 자극이 되었으리라는 가능성까지 배제할 필요는 없다. 런던 지역에서 신자침례를 이미 받아들인 사람들은 아나뱁티스트들과 일반침례교회였고 특수침례교회를 세운 사람들도 그것을 알고 있었을 것이다. 그들의 결단에는 아나뱁티스트의 예보다는 일반침례교회의 예가 더 바람직한 자극이 되었을 것이다. 그들에게 일반침례교회의 예는 신자침례를 받아들이는 일이 반드시 아나뱁티스트들과 연관되지 않아도 되는 좋은 본보기가 되었을 것이다.

특수침례교회가 시작될 무렵 그들이 일반침례교회를 몰랐다거나 의식하지 않았다고 말할 수는 없다. 그들은 침례교회들이 이미 런던에 존재하고 있었음을 분명히 알고 있었을 것이다. 즉, 그들은 그들이 세우려고 하는 형태의 교회가 이미 존재하고 있었던 일반침례교회와 동일한 교회임을 인식하고 있었다고 봐야 한다. 그들이 유아세례를 반대하고 신자침

22) Ibid., 54-55.

례를 성서적 가르침으로 받아들이게 되었을 때 그것이 일반침례교회의 전철을 밟는 일이라는 것을 잘 알고 있었을 것이다. 그들이 동일한 교회론적 결론에 도달했지만 일반침례교회를 선택하지 않은 것은 그들이 아르미니우스주의자들이었기 때문이었다. 일반침례교회가 아르미니우스주의 구원론을 취하지 않았다면 JLJ 교회에서 나온 사람들이 따로 침례교회를 세워야 할 필요를 느끼지 못했을 것이다. 그들의 신학적 입장 차이 때문에 특수침례교회를 설립한 사람들에게 있어서 일반침례교회는 처음부터 고려 대상이 아니었다.

특수침례교회가 일반침례교회를 의식하고 있었던 사실은 1641년경에 그들이 침례 방식으로서 침수례를 회복할 때 잘 드러난다. 그들은 존 스마이스의 '자가침례'(se-baptism)의 사례를 잘 알고 있었고, 그것이 많은 사람들로부터 통렬한 비판을 받게 된 이유였음을 잘 알고 있었다. 그래서 그들은 동일한 빌미를 제공하지 않기 위해 네덜란드에까지 사람을 보내어 침수례를 전수받았던 것이다.[23] 그들이 확인한 바에 따르면 영국 내에서 침수례를 하는 경우는 없었기 때문에 당시로서는 잘 알려지지 않은 네덜란드 메노파 계통의 그룹이었던 콜라기안파(Collegiants) 혹은 린스부르크파(Rhynsbergers)에 리처드 블런트(Richard Blunt)를 파송한 것이다. "키핀필사본"(Kiffin Manuscript)은 이에 관하여 잘 기록하고 있다.[24] 1689년경에 특수침례교회는 적어도 107개의 교회로 성장했다.[25] 1644년의 "런던신앙고백서"는 이들이 신학적으로 '온건한 칼뱅주의'(moderate Calvinism)를 표방했음을 보여준다.[26]

---

23) 1641년의 침수례 회복 과정은 6장에서 침례방식에 관하여 논할 때 좀 더 상세하게 다룰 것이다.

24) Mcbeth, 「침례교회의 역사와 유산」, 56-57 참고

25) Ibid., 239.

26) 럼킨은 "선택의 교리는 복음이 모든 사람들에게 선포되어야 한다는 진술과 균형을 이루고 있다"는 점과 유기(reprobation)에 관한 가르침이 없다는 점에서 이 신앙고백서의 신학적 위치를 "온건한 형태의 칼뱅주의"로 적절하게 규정한다. Lumpkin, 「침례교 신앙고백서」, 179.

(3) 일반침례교회와 특수침례교회의 통합

영국 침례교회의 통합은 1891년에 이르러서야 이루어졌다. 물론 일반침례교회와 특수침례교회는 분열된 적이 없었다. 하나였던 적이 없었고 시작 자체가 서로 독립적으로 이루어졌기 때문이다. 통합이 이루어지기까지 상당한 시간이 지난 것은 우선 통합해야 할 당위성이 없었다는 데 있다. 두 교회 전통이 거의 동일한 교회론을 바탕으로 세워졌지만 둘을 합해야 한다는 관념 자체가 희박했다. 여기에는 둘 사이의 신학적 차이가 큰 역할을 했다. 17세기의 영국 개신교 진영 내에서 칼뱅주의와 아르미니우스주의의 차이는 정통과 이단의 거리만큼 큰 것이었다. 그 시대에 '일반' 속죄론과 '특수' 속죄론이 한 교회나 한 교단 안에서 공존한다는 것은 상상하기 힘든 일이었다.

상황의 변화는 우선 침례교회 외부적 상황들의 변화에 있었다. 특히 18세기에 들어와서 신학적 풍조에 변화가 일어났다. 18세기에 대표적인 아르미니우스주의자였던 존 웨슬리(John Wesley)의 부흥운동이 일으킨 신학적 반향은 두 가지 점에서 영국의 개신교도들의 신학적 분위기를 상당히 바꾸었다. 첫째, 이 운동은 실천적이고 경건한 신앙운동으로서 교조적인(doctrinal) 신학적 분위기를 감퇴시켰다. 부흥운동의 일반적 현상이 대체로 그러하듯이 개인의 회심, 경건한 신앙의 실천, 그리고 복음전파 강조는 사소한 교리적 논쟁이나 비판정신을 상당히 상쇄시켰다. 둘째는 칼뱅주의의 퇴조이다. 웨슬리의 아르미니우스주의적 신학적 성향은 그 운동의 확산에 따라 초교파적으로 광범위하게 영향을 주었다. 현장에서 전파된 설교 말씀에 대한 즉각적인 반응으로 일어나는 회심의 사건들은 구원을 예정론적 관점에서 보기보다는 하나님의 말씀에 대한 반응으로 보는 시각을 열어주었다. 이러한 분위기는 칼뱅주의 진영 내에서도 극단적인 칼뱅주의(Hyper-Calvinism)의 입지를 약화시키고 소위 복음적(온건한) 칼뱅주의(Evangelical or Moderate Calvinism)를 대두시키는 계기를 만들어 주었다.

영국 내에서 일어난 이러한 신학적 동향은 특수침례교회 내에서 경직되어 있었던 신학적 분위기를 반전시키는 결과를 가져왔다. 로버트 홀(Robert Hall), 앤드루 풀러(Andrew Fuller), 윌리엄 캐리(William Carey)와 같은 이들은 완고한 칼뱅주의를 극복하고 복음전파를 강조함으로써 영국 침례교회 역사에 새로운 지평을 열었다. 특수침례교회 내에서 칼뱅주의 신학의 온건화는 특수침례교회와 일반침례교회의 통합에 결정적인 영향을 미쳤다. 특히 전자의 교단 내에 결성된 '침례교연합'(Baptist Union)은 양 교단의 교류와 교제의 기회를 제공하면서 교단 통합의 분위기가 형성되기 시작했다. 그 결과 1891년에 양 교단은 마침내 통합의 과업을 이루었다.

3) 미국 침례교회의 시작

미국 침례교회의 시작은 또 하나의 독립적인 사건이었다. 그것은 미국 땅에서 침례교회가 설립된 배경에는 영국 침례교인들의 직접적인 역할이 있었다고 말하기 힘들기 때문이다. 주요 설립자들은 가운데 로저 윌리엄스(Roger Williams)와 존 클라크(John Clarke)가 두드러진다. 그들은 로드아일랜드식민지에서 아메리카 최초의 침례교회들인 '프로비던스침례교회"(Providence First Baptist Church, 1638)와 '뉴포트침례교회'(Newport First Baptist Church, c. 1641)를 각각 세웠다.

1630년 아메리카 땅에 처음 도착했을 때 윌리엄스는 강경한 분리주의자였다. 그는 도착 즉시 그를 환영했던 매사추세츠만식민지(Massachusetts Bay Colony)와 등을 돌렸다. 그 식민지 사람들이 분리주의자들이 아니라고 판단한 결과였다. 나중에 분리주의자들이 세운 플리머스식민지(Plymouth Colony)로 가서 그들과 동역을 시도했지만 그들의 분리주의도 그에게는 불만족스러운 것이었다.[27] 윌리엄스의 분리주의 사상은 당시 영국과 미국의 분리주의자들과도 분명히 다른 점들이 있었다. 그는 침례교인이 되기 이전에 이미 교회와 국가 분리 사상과 종교자유 사상을 정립하고 있었기 때문이다. 그는 국가 공직자의 영향력이 사람의 외부적인 상황에 국한되어야 한다고 주장함으로써 이미 교회와 국가의 분리 입장을 취하고 있었고 국가로부터 강요된 맹세나 기도는 잘못된 것이라고 말함으로써 종교자유의 입장을 분명히 했다.[28] 윌리엄스는 1636년에 '프로비던스 식민지'(Providence Plantation)을 세우는 것을 시작으로 로드아일랜드식민지를 건립하고, 그곳에서 교회와 국가의 분리, 완전한 종교자유, 정치적 민주주의를 표방하였다. 이는 독립적인 정치적 실체로서 역사상 최초의 일이었다. 첫 미국침례교회는 이러한 정치적 토양 위에 세워졌다.

18세기는 미국 침례교회의 역사에서 성장과 확장의 시대였다. 17세기에서 18세로 넘어오던 때에 미국 식민지에서 침례교회는 미약하기 짝이 없었다. 맥베스에 의하면 당시에 신대륙에서 확인되는 침례교회는 24개에 불과했다.[29] 그런데 18세기 말에 이르러 침례교회는 979개로 성장했다. 침례교회의 이러한 획기적 성장은 18세기의 대각성운동(Great Awakening Movement)과 밀접한 관계가 있었다. 이 운동이 일어난 배경에는 일부 네덜란드개혁교회, 장로교회, 회중교회 가운데 일어난 신앙 부흥운동이 있었다. 특히 회중교회는 이 운동에 참여한 교회와 불참한 교회 간에 갈등이 있었고 그로 인한 교단의 분열을 경험해야 했다. 부흥운동에 참여한 교회들은 '뉴라이트'(New Light) 혹은 '분리'(Separate) 회중교회라고 불렸는데, 이 가운데 많은 교회들이 침례교회가 되었다. 사람들은 이렇게

27) 플리머스식민지 사람들은 일찍이 네덜란드에 있을 때 헨리 제이콥(Henry Jacob)의 비분리주의에 영향을 받았고 아메리카에서는 뒤에 설립되었지만 매사추세츠만식민지 사람들의 영향을 받았기 때문에 그들의 분리주의 정신은 많이 완화되어 있었다.

28) McBeth, 「침례교회의 역사와 유산」, 175-6 참조. 윌리엄스가 이러한 주장을 하게 된 배경에 어떤 영향이 있었는지에 대해서는 남병두, "Roger Williams의 박해에 대한 이해"를 참조.

29) McBeth, 「침례교회의 역사와 유산」, 277.

넘어온 침례교회들을 '뉴라이트' 혹은 '분리' 침례교회라고 불렀고, 기존의 침례교회들을 '정규'(Regular) 침례교회라고 불렀다. 18세기의 성장은 바로 분리침례교회들에 의해서 이루어졌다. 많은 분리침례교회들이 생겼을 뿐 아니라 그들은 각각 북부와 남부에서 더 많은 새로운 교회들을 설립하기 시작했다. 특히 중남부의 변방 지역에 새로운 교회들을 설립한 교회들은 분리침례교회들이었다. 셔벌 스턴즈(Shubal Stearns)의 샌디크릭(Sandy Creek) 침례교회는 그 전형적인 예였다. 분리침례교회들의 등장은 미국 땅에서 침례교회가 성장하는 중요한 계기를 만들어주었고, 그들의 적극적인 선교와 교회설립은 19세기 침례교회를 가능하게 만들었다.

18세기를 지나며 급성장한 미국침례교회는 19세기에 이르러 전국 규모의 교단 총회를 형성하게 되었다. 신대륙의 곳곳에 독립적으로 흩어져 있는 침례교회들이 하나의 교단으로 결성되는 계기는 해외선교에 대한 관심에서 비롯되었다. 그들이 처음 세운 총회는 사실상 '선교총회'(missionary convention)였다. '삼년총회'라고 불린 이 총회는 1845년에 분열하게 되면서 북침례교(Nothern Baptists)와 남침례교(Southern Baptists)로 지금에 이르기까지 각각 발전하게 되었다.

제1장

침례교회의 포괄적 특성

침례교회는 신앙의 영적(spiritual), 개인적(personal), 자율적(voluntary) 차원을 강조한다. 이 말은 앞으로 등장할 침례교 특성들 전체에 깔려 있는 정신이다. 그래서 '포괄적' 특성이다. 이 표현은 기독교 신앙의 특성으로 당연하게 여겨지기도 하고, 다소 모호하게 들릴 수도 있으므로 좀 더 구체적이고 명확한 설명을 필요로 한다. 침례교회의 여러 특성들을 포괄적으로 표현한 이 말은 특별히 역사적 문맥 가운데서 설명되어야 그 의미를 더 명확하게 할 수 있다. 물론 영적, 개인적, 자율적이라는 말은 어떤 특정 기독교 교단의 전유물이 될 수 없고 독점할 수 없는 표현이다. 그러므로 이러한 특성들이 다른 교회전통에는 없다고 단정할 수는 없다. 어떤 기독교 교단이나 신앙 전통이든지 나름대로 이러한 특성들이 있다고 주장할 수 있고, 또 하고 있기 때문에, 여기서 그 사실을 부인하거나 반박하고자 하는 것은 아니다. 사실상 이 포괄적 특성들은 기독교 신앙의 일반적 특성이기도 해서 침례교회가 마치 이러한 특성들을 독점한다고 말할 필요는 없다. 단지 앞으로 논의할 침례교회의 특성들을 보면 이 세 가지 정신이 항상 전제되어 있다는 것을 먼저 이야기하고자 하는 것이다.

침례교회의 여러 특성들 가운데 면면히 드러나는 이 세 가지 포괄적 특성 혹은 정신은 침례교회가 성서를 통해서 이해하고 실천하려는 기독교 신앙의 특성이요 정신이다. 그들은 그들이 처했던 시대의 기독교 신앙이 전반적으로 이러한 정신에서 이탈되었다고 생각했고, 그들이 세운 교회는 이러한 신앙적 특성을 회복하고 반영하는 신앙공동체이기를 희망했다. 16세기 이후로 전개된 종교개혁 운동의 한 지류로서 침례교회는 이러한 점에서 가톨릭교회뿐 아니라 다른 개신교단 전통들에 비해서 이러한 특성들을 더 뚜렷하게 표출하고 표방해왔다.[1] 역사의 과거와 현재에, 이 포괄적인 기독교 신앙의 특성은 모든 교단에 동등하게 나타나지 않았을 뿐만 아니라 어떤 교회전통에서는 그들의 역사 가운데 오히려 이러한 특성과는 대조적이고 적대적인 특성들이 나타났고, 더 나아가 이러한 특성을 탄압하고 소멸시키려는 시도들도 있었다. 그러므로 이러한 침례교회의 포괄적 특성은 역사적 문맥 안에서 설명할 때 좀 더 명확하게 될 것이다.

1. 침례교회는 신앙의 영적 차원을 강조한다

침례교회가 신앙의 영적인 차원을 강조한다고 했을 때 두 가지 점에서 설명이 필요하다. 첫째, 바로 앞에서도 언급했지만, 기독교 신앙에서 영적인 측면을 강조한다는 것이 과연 어떤 특정한 교단의 신앙적 특성이 될 수 있는가 하는 점이다. 기독교 신앙의 특성으로서 영적인 측면을 강조한다는 것은 굳이 언급할 필요가 없을 정도로 자명한 말인데, 굳이 침례교회의 특성으로 꼽을 수 있는가 하는 것이다. 여기서 침례교회의

---

1) 물론 16세기와 17세기에 신앙의 영적, 개인적, 자율적 특성을 침례교회보다 더 극단적으로 표현한 기독교인들이 있었음을 부인할 수는 없다. 16세기에 다양한 '성령주의자들'(Spiritualists) 혹은 '영감주의자들'(Inspirationalists)이 있었고, 17세기에도 대표적으로 퀘이커교도들(Quakers 혹은 Society of Friends)이 있었다.

포괄적 특성으로서 '영적' 측면을 강조한다는 말은 침례교회의 특성들을 역사적 문맥 안에서 다른 교회전통의 특성들과 비교하여 설명할 때 비로소 그 타당성이 어느 정도 입증될 것이라 기대한다.

둘째, 신앙의 영적 측면이라고 했을 때 '영적'이라는 말은 신앙의 특성을 표현한 말 가운데 가장 모호한 말 중에 하나라는 점에서 설명을 요한다. 이 말은 기독교인들에 의해서 가장 자주 사용되는 말 가운데 하나이지만, 사람들에 따라, 그리고 사용하는 문맥에 따라, 매우 다양한 의미로 사용되고 있기 때문이다. '영적'이라는 말은 때로는 '육체적'(physical)이라는 말의 반대말로서 '정신적'(mental)이라는 말로 이해되기도 하고, 눈에 보이지 않는 초자연적 실체나 현상을 표현할 때 사용되기도 한다. 기독교에서 이 말은 아마 신앙의 경건성(piety)을 표현할 때와 '성령 충만한'(Spirit-filled) 상태를 말할 때 가장 많이 사용되고 있을 것이다. 게다가 신앙에 있어서 어떤 상태를 '경건함'과 '성령 충만함'이라고 여기는지 사람들마다 생각이 다르다는 점을 감안한다면 '영적'이라는 말은 많이 사용되는 말이지만 동시에 매우 모호한 표현일 수밖에 없다. 그러므로 이 말을 사용할 때는 그 구체적인 문맥과 의미가 반드시 설명될 필요가 있다.

침례교회가 신앙의 영적인 차원을 강조한다고 했을 때 '영적'이라는 말을 이해하는 가장 적절한 방법은 그 말의 반대말이 무엇인지 생각해보는 일이다. 여기서 '영적'이라는 말의 반대 개념은 '제도적'(institutional)이라는 말과 '의식적'(儀式的, ritual)이라는 말이다. 즉, 침례교회는 신앙의 제도적, 의식적 차원의 반대 개념으로서 '영적' 차원을 강조한다는 것이다. 그러므로 여기서 '영적'이라는 말은 신앙의 외형적(outward) 측면보다는 내면적(inward) 측면을 강조한다는 말과도 통한다. 이것은 각 신자들의 신앙생활뿐 아니라 교회가 표방하는 교리와 신학, 그리고 예배와 예전의 영역에 이르기까지 광범위하게 연관된다. 신앙의 영적 차원의 반대로서 제도적 차원의 신앙은 대체로 교회의 제도화에서 비롯되었기 때문에 침례교회가 신앙의 영적 차원을 강조한다는 말은 제도교회(institutional church)와 그 제도교회가 지향하는 신앙 형태에 대해 반대하는 말로 이해되어야 한다.

제도교회(制度敎會; institutional church)라는 말은 '국가가 설립한 교회'(established church)라는 말과 '제도화된 교회'(institutionalized church)라는 말을 다 포함하는 의미가 될 수 있다. 이 두 가지의 영어 표현이 한국어로 번역될 때 모두 제도교회로 번역되는 경우들이 있다. 역사적으로 국가가 어떤 특정한 교회전통을 공식적으로(법적으로) 인정했을 때 여기서 제기하게 될 제도교회의 여러 특징들이 모두 나타나고 강화되었기 때문에 굳이 이 둘을 구별할 필요는 없겠지만, 사실상 후자는 이론적으로 말할 때 전자의 개념을 포함하는 좀 더 광범위한 개념이다. 여기서는 '국가가 설립한 교회' 개념을 포함하는 '제도화된 교회'를 제도교회라고 이해한다.

이러한 연유에서 침례교회가 신앙의 영적 차원을 중시한다는 말이 무엇인지 명확하게 이해하기 위해서는 그 반대 개념으로서 '제도적' 교회와 신앙이 무엇인지, 또 교회가 역사적으로 어떻게 제도화되었는지, 살펴보는 것이 효율적인 접근방법이 될 것이다. 즉, 신앙의 영적 차원을 직접 설명하는 것보다 제도교회의 특성들을 뒤집어보는 것이 더 명확한 설명이 될 것이다. 그리하여 여기서는 제도화된 교회가 가지고 있는 특성들을 거론하면서 그러한 특성들이 역사적으로 어떻게 발전되었는지 살펴보려고 한다. 교회 역사에 나타난 제도교회의 예로는 대표적으로 로마가톨릭교회(Roman Catholic Church)를 들 것이고, 동시에 16세기 종교개혁 이후에 등장한 개신교 전통들도 필요시에 그 대상에 포함된다. 물론 동방정교회(Eastern Orthodox Church)도 로마가톨릭교회와 마찬가지로 제도교회의 특성들을 대체로 공유한다는 점에서 다를 바가 없기 때문에 여기서는 독립적으로 다루지 않을 것이다.

제도교회를 특징짓는 요인들

교회가 언제부터 제도화되었는지 그 시기를 분명히 집어내기는 힘들다. 이러한 변화는 대체로 장기간에 걸쳐서 서서히 이루어졌기 때문이다. 2세기 초에 어떤 지역의 교회들은 1세기 교회들과는 달리 제도교회의 초기적 특징들을 조금씩 드러냈다고 본다면 교회 제도화의 현상은 상당히 초기부터 시작되었다고 말할 수 있다. 여기서는 사실상 제도교회를 특징짓는 여러 가지 요인들 가운데 대표적으로 예전주의, 사제주의, 신조주의, 그리고 국가교회주의를 중점적으로 살펴보려고 한다.

1) 성례전주의

초기 기독교의 제도화 과정에서 상당히 초기부터 이루어졌던 것은 그리스도의 명령으로 지켰던 교회예전(church ordinances 혹은 sacraments)의 제도화였다. 상당히 일찍부터 기독교 신앙은 그 시대 사람들의 일반적인 종교성과 신앙행태들과 개념들의 영향을 받지 않을 수 없었다. 특히 그 시대의 일반 종교인들은 외형적 의식들(rites)을 매우 중요시했고, 그러한 의식들이 실제적인 효력(efficacy)을 가진다고 믿었다.[2] 그 시대 사람들의 일반적 성향을 초기 기독교인들도 공유하고 있었으므로 그들은 상당히 일찍부터 침례나 주의 만찬 같은 교회 의식(儀式) 자체를 중시하기 시작했고, 그것이 초자연적인 결과를 가져올 수 있다고 이해하고 믿기 시작했다. 이러한 경향이 점점 심화되기 시작하면서 기독교인들은 그들의 신앙을 가시적인 의식이나 제도와 밀접하게 결부시키기 시작했다. 그 시대의 미신적인 세계관과 종교관에서 비롯된 이러한 생각은 예전에 대한 교부들의 모호한 표현들에 의해서 더 심화되었다.[3]

---

2) A. H. Newman, *A History of Antipedobaptism: From the Rise of Pedobaptism to A. D. 1609* (Philadelphia: American Baptist Publication Society, 1897), 2.

3) 사도적 교부들 가운데 안디옥의 이그나티오스(Ignatios)가 주의 만찬을 두고 "불사의 묘약

교회예전이 가시적 의식으로 중요한 의미를 가짐으로써 기독교인들의 신앙생활은 죄씻음과 구원의 사건에서부터 시작하여 전반에 걸쳐 교회의 가시적 제도와 밀접한 연관을 가지게 되었다. 예전 자체가 신앙생활에서 일어나는 영적 변화와 직접적으로 관련이 있다고 생각하기 시작한 것이다. 나중에 중세 가톨릭교회가 공식화한 일곱 예전은 일생 동안 이루어지는 기독교인의 신앙생활을 가능하게 만들었다. 침례(baptism)를 통해 죄를 씻고 구원 받은 교회회원이 되고, 견진(堅振; confirmation)을 통해 하나님의 은혜(성령 부음)와 하나님에 대한 믿음(연합)을 공고히 하고, 반복되는 주의 만찬을 통해 하나님의 은혜를 지속적으로 공급받고, 정기적인 고해(告解; penance)를 통해 때마다 범한 죄를 용서받고, 안수(ordination)를 통해 교직자들의 서품이 이루어지고, 혼례(matrimony)를 통해 결혼서약이 이루어지고, '기름 바름'(unction; 塗油)을 통해 병자의 기운을 돋운다. 가톨릭교회의 경우 침례는 대체로 유아세례(infant baptism)이므로, 기독교 가정에서 출생한 사람의 경우에, 태어난 시점부터 죽을 때까지 이루어지는 신앙생활의 요체는 일곱 예전이 된다. 이렇게 가시적 예전을 통해서만 가능한 신앙생활은 본질적으로 영적이라기보다는 제도적이다. 물론 이러한 예전들의 유효성(validity)과 효험성(efficacy)에는 성령의 역사가 전제되어 있다고 말하지만, 결국 성령의 역사가 가시적 의식을 통해서 이루어진다는 점에서 '성례전주의적'(sacramentalistic) 신앙생활이란 영적이라기보다는 제도적이라고 말할 수밖에 없다.

히포의 아우구스티누스(Augustinus of Hippo)는 펠라기우스주의자들(Pelagians)과 논쟁하는 가운데 구원에 있어서 인간의 무능함을 고발하면서 하나님의 전적, 불가항력적 은혜(total and irresistible grace)를 강조했다. 그러나 그의 성례전주의 사상은 이 은혜가 가시적 예전을 통해서만

이요 죽음의 해독제"라고 한 것은 그 대표적 사례이다.

이 나타난다고 말한다.[4] 하나님의 은혜는 결국 하나님과 각 믿는 자들 사이에 일어나는 직접적이고도 개인적인 영적 교제를 통해서 나타나는 것이 아니라 기계적이고(mechanical) 비인격적인(impersonal) 예전적 은혜에 불과하다. 이것은 각 개인의 삶 가운데 일어날 수 있는 개인적인 다양한 은혜 체험의 가능성을 심각하게 약화시킬 수 있다. 이것은 하나님의 은혜에 대한 체험이 각 신자의 독특하고 다양한 상황에서 경험될 수 있는 구체적이고도 고유한 것이 아니라 규격화되고, 획일화되고, 고착화된, 상투적인 것으로 만든다. 이러한 은혜 체험은 각 개인에게 있어서 의례적인 요식 행위에 불과하고, 각 개인의 은혜 체험에 대한 확신은 추상적일 뿐이다. 하나님의 은혜가 하나님과의 직접적이고도 인격적인 교제에서 체험될 때 이 은혜는 그것을 경험한 사람에게 구체적인 윤리적 자각을 이끌어내지만, 그것이 기계적이고, 의례적이고, 추상적인 경험에 지나지 않을 때, 은혜 체험이 윤리적 자각으로 연결되기는 어려울 것이다. 성례전주의는 또한 기독교 신앙에서 구원의 전제 조건으로서 한 개인의 그리스도에 대한 믿음의 역할과 위치를 심각하게 제한하는 문제를 안고 있다. 이 개념은 사제주의와 함께 그리스도의 공로와 은혜가 각 개인에게 직접적인 의미를 가지기보다는 가시적 제도교회를 통해서 개인에게 행사된다고 이해함으로써 신앙의 직접적이고 개인적인 측면을 심각하게 훼손할 수밖에 없다.

2) 사제주의

사제주의(Sacerdotalism)는 가시적 교회체제로서 제도교회를 형성하고

---

4) Samuel Byungdoo Nam, "A Comparative Study of the Baptismal Understanding of Augustine, Luther, Zwingli, and Hubmaier" (Ph.D. diss. Southwestern Baptist Theological Seminary, 2002), 36-45.

유지하는 또 하나의 중요한 특성이다. '사제'라는 말은 현재 가톨릭교회에서 안수 받은 전문 교직자로서 개신교의 '목사'에 해당하는 말이다. 로마가톨릭교회에서는 '신부'(father)라는 호칭이 더 자주 사용된다. '사제주의' 개념을 대표하는 용어로서 가톨릭 직위를 지칭하는 용어가 사용된 것은 그 개념이 가톨릭교회에서 발전되었기 때문이다. 로마 가톨릭교회의 교직 체계에서 사제직위 (priesthood)는 한 단계 아래에 있는 부제직위(diaconate)와 한 단계 위에 있는 주교(감독)직위(bishopric)와 함께 가톨릭의 주요 세 직위를 형성한다.[5] 여기서 사제주의의 '사제'는 교회의 주요 직위를 포괄하는 말로 사용된다.

사제주의는 기본적으로 구원에서 시작되는 전반적인 교회생활이 사제의 개입을 통해서 이루어진다는 개념이다. 즉, 교회 내의 신앙생활과 관련된 모든 사역이 사제를 통해서만이 가능하다는 사상이다. 다르게 표현하면, 교회 내에 사제가 없다면 본질적으로 어떤 교회사역도 가능하지 않다는 말이다. 사제는 하나님과 교인들 사이를 매개하는 중개자의 역할을 하는 위치에 있으며, 이는 구약의 제사장 직분에 필적한다. 사제주의라는 말은 라틴어로 제사장(*sacerdos*)이라는 말에서 만들어졌다. 로마의 종교를 포함하여 대부분의 고대 종교는 신에게 제사하는 행위에서 제사장의 역할을 절대적인 중개행위로 이해했다. 구약의 종교 역시 하나님에 대한 제사를 기본으로 하는 종교였고, 당연히 제사장의 직분이 있었다. 구약의 제사장 직분이 의미하는 바에 대해서는 침례교회의 교회직분을 다루는 8장에서 좀 더 구체적으로 설명하려고 한다.

예수 그리스도가 "이 반석" 위에 교회를 세운다는 말씀(마16:18)과 베드로에게 천국의 열쇠를 준다는 말씀(마16:19)이 문자 그대로 베드로를 염두에 두고 주어진 말씀이라는 전제에 따라, 그리스도의 사역은 어떤

5) 로마 가톨릭교회에서는 주교(혹은 감독), 사제, 부제를 '주'(Major Orders) 혹은 '신품'(Holy Orders)이라고 부른다.

특정한 인물을 통해서 이루어진다는 생각, 그리고 그 인물은 그리스도를 대변하는 권위를 가진다는 생각을 가능하게 했다. 가톨릭교회는 이러한 전제에 따라 사제 중심주의 개념을 발전시켰고 더 나아가서 점차적으로 교황 중심주의(papalism)를 일반화시켰다. 위의 그리스도의 말씀을 어떻게 이해하는가에 따라 상당히 다른 해석의 결과가 초래되었다. 교회의 기초가 과연 인간 베드로라는 말씀인지, 아니면 베드로가 한 신앙고백이라는 말씀인지, 그 여부에 따라 상당히 다른 교회 개념과 교직 개념이 발전하게 된 것이다. 가톨릭교회는 전자의 해석을 따름으로써 교회를 이해하는 근본적인 틀을 교황을 정점으로 하는 교직의 계층적 권위체계에서 찾았다. 소위 교직위계체제(clerical hierarchy)가 그것이다.

중세교회가 사제주의를 교회의 표시로 확립한 것은 2세기 이후 오랫동안 서서히 이루어진 결과였다. 2세기 초에 이그나티오스 서신은 이미 교회 내에서의 감독의 역할을 그리스도를 대신하는 일로 묘사하고 있다. 교회의 일치를 부단하게 강조했던 그는 교회가 한 감독의 권위와 가르침을 중심으로 하나가 되어야 한다고 강조했다. 그는 "에베소교회에 보내는 서신"(Epistle to the Ephesians)에서 에베소교회의 훌륭한 장로들이 "마치 현(絃)이 하프에 그러하듯이" 감독에게 꼭 맞추어 가는 것을 칭찬하면서 교인들도 감독의 뜻과 일치하여 함께 달려갈 것을 충고한다.[6] 그는 더 나아가 "우리가 마치 주님을 바라보듯이 감독을 바라봐야 하는 것은 분명한 일"이라고 말하면서 교회 내에서 감독의 위치를 높였다.[7]

이레니우스(Irenaeus)가 구체화한 사도계승주의(Apostolic Successionism) 개념도 사제주의를 형성하는 데에 중요한 역할을 했다. 이단 교회와 정통 교회를 구별하는 방법으로 감독의 사도계승 여부를 잣대로 하고 교회

6) Ignatius of Antioch, *Epistle to the Ephesians* 4; *The Apostolic Fathers with Justin Martyr and Irenaus, Ante-Nicene Father*, vol. 1, ed. Alexander Roberts and James Donaldson (Grand Rapids, MI: William B. Eerdmans Publishing Company, 2001), 50. 이후로 ANF 1:50.

7) Ibid., 6; ANF 1:51.

정통성의 기반을 감독의 정통성에 둔 것은 교회에서 감독의 위상을 높이고 그 역할을 절대화하는 데 중요한 기반이 되었다. 2세기를 지나가면서 교회는 사도행전에 나타난 회중 중심적 교회에서 이탈하여 서서히 교직자 중심의 교회로 변모해갔고, 일인 감독주의(monarchical episcopalism) 체제로 굳어져갔다. 3세기 중반에 "교회를 어머니로 가지지 못한 자는 하나님을 아버지로 가질 수 없다"[8]고 말한 카르타고의 감독 키프리아누스(Cyprianus)는 감독이 없으면 교회도 없다고 선언하면서 감독주의(Episcopalism) 개념의 절정을 보여주었다.[9]

사제주의의 정점은 교황주의이다. 각 지역의 교회는 일인 감독에 의해 치리되고, 지역교회들의 집합체로서 전체 교회는 로마교회의 감독인 교황에 의해 치리된다는 것이 로마 가톨릭교회의 위계적 교회체제이다. 제2차 바티칸공의회(Second Vatican Council)에서 발표된 "루멘 겐티움"(*Lumen Gentium*)으로 불리는 "교회에 관한 교리헌법"(Dogmatic Constitution on the Church)의 첫 장인 "교회의 신비"(The Mystery of the Church)에서는 교황 권위에 대한 전통적 가톨릭교회의 입장을 재확인하고 있다. 유일한 그리스도의 교회는 "그리스도께서 부활 후에 목자 베드로에게 맡긴 하나의, 거룩한, 보편적, 사도적 교회"이며, "진리의 기둥이요 대들보"이며, "베드로의 계승자와 그와 협력하는 주교단에 의해 치리된다"고 명시하고 있다.[10] 이 말은 교황을 정점으로 하는 교직체계 그 자체가 교회의 표시

8) Cyprianus of Carthage, *On the Unity of the Church* 5, 127-28; ANF 5:127-28.

9) 키프리아누스가 엄격한 감독주의를 표방했지만 로마교회 감독의 수위권에 대해서는 인정하지 않았다. 그는 기본적으로 모든 감독들의 권위가 그리스도 안에서 동일하다고 보았다. 그는 그리스도의 사도들이 서로 높아지고자 했을 때 그리스도의 꾸지람을 들었던 일과 이후 사도들의 겸손한 태도를 상기시키면서 로마의 감독을 포함하여 감독들은 자신을 낮추는 겸손함을 갖춰야 한다고 했다. 그는 감독주의를 주장하면서도 교황주의에는 적극적으로 반대한 셈이다. 그는 전체 교회의 결정은 각 교회의 감독들의 모임을 통해서 이루어진다고 보았다. 그는 역사의 나중에 등장한 표현이지만 전형적인 '공의회주의자'(conciliarist)였다.

10) "The Mystery of the Church," *Lumen Gentium* 1,8, Documents of II Vatican Council,

일 뿐 아니라 지상에서 이루어지는 신앙생활의 요체가 된다는 말이다. 즉, 교황을 정점으로 하는 가톨릭교회의 사제주의는 기독교 신앙의 권위가 그리스도로부터 교황에게 왔고, 그 권위는 차례로 하위 교직으로 하향 행사되며, 최종적으로 예전 집례와 같은 사제의 활동을 통해 일반 교인들에게 도달한다는 사상이다. 이러한 교회는 사제적 권위 체계에 의해 정의되고, 그 체계 바깥에는 구원도 없으며, 하나님의 사랑과 은혜의 체험도 불가능하다는 것이다.

이러한 사제주의 개념은 교회를 영적 신앙을 공유한 사람들의 모임으로 이해하기보다는 예전과 사제가 있는 곳으로 이해했다. 구원을 얻고 신앙생활을 영위하기 위해서는 이러한 교회에 반드시 소속해야 가능하다는 것이다. 이것은 분명히 교회를 영적 차원보다는 제도적 차원에서 이해하는 것이다. 이러한 교회는 구원과 그 이후의 신앙생활을 가능하게 해줄 가시적 제도가 있는 곳이기 때문이다. 사제주의는 성례전주의와 함께 제도교회의 정당성과 타당성을 부여해주는 중요한 개념으로 발전했다. 이것은 신앙의 개인적 차원을 심각하게 훼손시켰고, 신앙에 있어서 개인의 주체적 역량을 위축시켰다. 각 신자는 교회의 신앙생활 영역에서 매사에 사제에 의존하게 됨으로써 항상 수동적 위치에 머물게 만들었다.

3) 신조주의(Creedalism)

신조주의 역시 제도교회의 주요 특성이다. 신조주의는 기독교 신앙의 내용을 신앙진술문으로 표현하고 그것을 교회의 공식 교리 및 신학으로 규정하는 것을 말한다. 신조는 단순히 신앙고백이나 신앙진술문 이상의 의미를 가진다. 그것은 단순한 표현과 설명의 차원을 넘어 교회가 신앙

---

http://www.vatican.va/archive/hist_councils/ii_vatican_council/documents/vat-ii_const_19641121_lumen-gentium_en.html. 인터넷 자료, 2014년 12월 14일 접속. "루멘 겐티움"은 그 장을 시작하는 서두의 말로서 '열방의 빛'(light of nations)이라는 뜻이다.

의 내용을 교회의 공적 권위에 따라 모든 사람들이 동의하고 따르도록 규정화하고(regularize), 공식화하고(officialize), 선언한 것을 말한다. 이러한 과정을 거쳐 선언된 신조는 이제 공적 권위를 가지게 되고, 그 교회전통 안에서는 선택의 여지없는 진리선언문이 되며, 그 체제 내에서는 이견 없이 받아들여야 할 신앙생활의 기준과 규범이 된다. 신조는 그 교회전통이 이해하고 해석한 기독교 신앙을 공식적으로 표명한 신앙이기 때문에 그 교회전통의 체제 내에서는 법적 강제력을 가진다. 그러므로 그 교단체제 내에서는 신조에 일치하지 않는 견해나 주장이 허용되지 않는다. 신조는 그 교단이 객관화한 기독교 신앙이므로 그 신앙의 내용에 대한 어떤 다른 개인적, 주관적 이해나 해석도 허용하지 않는다.

신조(creed)라는 말은 '*credo*'(I believe)라는 라틴어 동사에서 나온 말이다. 이 단어의 원래 의미에 따라 신조는 원래 간단한 신앙고백문(confession)이었다.[11] 1-2세기의 교인들은 대체로 교육을 제대로 받지 못한 서민 이하 계층의 사람들이 주류를 이루었다. 교회는 이러한 교인들이 침례를 받기 위한 신앙고백을 할 수 있도록 간단한 신앙고백 진술문들을 만들기 시작했고, 이것은 곧 침례문답(baptismal catechism)으로 발전했다. 교회는 이러한 신앙고백의 진술문들을 다양하게 사용했다. 교인들의 신앙고백을 돕는 역할 이외에도 교인들을 교육하는 일, 교인들이 복음을 설명하고 전하는 일, 한 교회 혹은 여러 교회들이 신앙의 공감대를 형성하는 일, 그리고 이단 사상과 구별하고 차별화하는 일을 위해 사용되었다. 이것은 교회가 실제적 신앙생활의 범주에서 신앙의 가이드라인으로 사용한 것이었다.

신조가 단순히 신앙의 가이드라인의 범주를 넘어 신앙에 관한 교회의 권위적, 공식적 진리선언문이 되기 시작한 것은 특히 이단과 정통을 구

---

11) 신조라는 말이 원래 의미하는 바는 신앙고백이지만 역사적으로 신앙고백(confession)이라는 말과는 분명히 구별되는 용어이므로 여기서는 두 용어를 서로 다른 의미로 사용한다.

별하는 과정에서 점차적으로 나타난 일이었다. 어떤 일의 반복은 습관과 관례가 되고, 습관과 관례는 점차 기정사실화되며, 더 나아가 기준과 규범이 된다. 교회가 오랫동안 이단과 싸우고 그들과 차별화하면서 정통 기독교 신앙을 확정해나가는 과정에서 신조는 원래의 기능(function)에서 벗어나서 기준(standard)과 규범(rule)이 되면서 서서히 정통의 상징(symbol)이 되었다. 이러한 신조에 의해서 규정되고 표방된 교회가 바로 제도교회이다. 즉, 제도교회는 교권에 의해 공식적으로 인정된(공인된) '신조'나 '공식 신학'(official theology)에 의해 규정된 교회이다.

신조주의는 교회를 제도화하는 중요한 도구와 수단이 되었다. 교회는 신조를 통하여 기독교의 비가시적 진리들을 가시화하고, 논리화하고, 객관화하면서 기독교 신앙에 대한 다양하고 새로운 이해의 가능성을 배제하기 시작했고, 획일화된 신앙을 강요하기 시작했다. 교회가 신조를 통하여 교리와 신학의 획일화를 추구했다는 사실은 그것을 교권을 수호하는 이데올로기의 도구로 삼았음을 말한다. 신조주의가 제도교회의 중요한 특성이 되면서 '영적' 차원의 신앙을 퇴조시킨 것은 그것이 신앙을 객관화하고 규정화했기 때문이다. 이 역시 사제주의와 함께 신앙의 개인적 차원을 훼손했고, 신앙에 있어서 개인의 주체적 역량을 위축시킬 수밖에 없었다. 신조주의의 틀 안에서 각 신자는 스스로 성서를 읽고, 이해하고, 해석하는 일에 있어서 수동적 위치에 놓일 수밖에 없기 때문이다.

4) 국가교회주의(State-churchism)

역사적으로 기독교가 맞은 가장 큰 변혁은 4세기 초 로마의 황제 콘스탄티누스(Constantinus)와 관련된 일련의 사건일 것이다. 나중에 좀 더 소상하게 이 부분을 다루겠지만, 4세초 이후 로마 황제가 기독교인이 되고, 기독교가 급격하게 로마제국의 종교가 되어가는 과정에서, 교회는 소위 '국가교회'(state church)의 형태로 발전하기 시작했다. 기독교는 과거에 제국 내에서 로마의 종교가 했던 역할을 대신하게 되었고 제국의 시민종교(civil religion)로 대체되었다. 이것은 기독교의 근본적 정체성에 심대한 변화를 가져왔다. 제국 내에서 그들의 삶의 방식은 '문화 친화적으로' 바뀌었고, 그들의 가치관은 세상의 가치관과 뒤섞이기 시작했으며, 제국과 세상의 방식들은 쉽게 교회의 방식이 되기 시작했다.

교회의 제도화는 국가 체제 안에서 급격하게 이루어지기 시작했다. 교회와 국가가 합일된 상황에서 교회는 국가에 의해 설립된 기관(state-established institute)으로 변모되기 시작했고 정치적 행정구획에 따라 설립되기 시작했다. 교회는 로마제국의 행정적 지역단위에 따라 교구체계화(parochialize)됨으로써 제국의 행정적 뒷받침을 받으며 발전하게 되었다. 교직 역시 제국의 계급체계와 의전(儀典)에 따라 계급화되면서(stratified) 교직위계체계(clerical hierarchy)가 급속도로 형성되기 시작했다. 교회 예배는 제국의 의전과 전례를 따라 형식화되고(formalized) 복잡한 절차로 채워졌다. 신학과 교리는 공식화되기(officialized) 시작했다. 제국이 공식적으로 인정하는 교리와 신학은 신조화되고(creedalized) 법적 권위를 가지게 되었다. 이제 신앙의 문제는 교리적, 신학적 문제를 넘어 법적인 문제가 되었다. 이러한 근본적인 변화들은 교회의 제도화를 급격하게 진행시켰다. 국가교회 체제는 교회의 제도화를 가속화시켰을 뿐 아니라 전체 교회를 교직위계체제 중심의 교회로 획일화하고 교권화 하는 데에 현실적으로 필요로 하는 힘을 정치권력으로부터 가져올 수 있게 해주었다. 국가교회 체제 안에서 교회와 기독교 신앙은 모든 국면에서 급격하게 제도화되었다. 역사적으로 나타난 교회와 국가의 관계에 대해서 제4장에서 구체적으로 다룰 것이다.

제도교회는 신앙을 객관화하고 가시화하여 신앙의 영적인 영역을 축소할 뿐 아니라 신앙의 개인적이고 자율적 정신을 훼손할 수밖에 없다. 이는 기독교 신앙을 본질에서 벗어나게 할 뿐 아니라 신앙적인 삶의 방식 근간을 위태롭게 한다. 교조주의자나 교권주의자는 오히려 이러한 신앙의 객관화를 통하여 신앙을 지킨다고 생각하지만, 사실은 그 반대의 결과를 조장할 뿐이다. 신앙의 본질에서 근본적으로 이탈한 뒤에 지키는 것은 신앙의 껍데기에 불과하며, 우상화된 신앙을 지킬 뿐이다. "예수 그리스도를 믿는 신앙은 모든 지역교회들의 삶의 토대에 있는 영적 실체이다…. 기독교 신앙에 있어서 가시적이고 만져서 알 수 있는 것은 비가시적이고 영적인 것 없이는 가치가 없다"는 에드가 멀린스(Edgar Young Mullins)의 말은 적절하다. 예를 들면, 침례의식이라는 가시적 신앙행위도 그것이 지시(指示)하는 그리스도에 대한 내적이고 영적인 믿음이 전제되지 않는다면 물에 잠기는 행위 이상도 이하도 아니다.

2. 침례교회는 하나님과의 개인적 관계를 중시한다

신앙공동체로서 교회는 개인적인 차원보다는 공동체적 차원에서 이해되어야 하는 것은 두 말할 나위가 없다. 역사적으로 기독교는 이 부분에 있어서 상당히 충실한 모습들을 보여주었다. 아마 이 부분에 있어서 지나치게 충실했던 것이 문제였다고 말해야 할지 모른다. 초기 기독교가 박해라는 외부적 공격으로부터 믿음을 지키고 이단 문제와 같은 내부적 진통들로부터 교회의 분열을 일사불란하게 막기 위하여 자구책으로 발전시킨 교회 정치체제(church polity)와 교리의 획일화(standardization)는 신앙의 개인적 측면을 심대하게 훼손하였다. 이는 한 개인의 주체적이고 자율적인 신앙을 심각하게 억제시켰고, 수동적이고 의존적인 신앙을 양산했다. 제도화된 교회는 하나님과 각 신자 사이에서 중개자임을 자처하게 되었고, 각 신자와 하나님 간의 직접적 관계를 인정하지 않기 시작했다. 교직자들은 신자들이 신앙적으로 홀로 설 수 있도록 가르치고 양육하는 일보다는 매사에 그들에게 의존하도록 함으로써 그들의 교직자로서의 역할이 점차적으로 구약의 제사장 역할로 회귀하는 모습을 보여주었다. 교직자들은 소위 '신앙대행업자'가 되었고, 신자들은 '신앙의뢰자'가 되어갔다. 이러한 현상은 신앙에 있어서 하나님과의 직접적이고 개인적인 관계를 심각하게 약화시켰다. 그러므로 침례교회가 신앙의 개인적 차원을 강조한다는 말이 거꾸로 신앙의 공동체성을 강조하지 않는다는 말로 이해되어서는 안 된다. 그들은 신앙의 개인적 차원과 그것을 기반으로 이루어지는 신앙의 공동체적 차원을 모두 강조한다. 여기서 개인적 차원만을 굳이 거론하는 것은 역사적으로 교회는 공동체성을 강조하면서 신앙의 개인적 차원을 경시해왔기 때문이다.

신앙과 관련하여 신약성서를 통해 발견할 수 있는 중요한 사항들 가운데 하나는 신앙이란 개인적 회심에서 시작한다는 사실이다. 1세기 교인들에게는 복음 전도는, 때로는 설교를 통하여 한 무리에게 동시에 전하는 경우도 있었지만, 실질적으로 한 사람 한 사람에게 하는 것이었다. 그 복음을 받아들이고 회심하는 일도 한 사람 한 사람의 결단에 의해 이루어지는 일이었다. 이러한 신앙의 개인적 차원이 점차적으로 약화되기 시작한 것은, 앞에서 구체적으로 논한 바대로, 교회가 점점 제도화됨에 따라 일어난 일이었다. 교회의 제도화가 신앙의 집단화, 획일화를 조장했음은 부인하기 힘든 일이다. 이러한 현상은 교회가 국가교회 체제로 발전하게 되면서 더욱 급격하게 심화되었다. 국가교회 체제에서 신앙은 법적인 의미를 가지게 되었고, 공식 신앙(official beliefs)이 그 국가의 모든 신민에게 동일하게 강요됨으로써 신앙의 개인적 차원은 훼손될 수밖에 없었다. 법이 그 사회에서 획일적일 수밖에 없듯이 법적인 신앙 역시 획일적인 의미를 가질 수밖에 없었기 때문이다.

국가교회 체제가 공고하게 형성된 중세에 기독교가 확장되어간 과정을 보면, 복음 전도와 회심의 일이 얼마나 집단적이고 획일적인 방식으로 이루어졌는지 잘 알 수 있다. 이 책의 4장에서 좀 더 구체적인 설명이 있겠지만, 중세에 기독교의 확장은 대체로 왕들의 개종과 그 왕들이 다스리는 통치 영역의 집단적 개종에 의해서 이루어졌다. 더 나아가 기독교는, 프랑크왕국의 샤를마뉴(Charlemagne)의 경우에서 잘 드러났듯이, 기독교 군주들이 땅을 정복하는 만큼 확장되었다. 이러한 일은 16세기 개신교 종교개혁 진영에서도 별로 다르지 않았다. 개신교 개혁가들은 그들의 신학을 통하여 신앙에 있어서 하나님과의 개인적 관계를 강조했음에도 불구하고, 그들이 각 지역에서 가톨릭교회를 대체하면서 그들 고유의 교회를 세운 것은 집단적인 일이었다. 그들이 주장한 종교개혁 신앙은 각 개인들의 선택 대상이었다기보다는 각 지역을 통치했던 군주나 제후들의 선택 대상이었기 때문이다. 16세기에 유럽의 가톨릭 국가들이 새로운 대륙을 발견하고 그 지역을 기독교화 한 일도 그 지역을 정치적으로 식민지화하는 과정에서 일어난 집단적인 일이었다. 17세기에 영국에서 박해받았던 개신교도들이 '신대륙' 아메리카에 건너가 식민지를 세웠을 때도 그들의 지역에서 세운 교회는 각 개인들의 회심을 기반으로 한 교회였다기보다는 법을 기반으로 한 '집단적인' 일이었다. 국가교회의 망령은 그 오래된 역사의 시간 동안 신앙의 개인적 차원을 훼손하는 주범이었다.

하나님에 대한 인간의 신앙은 일차적으로 개인적인 차원에서 이루어지며 그 개인 이외의 어떤 인간적 중개자도 필요로 하지 않는다는 것은 신약성서의 사상이다. 침례교회는 '교회'라는 공동체를 중시하지만 그 공동체가 형성되기 이전에 각 개인이 그리스도를 통하여 하나님과 직접 화해하는 일이 먼저 전제되어야 한다는 것을 강조한다. 그리스도를 개인의 구세주요 주님으로 고백함으로써 하나님과 화해하는 일은 철저히 개인적인 차원에서 이루어진다는 것이다. 교회는 그 다음 단계에서 신앙고백한 개인들이 모여서 구성된다. 한 사람이 먼저 개인적으로 하나님과 화해하는 사건이 있고 난 다음에 교회의 구성원이 된다는 것이다. 역사적으로 제도교회는 한 개인이 하나님 앞에 직접 나아가는 신앙을 제도화하고 집단화함으로써 각 신자와 하나님과의 직접적 관계를 차단했다.

교회는 공동체이지만 교회를 구성하는 각 신자는 교회 공동체에 들어오기 전에, 즉 교회의 회원이 되기 전에, 하나님과 개인적 관계를 수립한 자들이라는 사실을 간과해서는 안 된다. 각 개인의 신앙은 공동체적이 되기 전에 철저하게 개인적인 것임을 분명히 해야 한다는 것이다. 신앙이 공동체적이기 이전에 철저히 개인적인 것임을 인정할 때 비로소 공동체 안에서 각 신자의 주체적이고 자율적인 신앙은 훼손되지 않는다. 오히려 이러한 개인적 신앙의 철저함이 교회 공동체의 정체성을 변질시키지 않는 기본적인 요구가 된다. 즉, 교회 공동체의 건전함은 개인적 신앙의 기반 위에서 가능하다는 말이다. 이러한 관점에서 개인적인 신앙은 공동체적 신앙과 대척점에 있는 것이 아니라 상호적 관계에 있다. 각 신자들의 건전한 개인적 신앙이 건전한 공동체를 만들고, 건전한 공동체가 각 신자들의 신앙을 더 성숙하게 만들어가는 삶의 현장을 제공한다.

침례교회는 이러한 관점에서 한 개인이 교회로 들어가는 자격은 철저하게 개인적인 차원에서 이해되어야 한다는 입장을 가지고 있다. 즉, 그리스도를 주로 고백하는 신앙은 철저하게 개인적인 차원에서 이해되어야 한다는 것이며, 그러한 신앙적 전제를 근거로 침례라는 공동체적 의식(儀式)을 통해 교회로 들어가는 자격이 주어진다는 것이다. 침례교회가 이러한 개인적 신앙을 중시하는 것은 한 개인과 하나님의 관계가 개인적인 차원에서 우선적으로 이해되어야 한다는 사상에 근거를 둔다. 하나님과 인간의 관계는 개인적이며 직접적인 것이라는 생각이다. 구약성서에서는 하나님과 인간의 관계가 하나님과 나라 이스라엘의 관계로 집약되면서 집단적으로 이해되었고, 이스라엘 백성이 곧 하나님의 백성이라는 등식이 성립되었다. 하나님의 말씀은 항상 나라 이스라엘 전체에 주어지는 것이었고, 제사장들과 예언자들의 활동 역시 전체를 대표하는 것이었다. 한 개인이 하나님과 관계를 맺는 일은 이스라엘이라는 나라 공동체에 들어감으로써 대리적으로만 가능하였다. 구약성서에서 구원의 개념은 하나님의 백성 가운데 포함됨으로써 하나님의 계약 공동체에 들어가는 것으로 이해되었다. 하나님과 하나님 백성 간의 관계는 언약 혹은 계약 관계로 설명되고, 이 언약은 하나님과 한 개인 간의 언약이 아니라 하나님과 전체 이스라엘의 관계로 설정되었기 때문이다.

이러한 하나님과 하나님 백성 간의 관계는 할례라는 의식을 통해서 잘 설명된다. 이스라엘 백성 가운데 아이가 태어나면 할례를 통하여 정식으로 하나님의 구원공동체에 속하게 되었다는 사실이다. 이방인도 여호와 하나님과 관계를 맺기 위해서는 할례를 통하여 하나님의 백성 가운데 속함으로써 가능했다. 즉 한 개인은 할례를 통하여 하나님께서 지정하신 특정한 집단에 소속함으로써 하나님과의 관계를 시작할 수 있었다. 할례를 통해 하나님의 백성 가운데 소속한 이후에도 한 개인의 하나님과의 관계는 직접적인 것이 아니었다. 하나님과 백성의 관계는 실제로는 대리적인 성격을 가졌다. 이스라엘 사람들은 하나님께 직접 나아가지 못했고 제사장이라는 직책을 맡은 자들의 대리적인 종교적 활동에 의존하도록 되어 있었다. 제사장의 종교적 중개 행위는 이스라엘 사람들이 하나님과 관계하는 유일한 통로였다. 이러한 대리적 종교행위는 기본적으로 죄인인 인간이 거룩한 하나님께 직접 나아갈 수 없다는 데서 비롯되었다. 죄인은 하나님께서 지정하여 정결하게 하신 특정 직위자들을 통해서만 간접적으로 하나님께 나아갈 수 있었다.

이러한 구약의 대리적 신앙은 신약 시대에 와서 전격적으로 바뀌었다. 예수 그리스도의 단 한 번의 제사장적 사역을 통해 하나님과 인간의 우주적이고 영구적인 화해가 이루어졌고, 구약의 대리적인 제사행위는 종식되었다. 하나님과의 관계는 이제 반복되는 제사행위를 통해서가 아니라 그리스도를 믿는 믿음으로 대체되었다. 십자가 사역이라는 그리스도의 단 한 번의 '대리행위'를 통해서 하나님과 인간의 관계는 열렸고, 각 사람은 그리스도를 믿는 믿음으로 그 관계에 들어갈 수 있게 된 것이다. 이제 구원은 하나님의 백성에 속함으로써가 아니라 그리스도를 개인의 구세주와 주님으로 받아들임으로써 가능하게 되었고, 이것은 집단적이 아니라 철저히 개인적으로 이해된다. 각 개인이 그리스도 안에서 하나님과의 관계를 회복한다는 것이다. 여기에는 어떠한 대리 신앙의 개념도 없다. 그러므로 신앙의 개인적 차원을 강조한다는 말은 한 개인과 하나님의 직접적 관계를 강조하는 말과 일맥상통한다.

침례교회가 강조하는 신앙의 개인적 차원을 가장 잘 표현한 말은 멀린스(Mullins)가 그의 「기독교 신앙의 6대 공리」(*The Axioms of Religion*)에서 역설한 '영혼의 역량'(Soul's Competency) 개념이다. 그는 신앙에 있어서 영혼의 역량(혹은 유능성) 개념은 침례교회가 "인류의 신앙적 삶과 사상에 끼친 고유의 공헌"이며 침례교회가 가진 역사적 의미라고 말한다.[12] 그는 영혼의 역량이 의미하는 바를 여섯 가지 공리(axiom)로 정리한다: 1) 신학적 공리: 거룩한 사랑의 하나님의 주권을 인정한다는 것; 2) 신앙적 공리: 모든 사람들이 동등하게 하나님께 직접 나아갈 권리를 가진다는 것; 3) 교회적 공리: 모든 신자들은 교회에서 동등한 권리를 가진다는 것; 4) 도덕적 공리: 인간은 책임을 가지기 위해 자유로워야 한다는 것; 5) 종교적, 시민적 공리: 자유로운 국가 내의 자유로운 교회; 6) 사회적 공리: 이웃을 자신의 몸처럼 사랑하는 것.[13]

멀린스가 '영혼의 역량'을 강조하는 것은 그것이 다음과 같은 침례교회의 주요 사상들을 뒷받침하는 기초가 되기 때문이다: 1) 모든 사람이

---

12) E. Y. Mullins and Herschel Hobbs, 「기독교 신앙의 6대 공리」, 김용복 역 (대전: 침례신학대학교출판부, 2005), 48-50; Herschel Hobbs, *The Baptist Faith and Message*, 2nd ed. (Nashville, TN: Convention Press, 1996), 10-11.

13) Mullins and Hobbs, 「기독교 신앙의 6대 공리」, 75-76; Hobbs, *Baptist Faith and Message*, 12.

하나님과 직접 만나야 한다는 사상; 2) 신앙이 하나님과 인간의 영혼 사이의 개인적 문제이며, 어떤 형태의 대리 신앙도 배제한다는 사상; 3) 모든 인간은 하나님께 직접 반응할 수 있는 권리가 있다는 사상; 4) 하나님과 인간 사이에는 어떤 외부적 권위도 개입될 수 없다는 사상; 5) 모든 신자는 영혼의 자유를 가지며, 동시에 그에 따른 윤리적 책임성을 가진다는 사상 등이다.[14)]

허셸 홉스(Herschel Hobbs)는 '영혼의 역량'이 "인간의 자부심(self-sufficiency)' 차원에서 말하는 역량이 아니라 하나님 아래서의 역량을 의미한다"고 전제한다.[15)] 이것은 단순히 하나님과 무관한 상태에서의 인간의 능력을 의미하는 것이 아니라 하나님께서 주신 역량이라는 의미이다. 그는 또 이 개념이 "죄와 인간의 능력 문제를 도덕적, 신학적 의미에 기반을 두는 것이 아니며, 성서와 별개의 의미로 있는 것이 아니"라는 것을 분명히 한다. 그는 이것이 신약성서의 원리임을 그리고 하나님의 본성과 인간의 본성 모두에 기반을 두고 있다고 표방한다.[16)] 홉스는 이러한 멀린스의 생각을 다음과 같이 적절하게 설명한다: "하나님께서는 인간들을 하나님의 형상대로 지으셨고, 그들에게 이성적 능력과 선택의 특권을 주셨다. 인간은 선택의 자유와 역량을 가지고 있으며, 동시에 그 선택에 대한 책임도 진다. 하나님과 인간 사이의 관계를 하나님의 계시와 인간의 계시에 대한 자율적 반응으로 이해하는 것은 신구약성서는 전체를 관통하는 사상이다."[17)]

저명한 침례교회 지도자요 신학자인 월터 셔던(Walter Shurden)이 영혼의 역량을 "신조의 강요나 목사의 간섭, 시민정부의 방해 없이 모든 개인이 하나님과 교제할 수 있는, 양도할 수 없는 권리와 의무가 침례교인

14) Mullins and Hobbs, 「기독교 신앙의 6대 공리」, 67-70.

15) Hobbs, *Baptist Faith and Message*, 11.

16) Ibid.

17) Ibid.

들 안에 있다는 역사적인 확신"[18]이라고 단언하듯이 하나님과 개인적으로 관계를 회복한 자들이 하나님과 함께 하고 하나님을 따르는 모든 신앙의 영역에서 영혼의 역량을 가지고 있다는 것은 기독교의 개인적 신앙을 말할 수 있는 중요한 전제가 된다. 그러므로 홉스는 침례교인이 신앙의 문제에 있어서 다른 사람 혹은 다른 침례교인을 강요하는 일을 한다면 그는 침례교회 신앙의 기본에 어긋난 행위를 하는 셈이라고 말한다.[19] 이는 신앙을 선택하는 데 있어서 한 개인의 자유가 하나님으로부터 부여받은 고유의 권리이기 때문이다. 흔히 신앙에 있어서 개인의 역량과 자유를 강조하는 것은 '신앙 방임주의'를 허용하는 것이 아닌가 하는 우려를 가질 수 있다. 이에 대해 홉스는 한 개인의 신앙적 역량은 "성서의 권위와 예수 그리스도의 주되심"을 수반한다고 강조한다.[20] 이는 한 개인이 아무런 신앙을 가져도 된다는 것이 아니라 성서의 가르침을 따르며 그리스도의 주님으로 고백하는 신앙이 언제든지 그의 신앙을 올바른 방향으로 인도하는 중요한 잣대가 된다는 것을 의미한다.

3. 침례교회는 신앙의 자율성을 강조한다

윌리엄 브래크니(William Brackney)는 자율성(voluntarism)을 "침례교 신앙의 가장 중요한 특징 가운데 하나"라고 하면서 "침례교 신학과 정체성, 그리고 그 역사에는 자원주의의 정신으로 충만해 있다"고 말한다.[21] 침례교회는 어떠한 경우에도 강요된 신앙을 배격한다. 하나님께서는 각자의 양심의 자유에 따라 하나님에 대한 신앙을 자율적으로 선택하기를

---

18) Walter B. Shurden, 「침례교회의 정체성: 신앙 안에서 지켜야 할 네 가지 자유들」, 김태식 옮김 (서울: 서로사랑, 1999), 22.

19) Hobbs, *Baptist Faith and Message*, 12.

20) Ibid., 12-13.

21) William H. Brackney, "자원주의는 침례교 신앙전통의 핵심요소다," 「21세기 속의 1세기 신앙」, 149.

바란다는 것이다. 이에 따라 양심의 자유와 종교자유의 정신은 침례교회 안에 흐르고 있는 피와 같다.

멀린스의 '영혼의 역량' 개념도 개인의 신앙적 자율성에 근거한다. 한 인간에게 하나님이 부여해준 '역량'이 있다면 그 역량의 범위 안에서 자율성을 가진다는 것이다. 이 자율성은 신앙의 주체적 역량과 밀접한 관계를 가진다. 영혼의 역량과 자율성은 하나님이 각 사람에게 부여한 특권이다. 신구약성서를 통틀어 하나님은 인간들에게 다양한 계시의 채널을 통해서 어떻게 살아야 하는가에 대한 가르침과 교훈을 주지만, 그것을 강제적으로 요구하는 경우는 없다.

브래크니는 신앙의 자율성이 가지는 의미를 두 가지로 설명한다. 첫째, 자율성은 "역동적인 사랑을 자극한다." 이 정신은 기독교의 "이상이나 목적을 위해서 적극적으로 참여하고자 하는 동기를 유발한다"는 것이다. 강제화되고 강요된 일은 긍정적인 동기유발을 가져올 수 없기 때문이다. 둘째, 자율성은 "서로 다른 견해에 대해서 적극적인 관심을 갖게 한다." 신앙의 자율성은 기독교 신앙의 다양성을 인정하고 그 가치를 인식하게 만든다. 다양성 가운데 있는 자발적인 상호협력의 정신이 역사를 통해서 침례교인들이 보여준 역량이었다는 것이다.[22)]

신앙의 자율성은 침례교회가 표방하는 여러 가지 입장과 정신의 기반이 된다. 가장 먼저 침례교인들은 이 정신에 기초하여 강요된 신앙을 반대하고 양심의 자유와 완전한 종교자유를 역설한다. 아무리 옳은 일이라 할지라도 그것을 강요할 수 없으며 각 개인의 양심적 선택을 존중해야 한다는 것이다. 한 개인이 그리스도를 고백하는 신앙에 이르는 것도 자율적인 선택이며, 그가 침례를 받고 교회로 들어오는 일도 자율적인 일이며, 교회의 사역에 참여하는 일도 자발적인 일이다. 지역

22) Ibid., 158-60.

교회가 지방회나 총회에 참여하는 것도 자율적인 선택에 의해서 이루어진다.[23)]

각 개인의 신앙의 자율성은 또한 신앙에 대한 개인적 책임성을 전제로 한다. 하나님은 인간에게 자유를 주었지만, 그와 동시에 삶의 방식에 관하여 '하나님의 제안'을 받아들이지 않아서 생기는 결과에 대해서는 책임을 묻는다는 것이다. 이러한 하나님의 제안을 받아들이지 않으면 형벌의 대가를 치를 것이라는 경고 자체가 강제성을 가지는 것이 아닌가라고 반문할 수 있을지 모른다. 그러나 그것은 보복의 차원에서 이해되어서는 안 된다. 하나님은 그의 창조 질서와 섭리 안에서 인간이 가장 복되고 올바르게 살아가는 방식을 가르치고 제안했고, 인간은 그 제안을 선택하지 않았기 때문에 창조의 질서와 섭리에 따라 그 결과를 맞이하게 되는 것일 뿐이다. 즉, 하나님은 인간이 세상에서 가장 이상적인 존재양식을 취하고 살기를 원하기 때문에 그 방식을 인간에게 계시했지만, 그 양식을 취하는 것은 인간의 자발적인 선택에 달렸고, 그 선택의 결과는 당연히 선택의 주체였던 인간에게 있다는 것이다. 인간의 자율성과 책임성은 모두 인간에게 주체적 역량이 있음을 시사한다.

교회는 오랫동안 신조주의, 사제주의, 국가교회주의 체제에서 신앙의 자율성을 상실했다. 신앙의 획일화와 규범화, 사제를 통한 대리 신앙 활동, 그리고 신앙에 대한 국가의 통제는 기독교인들을 수동적이고 타율적인 존재로 만들었다.

제도교회는 제도화된 믿음(institutionalized faith)을 양산한다. 영화 "쇼생크탈출"(Shawshank Redemption)의 한 장면은 교회의 제도화와 관련하여 중요한 메시지를 선사한다. 극중에는 교도소에서 거의 평생을 보낸

---

23) 브래크니는 기독교 사역에서 이러한 신앙의 자율성이 각 지역교회 내에서 회중중심적인 차원에서 각 신자가 사역에 스스로 참여하는 일에 스스로 깨어 있어야 한다는 것과 지역교회가 지방회 및 총회와 어떤 관계에 있어야 하는지를 가르쳐준다고 말한다. Ibid., 161.

노인이 출소한 뒤에 자살하는 사건이 나온다. 사실 그 노인은 교도소 바깥에 나가는 것을 두려워했기 때문에 교도소에 계속 남기 위하여 다른 수감자를 위해하는 일을 저질렀다. 교도소는 그의 의지와는 상관없이 그를 출소시켰다. 결과는 우려한 바대로 그의 자살로 마무리되었다. 그 소식을 들은 동료 수감자들은 슬퍼했다. 그때 '레드'(Red, 모건 프리먼 分)가 "그는 지나치게 제도화되었다"(he was too much institutionalized)고 토로한다. 그는 너무 오랫동안 교도소라는 '시설'(institution)에 길들여졌다는 것이다. 거기서는 아무리 작은 일이라도 시설이 정해놓은 바에 따라서 해야 했기 때문에 자율적으로 할 수 있는 일이 없었다. 오랫동안 그러한 생활에 익숙해진 나머지 그는 자유스러운 바깥의 삶에 적응하지 못한 끝에 자살한 것이다. 영화는 출소자가 교도소 바깥에서는 화장실 가는 일조차 자율적으로 하지 못하고 승낙을 받는 모습을 보여준다. 이 이야기는 한 인간의 삶과 사상이 제도화된 결과로 인간으로서의 주체적 역량을 상실했을 때, 그가 세상 안에서 얼마나 수동적이고 나약한 존재가 될 수 있는지를 잘 보여준다. 제도화된 교회가 가지는 위험성이 바로 여기에 있다.

특정한 가시적 체제 혹은 제도 내에서 획일화되고 고착화된 방식으로 신앙이 길들여지는 것은 수동적이고 종속적 신앙을 양산할 뿐이다. 그러한 신앙으로는 결코 그리스도 안에서 자유를 경험할 수 없고 신앙인의 주체적 역량을 발휘할 수 없다. 신앙은 그리스도와 함께 알 수 없는 미래를 향해서 나아가는 여정(journey)이요 모험(venture)이다. 신앙은 한정되고 규격화된 체제 내에 머물고 갇혀서 객체화되는 것이 아니라 고착화된 세상의 체제와 편견과 왜곡을 해체하면서 역사(시간과 공간)를 열어가는 주체적 역량이다. 그리스도 안에서 신앙인이 된다는 것은 하나님의 창조 세계 안에서 그 세계를 역동적으로 이끌어가는 주체적 존재로 회복되었음을 의미한다. 그리스도를 통하여 하나님과의 관계를 회복한 존재는 "생육하고 번성하여 땅에 충만하라, 땅을 정복하라, 바다의 물고기와 하늘의 새와 땅에 움직이는 모든 생물을 다스리라"(창1:28)는 하나님의 명령에 따라 하나님의 피조 세계를 주체적으로 돌보고 관리하는 청지기의 역량을 회복한 자이다.

신앙의 제도화는 그 제도의 선악 여부를 떠나 그 자체가 기독교 신앙에 역행하는 일이다. 그것은 우리를 향한 하나님의 뜻을 '체제'(system)라는 박스에 가두는 일이다. 그것은 우리 안에 있는 그리스도를 가두는 일이며 이 역사 속에서 우리를 인도하고 이끌어가는 성령을 인간의 체제 내에 제한시키는 일이다. 기독교 교회는 세상이 인간에게 머물기를 강요하는 체제에 대한 대안 체제가 되어야 한다. 세상 체제는 인간을 그 안에 가두기를 원하지만, 교회는 세상체제의 대척점에 서서 인간을 해방시키는 체제가 되어야 한다. 그러므로 기독교 신앙은 사람을 가두고 제한하는 수단이 되어서는 안 되며 사람을 전인격적으로 열어가는 주체적 존재로 만드는 강력한 동인이 되어야 한다. 세상 체제가 인간을 소모시키고 탈인간화시킨다면, 교회는 그러한 체제에서 인간을 탈출시켜 불러내는 대안적 위치에 있어야 한다. 제도교회는 세상체제를 닮은 교회이다. 국가교회주의가 어떻게 교회를 급격하게 제도화시켰는지를 보면 쉽게 이해될 것이다. 역사적으로 제도교회는 신앙 공동체를 세상체제화 함으로써 이루어진 비교회(non-church)이다. 다른 표현으로, 교회는 제도교회화 됨으로써 비교회화되었다.

침례교회가 영적 차원을 강조한다는 것은 기독교 신앙이 신앙의 영적인 차원을 기초로 하거나 전제로 하지 않고 가시적인 조직과 체계를 우선해온 데 대해 부정적인 입장을 취한다는 것을 말한다. 이는 가시적 체계를 부정하는 것이 아니라 그리스도를 따르는 참 신앙과 생활방식이 그 체계를 선행한다는 것, 그 체계는 신앙의 절대적 요소가 될 수 없고 가변적인 것이라는 것을 인정해야 한다는 말이다. 나중에도 논의되겠지만, 교회가 지상(地上)의 가시적 공동체임을 부정하는 것이 아니라, 그 공동체의 가시적 조직과 체계는 신앙의 영적 차원을 전제로 해야 한다는 말이다. 침례교회 역사가 헨리 베더(Henry Vedder)가 "침례교회는 교회가 세상의 체계가 아니라 영적 삶의 기초 위에 조직된 영적 체계(몸)임을 항상 주장해왔다"고 한 것은 이러한 사실을 잘 반영한 말이다.[24) 침례교회가 침례라는 의식(儀式)보다 그 의식이 가리키는 내적 신앙의 중요성을 강조하고, 가시적 교회는 그 교회를 구성하는 사람들이 영적 신앙생활에 있어서 주체적인 역량을 가진 참 신앙인들이어야 함을 강조하는 이유는 여기에 있다.

제도교회와 성령

제도교회의 특징들이 신앙의 '영적' 측면을 약화시키는 것은 또한 신앙생활에 있어서 성령의 활동과 역할을 제한하는 데 있다. 성령의 활동이 가시적 제도와 제도화된 교회 내로 제한된 것은 가톨릭교회의 한계이다. 교회 내에서 사제가 정해진 방식대로 온전하게 예전을 집례하기만 하면 성령의 역사가 자동적으로 일어나서 하나님의 은혜가 수례자(受禮者)에게 전달된다고 하는 것은 성령을 신자의 마음에 임하여 그 마음을 변화시키고 이끌어가는 '인격적 존재'(*persona*)로 보기보다는 마치 가시적 제도에 내재되어 있는 영적 힘(*dynamis*)에 불과한 존재로 전락시키는 위험이 있다. 이는 기독교가 역사적으로 이단시했던 소위 '역동적 단일신론'(Dynamic Monarchianism)에서 의미하는 성령의 개념을 연상하게 만든다.[25) 이 논리에 의하면 그리스도는 단순히 하나님의 능력(dynamis)이

---

24) Henry C. Vedder, *A Short History of the Baptists* (Philadelphia: American Baptist Publication Society, 1907), 410.

25) 여기서 'dynamic'이라는 말을 '역동적'이라고 번역한 것은 그렇게 적절하지 못하다. 그리스도를 본래적으로 '신성'을 가진 존재로 보지 않고 인간으로 태어났으나 어느 시점에 하나님의 아들로 채택되어 하나님의 능력(*dynamis*)을 입은 자로 본다는 점에서 'dynamic'이

임한 존재이다. 이때 하나님의 능력은 바로 하나님의 영, 곧 성령으로 이해된다. 이는 또한 '성령훼방론'(Pneumatomachianism)을 연상시킨다.

성령의 활동이 가시적 신앙의 테두리(형태)에 한정되어 있다고 할 때 발생할 수 있는 또 다른 문제는 성령의 수동성이다. 가톨릭의 예전주의와 제도교회 개념은 성령을 단순히 사람의 작용(action)에 반작용(reaction)하는 존재, 혹은 조건반사적 존재로 만든다. 여기서 성령은 인간을 격려하고 깨닫게 하여 그의 부족함과 오류를 뛰어넘어 역사의 미래를 향하여 나아가도록 인도하는 역동적인 모습보다는 가시적 체제 안에 정체되어 있는 수동적 '반응자'(reactor)의 모습으로 나타나기 마련이다. 가시적 예전에서 성령은 '기계적으로'(mechanically) 반응하는 존재로 비쳐진다.

성령이 제도교회라는 가시적 체제의 범위 안에서 이해될 때 성령과 각 신자 간의 직접적인 관계의 여지는 없어진다. 이 체제에서 성령의 역사는 가시적 예전과 사제를 통해서만이 각 신자에게 전달된다고 말하기 때문에 각 신자와 성령 간에 인격적이고 직접적인 만남은 기대할 수 없다. 침례교회의 특성을 보면 전반적으로 한 신자가 성령의 인도를 직접 경험한다는 사실을 전제로 하고 있음을 본다. 성령은 가시적 제도를 통해서 신자에게 오는 것이 아니라 직접 각 신자에게 온다는 것이다. 침례교회의 신앙적, 교회론적 특성은 항상 이러한 침례교회의 '성령주의'(Spiritualism)를 그 바탕으로 하고 있음을 기억하는 것이 그 특성들을 이해하는 데에 도움을 줄 것이다.

라는 용어가 사용되었기 때문에 문맥에 맞는 번역 용어가 사용될 필요가 있다.

제2장

침례교회와 성서

"하나님께서 말씀하셨고 우리는 그것을 믿으며 그것으로 다 해결된다."[1] 윌리엄 브랙크니(William Brackney)는 이 말이 기독교인의 삶에서 성서의 역할을 이해하는 침례교회의 정신을 잘 묘사한 것이라고 말한다.[2] 침례교인들은 역사적으로 '성서의 사람들'(people of the Book)로 불려 왔다. 이 말은 역사적으로 자타가 공인하는 바며 그들을 설명하는 가장 적절한 표현으로 여겨져 왔다.[3] 버트 도미니(Bert B. Dominy)도 "침례교인들을 이해하기 위해서는 먼저 성서에 대한 그들의 헌신에 대해 이해해야 한다"고 말한다.[4] 침례교인들은 처음부터 성서주의자들이었다. 그들은 성서를 그들의 신앙, 신학, 윤리의 원천일 뿐 아니라 최종적인, 유일한 권위로 인정했으며, 이 사상은 그들의 역사를 규정했고 그들의 삶을

1) William H. Brackney, *The Baptists*, foreworded by Henry Warner Bowden (London: Praeger, 1994), 23.

2) 남병두, "한국 침례교회와 사도신경," 「다문화 속의 한국침례교회」 (대전: 침례신학대학고 출판부, 2009), 166.

3) Herschel H. Hobbs, *The Baptist Faith and Message* (Nashville, TN: Convention Press, 1971), 19.

4) Bert B. Dominy, "Doctrine," *Baptists: History, Distinctives, Relationships*, ed. Eugene E. Greer, Jr. (Dallas, TX: Church Services Division of Baptist General Convention of Texas, 1996), 28.

결정했다.

1. 침례교회 역사와 성서

침례교회의 시작에 관하여 논할 때 어떤 경우에도 성서의 역할을 무시하고는 가능하지 않다.[5] 존 스마이스(John Smyth)와 토마스 헬위스(Thomas Helwys)가 네덜란드에서 첫 침례교회를 설립하게 된 배경에는 새로운 시각으로 성서를 읽고 신약성서적 교회에 대한 새로운 깨달음을 얻고 난 뒤였다.[6] 성서가 첫 침례교회 설립에 결정적인 역할을 했음을 부인하기는 힘들다. 침례교회가 16세기 종교개혁 운동의 산물인 이유 중의 하나도 침례교회와 성서의 관계에 있다고 해야 할 것이다. '오직 성서'(*sola scriptura*)라는 말이 개신교 종교개혁의 가장 중요한 모토 가운데 하나라고 할 때, 침례교회는 바로 그 모토가 낳은 충실한 제자들 가운데 하나라고 할 수 있다. 심지어는 종교개혁 운동의 결과로 설립된 여러 개신교단들 가운데서도 침례교회는 이 부분에 있어서 단연 두드러진다. 침례교회를 16세기 종교개혁 이후에 형성된 개신교 전통 내에서 이해해야 할 중요한 하나의 근거는 바로 그들의 성서에 대한 태도에 있다고 말할 수 있다. 더 나아가 그들은 어떤 다른 개신교단에 비하여도 성서에 집착하는 모습을 보여주었다. 그들의 신앙고백서들과 출판물들을 보더라도 성서를 그렇게 빈번하게 사용하는 교단은 드물었다. 그들이 공중토론회에서 논쟁할 때도 누구보다도 성서를 자주 사용했다. "성서는 무엇이라

---

5) H. Leon McBeth, "Baptists Before 1845," in *Baptists: History, Distinctives, Relationships*, ed. E. Eugene Greer, Jr. (Dallas, TX: Church Services Division of Baptist General Convention of Texas, 1996), 2.

6) 존 스마이스는 네덜란드 암스테르담에서 직접적으로 접촉하게 된 메노파의 영향으로 새로운 시각이 열렸고, 그 시각으로 신약성서를 재검토한 결과 메노파가 주장하는 신자의 침례와 신자의 교회 개념이 신약성서적 행습임을 깨닫게 되었다. 남병두, "침례교회 기원," 「침례교회 정체성: 역사, 신학, 실천」 (대전: 침례신학대학교출판부, 2014), 240.

고 하는가?" 그리고 "성서가 그렇게 가르치고 있는가?"라는 질문은 그들에게 일상적인 일이었다.[7)]

초기 침례교회의 신앙고백서들만큼 '오직 성서'의 정신을 잘 반영한 경우는 드물다. 실질적으로 최초의 일반침례교회 신앙고백서로 봐야 할 1611년의 "네덜란드의 암스테르담에 남아 있는 영국 사람들의 신앙선언서"(A Declaration of Faith of English People Remaining at Amsterdam in Holland)는 9항에서 성서를 그리스도께서 주신 언약서로 묘사하면서 "온 시대를 걸쳐 모든 사람들이 준수해야 할 완전 절대의 규범"이라고 했고 23항에서는 "모든 것에 관한 유일한 규범으로서 하나님의 거룩한 말씀" 이라고 했다.[8)] 13항에서도 성서에 있는 "초대교회의 관례와 실천"이 기본적인 신앙의 원천이라고 말하고 "어떤 다른 방식으로나 다른 종류의 사람들에 의해 구성된 그리스도의 성경"을 따라서는 안 된다고 언급하고 있다.[9)] 1660년의 "표준신앙고백서"(Standard Confession)에서는 "성서는 성도들이 믿음과 교제의 문제를 규정하는 표준"이라고 했다.[10)]

특수침례교회가 1644년에 발표한 최초의 신앙고백서인 "제1 런던신앙

7) H. Leon McBeth, 「침례교회의 역사와 유산」, 김용국, 남병두, 장수한 역, 침례교신학연구소 편 (대전: 침례신학대학교출판부, 2013), 93. 침례교인들은 그들 역사의 초기 이후로 지속적으로 성경연구 자료들을 펴내는 일을 멈추지 않았다. 윌리엄 브래크니는 초기 침례교인들의 성서공부 안내서들 가운데 대표적인 것을 다음과 같이 꼽았다: 배버솔 파월(Vavasor Powell)의 「새롭고 유용한 성서 용어색인」(*A New and Useful Concordance to the Holy Bible*, 1671), 헨리 제시(Henry Jessey)의 「절기개혁을 위한 성서적 동기들」(*Scripture Motives for Calendar Reformation*), 헨리 로렌스(Henry Lawrence)의 「성서와 기독교규범 사용 주장과 옹호에 이바지할 몇 가지 고려들」(*Some Considerations Tending to the Asserting and Vindicating of the Use of Holy Scriptures and Christian Ordinances*, 1649), 벤저민 베도움(Benjamin Beddome)의 「침례교회 교리문답의 성서적 해설」(*Scriptural Exposition of the Baptist Catechism*, 1752), 존 길(John Gill)의 「성서 주석」(Exposition of Scripture, 1780), 토마스 볼드윈(Thomas Baldwin)의 「교리문답서」(*Catechism*, 1818). Brackney, *Baptists*, 34.

8) Lumpkin, 「침례교 신앙고백서」, 146, 149.

9) Ibid., 147.

10) Ibid., 277.

고백서"의 7항은 성서를 "예배와 하나님의 사역, 그리고 모든 다른 기독교인들의 책무들에 관한 지식과 믿음과 순종의 규범"으로, 8항에서는 "기독교인들의 삶을 위한 하나님의 단순하고도 충분한 계시"로 묘사한다. 1677년의 "제2런던신앙고백서"는 자연과 피조 세계 안에서도 하나님에 관한 지식들이 발견될 수 있지만, 그것은 사람들로 하여금 하나님의 뜻을 알고 구원을 얻기에 불충분하다고 전제하면서 성서야말로 "모든 구원의 지식, 믿음, 복종에 대한 충분하고, 확실하고, 오류 없는 유일한 원칙"[11]이며 "온갖 종교논쟁에서 교회는 최종적으로 성서에 호소해야 한다"[12]고 강조한다.

미국 남침례교단(Southern Baptists)의 대표적인 신앙고백서인 "침례교 신앙과 교훈"(The Baptist Faith and Message)도 그 첫 항을 "신앙의 토대"(Foundation of the Faith)라는 제목과 "우리를 깎아 만든 돌"(The Rock Whence We are Hewn)이라는 부제와 함께 "성서"로 시작한다.[13] 성서가 침례교회를 세우고, 침례교인들을 만들었다는 의미심장한 표현이다. 아래에서는 실제로 신약성서를 읽고 신자침례와 신자들의 교회를 재발견한 역사적 사례들을 소개한다.

신약성서가 침례교인을 만든 역사적 사례들

침례교회의 역사 가운데는 성서를 새로운 시각으로 읽고 침례교회 신앙으로 회심한 경우가 많이 있었다. 침례교인들의 복음 증거 활동의 직접적 결과로 침례교회이 신앙을 받아들인 경우들을 제외하고도 성서를 통해 스스로 침례교회 신앙에 도달한 사람들도 많이 있었다. 그 가운데 대표적인 몇 가지 사례를 살펴보는 일은 흥미로운 일이다. 우선 일단의

11) Ibid., 294.
12) Ibid., 297.
13) Hobbs, *The Baptist Faith and Message*, 9-10.

영국인들이 네덜란드에서 최초의 침례교회를 설립했을 때도 그들의 결정은 신약성서를 탐구하면서 신자침례와 신자들의 교회가 성서적 가르침이라는 것을 최종적으로 확인한 후였다. 존 스마이스와 그의 무리는 이미 영국에서부터 확고한 분리주의(Separatism) 입장에 있었고 성서를 그들 신앙의 최종적 권위로 받아들이고 있었다. 결론적으로 그들이 신자들의 교회로서 침례교회를 설립하게 된 것은 암스테르담에서 접촉한 메노파의 교회론에 대한 성서적 검증 결과라고 말할 수 있다. 그들은 메노파와의 접촉을 통하여 새로운 교회론과 구원론에 눈을 뜨게 되었지만 성서적 검증 없이는 아니었다. 그들이 분리주의 입장에 머물지 않고 새로운 교회전통을 세운 것은 신약성서를 통한 그들의 새로운 확신에서 비롯되었다.[14)]

1770년 영국 침례교회 역사에서 중요한 사건이 있었다. 그것은 '일반침례교회 뉴커넥션'(New Connection of General Baptists)이라는 단체의 설립이었다. 이는 20명에 달하는 목회자들이 당시 일반침례교회의 신학적 오류와 교단적 쇠퇴의 상황에서 새로운 연합체를 구성하고 새로운 활로를 찾은 일이었다. 이것은 일반침례교회의 영적 회복운동에 큰 기여를 했으며, 맥베스가 "일반침례교회가 완전히 소멸되는 것을 막아냈다"고 표현할 정도로 동 교단의 운명을 좌우했던 운동이었다.[15)] 특히 이 가운데 가장 중추적 역할을 했던 사람은 댄 테일러(Dan Taylor)였다. 그는 원래 광산 노동자였다가 웨슬리 운동에 가담하여 중요한 평신도 설교자로 활약했던 인물이었다. 그가 침례교인이 된 것은 18세기 후반부에 이르러 누적된 신학적, 교단적 문제들로 인해 몰락의 일로에 있었던 일반침례교회로서는 행운이었다. "당시에 가장 창조적이고 활동적인 탁월한 침례교 지도자"로서 테일러는 "일반침례교회의 남은 자들을 정통 교리와 복음적

14) 당시의 상황은 침례교회 기원 문제와 관련된 논의에서 좀 더 자세하게 다뤄질 것이다.
15) McBeth, 「침례교회의 역사와 유산」, 210.

열정으로 되돌려 놓았다."[16]

테일러가 웨슬리 진영을 떠나 침례교회로 넘어오게 된 것은 신자침례가 성서적 진리라고 확신하면서였다. 그는 그러한 결론에 도달한 것이 신약성서를 탐구하면서였고, 당시에 유아세례를 옹호하는 윌리엄 월(William Wall)의 「유아세례 역사」(*A History of Infant Baptism*)라는 책을 읽으면서 그 책의 의도와는 반대의 결론에 도달하게 되면서였다고, 스스로 밝혔다.[17] 새로운 시각으로 신약성서를 탐구하던 끝에 일어난 일이었다. 그가 이러한 결론에 도달한 직후에 직접 침례교회들을 찾아다니며 침례를 받으려고 한 것을 보면 그의 회심 과정에 침례교인들의 직접적인 역할은 없었다. 그가 침례교인이 된 것은 그가 유아세례를 옹호하는 글을 접하고 그 관심사에서 신약성서를 탐구하던 끝에 스스로 내린 결정에 의한 일이었다.

또 하나의 사례는 요한 온켄(Johann Oncken)의 회심 사건이다. 그는 독일 함부르크에서 최초로 침례교회를 세운 뒤에 유럽과 러시아에 걸쳐 침례교회를 확산시킨 19세기의 중요한 침례교회 지도자였다. 그의 사역 결과를 보더라도 그는 "독일 침례교회의 아버지," "유럽대륙 침례교회의 아버지" 혹은 "유럽 침례교회의 사도"라고 불리는 데에 손색없는 인물이었다. 그가 미국 침례교인이었던 바나스 시어스(Barnas Sears)로부터 정식으로 침례를 받고 침례교인이 된 것은 1834년의 일이었지만 그가 침례교회 신앙을 받아들인 것은 1826년의 일이었다. 그가 침례교인으로 회심하는 과정에는 다른 침례교인의 직접적인 영향이 발견되지 않는다. 그는 원래 독실한 루터교 가정에서 태어났고, 14세 즈음에 한 상인의 도제가

16) Ibid., 219.

17) Ibid., 222; Alexander Gordon, "Taylor, Dan," *Dictionary of National Biography, 1885-1900*, vol. 55 (Smith, Elder & Company, 1898), http://en.wikisource.org/wiki/Taylor,_Dan_(DNB00), 2015년 1월 15일 접속. 맥베스가 「유아세례의 역사」의 저자를 홀 박사(Dr. Hall)이라고 한 것은 아마 철자 오류로 보인다.

되어 스코틀랜드로 가게 되었다. 그곳에서 스코틀랜드국교회(Church of Scotland)에 출석하다가 런던으로 옮겨온 후로는 독립교회에 참여함으로써 회심을 경험했고, 이후에 그들의 파송을 받고 독일로 돌아온 자였다 그는 독일에 돌아온 이후로 신약성서를 탐구하던 끝에 침례교회의 주장들이 성서적이라고 결론을 내리게 되었지만, 당시 그곳에는 그를 안내하줄 침례교회가 없었기 때문에 곧 바로 침례교인이 될 수 없었을 뿐이다. 온켄에게 있어서도 침례교회의 신앙에 눈을 뜨게 된 직접적인 동기는 그의 신약성서 연구를 통한 깨달음이었다.

18세기에 미국 침례교회가 성장한 과정을 보면 극적(劇的)인 면이 있다. 결과적으로 보면 침례교회는 당시 아메리카 식민지에서 요원의 불길처럼 일어난 부흥운동의 최대의 수혜자였다. 부흥운동에 참여한 수많은 회중교회들이 침례교회로 넘어온 것이다. 맥베스는 그러한 수많은 교회들 가운데 뉴잉글랜드의 한 교회를 그 전형적인 예로 들면서 그들이 침례교회로 넘어온 동기를 설명한다. 그 교회는 나중에 침례교회의 중요한 지도자요 학자로 활약했던 아이작 배커스(Isaac Backus)가 설립하고 목회하던 교회였다. 그 교회는 부흥운동의 결과로 1748년에 설립된 교회였는데, 1749년부터 교회 내에서 성서공부를 하는 가운데 유아세례의 성서적 타당성에 대해 논의를 하게 되었고, 여러 곡절을 거친 뒤에 배커스를 비롯하여 유아세례를 거부하고 신자침례를 받아들인 사람들을 중심으로 1756년에 회중교회 교단을 탈퇴하고 침례교회를 설립하게 되었다. 맥베스는 부흥운동을 경험한 많은 회중교회들이 배커스와 그의 교회가 겪은 유사한 경험을 하면서 성서적 교회로서 침례교회를 선택하게 되었다고 말한다.[18] 성서적 자각이 그들을 신자침례와 신자들의 교회로 인도한 것이다.

---

18) McBeth, 「침례교회의 역사와 유산」, 282-3.

1812년에 미국 회중교회(Congregational Church)는 그들이 1810년에 설립한 미국 최초의 선교단체인 “미국 해외선교 위원회”(American Board of Commissioners for Foreign Missions)의 첫 선교사들을 인도에 파송했다. 그 가운데 아도니람 저드슨(Adoniram Judson)과 루터 라이스(Luther Rice)는 각각 다른 배를 타고 인도로 가는 중, 둘 다 신약성서를 연구하던 끝에 침례교회의 주장이 성서적이라는 결론을 내리고, 인도에 도착한 후에 윌리엄 캐리(William Carey)의 동역자 윌리엄 워드(William Ward)로부터 침례를 받고 정식으로 침례교인이 되었다. 그들은 각각 선상에서 그들이 만나기를 고대했던 윌리엄 캐리가 침례교인이었기 때문에 성서를 통해서 침례교회의 입장, 특히 신자침례에 관해서 탐구하던 끝에 그러한 결론에 도달한 것이다. 이 사건은 이후에 이 두 사람의 사역 결실에 의해 침례교회의 역사에서 매우 중요한 일이었음이 판명되었다. 저드슨은 아내와 함께 평생을 버마 선교사로 헌신했고, 라이스는 본국으로 돌아가 전국을 다니며 침례교인들을 설득하여 각 지역에서 선교후원회를 결성하던 끝에 1814년에 미국 침례교의 최초의 전국 조직인 “해외선교를 위한 미국 침례교단의 선교총회”(The General Missionary Convention of the Baptist Denomination in the United States for Foreign Missions)를 결성하는 데에 산파적인 역할을 했다. 이 기구는 해외선교를 위한 전국 단위의 선교총회였지만 현재 북침례교와 남침례교의 교단 총회가 형성되는 모체였다.

위의 예들은 침례교회가 왜 신약성서의 산물인지 잘 보여준다. 역사적으로 침례교인이 된 많은 사람들이 그러한 선택을 하게 된 중요한 동기는 그들의 신약성서적 자각에 있었다. 그들이 단지 우연히 신약성서를 읽다가 그러한 결론에 도달했다고 말하기는 어려울 것이다. 그들은 각각 자신들이 직면한 역사적 상황에서 먼저 그러한 결론에 도달한 사람들의 자극을 받았다. 그 자극은 그들로 하여금 성서를 다시 읽게 만들었고,

그것이 그들을 새로운 선택의 길로 인도한 것이다. 16세기 종교개혁 운동 이후로 개신교도들은 성서를 그들 신앙의 최종적 권위로 인정하게 되었고, 그들 가운데 일부는 새로운 역사적 상황과 신학적 이해를 가지고 성서를 읽음으로써 새로운 교회전통으로서 '신자들의 교회'에 눈을 뜨게 된 것이다. 침례교회의 역사는 성서를 읽고 성서가 지시하는 곳으로 가려고 했던 사람들의 역사였다.[19]

2. 성서와 교회전통

그리스도의 제자들이 그리스도 부활과 승천 이후에 계승하고 전달했던 그리스도의 삶과 가르침은 신약성서라는 결정체로 귀결되었다. 그리고 이 결정체는 기독교인들의 삶과 사상의 원천(source)이자 기준(standard)이 되었다. 사도들이 전해준 이 말씀이 기독교인들의 삶을 가능하게 하고 시작하게 만들었으므로 이 말씀이 그들의 신앙에 대한 최종적인 권위가 된다고 말하는 것은 당연한 일이다. 이러한 당연한 일이 시간이 지나고 교회 역사가 전개되는 과정에서 점차적으로 그렇게 당연한 일이 되지 않게 되었다. 교회는 여러 다른 상황에서 기독교 신앙과 관례에 관한 새로운 개념들과 행습들을 만들어내고 규정하기 시작했다. 이러한 새로운 교회의 규정들은 축적되어 교회의 전통이 되었다. 그리고 이 전통은 서서히 성서와 동일한 권위를 가지기 시작했고 많은 경우에 성서보다 더 우선적으로 사용되었다.

가톨릭교회는 성서에 최고의 권위를 부여하지만 또한 교회가 공식적으로 규정하고 선포해온 전통에 동일한 권위를 부여한다. 그러므로 그들

19) 1792년에 윌리엄 캐리(William Carey)가 인도로 파송된 이후, 침례교회 선교사들이 세계 곳곳에서 성서를 여러 언어로 번역한 사실은 주목할 만하다. 그들은 선교 사역의 가장 기본적 출발을 그들에게 그들의 언어로 성서를 읽게 하는 일이라고 보았다. 침례교회 선교사들이 지금까지 성서를 번역한 언어는 족히 150개 언어를 넘는다고 한다. Brackney, *The Baptists*, 35.

은 "공공연히 권위의 두 원천을 주장한다."[20] 그들이 교회의 전통을 성서와 동일한 권위를 가진 진리의 원천이라고 주장하는 배경에는 마태복음 16장 19절이 있다: "내가 천국 열쇠를 네게 주리니 네가 땅에서 무엇이든지 매면 하늘에서도 매일 것이요 네가 땅에서 무엇이든지 풀면 하늘에서도 풀리리라." 그들은 우선 베드로를 교회의 기초로 이해하고 그리스도로부터 '천국 열쇠'를 받은 자라고 전제한다. 그런 다음 베드로와 그 계승자들이 그리스도의 지상 대리인이라고 이해하고, 교회는 그 권위를 전제로 땅에서 무엇을 정하든지 하늘이 인정한다는 논리를 편다. 교회가 무엇이든지 공식적으로 결정하면 그것이 곧 모든 교인들이 받아들여야 할 진리가 된다는 것이다.

가톨릭교회는 그 연장선에서 가톨릭교회가 성서를 소유하고, 성서를 해석할 권위를 가진다고 주장한다. 성서를 해석하는 것 역시 교회가 '매고 푸는' 일이라는 것이다. 그들은 또 교회가 결국 신약성서의 정경을 최종적으로 결정했음을 상기시킨다. 그들이 말하는 교회는 결국 교황을 정점으로 하는 권위체계로 이해된다. 그들이 교회가 성서를 소유하고 있고, 교회가 성서를 해석할 권위를 가진다고 말할 때, 그 교회는 교황을 중심으로 이루어진 교직위계체제(clerical hierarchy)로 대변된다. 결국 교황을 포함하는 소수의 교직자들이 성서를 소유하고 성서를 해석할 권위를 가진다는 말에 다름이 아니다. 그리고 그 해석이 곧 교회의 공식적인 교리로서 진리의 원천이 된다는 것이다. 이러한 논리는 적어도 세 가지 점에서 문제가 있다.

첫째, 역사적으로 교회의 전통은 결국 인간들이 정한 것들로 이루어

---

20) Herschel H. Hobbs and Edgar Y. Mullins, 「기독교신앙의 6대 공리: 침례교의 신학적 유산」, 김용복 역 (대전: 침례신학대학교출판부, 2005), 41. 홉스와 멀린스는 이러한 일이 이미 2세기 초에 시작되었고, 그 이후로 수세기 동안 이러한 개념이 서서히 형성되었다고 말한다. 즉, "의식 행위는 반복되어 점차 관습으로 받아들여졌고, 어떤 경우는 교회의 도그마가 되었다"는 것이다. Ibid.

졌다는 것이다. 이러한 교회의 전통을 진리의 원천으로 절대화하는 것은 인간의 판단과 결정에 성서와 동일한 권위를 부여하는 일이다. 그것이 성서의 해석이라 하더라도 그것은 성서 자체와는 엄연히 구별되어야 한다. 그것은 다양할 수 있고 오류의 가능성이 있는 인간의 해석을 절대화하고 그것을 진리라고 말하는 일이다. 교회가–사실은 교회의 소수 교직자들이–그것을 공식적으로 선포했다고 해서 '매고 푸는' 권위에 의해서 자동으로 진리가 된다고 말하는 것은 심각한 문제가 될 수밖에 없다. 불완전한 인간이 진리를 결정하고 선포한다는 발상은 위험하다. 어떤 경우에도 인간의 해석을 절대화하는 것은 불완전한 존재를 우상화하는 일에 다름이 아니다. 그것이 인간의 해석인 전통이 최종적 귀착점이 되어서는 안 되는 이유이다. 신앙의 최종적 권위가 성서에 있다고 말하는 이유도 여기에 있다. 신자는 지속적으로 성서로 돌아감으로써 자신의 불완전한 해석을 끊임없이 검증해야 한다. 교회가 축적한 전통 역시 하나의 해석에 불과하고 불완전한 것이기 때문에 진리의 원천이 될 수 없다. 역사적으로 교회의 전통이 계속 바뀌었음을 감안한다면 그것을 진리의 원천으로 여긴 일이 얼마나 터무니없는 일인지 알 수 있다. 신자들에게 계속해서 불변으로 남아 있는 것은 성서밖에 없다. 그것이 유일하고 최종적인 권위의 원천이요, 진리의 원천이 되어야 한다.

둘째, 만약에 천국의 열쇠를 받은 자가 베드로만을 가리키는 것이 아니라 베드로와 동일한 신앙고백을 한 사람들을 가리킨다면 가톨릭교회가 주장하는 모든 가설은 무너진다는 점이다. 아래에서 다시 설명하겠지만, 침례교회가 성서를 해석하는 권위는 베드로와 같이 신앙고백을 한 모든 신자에게 있다고 주장하는 이유는 여기에 있다. 성서 해석을 소수의 전유물로 여기고, 그들의 해석을 교회의 전통으로서 진리의 원천이라고 하는 것은 나머지 신자들로 하여금 맹목적인 전통주의자로 만들고 그들을 신앙의 종속자로 만드는 일이다. 신앙의 권위 문제에 있어서 성서에는 어디에도 어떤 특정한 사람들이 다른 사람 위에 있다고 한 경우는 없다. 성서가 가르치는 것은, 모든 신자들이 동일하게 직접 하나님께 나아갈 권위를 가지고 있다는 것이다. 성서를 읽고 해석할 권위는 모든 신자에게 있지만, 여전히 어떤 해석도 완전하다고 말할 수 없다. 각 신자는 일생동안 성서로 돌아가서 깨달은 바를 반복해서 검증하고 수정, 보완해야 할 뿐 아니라 항상 새로운 깨달음을 추구해야 한다.

셋째, 역사적으로 교회가 진리의 원천으로 표방한 전통들 가운데는 성서적 근거가 없는 논리들이 포함되어 있다. 이러한 경우에는 전통이 단순히 성서의 해석이라고 말하는 데에도 무리가 따른다. 예를 들면, 가톨릭교회가 하나님의 은혜의 가시적 통로라고 주장하는 일곱 예전들 가운데 신약성서적 근거가 있는 것은 침례와 주의 만찬뿐이다. 나머지 예전들은 처음부터 있지 않았고, 중세교회가 나중에 서서히 정한 것들이다. 주의 만찬 이론 가운데 화체설의 경우에도 그것이 공식적인 교리로 확정된 것은 13세기 초의 일이다. 아들 예수 그리스도의 예견된 공로에 의해 마리아는 잉태될 때부터 원죄로부터 자유로웠다는 '마리아 무염시태(無染始胎)론'(Immaculate Conception of Mary) 논리는 일부 교부들과 중세 신학자들의 마리아에 관한 다양한 의견들과 오랜 논란 끝에 19세기에 와서야 로마가톨릭교회의 공식 교리가 되었다. '교황무오설'(Papal Infallibility)도 마찬가지다. 성서적 근거가 없거나 희박한데도 교회가 공식적으로 정하고 표방하면 진리가 된다는 논리는 그야말로 '진리의 남용'이 아닐 수 없다. 이것은 예수 그리스도의 삶과 가르침으로 계시의 완성이 이루어졌다는 입장에 배치된다.

홉스와 멀린스는 역사적으로 교회가 양산한 전통의 결과물로서 침례 개념의 왜곡과 침례 방식의 변화, 교회 직위의 계급화, 교회의 정치권력 추구, 마리아 숭배사상, 가톨릭교회의 미사 등을 들고 있다.[21] 이것들은 극히 일부분에 불과하다. 중세교회는 엄청난 양의 교회전통을 공의회의 결정, 신조, 교회법, 교황의 교서들을 발표하면서 양산하였다. 특히 중세 후기에 이르러서는 교회신학자들의 학문적 체계화에 힘입어 교회전통은 거대한 고딕양식의 성당건물에 비유될 정도로 방대한 체계를 이루었다.[22] 이러한 교회 전통의 홍수 속에 성서는 묻혀버렸다. 중세교회는 교회 전통을 내세우며 점차적으로 성서를 신자들로부터 격리시키기 시작했다. 기독교 신앙의 본질은 전통의 홍수 속에서 왜곡되기 시작했고, 성서 해석의 권위를 가졌다는 교회 전통의 '소유자들'은 그 권위를 권력화하면서 위에서 군림하는 자들이 되었다. 그들은 성서 해석의 권위를 그리스도로부터 받았다고 주장하면서 그 권위를 사유화하기 시작했다. 성서가 인간의 전통에 의해 가려지고 대체되면서 교회는 타락의 길을 갈 수밖에 없었다.

중세 후기의 일부 개혁가들이 성서를 회복하려는 운동을 펼쳤고, 16세기 개신교 개혁가들이 성서의 권위를 회복하는 운동을 전개하면서, 성서는 다시 사람들에 의해 읽혀지기 시작했고, 성서를 읽은 사람들에 의해 잘못된 교회 전통을 청산하는 개혁운동이 본격화될 수 있었다. 종교개혁운동의 이면에 진리의 유일한 원천으로서 성서의 권위를 회복한 일, 그리고 원어 성서를 복구하고 그것을 자국어로 번역한 일은 종교개혁의 중요한 방식이요 무기가 되었다.

전통(*paradosis*)이 "한 사람 혹은 한 세대에서 다른 사람 혹은 다른 세대로 이어지는 하나의 신념이나 의식행위"라고 한다면, 그것은 인간의 역사에 나타나는 자연스러운 현상이며, 또한 가치 있는 역사적 유산이다.[23] 교회의 전통 역시 기독교인들의 역사적 유산으로서 그 가치를 인

---

21) Hobbs and Mullins, 「기독교 신앙의 6대 공리」, 40-46.

22) 토마스 아퀴나스(Thomas Aquinas)의 「신학대전」(*Summa Theologica*)은 그 대표적 사례이다. 로마 가톨릭교회가 16세기의 트렌트공의회(Council of Trent) 이후로 아퀴나스의 신학을 권장한 것은 공히 알려진 바다.

23) Hobbs and Mullins, 「기독교 신앙의 6대 공리」, 40.

정받아야 할 필요가 있다. 그러나 전통이 확고부동한 역사적 진리는 아니다. 그 전통은 과거의 특정한 상황 혹은 역사적 문맥 가운데 나온 것이기 때문에, 새로운 역사적 상황에서 그대로 적용되어야 하는 것은 아니다. 한 시대의 전통이 그 시대의 규범과 원칙이 될 수 있지만, 그것이 모든 시대에 걸쳐 절대적 의미를 가질 수는 없으며, 그대로 계승되어야 하는 것은 아니다. 전통은 계승해야 할 대상으로만 이해되어서는 안 되며 수정(modification)과 변형(transformation)의 대상, 더 나아가 청산(liquidation)의 대상으로도 이해되어야 한다.

교회의 전통 역시 별로 다르지 않다. 각 시대의 기독교인들이 그 시대적 상황에서 이해하고 해석한 기독교의 진리를 체계화하고, 실천 가능한 가시적 원칙과 제도로 규범화한 것은, 그 나름의 시대적 가치를 가졌다 하더라도, 모든 시대에 걸쳐 지켜야 할 대상이 될 수 없고 그렇게 되어서도 안 된다. 결국 교회의 전통은 기독교 신앙의 원천인 성서라는 '텍스트'(text)의 시대적 해석(interpretation)에 불과하다. 그것이 초시대적 진리로 절대화되는 것은 또 다른 형태의 우상숭배이다. 해석은 항상 그 시대의 문화와 상황의 산물일 수밖에 없기 때문에 상대적 가치만을 가질 뿐이다. 신앙의 '텍스트'로서 성서를 읽고 해석하는 일은 중요하지만 그것을 사유화하고, 절대화하는 일은 늘 조심해야 한다. 인간의 해석으로서 전통은 항상 성서의 권위 아래에 있어야 하고, 종속적이어야 할 뿐 아니라, 수정의 대상이어야 한다.

3. 성서와 신조 그리고 신앙고백

한국에서 침례교회가 이단으로 여겨졌던 때가 있었다. 그 주요 원인은 침례교회가 사도신경을 하지 않기 때문이었을 것이다. 사도신경은 기독교 유럽의 서방에서 보편적으로 인정되고 사용되어온 신조였기 때문에 그것을 사용하지 않는다는 사실만으로도 정통성을 의심받아왔다. 침례교회는 사도신경을 포함하여 신조를 만들지 않고 사용하지 않는다. 물론 오늘날 한국의 침례교회들 가운데는 예배 시에 사도신경을 사용하는 교회들이 있다. 대부분의 한국 개신교회들이 예배 시에 사도신경을 사용하고 있는 상황에서, 그리고 오늘날 교단 간의 교인이동이 급격하게 증가한 상황에서, 타교단에서 온 교인들을 배려하는 목회적 차원에서 사도신경을 사용하는 침례교회들이 늘어나고 있는 현실이다.[24] 이러한 일은 과거 침례교회 역사에는 거의 없던 일이다.

신조(혹은 신경; creed)는 처음부터 오늘날 널리 인식되는 개념과 목적으로 만들어지지 않았다. 그것은 원래 간단한 신앙고백문 형태로 시작되었다. 교부들에 따라 그것은 '신앙의 원칙'(Rule of Faith) 혹은 '심볼'(Symbol)로 표현되었고 대체로 교회의 공적인 신앙진술문이었다.[25] 1-2세기의 교인들은 대체로 교육을 제대로 받지 못한 서민 이하 계층의 사람들이 주류를 이루었기 때문에 교회는 이러한 교인들이 침례를 받기 위한 신앙고백을 할 수 있도록 간단한 신앙고백 진술문들을 만들기 시작했다. 사도신경과 같은 신조는 이러한 신앙고백문에서 발전되었다. 초기 교회의 신앙고백문은 침례 받을 사람들의 신앙고백을 돕고, 교인들을 대상으로 교육하고, 복음을 전파하는 도구로 사용되었다는 점에서 교회 사역의 실질적인 필요에서 비롯되었다.

4세기부터 신조는 대체로 공의회의 결정문에서 비롯되었다. 특히 325년의 니케아공의회에서 "니케아신조"가 발표되고, 그것이 정통의 잣대가 된 이후로, 신조는 점차 이전의 신앙고백적 특성과 실질적인 사역의 도구로서의 기능보다는 정통 신앙과 신학의 잣대와 기준으로 사용되었

---

24) 남병두, "한국 침례교회와 사도신경," 「다문화 속의 한국 침례교회」, 침례교신학연구소 편 (대전: 침례신학대학교출판부) 157-8.

25) Philip Schaff, ed., *Creeds of Christendom, with a History and Critical Notes, vol. 1, The History of Creed*, 6th ed. Harper and Brothers, 1877, 4.

다.[26] 4세기 이후로 동방정교회와 로마가톨릭교회는 대공의회를 비롯하여 크고 작은 규모의 공의회들의 신학적 결과를 신조의 형태로 발표하였고, 그 교회전통 내에서 그 신조들은 반드시 지켜져야 할 정통 신앙으로 이해되었고, 그 외는 이단으로 여겨졌다.

16세기 종교개혁 이후로 개신교는 대체로 신조를 성서에 종속적인 것으로 이해했다. 당시의 각 개신교 교단들은 신조라는 말보다는 신앙고백(confession)이라는 말을 더 선호했다.[27] 그러나 그들 교단 전통 내에서 그 '신앙고백서들'은 대체로 '신조적으로' 사용되었다. 그들이 교단의 공식적인 신앙진술문들을 만들고 사용한 것을 보면 그것들은 그들이 표명한 '정통신앙'이었고 그 전통 안에서 신앙의 기준 역할을 했다. 대표적으로 루터교의 "아우크스부르크신앙고백서"(1530년)와 스위스 개혁교의 "제2헬베티아신앙고백서"(Second Helvetic Confession)를 들 수 있다. 그들은 또한 사도신경과 함께 서방교회의 전통에서 보편적으로 인정했던 "니케아신조"와 "아타나시우스신조"를 정통으로 인정했다.[28] 대체로 이러한 신조들은 개신교 진영 내에서도 이견을 가져서는 안 되는 불가침의 신성한 신조로 여겨졌다.

침례교인들은 신앙고백서를 빈번하게 사용해왔지만 신조 사용은 거부해왔다. 그들이 신조를 거부한 것은 신조의 내용 문제보다는 신조에 대한 태도 문제 때문이었다. 그들은 어떤 특정한 신조의 내용에 동의하느냐 하지 않느냐의 문제가 아니라 역사적으로 교회 전통의 일부로 고착되어 사용되어온 신조 자체가 가지는 본질적인 문제를 제기했다. 그들의

26) 신조의 역기능에 대해서는 제1장에서 제도교회의 특징으로서 논의된 '신조주의' 부분을 참고. 51.

27) 예를 들면, 루터교의 "아우크스부르크신앙고백서"(Augsburg Confession)와 개혁교의 웨스트민스터신앙고백서(Westminster Confession)가 있다. 이것들은 '신앙고백서'로 불렸지만, 신조적으로 사용되었다.

28) 침례교회의 신앙고백서 가운데 이 세 신조를 유일하게 언급한 것은 일반침례교회의 "정통신조"(Orthodox Creed)였다. Lumpkin, 「침례교회 신앙고백서」, 345.

신조 거부 전통은 기본적으로 그들의 성서주의에서 비롯된다. 침례교인들은 신조가 역사적으로 성서와 동등한 권위를 가져왔다는 점에서 거부한다. 이것이 일차적인 이유이다. 그들이 사도신경을 사용하지 않아왔던 근본적인 이유도 여기에 있다.

침례교인들은 신조 대신에 신앙고백서를 사용했다. 그들은 역사적으로 '성서의 사람들'로 불려온 것에 못지않게 또한 '신앙고백의 사람들'(people of confessions)이었다. 이 역사적 명칭은 그들이 신자들의 교회 회원이 되기 위해 자발적 신앙고백을 중시한다는 데서 비롯되었다기보다는 그들이 성서의 권위에 입각하여 신조를 사용을 하지 않는다는 사실과 그들의 역사 가운데 수많은 신앙고백서들을 양산해왔다는 사실에서 비롯되었다. 침례교인들은 신앙고백서를 빈번하게 발표하고 그것을 목적에 맞게 유용하게 사용해왔지만 그것을 결코 신조화하지 않았다. 맥베스(McBeth)는 침례교인들이 신앙고백서를 작성하고 발표한 목적을 다음과 같이 네 가지로 정리한다: 1) 침례교회 외부의 사람들을 대상으로 침례교회의 신앙을 설명하고 변호하기 위해; 2) 침례교인들을 대상으로 침례교회의 신앙을 교육하기 위해; 3) 다른 침례교회나 지방회와의 친교를 형성하기 위해; 4) 침례교회 내부에서 일어난 신학적인 분쟁을 해결하기 위해.[29]

홉스(Hobbs)는 남침례교단의 신앙고백서인 "침례교 신앙과 교훈"(1963년판)의 해설서에서 "남침례교단의 교회들 가운데 신앙과 교훈에 관한 공식적 진술문(official statement) 같은 것은 없다"고 단언한다. 그는 덧붙여, "침례교 신앙과 교훈"은 교회들에게 "정보로서"(as information) 제공되는 것이며, 남침례교 총회의 여러 기관들에게 "지침으로"(as guideline) 제공되는 것이라고 말한다.[30] 그는 이 해설서(「침례교 신앙과 교훈」)의 서

29) McBeth, 「침례교회의 역사와 유산」, 90-91.

30) Hobbs, *The Baptist Faith and Message*, 16.

론에서 동(同) 신앙고백서가 실제로 교단의 획일적 신앙을 대변하는 것이 아님을 보여준다. 그는 우선 1969년의 뉴올리언스(New Orleans) 총회가 총회의 모든 기관들이 이 신앙고백서를 의무적으로 채택할 것을 요구하자는 안건을 부결시켰음을 지적한다.[31] 이것은 남침례교단의 교인들이 총회의 기관이라 할지라도 신앙고백서를 받아들이는 것은 자발적인 차원의 문제임을 잘 이해하고 있음을 보여준다. 그런데 총회가 굳이 요구하지 않았어도 실제로는 그 이듬해에 모든 총회의 기관들이 자발적으로 그 신앙고백서를 받아들였다고 한다.[32] 또 이 신앙고백서에 대해 남침례교단의 3개 신학원들은 각 전임교원들이 서명함으로써 그들의 신앙 진술문으로 받아들였지만, 나머지 3개 신학원들은 그들이 서명할 신앙 진술문과 병행시켰다고 한다.[33] 총회 소속의 신학원들도 총회가 채택한 신앙고백서에 대해 자발적이고 다양하게 응대했음을 보여준다.[34]

여기서 신앙고백과 신조의 차이점들을 몇 가지 정리. 신앙고백은 선택적(selective), 자발적(voluntary), 설명적(descriptive) 성격을 가지고 있지만 신조는 권위적(authoritative), 강제적(coercive), 규범적인(prescriptive) 성격을 띤다. 신앙고백은 사람들에게 선택의 대상이지 필수적인 요구가 아니기 때문에 자발적인 반면, 신조는 대체로 권위에 의해 강제성을 띤다. 신앙고백은 한 개인이나 공동체가 현 시점에 표명하는 신앙의 내용을 설명한 것이라면, 신조는 무엇을 믿어야 하는가를 규정한 것이다. 그러므로 전자는 구속력(강제성)을 가지지 않지만 후자는 그것을 가지면서 신앙의 내용을 단속하고 관리하는 기능을 가진다. 윌리엄 이스텝(William R.

31) Ibid., v.

32) Ibid.

33) Ibid.

34) 근년의 남침례교단 총회는 2000년판 "침례교 신앙과 교훈"에 모든 총회 소속 기관들과 신학원들이 반드시 서명할 것을 요구함으로써 침례교회가 역사적으로 중요시하고 존중해온 신앙의 자발성을 심각하게 훼손했다는 비판을 피하기 힘들게 되었다.

Estep)도 신조와 신앙고백 사이에는 근본적인 차이점들이 있다고 지적하면서 신조는 권위적이고, 종종 최종적이며(final), 변경불가하고(unalterable), 구속적(拘束的)인(binding) 신앙진술문으로 여겨지지만 신앙고백은 그것을 고백하는 공동체가 이해한 성서적 진리를 요약한 것이라고 설명한다.35)

신앙고백은 대체로 동일한 신앙을 고백하는 사람들이나 교회들이 협력하여 만들고 공유하지만, 신조는 항상 소수의 교회지도자들이 만들어서 다른 사람들에게 통지 및 하달하는 형식을 취한다. 그렇기 때문에 신앙고백은 각 신자가 동의하는 '나의' 신앙고백이 될 수 있지만, 신조는 '나의' 동의 여부와는 무관한 '남의' 신앙고백이다. 신조는 각 신자의 생각이나 입장을 고려하거나 인정할 여지가 없다. 이러한 차이는 신앙의 권위가 우선적으로 누구에게 있는가의 문제와 밀접한 관련이 있다. 감독주의와 교황주의 체제에서는 신앙의 권위가 교황을 비롯한 감독들에 있기 때문에 그들이 결정한 신앙의 내용을 일반 신자들에게 하달하는 형식을 취하게 된다. 그러한 신앙의 권위가 각 신자에게 있다고 하는 회중주체적 교회체제에서는 공동 신앙고백을 작성하는 과정에 모든 신자들이 함께 참여하게 된다. 이럴 때에 공동 신앙고백서는 그것이 만들어지는 과정에 참여한 각 신자의 신앙고백이 되는 것이다.

신앙고백은 성서에 종속적(subservient to the Bible)이지만, 신조는 성서와 동일한 권위를 가진다. 신앙고백은 그것을 고백하는 사람의 신앙적 확신에 따른 것이지만 그것이 성서와 동일한 권위를 가진다고 보지 않는다. 개인의 신앙적 확신은 완전하지 않으며 늘 오류의 여지가 있다고 보기 때문이다. 그래서 신앙고백은 성서에 의해 첨삭, 보완, 및 수정되어

35) William R. Estep, "Baptists and Authority: The Bible, Confessions and Conscience in the Development of Baptist Identity," *Review and Expositor* 84 (Fall 1987): 600-1. Dominy, "Doctrine," 28에서 재인용.

야 함을 전제로 하기 때문에 가변적이다. 한 개인의 현재 신앙고백은 언제든지 성서의 조명에 의해 바뀔 수 있어야 한다. 그래서 신앙고백은 끝이 열려 있지만(open-end), 신조는 끝이 닫혀 있다(closed-end). 신조는 일단 공식적으로 선언되면, 그 시점부터 교회의 공식적인 진리가 되고, 정통과 이단의 판별 기준이 되면서 일단 변화의 가능성이 차단된 진리 진술문의 역할을 한다. 그것이 공식적으로 사용될 때는 '불변의' 진리이기 때문에 퇴로 없는, 가혹한 정죄를 일삼는 것으로 귀결된다.

사도신경의 문제

한국 침례교회들 가운데 사도신경을 사용하는 교회들은 적어도 몇 가지 점에서 그들의 행습이 어떤 의미를 가지는지 이해할 필요가 있다. 첫째, 침례교회가 사도신경을 포함하여 왜 신조를 사용하지 않는지 그들의 성서주의에 입각하여 이해하는 것이 필요하다. 둘째, 과거 침례교인들이 사도신경을 사용하지 않았던 그 역사적 사연과 이유를 이해하는 것이 필요하다. 셋째, 사도신경이 역사적으로 어떻게 만들어졌는지 알아야 한다. 넷째, 사도신경이 예배 시에 사용되어야 할 당위성이 있는지를 판단해야 할 것이다. 다섯째, 사도신경이 그것을 사용하고 있는 교회 회중의 공동 신앙고백이 될 수 있는지를 판단해야 할 것이다. 여섯째, 회중이 사도신경을 포함하여 신조에 대한 침례교회의 역사적 입장에 대해 잘 알고 있는지 확인해야 할 것이다. 그리고 예배 시에 사도신경을 사용하기로 한 결정이 그러한 회중에 의해 이루어졌는지 분명히 해야 할 것이다. 일곱째, 역사적으로 로마가톨릭교회 전통에서 형성된 사도신경의 표현들 가운데 개신교회로서 또는 침례교회로서 문제점이 될 만한 표현이 있는지를 판단해야 할 것이다. 여덟째, 사도신경의 사용이 침례교회의 전반적인 정체성과 관련하여 문제점이 없는지 판단해야 할 것이다. 이러한 질문들은 신조와 관련하여 이미 설명한 내용 외에도 아래에 사도신경에 관한 간략한 설명으로 어느 정도 답을 얻을 수 있을 것이라 기대한다. 아래의 내용은 「다문화시대에 다시 보는 한국침례교회」에서 "한국 침례교회와 사도신경"이라는 필자의 글을 대체로 사용한 것이다.

사도신경은 "4세기 때의 사도신경이 대략 2세기 중반부터 로마교회를 중심으로 사용되고 있었다고 믿어지는 소위 '신앙의 원칙'(*regulae fidei* 혹은 rule of faith)이라는 어느 정도의 형식을 갖춘 신앙고백문에서 시작된 것으로 추정한다."[36)]

> 사도들이 가르친 신앙의 내용은 신약성경에서도 그 흔적을 찾아볼 수 있듯이 간단한 구호, 신앙 선언문 혹은 질문과 대답(catechism)의 형식으로 만들어져서 새로운 회심자들의 신앙교육에, 또 그들이 침례 시에 해야 할 신앙고백문으로 사용되었다. 그러한 간단한 형태의 신앙고백문은 2세기 중반에 이르러서 본격적인 신조의 면모를 갖추기 시작했는데 '신앙의 원칙' 혹은 '구로마신조'가 그것이다. 이 '신앙의 원칙'은 2-3세기에 그 기본적인 내용과 구조는 거의 유사하지만 지역과 그것을 전하는 문헌에 따라 약간의 차이를 보이는 등 다양한 형태로 존재하다가 4세기에 이르러 보다 통일된 모습으로 정착되었다. 그러나 아직까지 사도신경은 서방교회 전체가 사용하는 신조가 아니었으며 5-7세기를 거쳐 약간의 수정 및 추가가 이루어진 뒤에 8세기에 이르러서 오늘날의 사도신경의 모습을 갖추게 되었고, 그 시대의 강국이요 서방교회의 수호자 역할을 감당하게 된 프랑크 왕국의 샤를마뉴의 노력에 힘입어 사도신경은 서방교회를 대표하는 신조의 전형으로 여겨지기 시작하였다. 이렇게 볼 때 사도신경은 수백 년에 걸쳐서 발전・변형되었으며 서방교회 가운데서 서서히 그 권위를 인정받기 시작했다고 말할 수 있다.[37)]

---

36) 남병두, "한국 침례교회와 사도신경," 「다문화시대에 다시 보는 한국침례교회」, 침례교신학연구소 편 (대전: 침례신학대학교출판부, 2009), 157; Kelly, *Early Christian Creeds*, 6을 참조. 여기서 '신앙의 원칙'(rule of faith)이라는 말은 신조라는 말에 비해서 아직 덜 정형화된 신앙고백문의 형태로 이해되어야 한다. 남병두, "한국 침례교회와 사도신경," 158-59.

37) 남병두, "한국 침례교회와 사도신경," 161-62; Westra, *The Apostles' Creeds*, 7-8, 10을 참

사도신경을 그리스도의 사도들이 직접 썼다는 것은 역사적 근거가 없는 말이다. 이런 주장은 사도신경을 과도하게 신성시한 결과이다. 신앙고백이 신조화된 것은 그 역사적 과정에서 드러나는 두 가지 주요 요인이 있었다. 첫째는 이단의 가르침에 대한 반응으로서 정통 신앙 확립이라는 시대적 사명이 신앙의 내용을 규범화하게 만들었다는 것이다. 교회가 신앙의 정통성을 판단하는 신앙의 기준과 잣대로서 신앙고백은 신조적 성격을 띠기 시작했다. 둘째는 교회가 신앙의 내용을 통일하려고 하는 과정에서 신조화가 이루어졌다. 신앙의 통일성을 추구하는 일은 국가교회 체제에서 더욱 강화되었다. 기독교를 통치 이데올로기로 생각했던 정치권력은 누구보다도 신학적 통일을 원했다. 신학적 다양성은 기독교인들의 논쟁을 낳고, 그 논쟁은 교회 분열로 이어질 수 있고, 교회의 분열은 곧 정치적 분열을 조장할 수 있다는 세속 권력의 두려움은 신학적 통일성을 이루는 수단으로 신조를 사용하였다. 아리우스논쟁으로 동방교회가 분열 위기에 처하자 콘스탄티누스 황제는 니케아공의회를 소집하고 "니케아신조"를 통하여 신학적 일치를 도모한 데서 잘 드러난다. 샤를마뉴는 그가 정복한 모든 지역에서 기독교를 선포하고 동일한 기독교 신앙을 표방하는 차원에서 사도신경을 통일한 것이다.

침례교회가 원칙적으로 사도신경을 사용하지 않는 이유는 그들이 일반적으로 신조를 사용하지 않는 이유와 동일하다. 사도신경의 내용과 관련해서도 침례교회가 그대로 사용하기에 적절하지 않은 표현들이 있다. 특히 '공회'라는 용어와 관련된 사항들과 '성도가 교통하는 것'과 관련된 역사적 용법 등은 침례교회의 역사적 정체성과 맞지 않는 표현임에 분명하다. 이에 대해서는 필자의 소논문 "한국 침례교회와 사도신경"을 참조했으면 한다.[38]

조. 사도신경의 역사에 관한 좀 더 자세한 내용은 "한국 침례교회와 사도신경"을 참조.

38) 특히 남병두, "한국 침례교회와 사도신경," 175-82를 참조.

앞에서 한국의 침례교회들이 사도신경을 예배에 사용하는 경우들이 늘어나고 있는 추세임을 말했다. 이것은 성서주의에 입각하여 신조 사용을 하지 않는다는 침례교회의 전통과 맞지 않는 일이다. 1장에서 논의한 대로 신조주의는 교회 제도화의 도구가 되었고, 신앙의 획일화를 조장했으며, 신앙의 영적, 개인적, 자율적 차원을 약화시켰고, 신자가 스스로 성서를 읽고 이해하는 신앙의 주체적 역량을 심각하게 훼손했다. 그것은 교회가 지속적으로 탈피하고 청산해야 할 과거의 종교적 전통이다. 오늘날 침례교회가 과거의 침례교회가 사용하기를 거부했던 사도신경을 사용하기 시작하는 것은 바람직한 일이 아니다. 물론 목회적 차원에서 그것을 사용하는 교회들의 사정들이 있겠으나 교회가 부수적인 이득을 얻기 위하여 본질에서 벗어날 수 있는 위험에 스스로 노출하는 일은 하지 말아야 할 것이다.

예배 시간에 신앙고백하기를 원한다면, 지역교회의 회중들이 그들 가운데 모두 공감할 수 있는 신앙고백서를 만들어서 하면 된다. 그것이 참다운 신앙고백이며 공동체의 모든 구성원들이 한 마음으로 예배로 나아갈 수 있게 해줄 것이다. 앞에서도 살펴봤지만 사도신경은 사람들이 여겨왔던 것만큼 그 기원이 명확하지도 않고, 역사적 변천 과정이 있었으며, 널리 사용되기는 했지만 일률적이지 않았고, 최종적으로는 정치권력의 힘으로 서방의 보편적 신조가 되었다. 사도신경이 가지는 제일 큰 문제는 그것이 '사도신경'이라는 점이다. 사람들이 이 신조는 으레 정통의 상징이고 고백하지 않으면 안 되는 것이라고 생각하게 된 점이 문제라는 것이다. 사람들은 역사적으로 그것을 신성시했고, 우상화했다. 오늘날 한국의 교인들이 사도신경을 하지 않으면 예배드린 것 같지 않은 기분을 느낀다는 점이 문제이다.

4. 신약성서의 우선성

침례교회의 역사와 신학을 이해하는 데 있어서 신약성서의 우선성(priority of the New Testament)이 전제되어야 하는 일은 매우 중요하다. 이 개념은 침례교회의 설립이 신약성서를 통한 교회론적 자각에서 비롯되었다는 사실과 밀접한 관련을 가진다. 지금까지 진행되어온 침례교회의 역사를 보면 사상적으로 매우 다양한 사람들이 스스로를 침례교인이라고 고백해왔음을 알 수 있다. 그들은 칼뱅주의자들이기도 했고, 아르미니우스주의자들이기도 했다. 그들 가운데는 안식일주의를 고수하는 자들도 있었다. 그러한 다양한 사람들이 서로에 대해 침례교인이라고 인정할 수 있었던 것은 그들의 교회론적 공감대 때문이었다. 이 교회론적 공감은 교회를 구약의 이스라엘 공동체와는 구별된 새로운 그리스도의 제자들의 공동체로 이해하는 데서 출발한다. 16세기에 아나뱁티스트들이 그러했듯이 17세기의 침례교인들은 유아세례를 거부함으로써 그리스도의 교회는 구약성서적 계약 개념에 근거한 것이 아니라 그리스도를 구세주와 주님으로 고백하는 신앙고백에 근거한 새로운 공동체임을 자각함으로써 신약성서적 교회임을 분명히 했다.

16세기 종교개혁 전통 가운데 루터교(Luthern) 전통과 개혁교(Reformed) 전통은 구약성서와 율법의 문제와 관련하여 대조적인 입장을 보여주었다. 루터는 율법과 복음을 첨예하게 대립시키면서 구원에 있어서 은혜의 복음을 강조했다. 아마 주류 종교개혁가들 가운데 루터는 구약성서와의 관계에 있어서 누구보다도 신약성서의 우선성을 주장한 학자로 인정받아도 될 것이다. 그러나 루터는 구약성서와 율법의 문제를 교회론적으로 접근하는 경우는 거의 없었다. 그는 나중에 교회와 사회의 관계에서 율법의 사회적 의미를 강조함으로써 구원론적으로는 용도폐기하다시피 하던 율법을 교회론적으로는 다시 복귀시켰다. 이는 그가 초기에 교회와 국가의 분명한 차별화를 강조하다가 후기에는 양자의 연합과 협력관계를 강조하게 된 것과 밀접한 관련이 있다.

츠빙글리에서 칼뱅으로 이어지는 개혁교 신학은 처음부터 교회론적으로 구약적인 전통의 연속선상에 있었다. 특히 유아세례를 옹호하는 논리로 발전되기 시작한 계약신학(covenant theology)은 개혁교 교회론의 원형(archetype)이 되었다. 그들은 유아세례를 구약의 할례와 연속적으로 이해함으로써 신약의 교회를 구약의 나라 이스라엘 공동체와 연속의 관점에서 이해했다. 그들이 각각 취리히와 제네바에서 교회와 사회가 이상적으로 결합된 구약적 신정사회(theocratic society)를 이루는 것을 개혁의 목표로 삼았다. 그들이 추구했던 신정체제로서의 교회론은 지극히 구약성서적이었다.[39]

영국 침례교인들은(일반과 특수 모두) 구약성서를 신약성서의 조명 아래 이해하려고 했다. 그들은 구약과 신약 성서 모두 예수 그리스도가 해석의 중심이요 열쇠라고 이해했다. 이것은 "제1 런던신앙고백서"에 사용된 300개 이상의 성서구절 가운데 40구절만 구약성서에서 왔다는 점, 그리고 구약의 구절들이 사용된 경우에도 그 구절만 독립적으로 언급되지 않았고 더 많은 신약성서의 구절로 뒷받침되었다는 점에서 잘 드러난다.[40]

17세기의 모든 영국 침례교인들은 신약성서가 교회의 표준을 제시하고 있다고 생각했다.[41] 이 말은 침례교인들이 역사적으로 신약성서에 해석적 우선성을 부여한 중대한 이유이다. 교회는 새로운 시대의 '하나님 백성' 공동체-로저 윌리엄스가 '새 이스라엘'이라고 표현한-이며, 새로

39) 마르틴 루터와 함께 장 칼뱅은 말하자면 창세기의 족장들을 이해하는 데 있어서 랍비(Rabbinic) 전통의 유대주의 관점보다는 기독교적 해석적 시각이 더 적절하다고 생각하면서 구약성서는 고대 이스라엘에게 주어졌던 것처럼 언제든지 교회에게도 주어졌다고 주장했다. David C. Steinmetz, "John Calvin and the Jews: A Problem in Political Theology," *Political Theology* 10 (July 2009): 391-409.

40) Estep, *Why Baptists*, 26-27.

41) Ibid., 27.

운 공동체의 기준들과 원칙들이 예수 그리스도의 가르침으로 교회에 제시되었기 때문에, 침례교인들은 '옛 언약'(Old Testament)은 '새 언약'(New Testament)으로 대체되었다고 이해한다. 이러한 관점에서 침례교인들은 교회와 복음을 이해하는 열쇠는 우선적으로 신약성서에 있다고 이해한다.

무엇보다도 신약성서는 구약성서에 비해 '계시적 우선성'(revelational priority)을 가진다. 예수 그리스도의 성육신 사건 이전의 하나님 말씀은 유대인이라는 특정한 민족 혹은 이스라엘이라는 특정한 나라에게 주어졌다. 그 계시는 그러한 특정한 민족 혹은 국가 사회의 내적 통로들(문화, 언어, 역사 등)을 통해서 주어졌고, 거기에는 외부인들(이방인들)이 끼어들 여지가 거의 없었다.[42] 즉, 하나님의 말씀으로서 율법은 오직 특정한 민족이라는 제한된 영역의 사람들에게만 주어졌다는 점에서 그 말씀에는 아직 보편적 수용과 적용이 의도되지 않았다. 그러한 제한된 하나님의 계시는 예수 그리스도를 통해서 완전히 드러났다. 하나님의 말씀 현현으로서 예수 그리스도와 그의 삶과 가르침은 민족과 나라와 문화를 초월하여 주어졌다. 하나님의 말씀(계시)은 이제 예수 그리스도를 통하여 모든 창조 세계가 듣고 받아들여야 할 보편적 메시지가 되었다. 이 메시지를 통하여 모든 인간을 구원하려는 하나님의 의도가 드러났다. 신약성서의 계시적 우선성의 이유는 여기에 있다. 완전한 계시가 제한된 계시에 비해 우선성을 가지는 것은 당연한 일이다.

사도바울이 로마서 3장 21-22절에서 전한 말씀에 주목할 필요가 있다: "이제는 율법 외에 하나님의 한 의가 나타났으니 율법과 선지자들에게 증거를 받은 것이라. 곧 예수 그리스도를 믿음으로 말미암아 모든 믿

42) 물론 구약성서에는 하나님의 이방인들에 대한 관심이 곳곳에서 발견되지만(예를 들면, 라합, 룻, 요나의 이야기들), 여전히 구약 종교의 중심에는 히브리 전통이 있고, 구약의 가르침인 율법은 지극히 히브리 문화의 내적 요인들로 이루어져 있다. 이방인들이 구약 종교를 받아들인 경우에도 그들에게 요구된 것은 유대민족 내적 요인들로의 동화였다.

는 자에게 미치는 하나님의 의니 차별이 없느니라." 이 말씀을 통하여 바울은 구약성서(율법과 선지자)의 역할은 앞으로 드러날(revealed or made known) "하나님의 의"를 지시(指示)하는 것임을 말하고 있고, 하나님의 의는 "율법 외에"(apart from the law), 즉 율법과는 별개로, 모든 사람에게 차별 없이 드러났음을 전하고 있다. 그러므로 이제는 '하나님의 의'인 예수 그리스도를 통하여 모든 사람들에게 아직까지 알려지지 않은 비밀이 드러났음을 말하고 있다. 바울은 앞서 로마서 1장 20절에서 "창세로부터 그의 보이지 아니하는 것들 곧 그의 영원하신 능력과 신성이 그가 만드신 만물에 분명히 보여 알려졌나니"라고 말함으로써 구약에서는 아직까지 완전히 드러나지 않은 하나님의 계시가 그리스도를 통하여 신약에서 "분명히 보여 알려졌"음을 선언했다. 그러므로 인간에게 명확하게 드러난 하나님의 계시의 관점에서 '덜 드러난' 구약을 해석해야 한다.

5. 모든 신자는 성서해석의 권위를 가진다

침례교회는 모든 신자들이 각각 성서를 해석하는 권위를 가진다고 주장한다. 즉 성서해석의 권위는 어떤 특정한 교직자들의 전유물이 아니며, 그리스도를 영접하고 하나님께로 나아간 자 모두에게 동등하게 주어졌다는 것이다. 이 말은 교권(당회, 노회 혹은 총회)이 각 지역교회들과 교인들의 신앙생활을 관장하고 치리하는 교단의 시각에서 보면 매우 위험한 발상으로 여겨질 것이다. 신앙적 권위가 교단의 상위기관에서 하위기관으로 행사되는 교단체제에서는 각 신자가 성서 해석의 권위를 독립적으로 가진다는 주장을 받아들이기 사실상 힘들다. 그러나 신자들의 교회 전통에서는 이러한 발상이 매우 자연스러운 논리적 결과이다.

신자들의 교회를 구성하는 각 신자는 교회에 들어오기 전에 하나님과 개인적이고 직접적인 관계를 회복한 자이기 때문에 하나님의 말씀을 읽고 이해하고 받아들이는 데 있어서 어떤 간접적이고 대리적 역할을 필요로 하지 않는다. 침례교회가 각 신자의 성서해석 권위를 주장하는 것은 하나님과 신자 사이에 그리스도 이외에는 어떤 중재자도 없다는 사상에서 비롯된다. 신자는 죄를 회개하고 예수 그리스도를 구세주와 주님으로 고백함으로써 이제 중생한 자이며, 하나님과 화해한 자이며, 하나님께 직접 나아가는 자이다. 그러한 신자는 성령의 인도하심을 직접 받는 자이며 하나님의 말씀을 직접 읽고 성령의 인도하심으로 그 말씀을 깨닫는 권위를 가진다.

신자가 하나님과의 관계에서 개인적이고 직접적 신앙을 가졌다는 것은 두 가지 중요한 권위를 가지고 있음을 의미한다. 첫째는 각 신자가 하나님의 말씀을 직접 읽고 듣고 이해하는 권위이고, 둘째는 각 신자가 하나님께 나아가 직접 간구(기도)하는 권위이다. 물론 둘째 권위에는 죄의 용서를 직접 구하는 일도 포함되어 있다. 각 신자가 하나님과의 관계에서 갖는 이 두 가지 권위는 누구도 침해할 수 없다. 이러한 활동에 있어서 신자 개인과 하나님 사이에는 어떤 다른 사람이나 집단이나 조직도 간여할 수 없다. 하나님과 각 신자 사이에는 어떤 신앙적 중개자도 존재하지 않기 때문에 하나님의 말씀을 다른 사람이 대신 읽고 해석해 주어야 할 어떤 당위성도 존재하지 않는다. 각 신자의 하나님과의 개인적, 직접적 관계야말로 그의 신앙적 권위의 원천이다. 그리스도를 통하여 하나님과 관계를 회복한 사람은 직접 하나님께 나아가는 권위, 직접 하나님께 기도하고 용서를 구하는 권위, 그리고 직접 하나님의 말씀을 듣고 이해하는 권위를 가진다. 모든 신앙적 권위는 여기에서 출발한다. 성서를 읽고 해석하는 권위가 이러한 하나님과의 개인적, 직접적 관계 바깥에서 왔다고 생각하는 것은 난센스이다. 그것은 주체적 신자의 권위이다. 앞 장에서 언급했듯이 하나님과 개인적으로 관계를 회복한 자들은 하나님과 함께 하고 동행하고 하나님을 따르는 모든 신앙의 영역에서 영혼의 역량(soul competency)을 가지고 있다. 이러한 사실을 이해한다면, 각 신자가 하나님의 말씀을 직접 읽고 깨닫는 신앙 활동은 매우 자연스러운 일이다.

가톨릭교회는 교회가 성경을 소유하고 있고 성경을 해석할 권위를 가진다고 말한다. 여기서 교회는 지상의 가시적 체제로서 제도교회인 가톨릭교회를 말한다. 그 교회는 사제주의적 체제로서 결국 성서 해석의 주체가 사제에게 있다는 것이며, 궁극적으로는 전체 교회의 권위 주체인 교황에게 있다고 말하는 것이 된다. 가톨릭교회는 교직 위계체계의 관점에서 본다면 교직 계층의 최고 상층부를 형성하고 있는 주교단(공의회)과 교황에게 교회와 신앙의 최종적 권위가 있다는 입장을 취할 수밖에 없을 것이다.

성서 해석의 주체가 교직체계(clerical hierarchy)에 있다는 개념은 회중 중심적 교회에서 교직자 중심의 교회로 변질되면서 생겨난 것이다. 그럴 만한 역사적 상황들이 있었다. 특히 기독교 복음을 왜곡시키는 사람들이 나타나고 이단들이 등장하는 가운데, 그러한 혼란을 없애기 위해 신뢰받을 만한 주요 교직자들에게 성서 해석의 권위를 부여하기 시작하면서 일반 신자들은 성서 해석 작업에 있어서 점차적으로 수동적 위치로 전락하고 말았다. 안디옥의 감독 이그나티오스가 2세기 초에 교리적, 사상적 혼란을 피하기 위해 감독의 가르침에 절대 복종하고 그의 신앙적 인도 아래 하나가 되라는 메시지를 전한 이후로 교회는 감독의 가르침에 절대적 권위를 부여하기 시작했고 성서를 이해하는 데 있어서 일반 신자들의 주체적 역량을 과소평가하기 시작했다. 감독주의가 하나의 체제로 굳어져가면서 이러한 일은 극에 달했고 성서를 읽고, 이해하고, 해석하는 일반 신자들의 권리는 실종되었다. 이그나티오스가 선한 의도를 가졌다하더라도, 또 그렇게 할 만한 역사적 정황이 있었다 하더라도, 그의 주장이 성서 해석의 권위 주체를 교직자에 국한시키는 부정적인 전통을 만드는 역할을 했다는 사실은 인정해야 한다.

성서 해석에 대한 독점 현상은 12세기로 접어들면서 더욱 심화되었다. 특히 그 시대에 제도권 바깥에서 분파들의 빈번한 등장이 이루어짐으로써 제도교회로 하여금 성서 해석에 대한 단속을 강화하게 만들었다. 평신도의 성서읽기 활동을 장려한 발도파(Waldenses)와 알비파(Albigenses)를 겨냥하여 툴루즈공의회(Council of Toulouse, 1229)가 일반 신자들의 성서 읽기와 해석을 금지하는 것을 골자로 하는 교회법을 공식적으로 발표한 것은 이 사실을 극적으로 보여준다. 교회가 공식적으로 평신도들에게 성서에 접근하는 권리를 박탈한 것이다. 성서는 기독교인들의 삶의 지침인데 그것을 읽지도 못하게 한 것이다. 교회가 공식적으로 일반 신자들의 성서읽기를 금지한 것은 결국 성서 해석의 권위가 오직 가톨릭 제도교회에 있음을 재확인한 것이다.

유럽의 모든 사람들이 교인이었던 시대에 참된 교인의 정체성이 무너진 상황에서 당시 교인들의 전반적인 신앙적 역량이 의심받을 수밖에 없는 상황이긴 했다. 그 정도 신앙 역량밖에 기대될 수 없는 상항에서 함부로 성서를 내어주고 이해하라고 하는 것이 쉽지 않은 상황일 수 있었을 것이다. 근본적으로는 중세교회의 교회론적 오류에서 비롯된 일이지만 성서를 직접 읽지 못하게 되고, 성서로부터 직접 삶의 해답들을 찾을 수 없는 상황에서 일반 신자로부터 신앙의 주체적 역량을 기대하기는 힘들게 되었다. 기독교 역사는 신앙생활에 있어서 일반 신자들이 하나에서 열까지 사제에게 의존하는 자들이었음을 그대로 보여준다.

'성서의 사람들'로서 침례교회는 역사적으로 꾸준하게 각 신자가 성서를 읽을 권위와 동시에 해석할 권위가 있음을 표명해왔다. 헬위스의 「불법의 신비」에는 종교 자유의 문제 이외에도 신자침례, 회중주의 정체(政體), 교회와 국가의 분리 등과 같은 초기 침례교인들의 중요한 입장들이 잘 드러나 있다. 거기에는 또한 성서를 읽고 해석하는 개인의 자유를 이미 언급하고 있다. "한 개인이 자신을 위하여 성서를 읽고 해석할 권리"는 다른 주요 침례교회의 특성들과 함께 분명하게 강조되었다.[43]

"제2 런던신앙고백서"는 "구원을 위해 알고, 믿고, 지켜야 할 내용은 성서의 어딘가에 명백히 보여주고 있으므로, 학자뿐 아니라 무식한 사람이라도 보통의 방법을 적절히 사용함으로써 그것을 충분히 이해할 수 있다"고 함으로써 성서 해석은 기본적으로 모든 사람이 할 수 있는 일임을 강조한다.[44] 이에 따라 동 신앙고백서는 모든 사람이 "성서를 가질 권리가 있으며 관심을 가지고 하나님을 경외하면서 성서를 상고할 것을 명령받고 있다"고 진술한다.[45] 1948년경에 영국 침례교연합(Baptist Union)이 문서를 통해 "우리는 각자가 스스로 성경을 연구해야 하며, 각자가 성경을 해석하기 위하여 성령님의 조명을 추구해야 한다"고 한 것도 주목할 만하다.[46]

성서의 공동체적 해석

각 신자의 성서해석 권한은 각 신자의 독단적인 성서해석 활동이 최종적 해석이라는 말은 아니다. 이러한 신자들의 모임인 교회는 곧 각 신자들의 성서해석이 검증되는 현장이 된다. 즉 각 신자들은 그들에게 주어진 권위에 따라 자율적인 성서해석 활동을 하지만 그 해석이 공동체의 삶 가운데서 평가되고 그 진위를 가리는 일들이 이루어진다는 말이

43) Walter B. Shurden, "Thomas Helwys: A Short Declaration of the Mystery of Iniquity," http://centerforbaptiststudies.org/resources/iniquity.htm, 2014년 12월 26일에 접속.

44) Lumpkin, 「침례교 신앙고백서」, 296.

45) Ibid., 297.

46) Roger Hayden, ed. *Baptist Union Documents, 1948-1977* (London: Baptist Historical Society, 1980), 7; McBeth, "하나님은 영혼의 유능성과 모든 신자들의 제사장 직분의 원리를 주셨다," 「21세기 속의 1세기 신앙: 침례교 신앙 정의하기」, ed. Charles W. Deweese, 김승진 역 (대전: 침례신학대학교출판부, 2005), 120에서 재인용.

다. 각 신자들은 공동체 안에서 자신의 해석을 다른 사람들의 해석과 비교하면서 성서 해석의 활동을 계속 하게 된다는 것이다. 그러한 가운데 나의 해석이 다른 해석들에 의해 다듬어지고도 하고 때로는 고쳐지기도 할 것이다. 다른 사람들의 해석도 나의 해석에 의해 동일한 과정을 거치게 된다. 각 신자의 성서해석 활동은 곧 공동체적 해석 활동으로 나아가면서 개인의 해석에 머물지 않고 공동체적 공감대를 형성하는 더 큰 차원의 성서해석으로 나아가게 된다는 말이다. 각 신자들의 다양한 해석들이 공동체 안에서 그들이 나누는 삶과 교제 가운데 수렴되어 가는 과정에서 그들의 다양한 생각들이 하나로 모아져가게 될 것이다. 이를 위해서는 다른 해석과 생각에 대해 용납하고 관용하는 정신과 서로 기다리고 참아주는 인내의 자세를 필요로 한다.

> 침례교회가 신조를 사용하지 않는 전통을 고수하는 이유는 그 내용보다는 그것이 도구화되어 있는 제도교회의 획일적 권위주의를 반대하는 데 있다. 침례교회는 신자의 교회로서 각 개인의 신앙고백을 통한 주체적 신앙생활을 지향한다. 침례교회는 각 개인의 다양한 신앙고백을 존중하면서 하나됨을 추구한다. 동일한 신조문을 통해서가 아니라 다양하지만 한 주님을 고백하는 일을 통하여 교회의 하나됨을 추구한다. 같기 때문에 한 교회를 이루는 것이 아니라 다름에도 불구하고 한 교회를 이루어간다는 것이다. 침례교회가 신조주의를 배격하는 것은 그것이 신앙생활에 있어서 개인의 자발성을 심각하게 해치기 때문이다. 각 개인은 자유로운 양심으로 자발적으로 하나님께 나아가야 한다는 것이다. 그것이 진정한 신앙고백의 행위이다.[47]

성서를 해석하는 일을 단순히 '지적' 활동이라고 생각해서는 안 된다. 지적 활동도 포함된다. 그러나 성서를 해석하는 것은 탁상에 앉아서 머리를 사용하는 일 이상의 일이다. 그것은 우리의 총체적인 삶의 활동들

47) 남병두, "한국 침례교회와 사도신경," 184.

을 통해서 이루어진다. 성서해석의 과정에는 말씀을 실천하는 삶의 경험이 포함되어야 한다. 성서해석은 하나님의 뜻을 찾고 이해하고 깨닫는 일이므로 신앙생활 그 자체이다. 그러므로 신자들의 삶의 현장으로서 신앙 공동체의 해석적 중요성(hermeneutic significance of faith community)이 강조되는 것이다.

성서로 돌아가야 한다는 말은 여러 가지 의미를 내포하고 있다. 첫째, 기독교인들에게 주어진 성서는 기독교 신앙의 원천이며, 동시에 신앙에 관하여 그들이 가진 전부이다. 세상의 학문과 과학은 가장 최근의 것이 중요하다. 최신의 학문적 발견이나 논리에 의해 검증되지 못한 학문은 철지나고 시대에 뒤떨어진 것이다. 세상에서의 학문은 그 학문이 추구하는 답을 찾기 위해서 계속 발견하고 발전해나가야 하므로 그것을 추구하는 사람들은 그 학문이 가장 최근에 도달한 지점에 와 있는 것이 중요하다. 학문에 있어서 진리는 아직 미래에 있기 때문이다. 그러나 기독교의 진리는 예수 그리스도를 통한 하나님의 궁극적 계시 사건에서 이미 선포되었다. "내가 곧 길이요 진리요 생명이니 나로 말미암지 않고는 아버지께로 올 자가 없느니라"(요14:6)라는 그리스도의 선포는 이제 신이라는 궁극적 실체에 이르는 유일한 길이 사람들에게 드러났음을(revealed) 의미한다. 그리스도 안에서 진리는 이미 선포되었다. 기독교 신앙생활을 한다는 것은 진리를 찾는 일이 아니라 진리를 좇는 일이다. 물론 그 진리를 좇는 일이 기독교인들의 삶 가운데 어떻게 구체적으로 실현되어야 할 것인지에 대한 고민은 계속되어야 하지만, 신앙의 삶은 더 이상 새로운 진리를 찾는 일이 아니라는 말이다. 그러므로 신앙생활을 통하여 진리를 좇는 일은 성서로 지속적으로 돌아감으로써 이루어져야 한다. 성서가 기독교 신앙, 신학, 윤리의 원천이자 출발점이며, 전부이며, 최종적 권위라는 말은 아무리 강조해도 지나침이 없다. 기독교인은 성서라는 '텍스트'를 읽고 그것으로부터 삶을 배우고 삶의 방식과 사고방식을 형성해 나간다. 기독교인이 된다고 하는 것은 바로 그 '텍스트'의 사람이 되는 것을 말하고, 그 '텍스트'의 관점으로 세상을 바라보는 사람이 된다는 것을 말한다. 그리스도의 삶과 가르침이 기독교인들의 사상과 삶의 구심점이 되어야 하는 것은 당연하다.

둘째, 성서의 '텍스트'(text)로 돌아가야 한다는 말은 성서의 최종적 권위를 인정하면서 성서에 대한 성서해석의 종속적 위치를 인정해야 함을 의미한다. 즉, '텍스트'가 해석에 대한 평가 기준이 되어야 한다는 말이다. 그러므로 해석은 신조주의의 틀에 갇혀서는 안 되며, 항상 '신앙고백적' 입장을 취해야 한다. 어떤 특정한 성서해석이 성서보다 우위에 있거나 동등한 위치에 있어서는 안 된다는 의미이다. 성서로 돌아가야 한다는 것은 어떤 특정한 성서해석이 최종적 귀착점이 되어서는 안 된다는 말이며, 그러한 성서해석이 성서본문(text)으로 돌아가는 일에 거침돌이 되어서는 안 된다는 의미이다. 이것은 다른 말로 어떤 특정한 성서해석이 본래적으로(역사적으로가 아니라) 정통이 될 수 없다는 것을 의미하기 때문에 그것을 신조화(信條化)해서는 안 된다는 말이다

셋째, 성서로 돌아가는 정신은 성서의 다양한 해석을 전제로 한다는 의미를 내포한다. 성서는 하나이지만 그것에 대한 해석은 다양할 수밖에 없기 때문에 성서의 본문으로 돌아가야 하는 것이다. 동일한 사람의 경우라도 성서에 대한 어제의 해석과 오늘의 해석이 다를 수 있다. 바로 그 다를 수 있다는 점을 인정해야 한다는 것이다. 그것은 주어진 현실이며, 그것을 부정할 수는 없기 때문에 그 현실을 받아들여야 한다는 것이다. 해석이 다양하다고 해서 염려할 필요는 없다. 모든 해석에게는 돌아가야 하는 '텍스트'가 있기 때문이다. 사람들의 해석은 다양하지만 그들 모두가 그 '텍스트'를 최종적 권위로 인정하는 한 그 다양성은 극복될 수 있다.

넷째, 성서로 돌아가는 정신은 다른 해석에 대해 관용의 자세를 가져야 함을 전제로 한다. 어느 누구의 해석이 절대적이지 않기 때문에 다른

사람의 해석을 존중해야 한다는 것이다. 다른 사람의 해석은 나의 해석에 의해서가 아니라 '텍스트'에 의해서 판단 받아야 할 권리가 있다. 나의 해석을 기준으로 다른 사람의 해석을 판단하는 일은 곧 나의 해석을 절대화하는 일이 된다. 다른 사람의 해석과 나의 해석이 모두 '텍스트'에 의해서 판단 받아야하기 때문에 '우리의 해석'은 사람의 판단의 대상이 아니라 관용의 대상이 되어야 한다.

다섯째, 성서의 가르침, 즉 진리를 사유화하려는 태도를 버려야 한다는 의미를 내포한다. 진리는 소유하는 것이 아니라(소유할 수도 없다!) 열린 마음으로 좇는 대상이다. 기독교 종교는 그리스도의 가르침이 진리인 종교이고, 그 진리에 순종하는 것이 기독교 신앙이다. 그 진리는 그리스도 안에 있고 우리는 그리스도를 좇음으로서 진리를 좇는다. 성경으로 돌아가자는 말은, 어떤 특정한 해석이 아니라, 바로 이 진리를 좇는 일을 말한다.

축자영감설이 간과하고 있는 것은 성서가 하나님의 말씀이지만 불완전한 인간들에 의해서, 불완전한 문화적, 역사적 상황에서, 불완전한 인간의 언어로 기록되었다는 사실이다. 현재 우리에게 주어진 문자로 기록된 성서는 토씨도 틀리지 않는다는 말은 성서를 기록하고 전달한 불완전한 인간적 수단을 절대화하는 일이다. 이것은 곧 불완전한 역사적 현실에서 전해진 성서를 우상화하는 일(bibliolatry)이다. 구약성서에서 말씀한 대로 하나님은 완전하지만 하나님을 우상화해서는 안 되듯이, 하나님의 말씀은 완전하지만 인간의 불완전한 언어로 표현한 하나님의 말씀을 우상화해서는 안 된다.

침례교는 역사적으로 오랫동안 분파로 지내왔기 때문에 그러한 입장에서 제도화된 정통교회의 모순을 역사적으로 체험한 교단이다. 그들이 교회의 전통(정통주의; 신조주의)보다 성경을 중시하고 성경 해석을 '고백적'(confessional)으로 이해했던 점, 종교관용과 종교자유를 주장했던 점, 국가라는 사회체제와 뒤섞여버린 제도교회를 배격하고 교회와 국가를 분리해야 한다고 주장했던 것은 그들이 분파로서 겪을 수 있었던 역사적 경험에 기인한다. 그들은 종교적 박해가 얼마나 기독교 정신의 본질에 위배되는 일인지 철저하게 경험한 자들이었다. 이러한 역사적 경험이 침례교회의 정체성과 그들 고유의 '신학적 방법론'을 형성하는 데 중요한 역할을 했다.

신약성서를 통하여 예수 그리스도의 가르침이 전하는 기독교의 진리는 결코 없어지지 않으며, 영원할 것이라는 믿음, 그 진리가 성취될 것이라는 믿음은 항상 전제되어야 한다. 다른 종교나 사상 또는 기독교 내의 이단이 진리라고 주장하는 것들이 결코 기독교가 진리라고 선언하는 것들을 뒤집을 수 없다는 믿음이 전제되어야 한다. 이단이 정통을 위협한다고 판단되는 상황에서도, 이단이 결코 진리(정통)를 도말할 수 없다는 믿음이 전제되어야 한다는 것이다. 이단에 대한 성마른 대처나 조급함은 오히려 성서의 진리 됨에 대한 믿음의 부족을 표출하는 것일 수 있다. 지속적인 인간들의 온갖 배역과 죄악에도 불구하고 전 역사의 시간 동안 견디신 하나님의 인내를 배워야 한다. 어떠한 경우에도 인간을 사랑해야 하고, 인간 양심의 자유를 존중해야 하고, 아무리 잘못된 생각을 하는 사람들이 있더라도 강압적인 수단으로 그들을 돌이켜서는 안 된다는 것은 참으로 쉽고 단순한 성경의 메시지이다. 나와 다른 견해에 대한 인내와 관용은 하나님으로부터 오는 성서의 정신이다. "성서는 해명 없이 그것을 읽고 공부하는 사람들을 다른 관점의 세계로 초청한다. 성서는 예리한 언어로 새로운 충성, 새로운 우선순위, 새로운 가치, 새로운 관계로 초청한다."[48]

48) Walter Shurden, "Baptists and the Hard Part of the Bible," *Baptist History and Heritage* 42 (Spring 2007): 7.

제3장

신자들의 교회로서 침례교회

"또 내가 보매 거룩한 성 새 예루살렘이 하나님께로부터 하늘에서 내려오니 그 준비한 것이 신부가 남편을 위하여 단장한 것 같더라. 내가 들으니 보좌에서 큰 음성이 나서 이르되 보라 하나님의 장막이 사람들과 함께 있으매 하나님이 그들과 함께 계시리니 그들은 하나님의 백성이 되고 하나님은 친히 그들과 함께 계셔서 모든 눈물을 그 눈에서 닦아 주시니 다시는 사망이 없고 애통하는 것이나 곡하는 것이나 아픈 것이 다시 있지 아니하리니 처음 것들이 다 지나갔음이러라"(요한계시록 21:2-4).

1. 교회의 성서적 의미

침례교회가 지향하는 신자들의 교회 개념은 신약성서에서 그 원천을 찾는다. 이것이 너무 당연한 말이고, 다른 교회 전통 역시 교회를 정의할 때 신약성서에 기반을 둔다고 봐야 하겠지만, 성서 텍스트에 대한 이해와 해석의 차이는 여전히 교회론의 차이를 가져온다. 예를 든다면, 교회라는 말이 신약성서에서 처음 등장하지만 그것을 구약의 나라 이스라엘 공동체의 개념과 어느 정도 연속적으로 이해할 것인가의 문제가 있다. 또 "이 반석 위에 나의 교회를 세우리라"(마16:18)는 그리스도의 말에서 "이 반석"이 문자 그대로 베드로를 지칭하는 말로 이해해야 할 것인지, 아니면 베드로의 신앙고백을 지칭하는 말로 이해해야 할 것인지를 분간해야 한다. 이러한 해석적 관점의 차이는 같은 성서를 가지고도 교회에 대한 다른 해석들을 가능하게 한다. 말하자면, 침례교회는 예로 든 이 두 가지 해석적 전제와 관점에 있어서 다른 교회전통들과 상당히 다른 입장에 있다. 그래서 여기서는 먼저 침례교회가 신약성서에서 발견하고 회복하려고 한 교회가 어떤 공동체인지를 설명하고자 한다.

1) 에클레시아(*ekklesia*)

신약성서에서 교회는 '에클레시아'(ἐκκλησία; 영어표기로는 *ekklesia* 혹은 *ecclesia*)라는 용어로 표현되었다. 이것은 헬라어로서 당시에 집회(assembly)라는 의미로 일반적으로 사용된 말이었다. 에클레시아라는 말은 '부르다'(καλέω; call)라는 동사와 '~로부터'(ἐκ; out of; from)라는 전치사가 결합된 '~로부터 부르다'(ἐκκαλέω)의 수동적 명사형으로서 "부름 받아 나온 자들"(the called-out ones 혹은 those who are called out)이라는 의미를 가진다. 이는 어떤 특정한 그룹의 사람들을 지칭하는 말로서 '대중'(大衆)이라는 말과는 구별된다. 즉, 에클레시아는 일반대중으로부터 구별된, 특별한 이유나 목적을 가지고 모인, 사람들을 의미한다.[1] 이 말이 한 도시의 시민들의 모임을 지칭하는 경우도 있지만 넓은 의미에서 특정한 시의 시민들이 특정한 목적을 가지고 소집한 모임이라는 점에서

---

1) '에클레시아'는 대부분의 영어 역본에서 'church'로 번역했다. 이 용어는 마태복음에 2회, 사도행전에 24회, 바울서신에 58회, 히브리서에 2회, 야고보서에 1회, 요한3서에 3회, 요한계시록에 19회에 등장한다. 모두 합쳐서 신약성서에는 기독교 공동체를 지칭하는 말로서 '에클레시아'라는 말이 모두 109회 등장한다. 그 외에도 몇 차례는 이 용어의 일반적 용법으로 사용되었다. Roy B. Ward, "Ekklesia: A Word Study." *Restoration Quarterly* 2 (1958): 164-79.

이 단어가 가지는 의미와 용법에서 벗어나지 않는다.[2)]

초기 기독교 공동체가 그들의 모임을 지칭할 때 에클레시아라는 말을 사용하게 된 것은 그 공동체의 특성으로 미루어볼 때 매우 자연스럽고 적절한 선택이었다고 말할 수 있다. 그들이 헬라어 에클레시아를 그들의 공동체를 표시하는 말로 취한 것은 구약적 배경과 분명히 연속적인 관계가 있었다. 구약에서는 하나님의 백성들이 '카할'(*qahal*)이라는 용어로 설명되었다. 이 말은 사람들의 모임(assembly)을 지칭하는 말로서 '에다'(*edah*)라는 말과 동의어라고 할 수 있다. 그런데 '카할'이라는 말이 헬라어로 번역될 때는 압도적으로 '에클레시아'로 번역되었지만, '에다'라는 말은 항상 '수나고구에'(sunagogue)로 번역되었고 '에클레시아'로 번역된 사례가 없다. 이것은 초기 기독교인들이 그들의 모임, 즉 교회를 회당과 분명히 구별했음을 보여준다. 그들은 '에다'를 회당의 의미로, '카할'을 교회의 의미로 사용했음이 분명하다. 그렇다면 그리스도께서 말한 '나의 교회'는 필시 '카할'에 해당된다고 봐야 할 것이다.[3)]

기독교 역사의 가장 초기에 그리스도를 따르는 사람들이 그들의 모임을 에클레시아라고 한 것은 그들의 공동체를 일반 사회, 즉 세상과 구별된 그들만의 독특한 특성을 가진 공동체라는 것을 인식했음을 보여준다. 그들은 자신들의 공동체가 그리스도의 제자들의 모임이며 그리스도의 부름과 사명을 받은 특별한 공동체라는 것을 분명히 인식했다. 에클레시아라는 말이 '세상으로부터 부름을 받고 따로 모인 사람들'을 의미한다면 그것은 세상과 구별된다는 의미를 강하게 시사하고 있고, 교회는 바로 이러한 그들의 인식에서 설명되어야 한다.

---

2) 사도행전 19장에서 세 차례 '에클레시아'라는 말이 특정한 목적을 가지고 모인 시민들을 지칭하고 있다: "모인 무리"(32절), "민회"(39절), "집회"(40절).

3) Ron Lyles, "The Local Church," in *Baptists*, ed. Greer, Jr. 39; John S. Hammett, *Biblical Foundations for Baptist Churches: A Contemporary Ecclesiology* (Grand Rapids, MI: Kregel Publications, 2005), 26-27을 참조.

우선 교회가 세상과 구별된 공동체라는 인식은 "교회는 세상이 아니다"라는 의미를 분명히 한다.[4] 이러한 면에서 요한복음은 그리스도의 직접적인 가르침을 통해 그를 따르는 무리들이 어떤 성격을 띤 공동체인지 분명하게 보여준다. 요한복음 15장 19절에서 그리스도는 "너희가 세상에 속하였으면 세상이 자기의 것을 사랑할 것이나 너희는 세상에 속한 자가 아니요 도리어 내가 너희를 세상에서 택하였기 때문에 세상이 너희를 미워하느니라"라고 말씀했다. 그는 그를 따르는 자들이 세상에 속하지 않아야 한다는 사실을 분명히 함으로써 교회가 세상과 명확하게 구별되어야 함을 강조했다. 특히 이 구절에서 "내가 너희를 세상에서 택하였기 때문에"(I have chosen you out of the world)라는 부분은 교회가 세상으로부터 구별되어 부름을 받고 나온 자들이라는 사실을 문자 그대로 보여준다. 이 표현은 '에클레시아'라는 말이 그들의 공동체를 설명하는 적절한 표현임을 잘 말해준다. 교회는 세상과 구별되어 세상으로부터 부름을 받고 나온 사람들의 모임이기 때문에 세상에 속하지 않는다는 것이다. 그래서 요한복음 17장 16절에서는 좀 더 명확하게 "내가 세상에 속하지 아니함 같이 그들도 세상에 속하지 아니하였사옵나이다"(They are not of the world, even as I am not of it)라고 했다. 세상에 있지만(in the world) 세상에 속하지 않는(not of the world) 것이 그리스도를 따르는 사람들의 공동체가 세상에서 취해야 할 존재양식이라는 것이다.

일반침례교회의 첫 신앙고백서라고 할 수 있는 "암스테르담 신앙선언서"(A Declaration of Faith of English People Remaining at Amsterdam in Holland)에서도 교회를 "하나님의 말씀과 성령으로 말미암아 이 세상으로부터 갈라놓은 신앙 있는 사람들의 모임"이라고 정의했다.[5] 특수침례

---

4) "교회는 세상이 아니다"라는 말의 구체적인 의미에 관해서는 Stanley Hauerwas and William H. Willimon, *Resident Alien: Life in the Christian Colony* (Nashville: Abingdon Press, 1989)의 첫 두 장을 참조.

5) Lumpkin, 「침례교 신앙고백서」, 김용복 외 2인 역, 침례교신학연구소 펴냄 (대전: 침례신

교회의 첫 신앙고백서인 1644년의 "런던신앙고백서"(London Confession of Faith)는 더 구체적으로 "우리들의 눈에 보이는 교회는 세상으로부터 하나님의 영과 말씀에 의해 부름을 받고 구별되어 나온, 눈에 보이는 성도들의 모임"이라고 정의했다.[6] 초기 침례교회의 대표적인 두 신앙고백서 모두 교회를 정의하면서 세상과의 구별에 특별한 의미를 부여했음을 알 수 있다. 두 신앙고백서 모두 이에 대한 성서적 근거를 고린도후서 6장 17절에서 찾고 있다: "그러므로 너희는 그들 중에서 나와서 따로 있고(come out from them and be separate) 부정한 것을 만지지 말라." 이 말씀은 14-16절에서 "너희는 믿지 않는 자와 멍에를 함께 메지 말라 의와 불법이 어찌 함께 하며 빛과 어둠이 어찌 사귀며 그리스도와 벨리알이 어찌 조화되며 믿는 자와 믿지 않는 자가 어찌 상관하며 하나님의 성전과 우상이 어찌 일치가 되리요"라는 말씀에 이어 결론적으로 주어졌다. 바울은 세상과의 분리를 매우 강한 어조로 강조하면서, 세상과 뒤섞인 고린도교회 교인들의 삶의 방식에 대해 질타하고 있다. 여기서 세상의 불신자들과 멍에를 같이 메지 말라거나 사귀지 말라는 말은 그들과의 물리적 분리를 말하기보다는 가치관의 분리를 말한다고 봐야 한다. 세상 사람들에게 그리스도를 증거하는 것이 교인들의 사명이라고 한다면 이 말씀을 그들과의 물리적 분리로 이해하기는 힘들다.[7] 사도 바울의 이 강한 질타는 교회가 세상과 어떤 관계에 있어야 하는지를 잘 보여준다. 그는 교회의 정체성과 관련하여 일차적으로 세상의 삶의 방식과는 철저한 분리를 강조하고 있는 것이다. 그는 또한 로마의 교인들에게 보낸 편

학대학교출판부, 2008), 146.

6) Ibid., 203.

7) 역사적으로 자유교회 전통 내에 이러한 성서 말씀을 문자 그대로 해석하여 실제로 세상과 지리적으로 동떨어진 삶을 추구하는 경우들이 있었다. 또는 사회 내에서 불신자들과는 어떠한 형태의 거래도 하지 않는 경우들도 있었다. 이것은 성서를 너무 좁은 시각으로 해석한 결과이다.

지에서도 교회는 세상으로부터 따로 부름 받은 자들임을 말한다. 그는 로마의 교인들을 "[이방인들] 중에서 예수 그리스도의 것으로 부르심을 받은 자"(롬1:6)라고 묘사했다. 그리고 "로마에서 하나님의 사랑하심을 받고 성도로 부르심을 받은 모든 자"(롬1:7)라고도 했다.

교회의 영어 표기인 'church'는 '주님께 속한'(belonging to the Lord)이라는 뜻을 가진 헬라어 '쿠리아콘'(*kuriakon*)에서 유래되었다. 이 용어는 교회가 주님께 속한 자들을 의미한다는 것을 보여준다. 이는 그리스도를 따르는 자들은 세상에 속하지 않고 그리스도께 속한 자들이라는 것을 말한다. 에베소서 1장 6절에서 사도바울이 "그리스도의 것으로 부르심을 받은 자"(who are called to belong to Jesus Christ)라고 한 표현에 잘 부합하는 이 용어는 에클레시아라는 말과는 다른 측면을 설명하고 있지만 서로 조화를 이루고 있다. '에클레시아'가 세상과의 분리라는 측면에서 교회의 정의를 표현하고 있다면, '쿠리아콘'은 세상과 분리된 사람들이 '주님께 속한 자들'임을 말하고 있다. 교회는 세상에 속한 공동체가 아니라 주님께 속한 공동체라는 것이다. '에클레시아'라는 말과 '쿠리아콘'이라는 말은 교회의 존재양식을 설명하는 두 가지 측면을 잘 보여준다. 이것은 두 종류의 존재양식을 말하는 것이 아니라 하나의 존재양식에 대한 두 가지 양상(樣相)을 나타낸다. 이 두 용어를 동시에 사용해서 정의한다면 교회는 그리스도의 부름을 받고 세상으로부터 분리하여 주되신 그리스도에 속한 자들의 모임을 말한다.

한국어로 사용되는 '교회'(敎會)라는 말은 이러한 의미에서 교회의 원래적 의미를 잘 살려주지 못한다. 이 말의 문자적 의미는 단순히 '가르침이 있는 모임' 정도에 불과하다. 물론 교회는 그리스도의 가르침을 근본으로 하는 모임이긴 하지만, 그 이름은 그 모임에서 이루어지는 하나의 주요 활동을 지칭하는 말이지, 그 공동체의 기본적 정체성을 담아내지는 못한다. '교회'라는 말을 사용할 때마다 그 말이 지칭하고 있는 공동체의 참 의미를 일깨워주지 못한다는 점에서 이상적인 이름이라고 보기는 힘들다. 이 이름은 교회의 본래적 의미를 담고 있는 '에클레시아'나 '쿠리아콘' 혹은 '처치'(church)의 의미와는 동떨어진 이름이다. 필자의 마음 같아서는 그냥 원어로 '에클레시아'라고 불렀으면 하지만 지금까지 사용해온 말을 바꾸기는 쉽지 않은 일이긴 하다.

교회는 '에클레시아'로서 세상과의 철저한 구별이 강조되는 공동체이지만, 또한 세상으로 보냄을 받는 공동체이다. 이것은 교회가 그리스도의 증인(witness)이 되는 사역(ministerial) 공동체이며 사명(mission) 공동체임을 말해준다. 요한복음 17장에 나와 있는 그리스도의 기도는 이것을 잘 보여준다. 여기서도 그리스도는 "내가 세상에 속하지 아니함 같이 그들도 세상에 속하지 아니하였사옵나이다 그들을 진리로 거룩하게 하옵소서"(요17:16-17)라고 하면서 교회가 거룩하게 구별된 공동체임을 전제한 다음, 18절에서 "아버지께서 나를 세상에 보내신 것 같이 나도 그들을 세상에 보내었고"라고 말한다. 그리스도가 "나의 교회"라고 지칭한 공동체는 그리스도의 부름을 받은 공동체이면서 동시에 세상으로 보냄을 받는 공동체임을 분명히 한 것이다.

교회는 정체성(본질)의 관점으로는 '배타적'(exclusive) 공동체이다. 이 공동체는 철저히 그리스도에 대한 신앙고백을 전제로 하는 공동체이며, 공동체 앞에서 침례의식을 통하여 철저히 이 신앙고백을 한 사람들로 구성된다. '에클레시아'의 의미 자체가 세상과의 철저한 구별(not of the world)을 전제로 하고 있으며, 그것을 구성하는 각 회원의 구별된 삶의 방식을 전제로 한다는 점에서 교회 공동체의 배타성은 내재되어 있는 특성이다. 흔히 배타성이라는 말은 부정적인 함의를 가진 말로서 다른 사람들과의 관계에서 독단적이고 독점적인 의미를 주지만, 여기서는 교회의 회원들이 세상 사람들과 '구별'된 사람들이고 세상의 가치와 분리된 사람들이라는 점을 의미한다.

교회가 정체성의 관점에서는 배타적이지만 사역(사명)의 관점에서는 '포괄적'(inclusive)이어야 한다. 세상에 속하지 않지만 세상에 보냄을 받은 공동체로서 그리스도의 주권을 세상 전체에, 그리고 구석구석에, 선포하는 사명을 가진다. 교회는 배타성(exclusivity)과 포괄성(inclusivity)의 양면을 가지고 있는 공동체이다. 세상과 구별되어 철저하게 그리스도를 따르는 제자들의 공동체로서 배타적 정체성을 가져야 하지만, 동시에 그리스도의 복음으로 세상을 끌어안는 포괄적 사역을 감당해야 한다. 여기서 포괄적 사역이란 복음증거의 사역을 개인적 차원으로 한정시키는 것이 아니라 사회적 차원으로 확대해야 함을 의미한다. 그리스도의 주권과 구원사역이 전체 창조의 영역에서 이해되어야 함을 의미한다. 인간이 세상 안에서 살아가는 모든 영역에서 복음의 삶이 선포되어야 함을 의미한다.

이러한 의미에서 에베소서 3장 10절의 말씀은 각별하다: "이는 이제 교회로 말미암아 하늘에 있는 통치자들과 권세들에게 하나님의 각종 지혜를 알게 하려 하심이니." 여기서 "하늘에 있는 통치자들과 권세들"은 에베소서 2장 2절에 나오는 "이 세상의 풍조"와 "공중의 권세 잡은 자" 혹은 "불순종의 아들들 가운데서 역사하는 영"을 가리킨다. 이것은 다른 말로 세상을 지배하는 영 혹은 "통치자들과 권세 잡은 자들"(딛3:1; 골1:16; 롬8:38; 엡6:12)을 가리킨다. 현실적인 표현으로는 하나님의 섭리에서 이탈한 세상을 지배하는 정신 및 가치관, 혹은 그 정신과 가치관에 의해 세워지고 유지되는 세상의 권력과 체제를 의미한다. 이 말씀은 교회가 이러한 세상 체제를 향하여 하나님의 계시를 선포하는 주체임을 선언하고 있다. 교회가 이 세상에 나아가 하나님의 말씀을 선포하고 그들의 체제와 질서를 무력화시키는 일을 감당해야 할 것을 역설한다. 그리고 11절에서 이 일은 이미 그리스도 안에서 이루어진 그의 영원한 목적을 따르는 일이라고 언급한다.[8] 그러므로 이 말씀은 "모든 민족"(마28:19-20; 눅28:46-48)을 제자삼고 "땅 끝까지 이르러"(행1:8) 복음을 전하라는 그리스도의 선교명령과 밀접한 관계를 가진다.

과거에 세상과 구별된 기독교 신앙의 순결함을 지키기 위해 세상과 분리하면서 탈속(脫俗)의 생활방식을 추구한 사람들이 있었고, 오늘날에도 여전히 그러한 기독교인들이 있다. 기독교 역사에서 중요한 한 축을 형성하고 있는 수도원운동(Monasticism)은 탈속의 전형적인 예이다. 이 운동은 교회가 사회체제(국가체제) 안에서 제도화되고, 기독교 신앙이 신조화 및 교리화 되어가고, 예배가 형식화되어가는 과정에서, 탈속을 그러한 변화에 대응하는 삶의 방식으로 선택한 사람들에 의해 이루어졌다. 그들은 실질적으로 사회적 삶과의 철저한 분리를 통해 그들이 생각하기에 이상적인 신앙생활을 추구했다. 중세 기독교인들은 수도사로 부름을 받은 사람들은 다른 기독교인들에 비해 더 특별한 신앙의 삶으로 부름을 받았다고 생각했다. 교회의 순결성을 지키려는 사람들 가운데서도 교회를 사회적 삶과 분리된 자급자족의 공동생활 공동체로 이해한 사람들이 있었다. 브루더호프(Bruderhof)나 아만파(Amish)와 같은 공동체들이 전형적인 예이다. 그들은 세상과 구별된 삶을 실질적인 생활 터전의 분리를 통해 실현하려고 했다. 이러한 그룹들을 단순하게 비판할 수는 없지만, 교회가 세상 속으로 보냄을 받았다는 점에서, 그리고 교회의 사명이 세상 안에서 그리스도의 삶을 증거하는 일이라는 점에서, 분명한 한계를 보여준다.

교회의 순결성을 지키기 위해서 단순히 세상을 피하고 등지는 것은 단순히 교회의 정체성을 지키기 위한 쉬운 방편이지만 세상에서 교회가 해야 할 사명을 심대하게 제한시키는 일이다. 교회가 세상에서 감당해야 할 사역이 배타적이 될 때 그 자체가 교회 정체성에 부합하지 않는다.

8) 일부 한국어 역본은 '영원한 목적' 대신에 '예정'이라는 말로 번역한다. 이 문맥에서 그 용어가 사용될 수 없는 상황이라고 할 수는 없지만, 이 구절을 구원론적인 차원의 '예정'으로 이해하는 것은 문맥에 맞지 않는다. 여기서는 교회 설립의 목적에 대해 설명하고 있기 때문에 교회론적 문맥에서 읽고 이해해야 하는 것이 타당하다.

교회의 정체성과 사명은 동전의 양면이기 때문이다. 정체성 없는 공동체는 무엇을 해야 하는지, 어떤 방향으로 가야 하는지, 존재의 이유가 없다. 사명의 실천 없는 공동체는 그 존재의 목적이 없다. 교회는 존재의 이유로서 정체성과 존재의 목적으로서 사명을 가진 공동체이다. 이 두 가지 특성이 동전의 양면처럼 교회의 존재 양식을 이룬다. 다음의 다이어그램은 교회와 세상의 관계, 혹은 세상 안에 있는 교회의 존재양식을 보여준다.

교회와 세상

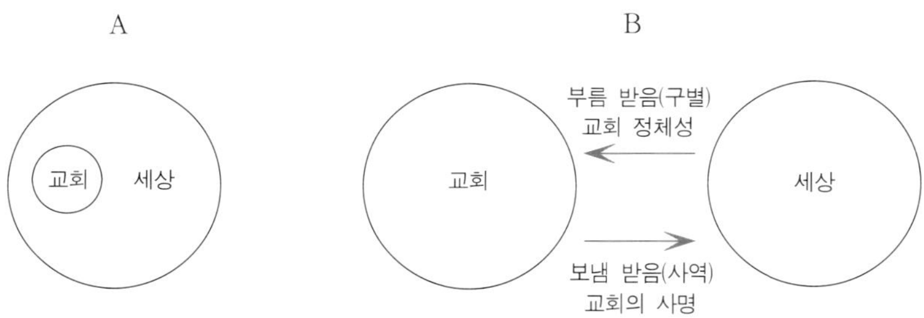

위의 도식에서 A는 교회가 세상 안에서 세상과 구별된 공동체임을 표시한다. B는 편리상 A를 펼쳐놓은 것이다. B는 교회가 그리스도의 부름(초청)을 받고 세상의 가치관(세계관)과 삶의 방식으로부터 구별된 복음의 삶으로 들어온 제자들의 모임이라는 점과 동시에 그리스도에 의해 세상으로 보냄을 받고 복음의 삶을 증거하는 사명을 가진 공동체임을 보여준다. 교회가 그 정체성을 지키면서 세상에서의 사역을 감당해야 하는 일을 두 마리 토끼에 비유한다면, 탈속의 방식을 통해 정체성을 지키는 것은 한 마리의 토끼는 잡을지 모르지만 다른 한 마리의 토끼는 놓치는 결과를 가져온다. 교회가 세상 안에서 복음을 증거하는 과정에서

세상의 방식과 타협하게 되면 두 마리의 토끼를 모두 잃게 된다. 교회가 세상 안에서 세상의 방식이 아니라 복음의 방식으로 사명을 감당해야 하는 공동체라면 두 마리 토끼를 모두 잡아야 한다.

2) '나의 교회'

교회라는 말의 기원을 논할 때 마태복음 16장 18절의 말씀은 각별한 의미를 가진다: "또 내가 네게 이르노니 너는 베드로라 내가 이 반석 위에 내 교회를 세우리니 음부의 권세가 이기지 못하리라." 그리스도는 베드로가 신앙고백을 한 뒤에 '나의 에클레시아'를 세우겠다고 선언했다. 위에서 살펴본 바대로-당시에 사용되던 '에클레시아'라는 말을 그대로 사용하면서-그리스도께서는 세상에는 여러 종류의 에클레시아들이 있지만 그만의 에클레시아를 세우겠다는 것이다. 그리고 자신이 세우려는 이 에클레시아는 바로 조금 전에 베드로가 했던 그 신앙고백을 근거로 하겠다는 것이다. 즉, 베드로와 같이 "주는 그리스도시요 살아계신 하나님의 아들"이라는 신앙고백을 한 사람들의 모임으로서 '나의 에클레시아'를 세우겠다는 것이다. 예수 그리스도는 그의 제자들이 이 세상에서 단순히 사람들에게 복음을 전파하라고만 말씀하지 않았다. 새로운 공동체를 세우겠다고 했다. 그의 제자들이 각자 개인적으로 복음을 전하고 개인적으로 복음의 삶만 영위하면 되는 것으로 의도하지 않았다. 그를 따르는 자들이 함께 가시적 공동체를 형성하도록 의도했고, 복음의 삶이 그 공동체를 통해서 세상에 증거되기를 의도했다. 그는 세상의 불특정 다수의 사람들 가운데 특별히 그를 따르는 사람들을 새로운 공동체가 되게 했고 그 구성원들은 그 공동체를 통해서 복음의 삶을 함께 살아내고, 복음의 메시지를 전하기를 의도했다.

'나의 교회'라는 표현은 또한 교회가 어떤 공동체인지를 가장 극명하게 보여준다. 즉, '그리스도의 교회'로서 교회는 왜 세상과 분리되어야 하는지, 그 분리된 공동체가 어떤 자기 정체성을 가져야 하는지, 그리고 궁극적으로 그 공동체가 세상에 증거하고 드러내야 할 것이 무엇인지를 보여준다. '쿠리아콘'이라는 말이 의미하는 바대로 그의 교회는 세상이 아니라 그에게 속한 자들의 공동체이며, 세상에 속하지는 않지만(not of the world) 세상에서(in the world) 그리스도 현현(顯現)의 삶을 증거하는 예수 공동체이다.

교회가 세상에 속하지 않고 그리스도께 속한다는 의미는 교회가 곧 "그리스도의 것"(롬1:6; 고전3:23)이라는 말이다. 이는 교회의 기초가 베드로와 같은 인간이 아니라 그리스도임을 명백하게 시사한다. 그리스도의 '나의 교회'라는 말은 오직 그리스도 자신이 교회의 기초가 된다는 것 이외의 의미는 생각할 수 없게 만든다.[9]

"이 반석 위에 나의 교회를 세우리라"는 말씀에서 "이 반석 위에"(on this rock)라는 말은 그 해석에 있어서 상당한 논란의 대상이었다. 오스카 사이츠(Dscar J. F. Seitz)는 이 구절을 "신약성서 해석의 폭풍 진원지"라고 표현한다.[10] 여기서는 기본적으로 "이 반석"이라는 말이 베드로를 가리키는지, 아니면 베드로의 신앙고백에 나오는 '그리스도'를 가리키는지에 관해서만 논의를 제한하려고 한다. 어느 해석을 선택하느냐에 따라서 로마 가톨릭교회와 개신교 사이의 교회론이 달라진다. 가톨릭교회는 교회의 반석을 인간 베드로로 규정하고 그를 지상에서 그리스도의 대리인으로 이해한다. 그리고 그 계승자로 로마교회의 감독이 가톨릭교회의 수장으로서 교황의 직을 수행한다. 제2 바티칸공의회의 중요한 공식문서인 "열방의 빛"(*Lumen Gentium*)의 3장 23항은 교황을 "거룩한 아버

---

9) Herschel Hobbs, *The Baptist Faith and Message*, 2nd ed. (Nashville, TN: Convention Press, 1996), 66을 참조.

10) O. F. Seitz, "Upon This Rock: A Critical Re-examination of Matt. 16:17-19," *Journal of Biblical Literature* 69 (December 1950): 329. 사이츠의 관심사는 "이 반석 위에"라는 말의 진위를 밝히고자 하는 것보다는 이 구절의 역사성과 관련된 논의에 있다.

지"(The Holy Father)로 명시하면서 "로마의 교황은 베드로의 계승자로서 감독들의 일치와 성도들의 일치에 대한 영원한 가시적 원리요 기초"(The Roman Pontiff, as the successor of Peter, is the perpetual and visible principle and foundation of unity of both the bishops and of the faithful)라고 묘사한다.[11)]

가톨릭교회의 해석은 예수님이 "너는 베드로라 내가 이 반석 위에 내 교회를 세우리니"라고 했을 때 '베드로'와 "반석"에 해당하는 말이 동일하게 '돌'이라는 의미를 가진 헬라어라고 할 때 가능하다. 그런데 '베드로'는 '페트로스'(*petros*)라는 남성 명사이고 "이 반석"이라는 말은 '페트라'(*petra*)라는 여성 명사이다.[12)] 그런데 헬라어에서 '페트로스'는 조그만 분리된 돌을 가리키고 '페트라'는 큰 암반석을 가리키는 경우들이 일반적이다.[13)] 그리고 구약성경은 반복해서 하나님께서 이스라엘을 구원할 메시아를 보내신다는 사실을 말씀하고 있는데 여러 군데에서 오실 메시아를 돌에 비유하고 있다.

예를 들면, 이사야 28장 16절에서 "내가 한 돌을 시온에 두어 기초를 삼았노니 곧 시험한 돌이요 귀하고 견고한 기촛돌이라"는 말씀, 시편 118장 22절에서 "건축자가 버린 돌이 집 모퉁이의 머릿돌이 되었나니"라는 말씀, 그리고 이사야 8장 14절에서 "걸림돌과 걸려 넘어지는 반석"의 말씀이 그것이다. 이러한 구약성서의 말씀을 기초로 하여 사도 바울은

---

11) "On the Hierarchical Structure of the Church and in Particular on the Episcopate," *Lumen Gentium*, 3.23. Documents of II Vatican Council, http://www.vatican.va/archive/hist_councils/ii_vatican_council/documents/vat-ii_const_19641121_lumen-gentium_en.html. 인터넷 자료, 2014년 12월 15일 접속.

12) Hobbs, *Baptist Faith and Message*, 65-66.

13) Yarnell, "Upon This Rock I Will Build My Church: A Theological Exposition of Matthew 16:13-20," in *Upon This Rock: The Baptist Understanding of the Church*, ed. Duesing, Jason G., Thomas White, and Malcolm B. Yarnell, III (Nashville, TN: B&H Academic, 2010), 30-32.

그리스도를 "부딪칠 돌"(롬9:32), "걸림돌과 거치는 바위"(롬9:33)로 묘사하고 있다. 그리스도에 대한 베드로의 고백도 같은 문맥에서 이해되어야 한다: "사람에게는 버린 바가 되었으나 하나님께는 택하심을 입은 보배로운 산돌이신 예수께 나아가 너희도 산 돌 같이 신령한 집으로 세워지고"(벧전2:1-5). 그는 또 구약성서를 그대로 반복하면서 "건축자들이 버린 그 돌이 모퉁이의 머릿돌"이 되었다는 표현과 "부딪치는 돌과 걸려 넘어지게 하는 바위"(벧전2:7-8)라는 표현으로 그리스도가 구약에서 예견된 메시아임을 분명히 밝혔다. 당시 유대 사람들은 사도 베드로가 돌 이야기를 할 때 즉시 메시아에 대해서 이야기한다는 것을 알았다. 이러한 사도들의 표현은 그리스도가 교회의 기초가 된다는 사실을 명확하게 했다.

3) 그리스도의 몸

'그리스도의 몸'(Body of Christ; *Corpus Christi*)이라는 말은 전체 기독교 진영에서 일반적으로 사용하는 표현이지만, 교회전통에 따라 그것이 의미하는 바는 다르다. 이 말은 대체로 두 가지 의미에서 사용되었다.[14) 첫째는 문자 그대로 그리스도의 실제적인 몸을 의미한다. 이것은 특히 주의 만찬 논의에서 중세 가톨릭교회가 발전시킨 '실제 임재론'(Doctrine of Real Presence), 즉 그리스도의 몸이 실제로 빵과 함께 있다는 입장을 설명할 때 사용된다. 이러한 개념은 그리스도의 몸이 주의 만찬 시에 희생제물이 된다는 '영구제사론'(Doctrine of Perpetual Sacrifice)의 논리를 뒷받침한다.[15) 나중에 개신교 종교개혁가들 가운데 있었던 주의 만찬 논쟁에서는 그리스도의 몸의 편재(遍在; ubiquity) 문제가 거론되기도 했다. 그리스도의 몸에 대한 이러한 논의들은 주로 기독론 및 예전론과 관련된 관심사에서 비롯되었다.

---

14) 물론 성육신과 관련된 사항은 여기서 논외로 한다.
15) 주의 만찬과 관련된 내용은 6장에서 다시 논의될 것이다.

침례교회는 '실제 임재론'이나 '영구제사론'의 입장을 받아들이지 않기 때문에 그러한 의미에서 그리스도의 몸을 말하지 않는다. 그들은 주의 만찬에서 빵이 그의 몸을 상징한다고 말할 때만 실제적인 의미에서 그리스도의 몸을 말한다. 그들이 그리스도의 몸이라는 말을 사용하는 것은 주로 그 말을 은유적으로 사용할 때이다. '그리스도의 몸'이라는 말은 두 번째로 교회를 지칭할 때 사용된다. 신약성서도 이 말을 사용할 때는 주로 교회를 설명할 때이다. 그래서 그리스도의 몸이라는 말을 교회와 결부시키는 일 역시 기독교 안에서는 보편적인 일이다. 가톨릭교회는 교회를 지칭하는 말로 "그리스도의 신비한 몸"(Mystical Body of Christ)이라는 말을 사용한다.[16)]

4세기 초 이후 이 말은 서서히 하나의 지역교회를 지칭하기보다는 '보편교회'(catholic church)를 지칭하는 말로서 사용되었다. 특히 기독교 유럽에서 국가교회화 된 기독교를 통칭하는 말로서 지상의 기독교 왕국(Christendom 혹은 Corpus Christianum)을 의미했다. 국가체제와 결합된 기독교는 기독교를 공식 종교(official religion)로 받아들인 정치적 영역 안에서 법적으로 선언된 가시적 지상체제로 이해되었다.

침례교회는 그리스도의 몸인 교회를 이렇게 이해하지 않는다. 그들에게 있어서 그리스도의 몸인 교회는 하나의 지역교회를 의미한다. 마태복음 18장 15절 이하는 분명히 지역교회 공동체의 상황 안에서 이해되어야 할 말씀이다. 여기서 교회는 분명히 지역 교회를 의미한다. 20절에서 "두세 사람이 내 이름으로 모인 곳에는 나도 그들 중에 있느니라"는 말은 교회의 최소 단위를 말한다고 봐야 한다. 신약성서에서 교회라는 말이 사용될 때는 항상 지역 교회였다. 그러므로 그리스도의 몸이라는 개

16) "*Mystici Corpus Christii*," Encyclical of Pope Pius XII on the Mystical Body of Christ, 1943. http://w2.vatican.va/content/pius-xii/en/encyclicals/documents/hf_p-xii_enc_2906 1943_mystici-corporis-christi.html. 2015년 1월 20일에 접속.

념은 지역교회의 문맥에서 이해되어야지 추상적인 '보편교회' 개념이나 하나의 정치적 영역 안에 있는 전체 기독교를 대변하는 말로 이해되어서는 안 된다.

교회를 그리스도의 몸으로 표현하는 성서적 근거는 주로 사도바울의 서신에 있다. 에베소서 1장 22-23절이 대표적이다: "또 만물을 그의 발 아래에 복종하게 하시고 그를 만물 위에 교회의 머리로 삼으셨느니라. 교회는 그의 몸이니 만물 안에서 만물을 충만하게 하시는 이의 충만함이니라." 그는 여러 곳에서 교회를 그리스도의 몸에 비유하면서 한 형제자매된 교인들이 서로 어떤 관계에 있는지를 설명했다. 로마서 12장 4-5절의 말씀도 교회를 그리스도의 몸으로 표현한 전형적인 경우이다: "우리가 한 몸에 많은 지체를 가졌으나 모든 지체가 같은 기능을 가진 것이 아니니 이와 같이 우리 많은 사람이 그리스도 안에서 한 몸이 되어 서로 지체가 되었느니라." 고린도전서 12장 12-27절에서도 사도바울은 교회가 어떤 공동체인지 꽤 상세하게 설명하고 있다. 12절에서 그는 "몸은 하나인데 많은 지체가 있고 몸의 지체가 많으나 한 몸임과 같이 그리스도도 그러하니라"라고 하면서 각 지체인 교인들이 공동체 안에서 서로를 어떻게 생각해야 하는지를 설명한 다음 27절에서 "너희는 그리스도의 몸이요 지체의 각 부분이라"고 결론을 맺는다. 이 외에도 교회를 그리스도의 몸으로 이해하는 말씀으로는 에베소서 3장 6절("함께 지체가 되고 함께 약속에 참여하는 자"), 에베소서 5장 23절("그리스도께서 교회의 머리됨과 같음이니 그가 바로 몸의 구주시니라"), 골로새서 1장 18절("그는 몸인 교회의 머리시라"), 골로새서 1장 24절("그리스도의 몸 된 교회") 등의 말씀이 있다.

에베소서 4장 11-16절에서 바울은 교회의 사역자들을 세우는 목적이 "성도를 온전하게 하여 봉사의 일을 하게 하며 그리스도의 몸을 세우려" 함이라고 하면서 그 몸의 머리인 그리스도로부터 "온 몸이 각 마디를 통하여 도움을 받음으로 연결되고 결합되어 각 지체의 분량대로 역사하여 그 몸을 자라게 하며 사랑 안에서 스스로 세우느니라"고 말한다. 이는 교회가 그리스도의 몸으로서 서로 유기적 관계에 있음을 잘 보여준다.

2. 신자들의 교회의 역사적 기원

미국 남침례교단의 대표적 신앙고백서인 「침례교 신앙과 교훈」은 "주 예수 그리스도의 신약성서 교회는 복음의 믿음과 교제 안에서 계약에 의해 함께 연합된 침례 받은 믿는 자들의 지역 구성체(local body)"라고 진술한다.[17] 이 고백은 '신자들의 교회' 개념을 잘 표현한 말이다. 오늘날 당연하게 생각하는 교회에 대한 이러한 이해가 16세기에만 해도 일반적인 것이 아니었다. 중세 가톨릭교회를 개혁하고자 했던 개신교 종교개혁가들에게 있어서도 이러한 '신자들의 교회' 개념은 일반적이지 않았다. 물론 신자들의 교회라는 표현 그 자체가 생소한 것은 아니었다고 할 수 있지만 교회를 구성하는 신자들이 어떤 자들이어야 하는지에 대해서는 가톨릭과 개신교 주류 개혁가들의 생각이 그렇게 다르지 않았다. 우선 주류 개신교 개혁가들의 개혁적 관심은 구원론에 치우쳐져 있었지 교회론에 대한 관심은 상대적으로 약했다. 적어도 그들의 교회론은, 그들 나름대로의 차이점을 보여주었다고 하더라도, 중세 가톨릭교회의 교회론을 뒤흔들만한 것은 아니었다. 예를 들어서, 마르틴 루터는 교회를 하나님의 말씀이 선포되고 교회예전이 온전히 집례되는 곳으로 정의했고, 거기에다 국가교회 체제를 그대로 수용했다. 개혁교 전통의 교회론도 이에서 크게 벗어나지 않았다. 그들의 교회론은 오히려 신자들의 교회 개념과 대척점에 있었다. 주류 개신교 개혁가들이 가톨릭교회와 마찬가지로 신자들의 교회를 주장하는 사람들을 광범위하게 박해했다.

---

17) Hobbs, *The Baptist Faith and Message*, 64.

16세기 종교개혁 진영에서 '신자들의 교회'를 회복하는 것을 주요 개혁 목표로 삼았던 그룹은 아나뱁티스트들이었다. 그들은 국가교회 체제를 거부하고 교회는 신약성서의 가르침에 따라 그리스도를 따르는 헌신된 신자들의 모임으로 이해했다. 그들에게 있어서 신자들의 교회를 세우는 시금석은 유아세례를 철폐하고 신자침례를 회복하는 일이었다. 물론 16세기 아나뱁티스트 교회 이전에도 신약성서적 교회를 회복하려는 시도들이 있었다. 앨버트 H. 뉴먼(Albert Henry Newman)은 그의 「반(反)유아세례의 역사」(*A History of Antipedobaptism*)에서 침례교회와 유사한 그룹들이 있었는지 진지하게 검증하려고 했다. 그는 "교회가 침례의식의 미신화 및 우상화, 유아세례 행습, 사제주의, 금욕주의 등을 통해서 어떻게 잘못되기 시작했는지 설명한 뒤, 시대별로 나타난 분파들을 차례로 검증하면서 그들이 얼마나 1세기 사도들의 교회와 유사성이 있는지를 꼼꼼하게" 밝히면서 "사도들의 교회에 근접하려고 했던 대표적 그룹들로 4-5세기에 활동했던 세바스테의 이리우스(Aerius of Sebaste)와 추종자들, 요비니아누스(Jovinianus)와 추종자들, 비길란티우스(Vigilantius)와 추종자들"을 꼽고 12세기 사도적 분파들로는 페트로브루이파(Petrobrusians), 헨리파(Henrisians), 아놀드파(Arnoldists) 등을 꼽으며, 그들은 "신약성서의 가르침과 행습으로 거의 완전히 복귀"했다고 주장한다.[18] 그는 "암울했던 기독교 역사 가운데 "참 신자들의 무리들"이 있었던 것은 의심의 여지없이 분명하다고 단언한다.[19]

뉴먼이 언급한 그룹들이 제도화되고 있었던 교회에 동조하지 않고 사도들의 교회를 회복하려고 했던 것은 부인하기 힘들지만, 그들이 주장했

---

18) 남병두, "침례교회 기원," 「침례교회 정체성」, 215. A. H. Newman, *A History of Antipedobaptism: From the Rise of Pedobaptism to A. D. 1609* (Philadelphia: American Baptist Publication Society, 1897), 1-28 참조.

19) Newman, *A History of Antipedobaptism*, 28.

던 교회가 16세기 아나뱁티스트 교회와 17세기 침례교회가 주장했던 신자들의 교회 개념과 어느 정도로 유사한지 밝히는 일은 그렇게 쉽지 않다. 그들의 주장은 대체로 그들을 논박하는 자들의 글을 통해 전해지고 있기 때문에 교회에 대한 포괄적인 그들의 사상을 규명하기는 어렵다. 오늘날 침례교회가 주장하는 신자들의 교회 개념은 16세기 아나뱁티스트 전통에서 가장 명확하게 발견된다. 침례교회는 17세기에 영국에서 아납뱁티스트의 교회 개념을 재발견한 교회전통이다. 물론 두 교단이 역사적 계승의 관계는 아니지만 전자가 후자의 사상적 후예임은 분명하다. 현대 신자들의 교회 전통은 16세기의 아나뱁티스트 교회와 17세기의 침례교회에서 비롯되었음은 감출 수 없는 사실이다.

3. 신자들의 교회가 가지는 여러 가지 의미들

침례교회가 신자들의 교회를 주장하는 것은 가장 우선적으로 그것이 신약성서에 나타난 교회라는 데 있다. 모든 교회는 초대교회의 관례(마 28:19)와 실천(행2:41)에 따라 세워져야 한다는 데서 신자들의 교회는 자명한 당위성을 가진다. 존 스마이스 그룹이 처음으로 발표했던 "짧은 신앙고백서"(A Short Confession of Faith, 1609)의 12항에서 교회는 "죄와 믿음을 고백한 후에 침례를 받고 그리스도의 능력을 입은 믿는 자들의 모임"이라고 고백한 것은 그들이 신약성서에서 재발견한 거부할 수 없는 깨달음이었다.[20] 침례교회의 특성은 결국 신자들의 교회의 특성이다. 여기서는 신자들의 교회의 여러 가지 의미들을 소개하면서 앞으로 전개될 여러 특성들이 신자들의 교회 개념 안에서 통합적으로 이해되어야 함을 보여줄 것이다. 이 논의는 결국 앞으로 나올 여러 가지 침례교회 특성들의 개요가 될 것이다.

---

20) 그들은 암스테르담에서 접촉한 메노파 아나뱁티스트 교회의 영향을 받았지만 그들의 주장을 신약성서를 통해서 검증함 없이 하지는 않았다.

1) 국가교회를 거부하는 교회(non-conformist church; non-established church)

16세기에 교회는 그리스도를 따르는 신자들의 모임이어야 한다고 주장했던 아나뱁티스트들은 이러한 교회는 반드시 국가와 분리되어야 한다고 주장했다. 그들에게 있어서 교회 개혁은 가장 우선적으로 국가교회를 거부함으로써 가능하다고 보았다. 그들은 교회가 특정한 통치 영역에 소속한 모든 사람들을 포함하는 것이 아니라 그리스도에 대한 신앙고백을 한 사람들만 포함한다고 보았기 때문이었다. 신자들의 교회는 일차적으로 국가와 철저한 분리를 전제로 한 개념이다. 침례교회가 처음부터 교회와 국가의 분리를 주장했던 것은 그 당시의 교회가 국가교회였기 때문이었다. 그들이 성서를 통하여 (물론 16세기 아나뱁티스트 운동의 영향 아래) 신자들의 교회 개념을 재발견하게 된 것은 4세기 초 이후로 형성된 국가교회에 대한 역사적 체험에 근거한다. 그들이 신자들의 교회를 주장하면서 교회는 자발적으로 신앙을 고백한 사람들의 모임이라고 한 것은 출생과 동시에 유아세례를 통하여 교인이 됨과 동시에 그 정치적 지역의 시민이 되는 국가교회와 분명한 차별화를 시도한 것이었다.

국가교회는 국가의 통치 영역 안에 있는 모든 사람들을 포함하는 교회이기 때문에, 그 정치적 영역 안에서 신자와 비신자의 구별이란 있을 수 없다. 이것은 교회가 세상으로부터 구별된 공동체라는 정체성과 조화할 수 없다. 또한 국가교회 체제에서는 실질적으로 신앙이 영적인 문제라기보다 법적인 문제가 된다. 태어나면서 유아세례를 받고 법적으로 기독교인이 된 사람들 가운데는 개인적 신앙고백에 이르지 못한 형식화된 신앙에 머물러 있는 사람들이 있을 수밖에 없다. 국가교회 체제 안에서는 종교와 신앙을 선택하는 개인적 자유는 없다. 국가교회가 요구하는 신앙에 '자발적으로' 동조하지 않는 사람이 '외적으로' 그 신앙에 동조하는 태도를 취하는 것은 결국 법적 강압에 의한 것이라고 볼 수 있다. 법적으로 세상 사람들을 모두 포함하는 국가교회는 결국 세상과 구별된 교회가 아니며 세상과 연합한 교회일 수밖에 없다. 이러한 경우 교회는 세상이며, 세상이 교회가 된다. 역사적으로 신자들의 교회는 바로 이러한 국가교회를 거부하는 데서 시작되었다. 신자들의 교회 입장에서 국가교회를 비평하는 것은 '교회와 국가의 분리 원칙'에 대해 논의할 4장에서 좀 더 자세하게 이루어질 것이다.

2) 회개와 믿음으로 중생을 체험한 자들의 교회(regenerate church)

교회를 중생한 자들의 모임으로 규정하는 것은 사람이 부모를 통해서 한 번 태어나지만 신자는 성령으로 다시 나지 않으면 안 된다는 예수 그리스도의 가르침에 직접 근거한 것이다. 요한복음 3장에서 유대인 지도자 니고데모와의 대화에서 예수님은 "사람이 거듭나지 아니하면 하나님의 나라를 볼 수 없다"(3절) 또는 "사람이 물과 성령으로 나지 아니하면 하나님의 나라에 들어갈 수 없다"(5절)고 설명했다. 그리고 거듭나는 것은 하나님의 독생자 예수 그리스도를 믿음으로써 가능하다고 했다(15-18절). 결국 신자들의 교회는 그리스도를 믿음으로 중생을 경험한 사람들의 모임을 말한다. 유아들은 부모에 의해서 태어났지만 성령을 통하여 그리스도를 영접하는 두 번째 태어남을 경험해야만 교인이 될 수 있음을 말한다.

워런 맥윌리엄즈(Warren McWilliams)는 사도바울이 고린도후서 5장 17절에서 그리스도를 따르는 사람들을 두고 "그리스도 안에서 새로운 피조물들임을 강조"하고 있음을 지적하면서, "이것은 침례교 구원론과 교회론의 중심"이라고 말한다.[21] 그는 계속하여 "그리스도인들은 옛 방식의 삶을 벗어던지고 새로운 삶의 방식, 즉 분명한 그리스도인 방식의 삶을 사는 사람들"(엡4:17-24; 골3:5-10)이라고 설명한다.[22] 이것은 침례교회의

21) Warren McWilliams, "교회는 중생한 신자들의 공동체다," 「21세기 속의 1세기 신앙」, 202-3.

교회론에 있어서 가장 중심적인 전제이다. 교회는 분명히 신앙고백을 한 중생한 신자들의 모임이라는 확신이 침례교회를 세우게 된 원동력이었다. 16세기에 신자들의 교회 개념을 회복하려고 했던 아나뱁티스트들도 그들이 신약성서의 가르침에 따라 회복하려는 교회가 "중생한 사람들의 교회"(regenerate church)임을 자주 표현했다.

3) 침례를 통한 신앙고백과 헌신에 기초한 제자들의 공동체 (baptismal covenanting church of disciples)

신자들의 교회가 중생한 신자들이 모이는 가시적인 공동체이기 때문에 그 공동체는 침례라는 가시적 의식을 통하여 한 몸을 이루게 된다. 이 공동체에 들어오는 자들은 공동체 앞에서 가시적인 침례의식을 통하여 그들의 신앙과 헌신을 가시적으로 고백함으로써 그들이 교회의 일원이 됨을 선포한다. 도널드 던바우(Donald Durnbaugh)는 신자들의 교회를 그리스도의 길을 걷는 사람들이 계약으로 맺어진 공동체라고 묘사했다.[23] 이러한 계약은 신자와 하나님, 그리고 신자와 교회 간에 침례의식을 통해서 이루어진다. 그러므로 침례는 공중 신앙고백임과 동시에 헌신의 계약을 표시하는 중요한 교회의식이 된다. 이에 대해서는 이 책의 6장에서 침례의식의 의미를 논할 때 좀 더 구체적인 설명이 이루어질 것이다.

4) 자발적 믿음과 자발적 교회(the voluntary church)

신자들의 교회는 자발적인 교회이다. 교회는 말씀을 통해 그리스도를 만난 사람들이 양심의 자각에 의해 자발적으로 회개와 믿음의 고백을

---

22) Ibid., 203.

23) Donald F. Durnbaugh, *The Believers' Church: The History and Character of Radical Protestantism* (New York: Macmillan Company, 1968), 33.

하고 참여한 공동체이다. 4세기 초부터 기독교가 서서히 신자들의 교회 전통을 희생시키면서까지 국가교회 체제를 수용한 이후 기독교 유럽에서 기독교 신앙은 법적으로 강제되었다. 국가교회가 공식적으로 선포한 신앙과 신학에서 벗어난 어떠한 신앙도 인정되지 않았기 때문에 개인의 자율적 신앙이라는 개념 자체가 없었다. 16세기 개신교 종교개혁 이후로도 신앙의 자율성은 회복되지 않았다. 주류 종교개혁가들은 그들의 개혁 운동을 성공시킨 지역에서 각 개인의 자율적인 신앙을 인정하지 않았다. 그들은 중세적 국가교회 체제의 틀 안에서 그들의 개혁을 완수했고, 그들이 그 지역에서 공식화 한 지역에서 다른 신앙을 허용하지 않았다. 그 결과 가톨릭 지역뿐 아니라 개신교 지역에서도 종교 박해는 끊이지 않았고 종교의 자율성은 그 지역의 획일화된 질서를 깨는 위험한 발상으로 간주될 뿐이었다.

신자들의 교회라는 말은 그 교회를 구성하는 신자들의 자발적인 신앙과 자발적인 교회참여에서 비롯된다. 그들의 신앙이 자발적이지 않고, 그들의 교회참여가 자발적이지 않다면 그것은 이미 신자들의 교회가 될 수 없다. 그들이 국가교회를 거부하는 교회인 것은 바로 그 국가교회가 강제하는 신앙을 거부하기 때문이다. 그들에게 참 신앙은 자발적이어야 하고, 참 교회란 자발적인 참여에 의해 이루어져야 하기 때문이다.

5) 모이는 교회(gathered church): 보이는 지역교회(visible local church)

신약성서에서 교회는 실질적으로 '지역교회'(local church)를 의미했다. 교회는 구체적인 가시적 공동체로서 실질적인 신자들의 가시적 모임을 말하는 것이며 결코 추상적인 보이지 않는 공동체가 아니었다. 초기의 침례교인들이 보이지 않는 교회 개념에 대해서 언급하고 있긴 하지만 그들에게 의미 있는 교회는 실질적으로 보이는 교회였다. "제1 런던신앙고백서"의 33항은 신자들의 교회 개념을 잘 표현하고 있는데, 특별히 그들이 가시적 교회임을 강조하고 있다. "눈에 보이는 성도들의 모임"으로서 교회는 "복음에 대해 가시적으로 믿음을 고백하고, 침례를 받음으로써" 이루어진다는 것을 분명하게 표현한다.[24] "제2 런던신앙고백서"의 6항도 "교회 회원들은 소명과 그리스도의 부르심에 대하여 가시적이며, 분명하고, 확정적인(그들의 신앙고백과 행함을 통해) 순종으로 인하여 성도들이 된다"고 함으로써 복음에 대한 가시적 소명과 가시적 순종을 전제로 하는 '보이는 교회' 개념을 강조하고 있다.[25] 이 고백서들에도 '보이지 않는 교회'라는 표현을 사용하고 있기는 하지만, 그것은 가시적 지역교회와 구별된, 지상에 있는 모든 믿는 자들의 교회를 하나로 묶은, 보편적 교회 개념으로 이해된다. 그 교회가 보이지 않는 교회인 것은 가시적으로 조직화된 교회가 아니기 때문이다. 그들의 신앙고백과 그것에 따른 실질적인 행함이라는 실질적인 교인들의 삶과 직접 관련된 교회는 가시적인 지역교회를 말하는 것이다.[26]

6) 회중 중심적 교회(congregational church)

신자들의 교회는 본질적으로 회중 중심적 교회일 수밖에 없다. 교회 내에서 교인들 간에는 어떠한 형태의 상하관계도 존재하지 않는다. 교회를 구성하는 신자들은 그 신앙적 권위에 있어서 모두 동일한 위치에 있다. 각 신자의 신앙적 권위와 책임은 그리스도에 대한 신앙고백 이후 그리스도로부터, 모두에게 직접적으로, 동등하게 주어졌다. 그렇다면 교회는 모든 신자 구성원들이 주체가 되는 교회여야 한다. 그리스도를 구세주와 주님으로 고백하고 그를 따르는 삶을 살기로 작정한 각 신자는 이제 교회 내에서 어떤 형태로도 그 신앙을 종속시키는 다른 권위에 지배

24) Lumpkin, 「침례교 신앙고백서」, 203.
25) Ibid., 335.
26) 이 부분은 9장에서 지역교회 자치주의를 다룰 때 좀 더 논의될 것이다.

되지 않는다. 오직 그 권위를 각 신자에게 부여한 그리스도의 권위만 인정한다. 그러므로 교회에서는 그리스도의 권위 아래에 신자로서의 권위를 부여받은 개인들로 구성된 회중 전체가 신앙의 일과 교회의 일을 결정하는 주체가 되어야 한다. 회중 중심적 교회라 함은 일인 목회자나 소수의 지도자들이 권위를 독점하는 교회가 아니라는 말이다. 교회 내에서 이러한 회중의 권위는 어떤 개인이나 소수 집단에 의해 침해되어서는 안 된다. 오히려 교회 내의 목회자와 지도자들의 권위는 회중으로부터 부여된 것이다.

7) **권징이 있는 교회**(disciplined church)

개인이든 공동체든 자정(自淨) 능력과 체제를 갖추는 것은 중요하고도 필수적인 일이다. 스스로 자신의 본연의 모습을 회복하려는 노력과 장치가 없다면, 그 개인 혹은 집단은 본래의 정체성을 상실하게 될 것이다. 이러한 자연스러운 원칙은 특별한 목적을 가지고 세워진 공동체나 조직에서 더욱 절실한 것이다. 교회 역시 사람들의 모임이며, 가시적 조직으로서 그러한 원칙과 장치가 필요하다. 특히 신자들의 교회는 세상과 구별된 정체성을 강조하는 교회이므로 더욱 그러하다. 침례교회 역시 신자들의 교회로서 정체성을 유지하기 위하여 그러한 장치를 중요시해왔으며, 그것은 곧 교회권징(church discipline)의 행습이다.

1611년의 "암스테르담에 남아 있는 영국인들의 신앙고백서"에서도 권징에 관한 항목을 따로 두고 교회의 순수성에 대한 관심을 표현했다. 그 신앙고백서의 17항은 "교회로부터 경고를 받은 후 오히려 회개하지 않는 형제는 성도의 교제에서 제외된다(마18:17; 고전5:4, 13). 죄를 범한다고 하여 교회로부터 사람을 단절하는 것이 아니라, 교회가 주는 자기 개선의 경고를 듣지 않는 것이, 스스로 교회로부터 자기를 단절하게 하는 것"이라고 말한다.[27] 여기에 적시된 마태복음 18장 17절은(15절부터 시작하여) 교회 내에서 죄를 범한 형제를 어떻게 치리할 것인지 그 방법과 절차를 설명하고 있다.

이 항에는 또 특별히 고린도전서 5장 4절과 13절이 적시하고 있는데, 사실상 5장 전체가 교회권징을 다루고 있다. 이 장은 고린도교회 가운데 음행을 행한 자를 교제에서 끊으라는 사도 바울의 강한 메시지를 담고 있다. 교회권징의 방법과 절차보다는 그것을 해야 하는 이유에 대해 소상하게 밝혀준다. 바울은 고린도의 교인들이 교회 내에서 일어나는 악행을 방관하는 태도에 대해 격렬하게 비판하는 모습을 보여준다. 그는 그러한 교인들의 태도에 대해 "너희가 오히려 교만하여져서 어찌하여 통한히 여기지 아니하고 그 일 행한 자를 너희 중에서 쫓아내지 아니하였느냐"(2절)고 성토한다. 그리고는 그러한 일을 방관해서는 안 되는 이유를 "적은 누룩이 온 덩어리에 퍼지는 것"(6절)을 막기 위함이라고 말한다. 그는 "너희는 누룩 없는 자인데 새 덩어리가 되기 위하여 묵은 누룩을 내버리라"(7절)고 함으로써 교회의 순결성을 강조하고 그 순결성을 해칠 '누룩'(악행)을 방관하지 말고 제거하라고 강하게 요구한다. 그것은 교회가 "우리의 유월절 양 곧 그리스도께서 희생"(7절)함으로써 세워진 공동체로서 더럽혀져서는 안 된다는 명백한 전제가 있기 때문이다. 그래서 그는 "이 악한 사람은 너희 중에서 내쫓으라"(13절)고 강하게 주문하는 것이다.

이 신앙고백서에 적시된 마태복음 18장은 교회 권징의 절차와 방식을 가르쳐주는 전형적인 성서구절이다. 침례교회 역사의 가장 초기에 이 구절을 사용하여 권징을 강조한 것은 그들이 메노파의 영향을 받았음을 잘 보여준다. 16세기 종교개혁 운동 가운데 아나뱁티스트 운동은 그 중요한 특성으로서 '출교'(church ban)를 강조했다. 그들 가운데 출교는 교

27) Lumpkin, 「침례교 신앙고백서」, 148.

회권징의 대표적 행습이었다.[28] 최초의 아나뱁티스트 신앙고백서인 "슐라이타임신앙고백서"(Schleitheim Confessions)는 첫 번째 항에서 신자의 침례 개념을 명확하게 설명한 뒤에 바로 그 다음 항에서 마태복음 18장 15-17절의 말씀을 근거로 출교에 관하여 설명하고 있다. 제1항에서 침례는 "회개와 삶의 변화를 경험하고 … 그리스도의 부활의 길을 걷는 자들"이 받는 예전이라고 말한 다음, 제2항에서 공동체 가운데 "잘못과 죄로 미끄러져 넘어진 자들"에 대해서 처음에는 두 번에 걸쳐 비밀리에 권고를 하지만 세 번째는 공개적으로 권징하거나 출교한다는 내용을 담고 있다.[29] 침례의식을 통하여 했던 신앙고백과 헌신의 언약대로 삶을 살지 못하는 자들 가운데 교회로부터 여러 차례를 권고를 받았지만 그 권고를 지속적으로 받아들이지 않은 자들은 결국 공동체의 교제로부터 제외된다는 원칙이다. 아나뱁티스트의 교회권징은 역사적으로 신자들의 교회를 지향하는 교회전통에서 거의 예외 없이 받아들여졌다.

초기의 침례교인들도 신자들의 교회를 설립함과 동시에 교회권징의 행습을 받아들였다. 신앙고백을 전제로 한 침례를 통하여 신자들의 교회가 세워졌다면, 그 교회가 정체성을 잃지 않고 유지되는 중요한 일이었다. 특수침례교회의 첫 신앙고백서에서도 "교회권징은 중요한 일로 다뤄지고 있다. "제1 런던신앙고백서"(1644년)는 42항에서 "어떤 회원을 받아

---

28) 영국 분리주의자들의 독립교회들이 대체로 회중체제를 채택했고, 교회권징을 강조했던 것은 장 칼뱅이 교회를 정의할 때 교회권징을 강조했던 데서 비롯되었다고 할 수 있을 것이다. 칼뱅이 교회권징을 교회의 표시로 삼은 것은 슈트라스부르크의 개혁가 마르틴 부처(Martin Bucer)의 영향이었다. 그리고 부처가 교회권징을 채택한 배경에는 상대적으로 종교적 박해가 덜 했던 슈트라스부르크에 한동안 머물렀던 아나뱁티스들의 영향이었다는 주장을 따른다면, 영국 분리주의 교회들이 채택했던 교회권징 역시 아나뱁티스트에서 그 기원을 찾을 수 있다. 여기서 칼뱅의 교회권징과 분리주의 교회들의 교회권징은 장로주의와 회중주의라는 체제의 차이에 따른 피할 수 없는 차이점이 있다. 소수의 집단지도체제에서의 권징과 회중 중심적 체제의 권징은 그 자체로 본질적인 차이를 가지 수밖에 없다.

29) Lumpkin, 「침례교 신앙고백서」, 32.

들이거나 쫓아낼 수 있는 권한"이 그리스도에 의해 교회 전체에 주어졌다고 하면서, 43항에서는 "각 교회의 모든 [개별] 회원은, 비록 그가 탁월하거나 위대하고 혹은 많이 배웠다 하더라도, 그리스도의 판단과 견책에 종속되어야 한다; 그리고 교회는 매우 주의 깊고 부드럽게, 그리고 적당한 충고로 교회의 회원들을 송사해야 한다"고 진술한다.

교회와 교회건물: 교회는 장소가 아니다

'에클레시아'이든 '쿠리아콘'이든 교회는 장소의 개념이 아니라는 것을 분명히 해야 할 필요가 있다. 오늘날 "교회에 간다"라는 말을 많이 사용하는데, 그것은 대체로 믿는 자들이 모여서 예배를 드리는 어떤 특정한 장소로 간다는 의미로 이해된다. 교회라는 말이 주로 이렇게 사용되다 보니 사람들에게 교회란 늘 어떤 특정한 장소로 인식된다. 그러나 신약성서에서는 교회라는 말이 이러한 개념으로 사용된 적이 없다. 교회란 항상 특정한 사람들을 지칭한 말이었지 특정한 장소를 지칭하여 사용된 적은 없었다는 것이다.[30] 안디옥교회는 안디옥 지역에 흩어져 있는 그리스도의 '부름을 받은' 사람들의 공동체를 일컫는 이름이었고, 로마교회는 로마 지역에 흩어져 있는 '주님께 속한 자들'을 자연스럽게 부르게 된 공동체 이름이었다. 초기의 교회들은 오늘날처럼 빌딩을 전제로 해서 모이지 않았다. 그들은 소수의 사람들로 구성된 작은 그룹으로서 그 정도의 모임이 가능한 가정집에서 모였다. 당시 교회는 소위 '가정교회'(house church)라고 불려도 좋을 그러한 형태의 여러 모임들의 집합체였다. 예루살렘교회는 예루살렘에 흩어져 있는 이러한 작은 단위의 가정교회들

---

30) Alan Richardson, ed. A Theological Word Book of the Bible (New York: MacMillan Publishing Company, 1950), 46. Ron Lyles, "The Local Church," in *Baptists: History, Distinctives, Relationships*, ed. Eugene Greer (Dallas, TX: Church Services Division of Baptist General Convention of Texas, 1996), 38에서 재인용.

을 한 교회로 인식하고 붙여진 이름이었다. 그들의 실질적인 모임들은 규모가 작았고 각 가정집에서 모였지만, 그들은 그 모임들을 그리스도 안에서 한 형제자매로 묶어진 유기적인 관계에 있는 한 교회 개념으로 이해했다. 그들이 예루살렘교회라고 했을 때 그 교회는 예루살렘에 흩어져 있는 믿음의 형제자매들을 지칭하는 것이었다.

교회가 장소가 아니라 사람들을 일컫는 말이라는 것은 초기 기독교인들에게는 너무나 당연한 일이었다. 그들이 교회가 무엇을 의미하는지 분명히 인식하고 있었기 때문이기도 하지만, 그들이 처했던 사회적 상황이 그들로 하여금 일정한 장소가 교회라고 생각할 수 없게 만들었기 때문이다. 사회적 소수자들로서 늘 박해에 노출되어 있었던 그들에게는 교회를 특정한 장소로 생각할 기회 자체가 없었다. 그들에게는 가정집이든지, 카타콤과 같은 무덤이든지, 혹은 야외든지, 모임의 장소는 항상 가변적이었고, 그냥 장소에 불과했다. 박해받는 사회적 소수자들이 교회를 장소로 오해하게 될 상황은 거의 없었다고 봐야 할 것이다. 이러한 상황은 교회가 고정된 예배장소를 가지기 시작하면서 조금씩 달라지기 시작했다. 교회에 대한 박해 시대가 종식되면서 교회는 본격적으로 장소 혹은 건물에 매이기 시작했다.[31] 그들은 더 이상 사람들의 눈을 피해서 작은 그룹 단위로 모일 필요가 없었고 많은 사람들이 함께 모일 수 있는 큰 빌딩을 세우기 시작했다. 그리고 그러한 장소에 특별한 의미를 부여하기 시작했다. 나중에는 특정한 교회 빌딩, 즉 성당(聖堂)이 아니면 예배를 드릴 수 없게 되었다. 이러한 변화는 교회를 예배를 위해 특별히

---

31) 교회는 박해가 종식되기 이전인 3세기에 들어와서 이미 일정한 건물을 가지기 시작한 것으로 보인다. 이것은 기독교인들의 수가 증가함에 따라 교회가 서서히 공사회로 나오기 시작한 것과 무관하지 않을 것이다. 4세기 초에 있었던 디오클레티아누스(Diocletianus)의 '대박해'(Great Persecution) 때 교회의 토지와 건물을 압수했다가 나중에 콘스탄티누스가 돌려준 사실을 보더라도 교회는 박해 종식 이전부터 제한되나마 건물을 가지는 경우들이 있었던 것으로 보인다. 그러나 교회가 본격적으로 고정된 예배장소로서 건물을 가지기 시작한 것은 아무래도 박해가 끝난 이후라고 봐야 할 것이다.

지정된 장소로 이해하게 만들었다.

교회를 감독 중심으로 이해하기 시작한 것도 교회를 특정한 장소에 얽매이게 한 원인을 제공했으리라는 추측도 가능하다. 성당(cathedral)이라는 말은 '카테드라'(*cathedra*)라는 말에서 유래되었는데, 헬라어(καθέδρα)에서 온 라틴어로서 '의자'(chair) 혹은 '자리'(seat)를 의미하는 말이었다. 이 말은 특별한 직위와 관련되면서 왕좌와 같은 '권좌'(throne)를 가리키는 말을 의미하게 되었듯이 교회 역사에서는 '감독의 자리' 혹은 감독좌(監督座)를 지칭하는 말로 사용되기 시작했다. 특히 교회가 서서히 감독 중심의 교회가 되면서 교회는 감독의 의자 혹은 자리가 있는 곳으로 이해되기 시작했다. 키프리아누스(Cyprianus)가 외쳤듯이 "감독이 없으면 교회가 없다"는 말에 따라 교회는 감독이 있는 곳이고, 감독좌가 있는 곳이어야 했다.[32] 이러한 역사적 고정관념들이 교회를 특정한, 지정된 장소와 결부하여 생각하도록 부추겨왔음이 틀림없다.

교회는 특정한 장소에서 반복해서 예배하게 되면서 그 장소를 신성하게 여기기 시작했고, 교회건물을 완공하게 되면 으레 하나님께 헌정(consecration 혹은 dedication)하는 의식을 치렀다. 교회건물은 온갖 장식으로 화려해지기 시작했고, 그 건물과 장식 자체에 특별한 의미가 부여되었다. 교회는 신성한 장소로서 서서히 구약의 성전 개념이 적용되기 시작했다. 16세기 모라비아의 아나뱁티스트 목회자요 신학자였던 페테르 리데만(Peter Riedemann)이 "교회건물은 우상적으로 사용되어왔기 때문에 허물어뜨려지고 완전히 파괴되어야 한다. 아나뱁티스트 교인들은 결코 그 안으로 들어가서는 안 된다"고 강하게 언급한 것은, 그 표현이 과하다 하더라도, 교회를 특정한 건물로 이해하고 그것을 신성시한 당시 교회 행습을 강하게 비판한 것이었다.[33]

---

32) 성당(cathedral)은 감독이 직접 목회하는 교회 건물을 일컫는 말이고, 감독이 치리하는 지역의 교구교회 건물은 주로 채플(chapel)이라고 한다.

구약에서 하나님의 성전은 항상 일정한 장소였고, 제사와 예배의 장소로서 그 외의 장소는 허용되지 않았다. 구약의 종교는, 특히 포로기 이전에는, 그야말로 성전 중심의 종교였다. 반드시 지정된 예루살렘 성전에 정기적으로 와서 제사를 드려야 했다. 신약 시대에 와서는 그러한 양상이 달라졌다. 요한복음 4장에서 예수는 수가성 여인과의 대화에서 앞으로 예배의 개념이 어떻게 달라질지를 예고했다. 수가성 여인이 "우리 조상들은 이 산에서 예배하였는데 당신들의 말은 예배할 곳이 예루살렘에 있다"(20절)고 한다면서 사마리아의 전통적 예배장소(세겜)와 유대인들의 예루살렘 가운데 어느 곳이 참 예배의 장소인지 물었을 때 예수님의 답변은 "이 산에서도 말고 예루살렘에서도 말고"(21절)였다. 더 이상 예배의 장소가 아니라 어떤 마음으로 예배를 드릴 것인가를 본질적인 문제로 삼았다. "아버지께 참되게 예배하는" 일은 '어디서'가 아니라 '어떻게'의 문제라는 것이다. 참 예배는 "영과 진리"로 드리는 것이며, 어떤 특정한 장소가 예배를 참되게 만들지 않는다는 것이다. 예수는 더 이상 구약의 성전 개념을 새로운 공동체와 연관 짓지 않음을 알 수 있다.

이 외에도 신약성서에는 그리스도의 십자가 사건시에 성소의 휘장이 찢어진 사건(마27:51; 막15:38; 눅23:45)을 언급하면서 구약의 성전 제사 중심 종교의 종언을 고했다. 이에 따라 신약성서의 신앙에는 장소 개념으로서 성전은 철폐되었다고 보는 것이 정당하다. 그리하여 사도바울도 고린도전서 3장 16절에서 "너희가 하나님의 성전인 것과 하나님의 성령이 너희 안에 계시는 것을" 강조했다. 이는 이제 장소 개념으로서 성전이 없어졌음을 분명하게 시사한다. 그는 여전히 성전이라는 말을 사용하지만 단지 그것을 비유적으로 사용할 따름이다. 하나님의 임재를 의미했

33) Peter Riedemann, "Rechenschaft unserer Religion," in W. J. McGlothlin, *Baptist Confessions of Faith* (Philadelphia: American Baptist Publication Society, 1911), 14-15. William Brackney, *The Baptists*, 37-38에서 재인용.

던 거룩한 성전이 더 이상 가시적인 건물이나 장소를 의미하지 않고, 이제는 하나님의 성령이 계시는 믿는 자들을 지칭한다. 그래서 로마서 12장 1절에서 바울은 구약의 제사 개념을 비유로 사용하여 "너희 몸을 하나님이 기뻐하시는 거룩한 산 제물로" 드리는 것이 교회의 "영적 예배"라고 강조하고 있다.

침례교회의 역사를 보면 초기에 박해를 받던 시절에는 예배를 위해 모이는 장소가 매우 다양했다. 감시를 피해 개인 집의 지하실에 숨어서 예배를 보는 경우가 많았고, 때로는 숲이나 들판 같은 야외에서 비를 맞으며 집회를 가지는 경우들도 있었다.[34] 그들에게 예배를 드리는 곳은 장소에 불과했다. 그들에게 교회는 장소에 얽매인 개념이 아닌 것이 분명했다. 초기 침례교인들은 그들이 모이는 건물이나 장소를 대체로 '미팅하우스'(meeting house)라고 불렀다. 그들은 예배를 위한 모임 장소를 두고 교회라고 하지 않았다. 그러나 1689년의 "종교관용령"(Act of Toleration)이 법령화된 이후 침례교회들도 고정된 장소로서 교회 빌딩을 가지기 시작했고 거기에 얽매이기 시작했다. 이것은 당시 침례교회 쇠퇴의 한 원인이 되었다.

오늘날 입으로는 교회가 믿는 자들의 공동체를 말한다고 하지만 실제로는 교회를 장소로 생각하는 일이 팽배해 있다. 교회가 사용하는 물질적 자원의 대부분을 교회건물을 짓고 그것을 유지하는 데 사용하고 있다. 과거의 유럽의 교회들이 웅장하고 화려한 건물을 짓는 일을 하나님께 드리는 최고의 선물로 생각하면서 온갖 신앙적 정성을 그 일에 바친 결과, 오늘날에도 건물들은 곳곳에서 그 위용들을 자랑하고 있다. 그런데 그 건물들이 이제는 '교회'라기보다는 대체로 관광 상품화되어 그 지역 경제에 도움을 주는 관광명소가 되었다. 또 다른 문제는 그러한 건물들이 수많은 가난한 사람들이 직접적으로 또는 간접적으로 부당하게 착

---

34) McBeth, 「침례교회의 역사와 유산」, 159-62를 참고.

취당한 결과물이라는 것이다. 그들은 그 건물을 짓는 비용으로 과도한 교회세를 감당했고 힘든 노동을 강요당했다. 로마의 베드로성당(St. Peter's Basilica)의 비용 상당 부분이 면죄부 판매를 통해 이루어졌고, 그 많은 부분이 가난한 사람들의 주머니에서 나왔던 사실은 하나의 예에 불과하다. 하나님의 영광이 건물을 통해 나타난다는 잘못된 신앙적 열정의 결과이다. 하나님의 영광은 믿는 자들의 삶을 통해서 나타나는 것이지 웅장하고 화려한 건물을 통해서 나타난다고 하는 것은 착각이며, 그러한 가르침은 사람들을 현혹하는 일이다.

오늘날에도 교회건축을 '성전건축'이라는 표현을 동원해서 마치 그것이 신앙 행위의 중요한 표현으로 가르치는 경우들이 일반화되어 있다. 물론 교회의 필요에 따라 하는 물질적 헌신이 잘못되었다는 말이 아니다. 문제는 건물을 교회와 동일시하고 그것을 교회사역의 본질로 왜곡하는 일이다. 수많은 서민 기독교인들의 헌금을 교회사역의 본질보다는 비본질적인 교회건물을 짓고 유지하는 데에 소모하는 것은 그들의 신앙적 열정을 교회사역의 본질에 쏟는 일을 방해한다. 오늘날 결코 적지 않은 일부 한국 교회들이 건물 짓는 일에 혈안이 되어 교인들의 집을 담보로 은행 빚을 지는 일까지 마다하지 않는 풍토는 분명히 중세 교회의 잘못된 행습에 닿아있다. 교회가 과도하게 건물에 집착하는 행태는 첫째, 교회를 건물이라는 장소로 오해하게 만들고, 귀중한 물질을 교회의 비본질적인 일에 소비하게 만들고, 교인들의 신앙적 관심사와 열정을 그러한 일에 집중하게 만들고, 가시적 위용을 통한 전시효과를 복음 전도의 수단으로 삼게 만드는 일을 조장한다. 교회 역사에서 이러한 일이 일어나기 시작한 것은 교회의 세속화와 타락이 시작된 시점과 거의 일치한다는 것을 잊지 말아야 한다. 이러한 일은 오늘날 교회가 반드시 시정해야 할 문제이다.

제4장

교회와 국가의 분리 원칙

'정교분리'와 '교회와 국가의 분리'라는 용어는 둘 다 'separation of church and state'이라는 영어 표현을 번역한 말이다. 이 말은 한국에서 대체로 '정교분리'라는 말로 번역되어 사용되었다. 이 책에서는 이 두 용어를 구별하여 사용하려고 한다. 우선 기독교 내적 문제로서 교회와 국가의 관계를 설명할 때는 거의 예외 없이 '교회와 국가의 분리'라는 용어를 사용한다. 이 용어가 그 의미를 보다 명확하게 대변하는 말이기 때문이다. '정교분리'라는 말은 오늘날 일반화되면서 정치와 종교의 분리라는 말을 줄인 것으로 이해되고 있기 때문에 좀 더 확대된 의미로 사용되고 있다. 이 용어는 일반 사회에서 정치와 기독교를 포함한 모든 종교와 분리되어야 한다는 의미로 사용되고 있는데, 기독교 일각에서는 이 말을 기독교인들의 정치적 무관심으로 이해함으로써 이 용어의 본래적 의미를 왜곡하는 경우들이 종종 있다. 이러한 오해와 왜곡은 기독교인들의 정치적 무관심을 옹호하는 사람들뿐 아니라 그것을 비판하는 사람들에 의해서도 이루어지고 있다. 이 문제에 대해서는 뒤에 가서 좀 더 논의하고자 한다.

결론적으로 말한다면, 침례교회는 '교회와 국가의 분리' 원칙을 옹호하기 때문에 '정교분리' 원칙을 동시에 옹호한다. 그러나 후자가 자칫 넓게는 교회의 사회에 대한 무관심, 좁게는 교회의 정치에 대한 무관심을 표현하는 말로 오해할 소지를 주기 때문에 그 사용을 자제하려고 한다. '교회와 국가의 분리'라는 말은 원래 그 역사적 의미를 그대로 전달하는 용어이고 침례교회가 주장하는 논리를 더 명확하게 반영한다. 그렇지만 일반 사회에서 이해하는 정치와 종교의 분리를 표현할 때는 '정교분리'라는 용어를 여전히 사용할 것이다.

교회와 국가의 관계 문제는 기독교 역사에서 중요한 위치를 차지한다. 이 문제는 기독교 신앙이 '세상'이라는 영역에서 어떤 삶의 방식을 취해야 할 것인가의 문제와 직결되는 문제이다. 즉, 이 문제는 기독교와 세상의 관계, 또는 다른 표현으로 '기독교와 문화'의 관계와 밀접한 관련성을 가진다. 특히 침례교회와 같은 자유교회 전통에서 이 문제는 역사적으로 가장 근본적인 논의 대상 가운데 하나였다. 앞 장에서 신자들의 교회가 추구하는 교회의 의미를 설명할 때 가장 먼저 '국가교회를 거부하는 교회'라고 한 것은 이와 같은 이유 때문이다. 그들이 굳이 교회와 국가의 분리라는 표현을 사용하게 된 것은 당연히 그랬어야 할 일이 오랜 역사의 기간 동안 그렇지 못했기 때문이다. 신약성서에는 구체적으로 교회와 국가의 분리라는 말이 없다. 그것은 그러한 말을 사용할 필요가 없었기 때문이다. 초대교회 시대의 기독교인들에게는 교회가 세상의 국가체제와 양립하는(compatible) 공동체가 아니라는 것이 자명한 일이었기 때문에 굳이 교회와 국가의 분리라는 말 자체가 필요 없었다.

교회는 그 역사에서 훨씬 많은 시간을 국가교회(state church) 형태로 존재했다. 그 결과 기독교인들에게 국가교회는 당연히 유지되어야 할 '현재의 상황'(現狀; *status quo*)이 되고 말았다. 16세기의 주류 종교개혁가들에게 있어서도 국가교회 체제는 개혁의 대상이 아니었다. 그들은 중세적 '코르푸스 크리스티아눔'(*corpus christianum*)의 개념을 여전히 지켜야 할 현 상황으로 생각했고, 그들이 추진했던 변화의 운동은 국가교회 체제 내에서 이루어져야 할 윤리적, 신학적 개혁이었다. 동 시대에 교회 개혁을 추진했던 그룹들 가운데 국가교회를 거부하는 것을 개혁의 주요 골자로 삼았던 그룹은 아나뱁티스트 교회(Anabaptists)였다. 그들이 주창했던 신약성서적 교회로서 신자들의 교회는 일차적으로 국가교회 체제에서 탈피하는 교회임을 분명히 했다. 그들에게는 교회와 국가의 분리가 개혁의 출발점이었다. 이러한 입장은 그들이 다른 개신교 종교개혁가들과 근본적으로 다른 관점에서 교회개혁을 추진하고 있음을 분명히 보여주었고, 그들이 가톨릭교회뿐 아니라 다른 개혁가들과도 갈등 관계에 놓이게 되면서 양 측으로부터 박해를 당하게 된 근본적인 이유가 되었다. 4세기 초 이후로 교회론적인 입장에서 국가교회 체제의 근본적인 문제점을 본격적으로 제기한 것은 바로 이들이었다.[1] 17세기의 침례교회는 이러한 점에서 16세기 아나뱁티스트의 교회론적 전통과 그 맥을 같이 한다. 오늘날 교회와 국가의 분리 원칙의 뿌리는 바로 이들에게 있다.

주류 개신교 종교개혁 전통이 오늘날 국가교회 체제에서 벗어나게 된 것은 그들의 선택이 아니었다. 그것은 계몽주의 이후 서서히 진행된 사회적 변화에 따라 종교와 사회가 결합된 중세적 체제에서 벗어나고자 한 근대 정치사회의 선택이었다. 그들은 근대 사회에 의해 정치적 영역으로부터 서서히 배제되었던 것이지 스스로 분리의 길을 가지 않았다. 오늘날 그들이 주장하는 '정교분리'의 개념도 사회가 그들에게 부여한 '거부할 수 없는 제안'이었다. 오늘날에 이르기까지 16세기에 국가교회 전통에 있었던 교단들은 그들의 신학에서 원론적으로 '교회와 국가의 분리론'을 가지고 있지 않다. 그 이유는 지금까지 그들의 교회론에 근본적

1) 16세기 이전에도 교회와 국가의 분리 개념을 주창한 사람들이 있었다. 후기 발도파 운동 가운데 이것을 주장한 경우들이 있었고, 15세기 보헤미아의 개혁가들 가운데 페트르 헬치츠키(Petr Chelčický)가 동일한 주장을 폈다.

인 변화가 없기 때문이다. 이러한 점에서 침례교인들이 처음부터 일관적으로 교회와 국가의 분리 원칙을 교회론적 관점에서 고수해온 것은 다른 개신교단들과 분명히 차별화되는 부분이다.

국가교회란 어떤 교회를 말하는가? 국가교회는 특정 국가의 통치 영역 내에서 국가가 공식적으로 인정하고 지원하는 교회이다. 어떤 과정에 의해서든 결과적으로 이러한 교회는 '국가가 설립한 교회'(established church)이며, 국가가 법적으로 인정하는 교회이다. 즉, 한 사람이 그 정치적 통치 영역 내에서 태어나거나 시민권을 획득한 경우에 그는 동시에 기독교인이 됨을 전제로 한다. 과거의 국가교회 체제 내에서 새로운 아이가 태어난 경우 당연히 받게 되는 교회의식으로서 유아세례는 교인이 되는 관문이 됨과 동시에 시민이 되는 관문이었다.

국가교회는 국가가 공식적으로 교회를 합법화했기 때문에 그 공식교회(official church)가 정한 신학과 교리와 제도는 그 지역에 있는 모든 시민 혹은 교인이 법적으로 따라야 할 사항이 된다. 이것에 거스르는 것은 교회와 국가 둘 다에 의해 금지된 일이다. 그 정치적 영역 내의 시민의 수와 교인의 수는 이론적으로 동일하다. 그 통치 영역 내에서 시민으로 사는 사람에게 국가교회 체제는 다른 선택의 여지를 주지 않는다. 모든 사람은 시민이 됨으로써 반드시 그 체제를 선택해야 한다. 출생을 통해서는 후천적 전입을 통해서든 그 사회의 일원이 되면 그 사회가 정한 규범과 법을 지키지 않을 수 없듯이 국가교회 체제도 그러하다. 그러므로 이 체제에서는 완전한 종교자유의 개념은 있을 수 없다. 국가교회 체제에서는 신앙도 법의 테두리 안에 갇혀있고, 법적 권위에서 자유롭지 못하기 때문이다. 이러한 체제 내에서 신앙과 신학은 집단적이고 획일적이다.

국가교회 체제는 교회와 국가의 경계선이 늘 불명확할 수밖에 없다. 교회와 국가가 한 체제 안에 구조적으로 결합되어 있기 때문이다. 이 체제에서 교회는 국가가 그 안위를 위해서 추구하는 통치방식을 기본적으로 인정한다. 교회를 보호하고 지원하는 국가가 유지되기 위해 사용되는 모든 방식과 논리는 기독교 신앙의 관점에서도 정당화된다. 그러므로 전쟁을 포함한 모든 국가적 활동들은 정당화되고, 기독교인들의 정당한 책임이자 의무가 된다.[2] 이 체제에서 교인으로서의 책임과 의무는 시민으로서의 책임과 의무와 동일시된다. 실제로 4세기 초 이후부터 기독교가 로마제국 체제와 결합되기 시작하면서 교회는 이러한 방향으로 내닫는 급격한 전환을 경험하게 된다.

1. 콘스탄티누스와 국가교회의 시작

국가교회(state church)에 관해서는 1장에서 제도교회에 관한 논의를 할 때 약간의 언급이 있었다. 여기서는 이 문제에 대해 좀 더 본격적으로 논의하려고 한다. 기독교 역사에서 4세기 초에 대한 관심과 그에 대한 역사적 평가는 교단마다 상당한 차이를 보여준다. 그 차이는 대체로 교회와 국가의 관계에 대한 교단적 견해의 차이와 관련이 있다. 이 차이는 로마가톨릭교회와 개신교의 차이로 나타나기보다는 역사적으로 국가교회에 대한 교단적 입장의 차이에 따라 다르게 나타난다. 교회사의 구체적 사실관계에 밝지 않은 사람들 가운데 가톨릭교회에서 나온 개신교단들의 교회와 국가 관계를 현대적 관점에서 이해하면서 오해하는 경우들이 있다. 대체로 한국의 개신교회의 교인들은 교단을 불문하고 '정교분리'라는 용어를 사용하면서 그들의 교단이 역사 가운데 지속적으로 교회와 국가의 분리를 주장해왔다고 생각하는 경우들이 종종 있다. 그것은 역사적으로 잘못된 생각이고 중대한 착각이다. 16세기 종교개혁 운동 이후 주류 개신교단들은 거의 예외 없이 교회와 국가의 연합을 지향했고

2) John H. Yoder, *The Christian Witness to the State* (Scottdale, PA: Herald Press, 2002), 6; originally published by Faith and Life Press, 1964.

그들이 기반을 두고 있었던 정치적 영역에서 소위 '영역교회'(Territorial Church)로 불렸던 국가교회를 세웠다. 그들의 종교개혁 운동 자체가 정치적 운동과 분리될 수 없었다. 16세기에 일부 자유교회 전통의 개혁가들을 제외하고 정치권력을 종교개혁의 수단으로 사용하지 않은 교단은 없었다. 종교개혁이 일어났던 각 지역에서 그 개혁운동이 성공할 수 있었던 것은 그 지역의 정치권력을 개혁의 파트너로 끌어들일 수 있었기 때문이었다.

313년의 "밀라노칙령"(Edict of Milan)은 실제로 공식적인 국가교회를 선언한 것은 아니었다. 당시 황제였던 콘스탄티누스(Constantinus)와 리키니우스(Licinius)가 밀라노에서 만나서 함께 공동으로 발표한 이 칙령은 기독교라는 종교를 공적으로 인정하고 포교의 자유를 선언한 것이었다. 기독교도 다른 합법적 종교들과 같은 법적 지위를 얻게 된 사건이었다. 로마제국이 종교관용 정책을 실행했다는 것은 주지의 사실이다. 로마제국의 통치 권력을 인정하고, '로마의 평화'(Pax Romana)를 깨지 않는 가운데 공적으로 등록하여 인정을 받은 경우에 현지 종교는 공인된 합법적 지위를 얻었다. 기독교는 313년이 되어서야 그 지위를 얻게 된 것이다.

기독교가 공식적으로 로마제국의 유일한 합법적 종교가 된 것은 나중의 일이었지만 실질적으로 국가교회 체제는 이미 시작되었다. 313년의 기독교 공인 이후 콘스탄티누스 황제는 자신이 기독교인이라고 생각했고, 기독교를 실질적으로 로마제국의 종교로 기정사실화했으며, 기독교를 통하여 제국을 일원화하려는 그의 의도를 노골적으로 드러냈다. 과거에 황제들이 종교적 수장으로서 로마의 종교를 제국을 하나로 묶는 정치적 이데올로기로 생각했듯이 콘스탄티누스는 자연스럽게 이제 기독교가 그 역할을 해줄 것을 기대했다. 그는 기독교의 '보편적 교회'(catholic church)를 통해 로마제국의 통일성을 확립하고 유지하려고 한 것이다.

그의 이러한 의도는 그가 얼마나 교회의 일치에 많은 관심을 가졌는지를 보면 잘 드러난다.

콘스탄티누스의 교회에 대한 정책도 그러한 방향으로 실행되었다. 그는 교회에 제국의 온갖 혜택을 주었을 뿐 아니라 자신을 '감독 중의 감독'이라고 생각하면서 교회의 일에 깊숙이 간여했다. 원래 로마제국은 제정일치의 체제였다. 로마 황제는 정치적 일인자였던 동시에 종교적 수장이었다. 첫 황제 아우구스투스(Augustus) 때부터 로마제국의 황제는 '프린켑스'(Princeps)라는 정치적 칭호 이외에도 '폰티펙스 막시무스'(Pontifex Maximus)라는 종교적 칭호를 가지기 시작했는데, 이 칭호는 원래 로마종교의 대제사장(High Priest)에게 주어진 것이었다. 로마의 황제가 종교적 일인자의 칭호를 취함으로써 로마제국에서는 정치와 종교가 더 공고하게 결합되었다. 정치적 권위와 종교적 권위가 구별이 없는 사회에서 기독교인들이 박해를 받았던 중요한 원인들 가운데 하나는 그들이 로마의 신들에게 제사하는 공적인 제전(祭典)에 참여하지 않은 일이었다. 로마 사회에서 그들의 가족 혹은 지역을 보호해준다고 믿는 신들에게 제사하는 일은 공적인 일이었고 기독교인들이 그러한 공적인 일에 참여하지 않는 일은 그들이 속한 공적 사회에 대한 직무유기였던 것이다. 종교적인 불신행위는 곧 사회적, 법적 문제였던 것이다. 로마제국의 기본적인 종교관용정책에도 불구하고 그것이 제한될 수밖에 없었던 것은 로마종교에 대한 시민적 존중의 의무가 로마제국의 권력에 대한 정치적 순응과 분리될 수 없는 일이었기 때문이다.[3)]

이러한 배경을 감안한다면 콘스탄티누스 황제와 로마제국이 기독교를 받아들인 이후 기독교를 정치적 관점에서 이해하고 교회를 정치적 파트

3) 각 정복지의 토착 종교들을 인정하고 관용하는 것이 로마제국이 기본적인 종교정책이었다. 단지, 시민의 의무로서 로마제국의 공식적 종교행사에도 참여할 것을 요구했을 뿐이다. 기독교인들이 그러한 종교행사에 참여했더라면 그들에 대한 박해빈도는 현격하게 줄었을 것이다. 이러한 면에서 로마제국의 종교관용정책은 분명히 제한적이었다.

너로 생각하게 된 것은 매우 당연하고 자연스러운 일이었다. 로마종교에서 '제사장 중의 제사장'인 대제사장의 칭호를 가졌던 황제가 자신을 교회의 '감독 중의 감독'이라고 생각하게 된 것은 매우 자연스러운 일이었다. 그가 황제로서 기독교 신앙을 받아들인 것은 교회를 로마제국 체제에 편입시키는 일과 무관할 수 없었다. 이것이 기독교가 국가교회 체제를 전격적으로 수용한 일을 우연으로 볼 수 없는 이유이다. 기독교가 정치와 종교의 결합체제였던 로마제국을 기독교 친화적 체제로 받아들인 순간 교회와 제국은 결합체제가 되는 운명에 놓일 수밖에 없었던 것이다. 국가교회 체제는 기독교가 로마제국 체제를 받아들인 순간 예정된 일이었다.

콘스탄티누스는 313년 기독교를 공인한 이듬해에 이미 교회의 일에 간여하기 시작했다. 디오클레티아누스 때의 '대박해' 이후에 북아프리카 교회에서 일어난 '도나투스 논쟁'(Donatist Controversy)은 교회의 분열로 귀결되면서 그 지역에서 중대한 갈등의 상황들을 만들기 시작했다. 이 논쟁이 시작된 직접적인 원인은 아니라 할지라도, 북아프리카의 교회분열 사건은 지중해의 남쪽 연안 지역과 북쪽 연안 지역의 지역적, 정치적 갈등 구도와 정복지로서 북아프리카 내의 지배계층(로마의 귀족층)과 피지배계층(토착민)의 갈등 구도에 따라 증폭되었다. 그리고 콘스탄티누스에 의해 제국이 기독교를 수용하는 예기치 못한 일이 일어났을 때, 로마교회 전통과 각을 세웠던 도나투스파 교회들이 정치적으로 불리한 입지에 놓이게 된 것은 너무나 당연한 일이었을 것이다. 콘스탄티누스가 생각하는 기독교는 당연히 로마교회 중심의 기독교였기 때문이다. 게다가 교회의 일치가 매우 중요했던 그에게 도나투스교회의 이탈은 달갑지 않은 일이었다.

314년에 개최된 '아를공의회'(Synod of Arles)는 콘스탄티누스 황제가 소집한 첫 기독교 공의회였다. 이 공의회는 기본적으로 '도나투스 논쟁'

을 종결하기 위한 황제의 노력을 잘 반영한다. 313년에 로마교회가 도나투스파의 주장보다는 온건한 주류 교회 측의 주장을 공식적으로 인정한 일을 두고 도나투스파가 기독교를 공인한 황제에게 불만을 제기한 것이 그 직접적인 동기였다. 공의회의 결과는 기본적으로 로마교회의 입장을 그대로 반영하는 것이었고 도나투스파는 정죄되었다. 로마의 황제가 북아프리카 토착민 중심의 도나투스파보다는 로마교회 중심의 기독교를 지지하는 것은 당연한 일이었다. 이때 기독교계에서 오랫동안 지속되어 왔던 부활절 시기에 대한 논쟁에 대해서도 로마교회 전통을 따르는 것으로 결정했다. 이 공의회는 콘스탄티누스 황제에게 교회 불일치를 해결하는 좋은 아이디어를 제공해주었다. 주류 교회는 정치권력을 통하여 그들의 적대자들을 물리치는 '편리하고 효과적인 방식'을 경험하는 계기가 되었다. 이 공의회는 결과적으로 325년 니케아공의회(Council of Nicea)의 전조가 되었다.[4)]

콘스탄티누스 황제가 동방의 리키니우스(Licinius)를 물리치고 로마제국의 통일을 이룬 바로 이듬해에 개최된 니케아공의회는 신학적으로나 정치적으로 중요한 역사적 이정표가 되었다. 알렉산드리아의 아리우스(Arius)를 중심으로 일어난 '삼위일체 논쟁'은 특히 동방 지역에서 큰 반향을 일으켰고, 황제는 이러한 교회 불일치의 상황을 좌시하지 않았다. 그는 즉시 니케아에 거국적으로 감독들을 소집하여 이 문제를 적극적으로 해결하려고 했다. 그는 참석하는 감독들의 여행과 체류 비용을 부담했고, 회의에 참여했으며, 그 결론을 도출하는 과정에 개입했고, 결과로 나온 "니케아신조"(Creed of Nicea)에 참여한 모든 감독들이 서명할 것을 요구했다. 일단 공식적으로 결정된 신조는 동의 여부의 대상이 아니라 반드시 동의하도록 강요되었다. 그리고 그 신조에 동의하는 서명을 하지

4) 5세기 초에 도나투스파와 논쟁했던 히포의 아우구스티누스(Augustinus of Hippo)는 아를 공의회를 첫 대공의회로 여겼다.

않았던 소수의 아리우스파(Arians) 감독들은 제국으로부터 추방당했다.[5)]

콘스탄티누스 황제는 아를공의회에 이어 제국적으로 확대된 공의회의 전(全) 과정에 개입함으로써 정치권력이 교회 문제에 적극적으로 개입하고 영향을 주는 사례를 남겼고 앞으로 형성될 교회와 국가의 관계를 충분히 짐작케 했다. 이는 교회의 신학적 문제가 더 이상 교회만의 문제가 아니라 국가의 문제가 되었음을 보여준다. 첫 대공의회(Ecumenical Council)로서 니케아공의회는 앞으로 있을 대공의회의 전형(prototype)이 되었다. 실제로 이후의 공의회 사례들을 보더라도, 교회의 문제들이 순수하게 교회의 일이 되는 경우는 거의 없어졌다. 공의회가 그 개최 동기부터 시작해서 결론에 이르기까지 정치적 목적과 방식에 무관하게 진행되는 경우는 거의 없게 되었다. 그 과정에서 교회의 일과 정치는 서로 구분되지 않을 정도로 얽히게 되었다. 교회의 감독들은 이제 그들의 주장을 관철시키고 적대자들을 이기기 위해 정치적 힘을 적극적으로 활용하는 일을 당연하게 생각하기 시작했다.

콘스탄티누스를 비롯한 기독교 황제들이 신학적 문제를 해결하기 위해 공의회를 소집할 때 그들에게도 신학적 관심이 있었다고 생각하는 것은 어리석은 일이다. 단언컨대, 교회의 전(全) 역사를 통틀어 세속권력이 그들의 정치적 목적보다 그들의 신학적 소신에 더 우선을 둔 경우는,

---

5) 알리스터 맥그래스(Alister McGrath)는 니케아공의회에서 결정된 "니케아신조"가 압도적인 지지로 채택되었다고 주장한다. 이 주장은 아마 그 공의회에 참석한 대부분의 감독들이 그 신조에 서명했고, 극히 소수의 감독들(아마 2명)만이 서명하기를 거부했다는 사실에서 비롯된 것으로 생각된다. 그러나 실상은 많은 감독들이 그 신조에 대한 확신을 가지고 서명했다고 보기는 힘들다. 그들은 단지 황제의 요구에 거스르지 않으려고 했을 가능성이 더 높다. 사실 그 회의에 참석한 감독들의 대다수가 '동일본질'(*homoousios*)이라는 용어에 대해 유보적이었다. 그들은 그 용어가 자칫 사벨리우스주의(Sabellianism) 혹은 양태론적 단일신론(Modalistic Monarchianism)의 논리가 될 수 있다는 우려를 가지고 있었다. 니케아의 신앙이 381년의 공의회에서 최종적으로 확정되기까지 56년 동안 표류하게 된 것은, 정치 권력자들의 호불호에 따라 정치적 영향을 받았던 일 외에도, '동일본질'이라는 말보다는 소위 '유사본질'(*homoiousios*)이라는 말을 더 선호했던 동방의 많은 감독들을 설득하는 일이 남아 있었기 때문이었다.

아예 없었다고 말할 수 없다면, 매우 드물었다. '니케아 신조'를 도출하는 데 있어서 결정적인 역할을 한 콘스탄티누스 황제의 이후 행보를 보면 잘 알 수 있다. 우선 그가 325년경에 기독교 신학에 대해 어떤 진지한 소신을 가졌다고 생각하기는 매우 힘들다. 그리고 아리우스파(Arians)의 수장 역할을 했던 니코메디아의 유세비우스(Eusebius of Nicomedia)와 가까워지면서 오히려 추방된 아리우스파 사람들을 복권시키려고 했던 것을 보면 그가 신학적으로 '니케아신조'에 얼마나 충실했는지 의문을 가지지 않을 수 없다.[6] 이는 그에게 있어서 신학적 선택은 결국 정치적 선택이었음을 잘 보여주는 사례이다.

기독교가 공식적으로 제국의 유일한 합법적 종교가 된 것은 380년에 포고된 "쿵크토스 포풀로스"(*Cunctos Populos*)로 불리는 '테살로니카칙령'(Edict of Thessalonica)이었다. 당시 황제로서 로마제국을 분할 통치하고 있었던 그라티아누스(Gratianus), 발렌티니아누스 2세(Valentinianus II), 테오도시우스 1세(Theodosius I)에 의해 공동 발표된 이 칙령은 로마제국의 모든 신민들이 로마와 알렉산드리아 교회의 감독과 동일한 신앙을 고백해야 한다는 내용을 골자로 하여 기독교 이외의 다른 종교와 니케아신조에 어긋나는 기독교 이단들을 모두 불법화한 것이었다. 그 내용은 다음과 같다.

> 우리의 자비로움과 관대함에 복종하는 모든 나라들이 거룩한 사도 베드로에 의해 로마인들에게 전달된 신앙을, 믿을만한 전통에 의해 보존되어 이제 교황 다마수스와 사도적 거룩함을 지닌 알렉산드리아의 감독 페트로스에 의해 고백된 바대로, 계속해서 고백해야 하는 것은 우리의 바라는 바이다. 복음에

6) 그가 죽을 때까지 침례 받는 일을 연기한 사실은 잘 알려져 있다. 그러나 그가 아리우스파 감독이었던 니코메디아의 유세비우스에 의해 침례 받은 일은 그만큼 알려지지는 않았다. 그가 침례 받을 때 아리우스파와 니케아파의 신학적 차이에 대해 고민했을 가능성은 거의 없다.

> 대한 사도적 가르침과 교의에 따라 우리는 성부, 성자, 성령의 한 하나님과 세 위격의 동일한 위엄과 거룩한 삼위일체를 믿어야 한다. 우리는 이 법을 따르는 자들에게 가톨릭 기독교인의 자격이 있음을 인정한다. 그러나 그렇지 않은 자들에 대해서는, 우리의 판단으로 그들은 어리석은 광인들이므로, 우리는 그들이 이단이라는 수치스러운 이름으로 낙인찍혀야 할 것과 그들의 집회에 교회라는 명칭을 부여하지 않을 것임을 선언한다. 그들은 먼저 하나님의 저주라는 질책을 겪을 것이며, 그 다음에는 하늘의 뜻에 따라 우리가 우리의 권위를 가지고 결정하여 부과할 형벌을 겪을 것이다.[7]

이 칙령은 모든 로마 제국의 신민들이 기독교 신앙을 공식적으로 받아들일 것을 요구하되, 삼위일체의 신앙을 근간으로 하는 니케아 기독교(Nicene Christianity)를 공식적인 신앙으로 받아들일 것을 요구하고 있다. 바로 이 신앙이 사도 베드로가 전달하고 로마의 교황과 알렉산드리아의 감독이 계승한 참 진리라는 것을 표방한다.[8] 그리고 이 신앙이 기독교인의 자격뿐 아니라 교회라고 불릴 자격을 만든다고 명시하고 있다. 최고의 세속권력가들이 기독교 신앙이 어떠해야 하는가를 법적으로 규정한다. 그리고 그들은 어떤 신앙이 정통이고 어떤 신앙이 이단인지를, 또 어떤 집회가 교회인지 아닌지를, 규정한다. 더 나아가 그들이 표방하는 신앙과 교회에 벗어난 사람들에 대해서는 단순히 "하나님의 저주라는 질책"을 받을 것이라는 것 외에 그들이 가진 권위와 공권력을 사용하여 형벌을 부과할 것이라고 위협한다.

이 칙령은 국가교회가 무엇인지 그 전형을 보여준다. 381년에 있었던 제1차 콘스탄티노플공의회(First Council of Constantinople)에서 "니케아신조"

7) Sidney Z. Ehler & John B. Morrall, eds., *Church and State through the Centuries: A Collection of Historic Documents*, trans. Sidney Ehler and John Morrall (Cheshire, CT: Biblo-Moser, 1988), 7.

8) 여기에 로마의 감독인 교황뿐 아니라 알렉산드리아의 감독이 포함된 것은 "니케아신조"(Nicene Creed)의 챔피언이요 정통의 수호자로 여겨진 알렉산드리아 감독 아타나시우스와 그 전임자였던 알렉산더 감독의 후광을 짐작하게 한다. Ibid.

가 최종적으로 재확인된 것은 그 한 해 전에 포고된 이 칙령에서 이미 예고되어 있었다. 공의회의 결정은 교회 지도자들의 신학적 논의와 그들의 공식적인 회의에서 순수하게 이루어졌다고 생각하는 것이 순진한 발상임은 여기서도 잘 나타난다. 그 간에 있었던 아타나시우스(Athanasius)나 카파도키아 교부들(Cappadocian Fathers)과 같은 니케아파 지도자들의 신학적 작업과 노고를 과소평가해서는 안 되지만, 사실상 325년 이후 니케아 신앙이 최종적으로 확정된 것은 황제 테오도시우스 1세가 주도하고 관철한 "테살로니카칙령"이 발표된 이후에야 가능했다. 여기서 주목하려는 것은 이 칙령이 표방하는 신학적 입장이 옳았는지 틀렸는지가 아니다. 그것은, 이 칙령이 지지하는 신학적 입장이 옳았든지 틀렸든지 간에, 신앙(신학)의 문제에 대하여 국가권력이 규정하고 있다는 점이다. 그리고 국가권력이 신앙의 오류에 대해 법적 공권력을 적용한다는 점이다. 이것은 일차적으로 세상의 국가체제가 진리가 무엇인지 규정하고 표방하는 일이 정당한 일인가를 생각해야 할 문제이다.

다른 한편으로 교회의 입장에서 이 일이 의미하는 것은, 교회가 신학적 옳고 그름을 국가권력의 판단에 맡겼다는 것이다. 교회는 교회가 가지고 있는 옳고 그름의 판단 기준이 국가가 가지고 있는 옳고 그름의 판단 기준보다 더 높은 차원에 있다고 생각해야 한다. 그렇기 때문에 교회는 그들의 높은 가치기준(복음)을 가지고 세상에 보냄을 받고 세상을 구원으로 인도할 사명을 가진다고 말할 수 있다. 그런데 이 칙령이 의미하는 것은, 교회가 더 낮은 가치기준을 가진 국가체제의 판단과 결정에 그들의 더 높은 가치기준을 맡겼다는 점이다. 그들의 신학적 정당성에도 불구하고 당시 교회가 그들의 신앙 문제를 국가의 판결에 의존한 일은 향후 교회가 어떻게 세상에 의해 영향을 받을 지를 예고하는 것이었다. 콘스탄티누스 황제에서 테오도시우스 1세 황제에 이르기까지 기독교는 로마제국의 공식종교가 되었고, 교회는 명실공이 국가교회 체제의 기틀을 갖추게 되었다. 이후 중세교회는 히포의 아우구스티누스의 '신의 도성'의 이상을 지상(地上)에 실현하는 비전에 따라 지상의 권력과 때로는 연합하고 때로는 경쟁하면서 세속화의 길을 걷게 되었다.

서방교회(로마 가톨릭교회) 전통에서는 서로마제국의 몰락 이후 과도기를 지나면서 서서히 서방의 새로운 정치권력들과 손을 잡기 시작했다. 그 과도기에 로마교회 중심의 서방교회는 서로마제국의 각 지역을 정복한 게르만족들의 정치적 지배를 현실적으로 받아들이기 시작했고 그들을 적극적으로 개종시켜서 교회의 정치적 배경으로 삼기 시작했다. 콘스탄티누스 이후로 교회는 정치권력에 의존하는 일에 길들여졌고, 그 습성을 버리지 못했다. 더 이상 정치권력으로부터 독립적인 교회는 상상할 수 없는 일이 되고 말았다. 교황 그레고리 1세는 게르만족들이 정복한 각 지역의 군주들을 기독교로 개종시키려는 노력을 시도했고, 그 지역에 선교사들을 파견하여 그곳에 가톨릭교회를 세우는 일에 박차를 가했다. 그가 후에 초대 캔터베리 감독이 된 아우구스티누스(Augustinus of Canterbury)를 영국에 파송하여 앵글로색슨의 왕 에셀버트(Ethelbert)를 개종시킴으로써 영국의 기독교를 로마 가톨릭교회화한 것은 그 좋은 예이다. 이는 앞으로의 교회 선교가 어떤 식으로 이루어질지를 잘 보여주었다. 그 지역의 세속 군주의 개종에 이어 그 지역에서 기독교를 공식 종교로 하는 군주의 법적 선포로 그 지역 전체를 기독교화 하는 방식이 일반화 되었다.

서방 세계의 새로운 정치권력으로 등장한 다양한 게르만족들 가운데 현재의 프랑스 지역을 중심으로 형성된 프랑크 왕국은 기독교의 새로운 후원자로 등장하기 시작했다. 그 왕국을 설립한 클로비스(Clovis)왕의 기독교 개종은 구(舊) 서로마제국의 각 지역을 차지한 여러 권력들의 개종 가운데 하나였다. 과거에 콘스탄티누스황제의 개종에 대한 평가는 아직까지 논의의 대상이지만, 그의 개종 이후에 줄을 이은 군주들의 개종은 게르만족들의 정복 이후에도 계속되었다. 만약에 로마황제들의 개종이 순수하게 개인적 회심이 아니라 '정치적 회심'이었다면, 중세의 여명에 있었던 새로운 정복자들의 개종 역시 그렇게 다르지 않았을 것이다. 그들이 정복한 지역의 신민들이 이미 순응하고 있는 통일된 국가교회 체제를 그대로 수용하는 것이 그들에게는 정치적으로 유리했음은 두말할 나위도 없다. 그들의 기독교 개종은 정복지의 신민들로부터 그들의 통치권을 인정받는 일이기도 했다.

클로비스왕이 세운 프랑크왕국은 메로빙거왕조에서 카롤링거왕조로 넘어가는 과정과 새로운 왕조의 두 번째 왕 샤를마뉴(Charlemagne)의 황제 등극의 과정에서 로마교회 중심의 서방 기독교와 구체적인 연합을 이루었다. 교회가 새로운 왕조의 형성에 기여하고, 그 왕조의 왕에게 황제 칭호를 인정해주는 과정에서, 서방교회와 소위 '신성로마제국'(Holy Roman Empire) 사이의 정치적 동반관계의 운명은 결정되었다. 이는 교회와 국가의 새로운 '콘스탄티누스적 공생관계'(Constantinian Symbiosis)가 본격적으로 이루어졌음을 의미한다. '신성로마제국'이라는 말이 시사하는 것은, 교회로서는 새로운 정치권력을 교회의 후원자로 인정하고 그 권력의 '신적 승인'(divine recognition)을 부여했음을 의미한다. 그리고 프랑크왕국으로서는, 이제 단순히 로마제국의 정복자가 아니라 계승자로 인정을 받았음을 의미한다. 샤를마뉴는 자신의 광범위한 정복전쟁을 통해 얻은 지역에 기독교를 유일한 합법적 종교로 선언하고 강압적으로 피정복지 사람들의 기독교 개종을 요구했다. 이러한 방식으로 교회는 정치권력의 확장에 따라 유럽 전역에 걸쳐서 널리 확장되었다. 교회의 선교는 이제 군주들의 개종에 이어 군주들의 정복에 의존하게 된 것이다.

중세교회는 지속적으로 국가교회로 발전했다. 국가교회로서 중세교회는 봉건체제라는 그 시대의 사회적 체제에 순응했고, 그 체제의 기득권자 및 수호자가 되었으며, 그 체제와 함께 부침을 거듭했다. 중세교회는 그 체제의 영광을 누림으로써 세상의 영광을 추구함으로써 그 체제의 삶의 방식과 가치를 정당화했고, 그 체제의 모순과 운명을 같이 했다. 콘스탄티누스 이후로 교회는 항상 세상 체제의 울타리 안에 안주하면서 그 체제의 기득권자가 되었고 더 나아가 그 체제의 옹호자가 되었다. 이러한 교회의 습성은 16세기 개신교 종교개혁 시대 이후에도 계속 유지되었다. 종교개혁이 성공한 지역에서 교회는 각각 처해있는 정치적 영역과 상황 안에서 체제 기득권자의 위치를 포기하지 않았다. 그 교회들이 국가교회 체제를 계승한 것은 당연한 일이었다.

2. 16세기 개신교 종교개혁과 '교회와 국가의 분리' 문제

중세 교회의 역사 가운데 '콘스탄티누스 전환'을 부정적으로 본 대표적 사례는 후기 발도파 운동과 초기 보헤미아형제단의 정신적 지주였던 페트르 헬치츠키(Petr Chelčický)의 사상에서 발견된다. 그들이 처했던 시대에서 교회개혁의 필요성을 절감했던 그들은 당시에 정치권력과 영합한 교회에 대해 신랄하게 비판했다. 그들에게서 공통으로 발견되는 것은 중세 교회 타락의 시작이 4세기 초의 '콘스탄티누스 전환'에 있었다고 평가했다는 점이다. 특히 헬치츠키는 그의 「신앙의 그물」이라는 글에서 교회를 '베드로의 그물'에 비유하면서 교회라는 신앙의 그물 안에 교황과 황제라는 세상의 거대한 두 고래가 들어옴으로써 그물이 찢어졌다고 탄식했다. 그로서는 황제로 대변되는 세속권력과 교황 중심의 중세교회 체제는 모두 '세상'이었고, 이 세상체제가 교회로 들어옴으로써 교회가 망가졌다는 것이다.[9] 그의 사상은 초기 보헤미아형제단에 의해 계승되었지만, 지속적이지 못했다. 그의 주장은 거대한 중세교회라는 바위를 치는 달걀에 불과했다. 그의 사상은 중세 후기의 보헤미아 상황에서 독립적으

9) 페트르 헬치츠키의 생애와 사상에 대해서는 남병두, "Petr Chelčický: 그의 시대와 사상," 「복음과 실천」, 48 (2011 가을호): 213-40을 참조.

로 연구해야 할 가치가 있음에도 불구하고, 현대의 교회와 국가의 분리 사상에 끼친 영향은 간접적인 데 그쳤다.

오늘날 교회와 국가의 분리를 주장하는 전통의 직접적인 뿌리는 16세기에서 발견된다. 그러나 주류 개신교 종교개혁가들 가운데서는 그 뿌리가 발견되지 않는다. 그들의 개혁운동이 교회사적으로 중요한 반향을 일으키긴 했지만 중세적 국가교회 체제를 거부하는 데까지 이르지는 못했다. 그들은 중세의 국가교회 유산을 그대로 답습함으로써 지극히 중세적인 모습을 보여주었다.[10] 그들은 가톨릭교회의 신학과 제도를 바꾸는 데에는 일정부분 성공했지만 그러한 변화가 역동적으로 구체화될 수 있는 체제의 변화는 구현하지 못했다. 그 원인은 그들의 역량 부족에 있다기보다 그들의 교회에 대한 신약성서적 비전 부재에 있었다. 그들의 교회에 대한 이해는 여전히 교회와 사회의 중세적 결속 체제를 전제로 한 것이었다. 그들에게 있어서 교회와 국가는 하나의 사회적 결합체였다.

16세기 종교개혁 운동 가운데 신자들의 교회 개념에서 국가와 교회의 분리 사상을 본격적으로 주창한 것은 성서적 아나뱁티스트(Biblical Anabaptists) 진영이었다. 그들이 가톨릭 진영뿐 아니라 주류 종교개혁 진영에 의해서도 환영받지 못하고 배제의 대상이 된 것은 바로 그들의 교회와 국가의 분리 사상 때문이었다. 여기서 그들의 종교개혁 운동의 방법론이 다른 개혁 진영과 어떻게 다른가를 살피기 위해 먼저 전체 16세기의 종교개혁 운동을 그 특성과 범위에 따라 구분해 보는 것이 필요하다. 크게 세 가지로 나눠보고자 한다.

첫째는 가톨릭 인문주의자들의 개혁(Catholic Humanist Reformation)을 들 수 있다. 이들은 개신교 종교개혁이 본격적으로 추진되기 이전부터 교회개혁에 대한 비전과 방법론을 제시하면서 앞으로 등장하게 될 개혁

---

10) 남병두, "16세기 종교개혁의 사상적 원천에 관한 연구," 「복음과 실천」, 52 (2013년 가을): 239.

운동의 산실 역할을 했다. 그들은 기독교 신앙의 원천으로 성서를 중시했고, 원어로 그것을 읽고 연구하면서 중세교회가 초대 기독교 공동체들이 보여주었던 삶을 회복해야 한다고 보았다. 그들은 여전히 가톨릭교회 체제 내에서 그 신학이나 제도를 대체로 수용했지만, '원시교회'(primitive church) 교회의 모델에 따라 중세교회가 전반적으로 윤리적 개혁을 시행할 필요가 있다고 보았다. 그들의 인문주의적 활동은 사상적으로나 인적으로 이후 개신교 종교개혁의 중요한 밑거름이 되었다. 헬라어 신약성서를 비롯하여 그들의 학문적 작업들은 종교개혁의 중요한 자산이 되었고, 그들 가운데서 많은 종교개혁의 인재들이 나왔다. 실제로 개신교 종교개혁의 추진되는 과정에서 인문주의자들의 다양한 역할을 과소평가해서는 안 될 것이다.

둘째는 개신교 종교개혁 가운데서 일반적으로 주류를 형성하고 있는 관료의존적 종교개혁(Magisterial Reformation)이 있다. 이들은 중세교회의 문제가 단순히 표면적으로 드러나는 윤리적 타락에만 있는 것이 아니라 더 근본적으로 신학적 오류에서 기인한다고 보았다. 그들에게는 중세교회의 잘못된 신학과 제도가 윤리적인 문제보다 더 심각하고 중대한 문제라고 생각했고, 잘못된 신학이 궁극적으로 교회의 윤리적 타락을 가져왔다고 보았다. 그들은 성서를 신학과 신앙의 최종적 권위라 보았고, 성경에 대한 새로운 인식에 기반을 둔 신학적 작업을 통하여 중세 가톨릭교회가 인정해온 교회의 전통들에 대하여 의문을 제기했다. 그러나 그들이 이러한 개혁을 추진하는 과정에서 그들이 활동했던 지역의 정치권력을 적극 활용하면서 그들의 교회개혁 비전이 여전히 중세적 국가교회 체제의 틀에서 벗어난 것이 아님을 보여주었다. 그들은 교회가 처해 있었던 정치사회적 체제를 현상 체제로 인정했고, 그들의 개혁은 결국 그 체제 내에서 이루어져야 함을 당연시했다. 그들 가운데 스위스 각 지역에서 일어난 개혁가들은 처음부터 구약성서적인 신정국가(theocratic state)

체제를 그들의 개혁이상으로 삼았다. 이들은 개혁을 추진하는 가운데 세속군주나 시의회를 개혁의 중요한 파트너로 보았고, 그들의 현실적 힘과 권력을 개혁의 중요한 수단으로 사용했다. 그들의 개혁을 '관료의존적'이라고 하는 이유는 여기에 있다. 그리고 그들이 처음부터 의도하지는 않았지만 궁극적으로 가톨릭교회와 결별하고 그들의 독자적인 교회를 세우게 되었을 때 그 교회는 그 지역의 통치 권력이 지배하는 영역을 기반으로 세워졌기 때문에 소위 '영역교회'(Territorial Church; *Landes Kirche*)로 불리게 되었다. 그들에게 교회와 국가의 분리 개념은 여전히 낯선 것이었다.[11]

셋째는 자유교회의 전통을 세운, 소위 근원적 종교개혁(Radical Reformation)으로 분류되는 아나뱁티스트 종교개혁이 있다. 이들은 우선 가톨릭 인문주의자들의 윤리적 개혁에도 찬성하고 관료의존적 종교개혁가들의 신학적 개혁에도 동의하는 자들이었다. 그들이 그들의 독립적인 종교개혁 운동을 전개하기 이전에는 그들 자신들이 기독교 인문주의자들이었거나 주류 종교개혁가들의 종교개혁을 적극적으로 지지하는 자들이었다. 그들이 성경에 최고의 권위를 부여하고 구원론을 포함하여 중세 가톨릭 신학에 대하여 광범위하게 비판했다는 점에서 일단 그들은 개신

---

11) 루터의 개혁이 일부 제후들의 지지를 얻으면서 독일에서는 서서히 다수의 가톨릭 제후들과 소수의 루터교 제후들의 대립 양상이 나타나기 시작했다. 당시 신성로마제국의 황제였던 카를 5세는 독일의 정치적 연합의 일환으로 1526년과 1529년에 각각 슈파이어(Speier)에서 제국회의를 소집했다. 제1차 슈파이어제국회의(First Diet of Speier)에서 그들은 잠정적으로 "그 지역의 종교는 군주의 종교로 정한다"(*cujus regio, ejus religio*; whose region, his religion)이라는 원칙에 합의했다. 이 원칙은 제2차 슈파이어제국회의에서 다시 재확인되었고, 다시 각각 1555년의 아우크스부르크평화조약(Peace of Augsburg)과 1648년의 베스트팔렌평화조약(Peace of Westphalia)에서 재확인되었다. 이는 독일 각 지역이 종교는 그 지역의 군주의 선택에 의해 결정되는 것을 의미한다. 이는 '영역 교회'(Territorial Church)라는 형태의 국가교회를 의미하는 것이었고, 나중에 토마스 에라스투스(Thomas Erastus)의 이름으로 정리된 소위 '에라스투스주의'(Erastianism)라는 논리에 준하는 것이었다. 이 논리는 그 지역의 교회문제는 최종적으로 국가권력에 의해 결정되어야 한다는 것을 의미한다. 이는 중세 후기의 정치사상가 파두아의 마르실리우스(Marsilius of Padua)의 정치사상을 연상시킨다. 남병두, "Marsilius of Padua의 정치사상과 그 교회사적 의의," 「복음과 실천」, 54 (2014 가을호): 161-91 참조.

교 종교개혁가로 분류되어야 한다. 그러나 그들은 윤리적 개혁과 신학적 개혁보다 더 시급하고 근본적인 개혁이 있어야 한다고 보았다. 그것은 교회가 교회 본연의 모습, 즉 신약성경에 나타난 교회의 이상을 회복하는 일이었다. 그들에게 절실한 것은 그리스도께서 사도들을 통하여 세우신 초대교회의 정체성을 회복하는 일이었다. 그들은 교회가 타락한 근본 원인이 교회가 '교회됨'(being the church)을 상실한 데 있다고 본 것이다. 윤리적, 신학적 오류에 앞서서 교회론적 오류가 근본적으로 중세교회를 타락의 구렁텅이로 빠트렸다는 것이다. 그들이 여기서 구체적으로 지적하는 교회의 문제는 바로 국가교회의 체제였다. 그들이 보기에 교회는 국가교회의 체제 안에서 세상과 한 통속이 되었으며 이로 인하여 교회는 세상에 매몰되고 교회의 신앙은 문화에 포섭되었다. 원래 교회는 세상과 구별된 성결한 무리들의 모임이었는데 이제는 그 구별이 없어졌으며 그 구별의 상실은 곧 교회의 정체성의 상실로 연결되었다. 모든 사람들이 태어나면서 자동적으로 교인이 되는 국가교회의 체제 안에서 신자와 불신자의 구별은 모호해졌으며, 교회는 세상을 향하여 하나님의 메시지를 선포하는 능력을 상실하였다. 중세교회의 타락은 교회됨의 상실에서 왔으며, 지속적인 교회의 세속화의 결과였다.

16세기 개신교 개혁운동이 신학적으로는 신앙의 개인적 차원을 강조하는 형태로 제기되었지만 그들의 교회는 여전히 국가교회였기 때문에 실제로는 여전히 신앙의 집단적 차원을 강조하는 형태로 발전했다. 루터가 주창한 이신칭의 논리는 개인적 신앙의 중요성을 역설한 것이었다. 한 사람이 하나님의 은혜인 칭의의 사건을 믿음을 통하여 경험한다는 것은 신앙의 개인적 측면을 강조한 것이다. 바로 이 사상이 종교개혁 사상의 핵심을 이루기 때문에 16세기 종교개혁운동의 역사적 기여가 집단적인 중세체제에서 개인의 독립성을 성취한 것이라고 말하는 것이다. 그러나 루터가 개인적 신앙의 특성은 획일적 국가교회 체제 안에서 제대로 발전할 수 없었다. 루터교 지역에서 신학과 신앙은 '중앙집권적' 교권이 확정한 신조에 의해 결정되었으며, 각 개인의 자발적이고, 주체적인 신앙은 움틀 수 없었다.

제네바의 모든 시민들의 신앙은 칼뱅의 종교개혁 프로그램 아래서 통일되었다. 그의 종교개혁 프로그램은 시의회라는 정치권력에 의해 추인되었다. 더 나아가 시의회는 종교개혁 과정에서 방관자가 아니라 적극적인 파트너였다. 제네바의 정치권력은 그곳의 공식(official) 신앙을 세워가는 과정에서 그들의 권력으로 반대파들을 제거했다. 신학적인 논쟁의 결과는 항상 공권력 개입으로 정리되었다. 그 결과 반대 입장에 있었던 사람들은 추방되거나 처형되었다. 개신교 지역에서도 그들이 개혁한 신학과 교회는 우선적으로 집단적으로 이해되었고 추진되었다. 그들의 신학도 그 신학을 인정한 정치적 영역 안에서는 법적인 의미를 가졌기 때문이다. 이러한 상황에서 개인적 차원의 신앙은 의미가 없었다. 타당한 신학 사상이 타당한 교회론을 가지지 못할 때 그 사상이 구체적으로 실체화되기보다는 공허하고 무의미한 탁상공론이 되기 십상인 것이다.

3. 기독교의 '콘스탄티누스 전환'의 근본적 문제점들

콘스탄티누스의 개종은 한 사람에게 일어난 사건이지만 그 파급 효과는 막대했다. 로마제국 황제의 개종은 곧 모든 국면에서 제국의 정치와 종교 생활을 뒤바꾸는 계기를 만들었다. 결과적으로 이러한 거대한 변화는 한 시대에 끝난 것이 아니라 역사적으로 지속적인 흔적을 남겼다. 위에서 살펴본 바대로 16세기 주류 종교개혁가들도 콘스탄티누스적 국가교회의 '망령'에서 벗어나지 못했음을 알 수 있다. 그리고 이 문제는 소위 '정교분리적' 사회가 형성된 오늘날에도 여전히 남아 있다. 여기서는 4세기 초부터 이루어진 '콘스탄티누스 전환'이 가져온 변화를 살펴보려고 한다. 여기에는 긍정적인 면들이 없지 않았다.

우선 오랫동안 있어왔던 기독교에 대한 박해가 종식되고 믿음의 자유가 보장되었다. 또 로마제국의 많은 사람들이 기독교 신앙에 대해 관심을 가지기 시작했고, 그들에게 기독교 복음을 접할 기회가 주어졌으며, 실제로 많은 사람들이 기독교인이 되었다. 기독교적인 사고방식과 생활방식이 일반 사회의 법률 제정에 광범위한 영향을 주었고, 로마 사회에서 노예와 여성의 지위가 향상되는 결과를 가져왔다. 그러나 이러한 긍정적인 결과들은 다음의 부정적인 결과들에 의해 거의 무의미하게 되었다.

첫째, 수많은 이교도들이 정치, 사회적인 특권이나 이권 때문에 교회로 대량 유입되면서(wholesale entrance) 교인됨의 기준이 심각하게 약화되기 시작했다. 신앙의 진지함은 점점 없어지고 쉽게 믿는 풍토가 조성되기 시작했다. 여기에는 콘스탄티누스 황제의 이중적인 신앙 행태가 어떤 식으로든 영향을 끼쳤을 것이다.

둘째, 교회가 제국이 제공해준 물질적 혜택을 하나님의 축복으로 이해하면서 무분별한 물질주의가 교회 내부로 침투되기 시작하였다. 과거의 기독교인들은 세상의 물질을 포기해서라도 복음을 선택하는 영성을 보여준 반면에 콘스탄티누스 전환 이후의 기독교인들은 세상에서 누리는 물질을 축복 개념으로 이해하기 시작했다. 이러한 사고방식은 4세기 초 이후 기독교인들의 영성을 형성하는 데에 지속적인 영향을 주었다.

셋째, 교회 내로 들어 온 많은 이교도들은 그냥 들어오지 않았다. 그들은 이전에 젖어 있었던 이교의 종교의식이나 관습을 그대로 가지고 교회에 들어왔다. 그들에게는 신앙의 대상만 바뀌었지 종교에 대한 기본적인 사고방식이나 생활방식이 그렇게 바뀌지 않았다. 이제 교회 내에도 성상이나 화상이 보이기 시작했고, 교회건물은 안팎으로 화려하게 장식되기 시작했다. 예배의식 역시 이교의 영향과 제국의 의전절차에 따라 복잡하고 까다롭게 형식화되기 시작했다. 예배의식을 집례하는 교직자들의 의상 역시 화려해지기 시작하면서 평신도와의 구별은 더 심화되었다. 또 초기 기독교인들의 순교자에 대한 존경심은 이교의 가족신 숭배와 결합하여 서서히 성인숭배 사상이 움트기 시작했다.

넷째, 교회의 윤리와 조직체계의 세속화가 가속되었다. 교인됨의 기준이 약화됨에 따라 일반 사회에서 용인되는 생활방식들이 교인들의 삶에 팽배하게 되었다. 기본적인 신앙 윤리의식이 심각하게 낮아졌다. 또 각 지역의 교회는 제국의 행정구획에 따라 교구교회(parish church) 체제로 발전하게 되면서 마치 국가의 기관처럼 인식되기 시작했다. 이것은 마치 교회가 그 지역 시민들의 종교적 필요를 충족시키는 사회적 기관이' 되었음을 의미한다. 교회의 교직체계 또한 로마제국의 계급제도에 영향을 받아 복잡하게 분화된 계급화 현상을 보여주었다. 이에 따라 교회직위는 은사 개념으로보다는 계급으로 인식되었고, 이로 인해 교직자와 교인의 골은 더 깊어졌다.

다섯째, 초대교회의 종말에 대한 기대와 그에 따르는 다이내믹한 삶의 방식을 잃기 시작하였다. 어떤 사람들은 하나님 나라(Kingdom of God)가 실현된 것으로 착각했다. 그들은 교회가 마침내 제국을 차지하게 되었다고 생각했고, 제국 내에서의 정치적 승리가 마치 그리스도의 승리라고 생각했다. 윌리엄 플레처(William Fletcher)가 "이전에는 세상의 미움이 그랬던 것처럼 이제는 세상의 호의가 신앙의 시험대가 되기 시작했다"고 한 것은 콘스탄티누스 이후의 기독교가 직면한 상황을 정확하게 지적한 것이었다.[12]

여섯째, 기독교는 이제 역으로 박해하는 세력이 되었다. 교회 지도자

---

12) William Fletcher, "An Introductory Note to Lactantius," *Ante-Nicene Fathers: Writings of the Fathers Down to AD 325*, 2nd ed. vol. 7, ed. Alexander Roberts and James Donaldson (Peabody, MA: Hendrickson Publisher, 1994), 3; ANF 7:3.

들은 교회의 문제들을 해결하는 일환으로 공권력에 의존하기 시작했다. 특히 이단들이나 분파주의자들의 문제를 해결하기 위해 국가의 힘을 사용하기 시작했다. 기독교 황제는 신학적 문제로 야기된 분열을 막기 위해 공의회를 통해 신학적 획일화를 추구했고 궁극적으로는 그것을 공권력 행사를 통해서 이루었다. 기독교인들은 이제 이교도, 유대인, 그리고 다른 기독교인들을 박해하는 것을 정당화했고, 이러한 일은 지속적으로 일어났다.

일곱째, 교회는 이제 기독교를 보호하는 세력으로 로마 제국을 하나님나라를 이루는 중요한 파트너로 인정하기 시작했고, 그러한 제국의 통치방식을 정당한 것으로 용인하기 시작했다. 제국을 보호하고 유지하는 어떤 수단도 정당화됨에 따라 세속권력의 폭력과 전쟁을 정당화하기 시작했다. 국가교회 체제 안에서 교회는 정당전쟁의 논리와 성전(Holy War) 개념을 확립했다.

기독교가 콘스탄티누스 이후 세상에 대하여 취한 태도는 광야에서 예수 그리스도에게 던진 사탄의 시험에 굴복한 것이었다. 그리스도는 세상의 권력과 종교적 권위를 내세워서 하나님의 왕국을 세우려고 하지 않았다. 그러나 콘스탄티누스의 기독교는 그 유혹을 거부하지 못하고 로마제국의 지배체제 안에서 안주하고 하나님의 왕국을 세상의 왕국을 통하여 성취하려고 했다. 기독교인들은 이후로 세상의 권력과 통치이념 안에서 그리스도의 가르침을 소진시켰고 힘을 바탕으로 하는 기독교영성을 키워갔다. 그들은 세상 체제의 윤리를 기독교 윤리와 동일시했고, 기독교 국가를 하나님 나라와 동일시했으며, 그 결과 국가체제의 논리를 정당화하는 일에 앞장서게 되었다

국가교회는 기독교인들로 하여금 세상과 교회의 이중적 잣대로 살게 만들었다. 그들은 계속 하나님의 사랑을 부르짖으면서도 다른 한편으로 십자군전쟁을 수행하고 있었다. 1095년의 클레르몽공의회(Council of

Clermont)에서 교황 우르바누스 2세(Urbanus II)sms "하나님의 평화"(Peace of God)를 외치면서 기독교 영주들 간의 '작은' 전쟁들을 모두 종식할 것을 선언했다. 그러나 그것은 오직 더 '큰' 전쟁을 위한 것일 따름이었다. 더 큰 전쟁을 위해 작은 전쟁들을 종식시킨 것이었다. 기독교 영주들이 영토와 권력을 두고 싸웠던 그 에너지를 이제 무슬림에 대한 전쟁에 투입하기 위한 선언이었다. 십자군전쟁에 나타난 기독교의 '하나님의 평화' 개념은 그야말로 고대 로마제국의 '로마의 평화'(pax romana) 개념과 동일한 것이었다. 국가교회는 결국 기독교인들로 하여금 국가체제 윤리를 따르게도 하면서 동시에 교회 윤리를 따르게 하는 이율배반적 삶의 방식을 취할 수밖에 없게 만든다.

대표적인 메노파 신학자 존 하워드 요더(John Howard Yoder)는 그의 「제사장의 왕국: 복음으로서 사회윤리」(*The Priestly Kingdom: Social Ethics As Gospel*)의 "서양 사회윤리의 콘스탄티누스적 원천들"이라는 장에서 '콘스탄티누스 전환'에 따른 기독교의 변화를 잘 정리했다. 필자는 소논문 "국가교회 전통과 기독교영성: '콘스탄티누스 전환' 이후"에서 이것을 다음과 같이 정리했다.

> 첫째는 새로운 교회론(New Ecclesiology)의 대두이다. 교회는 더 이상 사회의 소수를 대변하는 배타적 공동체가 아니라 사회의 주류가 되고 교회가 선포하는 메시지는 사회의 규범이 되었다. 교회는 더 이상 믿는 자들의 모임이 아니었으며 성직의 위계질서(hierarchy)가 교회의 표시가 되었다. 사회의 불특정 다수가 교인이 되는 교회는 더 이상 교인들의 구별된 삶의 방식으로 그 존재양식을 드러낼 수 없었기 때문에 일반 교인들과 구별되는 성직자들의 사역 형태를 그 표시로 삼을 수밖에 없었을 것이다.
>
> 둘째는 새로운 종말론의 대두(New Eschatology)이다. 콘스탄티누스의 시대가 등장하면서 역사의 전개과정에 나타나는 하나님의 섭리와 통치는 더 이상 믿는 자들의 믿음과 삶 가운데서 구현되는 것이 아니라 세상을 통치하는 기

독교 군주를 통하여 가시적 경험으로 구현되는 것으로 이해되기 시작했다. 즉, 하나님의 역사를 통한 통치와 섭리는 더 이상 믿음의 대상이 아니라 기독교 군주의 가시적 통치를 통한 사실적 경험과 지식의 대상이 되었다. 이러한 역사에 대한 시각의 전환에 의하여 기독교인들은 이교도들(불신자들)을 그리스도의 사랑을 실천해야 할 대상으로 보는 것이 아니라 무찌르고 정복해야 할 대상으로 보게 되었다.

셋째는 새로운 '주의 종들'(New Servants of the Lord)의 대두이다. 역사 안에서 전개되어야 할 기독교운동의 주역은 이제 세속 정부(권력)가 되었다. 정부의 권력자는 하나님의 백성을 이끌고 역사를 주도해야 하는 하나님의 특별한 대리인이 되었다.

넷째는 '새로운 보편성'(New Universality)의 대두이다. 교회는 더 이상 박해받은 소수가 아니라, 사회의 모든 사람들을 포함한다. 기독교 제자도가 이제 사회의 모든 구성원에게 요구되어야 하지만 현실적으로는 불가능한 일이 될 수밖에 없게 되었을 때, 기독교의 윤리는 이중성을 띠기 시작했다. 평신도와 성직자(수도사를 포함하여)의 신앙생활의 기준이 달라졌다. 예를 들어, 결혼과 정당한 폭력의 사용이 평신도들에게는 허용되었지만 성직자들에게는 허용되지 않았다든지 하는 것이 그것이다.

다섯째는 '새로운 효용가치'(A New Value for Effectiveness)의 대두이다. 하나님의 섭리 가운데서 역사의 주역 역할을 하는 세속 정권의 번영이 선의 가치 측정의 척도가 되었다. 이에 따라 모든 도덕적 가치는 현세적 효율성으로 판단되기 시작했다.

여섯째는 새로운 형이상학(New Metaphysic)의 대두이다. 콘스탄티누스의 기독교는 '형이상학적 이원론'(metaphysical dualism)을 앞세워서 사랑의 윤리라는 내적, 개인적 경건성과 힘의 윤리라는 새로운 외적 사회질서를 조화시켰다. 이러한 이원론은 과거에나 오늘날이나 기독교신앙을 개인적 경건에 머물게 하고 사회의 가치관에 대하여 무비판적이게 한다.[13]

---

13) John H. Yoder, *The Priestly Kingdom: Social Ethics As Gospel* (Notre Dame, IN: University of Notre Dame Press, 1984), 136-41; 남병두, "국가교회 전통과 기독교영성: '콘스탄티누스 전환' 이후," 「기독교 영성: 더 넓고 깊게」, 침례교신학연구소편 (대전: 침례신학대학교출판부, 2014), (page) 에서 재인용.

이러한 요더의 통찰력은 교회와 국가의 분리 문제가 단순히 과거의 문제로 끝나지 않는다는 것을 잘 보여준다. 이 문제는 오늘날의 기독교가 전반적으로 공유하고 있는 문제들이다. 콘스탄티누스 전환 이후 일어난 교회론의 변화, 신학의 변화, 윤리의 변화, 그리고 선교의 변화는 지속적으로 기독교를 규정해왔으며, 아직까지 그것은 과거의 문제로만 남아있지 않다.

4. 교회와 국가의 분리 원칙에 대한 성서적, 신학적 기반

1) '하나님의 이상'과 '하나님이 허용한 규범'

사무엘상 8장은 이스라엘 백성이 왕의 제도를 요구하고, 하나님이 그 요청을 들어주는 장면을 보여준다. 이스라엘 백성은 "모든 나라와 같이 우리에게 왕을 세워 우리를 다스리게 하소서"(5절)라고 요청한다. 세상의 나라들이 취하고 있는 왕 제도가 그들을 더 잘 지켜줄 것이라는 생각의 발로였다. 이에 대한 하나님의 반응은 부정적이고 시니컬하다: "이는 그들이 … 나를 버려 자기들의 왕이 되지 못하게 함이니라"(7절). 그리고 "애굽에서 인도하여 낸 날부터 오늘까지 그들이 모든 행사로 나를 버리고 다른 신들을 섬김"(8절)을 언급하며 섭섭함을 표현하지만 백성의 요구를 거부하지 않는다. 사무엘에게 "백성이 네게 한 말을 다 들으라"(7절)고 한다. 여기에 하나님의 경고가 따른다: "그들의 말을 듣되 너는 그들에게 엄히 경고하고 그들을 다스릴 왕의 제도를 가르치라"(9절). 하나님의 경고는 신랄하다. 백성들은 왕이 요구하는 것들, 즉 군복무, 노역, 세금 등의 의무를 져야하고, 왕의 종으로 살아야 하며, 때로는 왕으로 인해 고통을 부르짖게 될 것을 경고한다(11-18절). 그럼에도 불구하고 백성들은 왕 제도를 원하고, 하나님은 그것을 용인한다는 이야기이다.

이스라엘 가운데 왕 제도가 설립된 과정을 보면 존 스마이스가 "공직을 하나님이 허용한 규례"(magistracy as a permissive ordinance of God)로 표현한 것은 매우 적절하다. 구약성서에 나타난 하나님과 그의 백성 이스라엘의 관계를 보면 하나님이 이스라엘을 통해서 반드시 실현하려고 하는 궁극적인 하나님의 뜻이 있는 반면에, 세상 안에서 하나님이 백성에게 허용해주는 문화적 형태, 제도, 규범들이 있음을 알 수 있다. 즉, 하나님의 본성에 조화되고 적합한, 궁극적인 '하나님의 이상'(God's Ideal)과 하나님이 이 세상 체제와 문화 안에서 한시적으로 허용한 규범(God's permissive norm)은 잘 구별되어야 한다. 전자는 인간을 향한 하나님의 궁극적인 뜻이며 영원한 가치를 가지지만, 후자는 인간이 세상 안에 있는 동안 오직 제한적이고, 한시적이고, 선택적인 가치만 가진다. 후자는 문화적 틀과 형태로서 인간이 피조 세계 안에서 선택하고 구축해온 삶의 방식들이다.[14)]

결론적으로 국가와 정부는 하나님의 이상이 아니라 하나님이 허용하는 규범이나 제도이다. 이것은 기독교인들이 세상에서 국가체제(정부, 공직)를 어떻게 이해하고 받아들여야 하는지 보여준다. 사무엘상 8장의 이야기에서 왕 제도가 하나님의 이상적 선택이 아닌 것은 분명하다. 어떤 형태의 국가나 정부 형태든 그것은 세상체제로서 하나님의 궁극적이고 영원한 가치를 가지지 않기 때문에 하나님나라를 이루는 수단이 될 수 없다. 그것은 오직 세상 안에서 일반 인간 사회의 질서 체제로서 한시적인 의미만 가진다. 국가는 일반 사회가 선택한 체제이지만 하나님이 허용한 규범이기 때문에 사회적 질서를 지키는 범주 안에서 그 정당

14) 구약의 율법 가운데도 구약시대의 유대인들의 문화적, 사회적 틀 안에서 한시적인 의미만 가진다. 예를 들면, 유대인들의 음식 법들은 신약시대의 교인들에게는 더 이상 그대로 적용되지 않는다. 음식은 문화적인 것이기 때문에, 유대인의 전통을 넘어서서 모든 문화권에 있는 사람들로 구성되는 신약의 교인들에게 더 이상 유대인들의 음식문화가 적용되지 않는 것이다. 구약의 안식일도 예수 그리스도에 의해 재해석되면서 그 의미는 살아있지만 사실상 '주일'(Lord's Day)로 대체되었다.

성이 부여된다. 하나님의 이상은 예수 그리스도를 통하여 세우는 하나님 나라(혹은 하나님의 통치; Reign of God)에 있다. 신약성서는 그리스도가 그를 따르는 제자들의 공동체, 곧 교회를 통하여 그 나라를 세울 것을 선포했음을 분명히 보여준다. 이것은 세상의 국가나 정부가 하나님의 이상을 추구하는 하나님나라를 이루는 수단이 될 수 없음을 말해준다. 그것이 세상체제로서 가장 이상적인 상태에 있다고 하더라도 마찬가지다.

국가나 정부는 하나의 선택적인 사회체제로서 사회적 차원에서 기능과 역할이 있으며, 그 범주 안에서 가치를 가진다. 그러므로 그것은 그 범주 안에서 존중되어야 한다. 이 세상의 사회 안에서 함께 살고 있는 기독교인들도 하나님이 허용한 사회적 질서 체제로서 국가나 정부의 존재를 용인해야 하고 그 사회적 기능과 역할을 인정해야 한다. 그들도, 그 국가 체제가 왕권 체제이든 민주국가 체제이든, 사회적 합의로 세워진 국가의 질서로서 법과 규범을 존중해야 한다. 그들도 사회의 구성원으로서 그 체제가 모든 사람들의 사회적 삶을 가장 공정하고 질서 있게 관리할 수 있도록 협력해야 한다. 그러나 그들이 그 사회체제라는 현실 안에 있지만 그들이 추구해야 하는 궁극적 삶의 방식은 그 체제 논리 안에 한정되어 있거나 갇혀 있어서는 안 된다. 그들은 그 체제 안에서 하나님나라를 선포하고 복음의 증인으로서 삶을 살아야 한다. 그들이 추구해야 하는 하나님나라는 한시적 사회적 체제가 아니라 그리스도의 교회라는 대안 공동체(counter-community)를 통해서 이루어진다.

예수 그리스도가 하나님나라를 선포하고 그의 제자들의 공동체로서 '그의 에클레시아' 세운 것은 하나님나라의 기반을 더 이상 구약의 나라 이스라엘과 특정한 민족적 전통에 두지 않는다는 것을 보여준 것이다. 구약의 나라 이스라엘은 그 시대에 하나님의 허용한 규범이었지만, 하나님의 궁극적 뜻과 이상은 예수 그리스도를 통해 계시되었고, 그리스도는 그 하나님의 뜻과 이상을 실현하기 위해 교회를 세웠다. 이 교회는 나라

이스라엘의 방식, 즉 국가나 정부 체제의 방식이 아니라 철저하게 그리스도의 복음의 방식을 통해서 이 지상에서부터 이미 선포된 하나님나라를 이루는 대안적 체제이다.

2) 교회는 세상이 아니다

교회와 국가의 분리는 앞 장에서 논의했듯이 일차적으로 "교회는 세상이 아니다"라는 명제에서 출발한다. '에클레시아'가 세상으로부터 구별되어 부름을 받은 사람들의 공동체라고 했을 때, 교회는 세상과의 분명한 구별에서 그 정체성을 찾는다. 세상에 속하지 말라는 그리스도의 요청은 교회가 세상 체제인 국가와 분리되어야 하는 가장 일차적인 이유이다. 요한복음 17장에 나오는 그리스도의 비장한 기도는 그를 따르는 자들이 세상에 속하지 말아야 함을 누누이 표현하고 있다. 교회는 그리스도의 제자들의 공동체로서 세상이 아니기 때문에 어떠한 경우에도 세상 체제와 섞여서는 안 된다는 점을 강조하고 있다. 그렇다면 교회가 세상 체제인 국가에 속해서는 안 된다는 것은 자명한 일이다. 세상이 장소의 의미로 기독교인들이 있어야 할 곳이지만, 삶의 방식과 가치관의 의미로는 속하지 말아야 하듯이, 국가는 정치사회적으로 피할 수 없는 실체이지만, 그 체제의 가치와 방식에 속해서는 안 된다는 것이다. 제자들을 향한 예수의 간절한 바람에 따라 교회는 국가와 분리되어야 한다. 물론 '분리'라는 말이 마치 국가 체제 자체를 현실적 실체로 받아들이지 않고 그것과 물리적 분리를 해야 한다는 의미는 아니다. 장소적으로 세상을 떠날 수는 없듯이 국가체제도 현실의 실체로 받아들여야 한다. 기독교인들도 국가를 사회적 실체로서 받아들일 수밖에 없다.

3) "가이사의 것은 가이사에게, 하나님의 것은 하나님께"

마태복음 22장 15-22절에서 바리새인들과 사두개인들이 "예수를 말의 올무에 걸리게" 할 목적으로 로마 황제에게 세금을 바치는 것이 옳은 일인지 물었다. 이때 예수 그리스도의 대답이 "가이사의 것은 가이사에게, 하나님의 것은 하나님께"(21절) 바치라는 말씀이었다. 우선 이 말씀은 국가에 세금을 내는 일을 막지 않음으로써 현실적인 국가체제를 용인하고 있음을 보여준다. 그러나 분명히 "하나님의 것은 하나님께"라는 말을 통해 그 영역을 분명히 구분하고 있음을 동시에 보여준다. 이것은 국가에 세금 내는 일이 국가라는 한시적 세상 체제 안에서 그 질서를 존중하는 일이지만, 여전히 "하나님의 것은 하나님께" 바쳐야 하는 영역이 따로 있음을 분명히 함으로써 그 두 행위의 연속성을 차단하고 있다. 즉, 가이사에게 세금을 바치는 일과 하나님의 뜻을 이루는 일은 별개의 일이라는 것이며, 전자의 일을 통해서 궁극적으로 후자의 일을 도모해서는 안 된다는 것이다. 윌리엄 이스텝(William R. Estep)은 예수 그리스도의 이 말씀이야말로 단 한 번에 교회와 국가의 분리를 영구적으로 선언한 중요한 분기점이 되었다고 말한다.[15)]

여기서 특별히 주목해야 할 부분은 그리스도가 "가이사의 것은 가이사에게, 하나님의 것은 하나님께"라고 대답하기 전에 질문자들에게 먼저 그들이 세금을 내기 위해 가지고 있는 동전(데나리온)을 내보이라고 한 뒤에 그 동전에 있는 "이 형상과 이 글이 누구의 것이냐"(19절)는 질문을 했다는 사실이다. 그 동전에 새겨진 형상은 당시 황제 티베리우스의 얼굴이었을 것이고 새겨진 글은 "Tiberius Caesar, the Son of Divine Augustus"라는 황제의 칭호였을 것이다. 이 말을 문자 그대로 이해하면

---

15) William R. Estep, *Why Baptists?: A Study of Baptist Faith and Heritage* (The Baptist Distinctives Committee of the Baptist General Convention of Texas, 1997), 43. 조지 트루엣(George Truett)도 1920년에 국회의사당에서 행한 설교에서 마태복음 22장 21절의 예수님 말씀을 "하나님의 입에서 나온 가장 혁명적인 발언 가운데 하나"라고 하면서, 이 말씀은 "교회와 국가의 분리를 영구히 명시했다"고 말했다. J. Brent Walker, *Religious Liberty and Church-State Separation*, The Baptist Heritage Library (Brentwood, TN: Baptist History and Heritage Society, 2003), 6.

문제가 있다. 단순히 황제의 얼굴과 칭호가 새겨진 동전은 황제에게 바치라는 말로 이해한다면, 하나님께 바쳐야 할 "하나님의 것"은 무엇을 말하는 것인지 모호할 수밖에 없다. 여기서 이 세상에 가이사의 것이 따로 있고 하나님의 것이 따로 있음을 말하려는 것이 그리스도의 의도였다고 보기는 힘들다. 로마제국의 황제를 포함하여 피조 세계 전체가 '하나님의 것'이다. 이 '하나님의 것'에 독립적으로 '가이사의 것'이 있다고 말해서는 안 된다. 가이사에게 세금을 내는 행위는 한시적인 의미에 불과하지만 하나님께 하나님의 것을 바치는 것은 영원한 가치를 가진다. 여기서 그리스도는 가이사의 것을 가이사에게 바치는 일을 허용했지만 그것은 한시적인 세상 안에서 한시적인 목적을 이루는 일에 불과한 것이지만, 하나님의 것을 하나님께 바치는 일이야말로 하나님나라를 이루는 궁극적이고 본질적인 일임을 암시했다.

정리하면, 그리스도는 가이사를 왕으로 인정하고, 그의 지상에서의 통치를 인정하고, 그에게 세금을 내는 일은 하나님이 허용하는 한시적인 지상의 일로서 금하지 않는다. 그러나 그것보다 더 근본적이고 절대적인 것은 '하나님의 것'을 하나님께 바치는 일이다. 하나님의 형상으로 지음을 받은 인간은 곧 하나님의 것이기 때문에 모든 인간들이 궁극적으로 하나님을 만유의 통치자로 인정하고 만물의 모든 것을 하나님의 것으로 인정해야 한다. 예수 그리스도는 그의 답변을 통하여 가이사의 통치영역이 하나님의 통치영역을 벗어나서 따로 있는 것이 아니라 결국 하나님의 통치영역 안에 있다고 가르친 것이다. 이 말씀도 앞에서 논의한 '하나님의 이상'과 '하나님의 허용한 규범'의 관계로 이해되어야 할 것이다.

4) 사탄의 유혹에 대한 예수 그리스도의 대응

누가복음 4장 1-13절(마4:1-11)에서 예수 그리스도가 광야에서 사탄으로부터 유혹을 받았던 이야기는 그가 어떤 메시아인지를 잘 드러내 보여준다. 사탄의 유혹은 먼저 '돌을 떡으로' 만들어 주린 배를 채우라는 것이었다. 그리스도는 이 유혹을 거부함으로써 그의 메시아 사역이 물질적인 축복을 추구하거나 경제적 수단을 사용하는 방식이 아님을 분명히 보여주었다. 사탄의 두 번째 유혹은 성전에서 뛰어내리고 천사가 받쳐주는 종교적 퍼포먼스를 해보라는 것이었다. 이 유혹을 거부한 것은 메시아의 사역이 종교적 센세이션이나 카리스마를 통해서 하는 것도 아님을 보여주었다. 마가복음 13장 21-22절에서 "그 때에 어떤 사람이 너희에게 말하되 보라 그리스도가 여기 있다 보라 저기 있다 하여도 믿지 말라 거짓 그리스도들과 거짓 선지자들이 일어나서 이적과 기사를 행하여 할 수만 있으면 택하신 자들을 미혹하려 하리라"는 예수 그리스도의 경고는 이러한 방식으로 복음 사역을 해서는 안 되는 것임을 분명히 한 것이었다.

사탄의 세 번째 유혹은 자신에게 절한다는 조건을 걸고, "예수를 이끌고 올라가서 순식간에 천하만국을 보이며 이르되 이 모든 권위와 그 영광을 내가 네게 주리라"(5-6절)고 한 것이었다. 그리스도는 단번에 그 제안을 거부하고 "주 너의 하나님께 경배하고 다만 그를 섬기라"고 응수했다. 여기서 그는 자신이 유대인들이 기대했던 정치적 메시아가 아님을 분명히 했다. 메시아로서 그의 사역은 "천하만국"을 얻는 데 있지 않으며, 세상의 권위와 영광을 통해서 이루는 일이 아님을 선언했다. 그가 세우는 하나님나라는 세상의 정치적인 수단으로 세워질 나라가 아니라는 것이다. 이것은 그가 메시아 사역을 시작하기 직전에 선언한 '메시아 마니페스토'(messianic manifesto)였고, 세상의 권력이 국가를 세우는 방식과 하나님나라를 세우는 방식이 분명히 다른 것임을 보여주었다. 예수 그리스도가 어떤 메시아이었는지는 그의 제자들의 사역 방식을 결정하는 것이었다. 그러므로 교회가 하나님나라를 선포하고 이루어가는 방식은 세상의 힘과 권력을 수단으로 삼는 것이어서는 안 된다.

5) 사도행전의 사건들

예루살렘에서 교회가 처음 시작했을 때 유대 사회는 기독교인들을 적극적으로 탄압하기 시작했다. 사도행전 4장에 소개된 사건은 첫 기독교인들이 그들이 처해 있었던 종교와 결합된 지배체제에 순응하지 않고 불복종한 일이었다. 예루살렘에서 많은 사람들이 복음을 받아들이고 있는 상황에서 "관리들과 장로들과 서기관들이"(5절) 모여서 그 일을 억제하려고 했다. 그때 베드로는 오히려 "백성의 관리들과 장로들"(8절)에게 담대하게 복음을 전했다. 여기서 기독교인들을 억제하려고 했던 사람들은 예루살렘의 정치적 지도자와 종교적 지도자들이었다. 유대 사회가 구약의 전통에 따라 여전히 정교일치의 사회임을 잘 보여준다. 또한 기독교라는 새로운 종교적 운동이 일어났을 때 그 운동을 반대하고 탄압하는 일에는 기성 종교인들만이 아니라 정치인들까지 가세했음을 보여준다. 그들이 재차 사도들을 불러놓고 예수의 복음을 전하지 말라고 경고했을 때 베드로와 요한은 "하나님 앞에서 너희의 말을 듣는 것이 하나님의 말씀을 듣는 것보다 옳은가 판단하라 우리는 보고 들은 것을 말하지 아니할 수 없다"(19-20절)고 말했다. 사도들의 이러한 항변은 그 당시 유대 사회 체제의 요구를 일언지하에 거절했음을 보여준다. 사회제제와 신앙이 양립할 수 없었을 때에 신약성서의 기독교인들은 분명히 전자를 거부했다.

사도행전 5장에 나오는 사건에서도 동일한 사례를 찾을 수 있다. 사도들의 복음 사역에 큰 진보가 있자 예루살렘 당국은 또 다시 사도들을 옥에 가두는 등 탄압하는 상황이 계속 일어났다. 사도들이 그러한 탄압에도 굴하지 않고 성전에서도 복음을 전하는 더 담대한 모습을 보여주자, 대제사장이 그들을 공회로 불러내어 위협하며 경고했을 때 베드로와 사도들의 대답은 "사람보다 하나님께 순종하는 것이 마땅하다"는 것이었다. 이 사도들의 대답은 세상의 요구와 하나님의 요구를 첨예하게 대립시키고 하나님의 요구에 응하는 것이 그들이 취해야 할 선택임을 보여준다. 사도행전 4장과 5장에서 그리스도의 사도들은 세상의 요구와 하나님의 요구가 서로 양립할 수 없는 경우에 기독교인들이 세상의 요구를 거부하고 하나님의 요구에 응해야 한다는 것을 가르쳐준다.

6) 로마서 13장

이 말씀은 흔히 기독교인들이 국가에 대해 인정하고 복종해야 한다는 주장을 뒷받침하는 말씀으로 사용되었다. "각 사람은 위에 있는 권세들에게 복종하라 권세는 하나님으로부터 나지 않음이 없나니 모든 권세는 다 하나님께서 정하신 바라"(1절)는 말씀은 기독교인들이 조건 없이 세속 정부에 복종해야 할 것을 요구한다는 것이다. 이 말씀은 심지어 악한 정부라도 복종해야 한다는 주장을 강화시켜주는 역할을 했다. 여기서도 정부의 한시적 존재 이유에 대해 인정하는 것이지 그 체제를 통하여 하나님 나라 추구하라고 가르치지 않는다. 예를 들어, 국가는 칼의 힘을 필요로 하지만, 교회는 칼의 방식이 아니라 사랑과 복음의 방식을 따른다. 그러므로 교회와 국가의 존재 양식과 삶의 방식이 서로 충돌할 때, 교회는 교회의 존재양식과 방식을 고수해야 한다.

국가 혹은 정부는 세상에서 그것이 가지고 있는 기능 안에서 허용된 체제이다. 이 말씀은 사무엘상 8장의 말씀과 연계해서 이해되어야 한다. 하나님은 왕 제도를 허용하면서 왕을 위해 백성이 해야 할 각종 일들이 무엇인지 열거하고 그것들을 해야 할 것을 경고했다(삼상8:11-17). 이와 같은 맥락에서 로마서 13장의 "권세들에게 복종하라"는 것을 이해하는 것이 필요하다.[16) 위에서도 언급한 것처럼 왕 제도를 포함한 세속 정치체

16) 헬치츠키는 로마서 13장 1-7절을 주해하면서 세상권력에 복종하라는 말씀의 의미를 왜곡하는 것을 경계한다. 이 말씀이 주어진 당시의 세속권력은 불신앙의 로마제국이었기 때문에 '복종하라'는 의미는 기독교인들이 시민의 책무들에 있어서 순종하라는 의미이지 기독교신앙의 차원에서 세속권세를 인정하라는 의미가 아니며, 더 나아가 그 권력을 통해 교회를 보호하라는 의미도 아니다. 바울은 이 말씀을 통해 세속권세(선하든, 악하든)

제는 절대적 체제가 아니라 선택적 체제이다.

로마서 13장 3-4절의 말씀을 보면 세속권력은 사회적 선을 잘 유지하는 것을 위해 존재한다는 것을 말하고 있다. 그러므로 "선한 일에 대하여 두려움이 되지 않고 악한 일에 대하여 되나니"(3절)라고 말하고, "선을 베푸는 자"(4절)라고 말한다. 즉, 세속권력은 사회적 악을 벌하고 사회적 선을 칭찬하는 기능을 가진다는 것이다. 바로 이 기능을 위해서 '허용된' 정치권력은 그러므로 이 기능의 수행자로서 "하나님의 사역자"(4절)라고 불린다. 여기서 말하는 '하나님의 사역자'를 교회 사역자와 혼돈해서는 결코 안 된다. 이 말씀을 혼돈하면서 중세교회는 세속권력가들을 교회를 수호하는 하나님의 사역자로 생각했고, 세속권력은 그들의 공권력을 사회적 질서를 세우는 수단을 넘어 영적 질서를 세우는 수단으로 삼은 것이다. 16세기에 마르틴 루터는 그의 유명한 "독일의 기독교 귀족에게 고함"(Address to Christian Nobility of German Nation, 1520)에서 독일의 제후들을 하나님의 사역자로 끌어들여 종교개혁을 수행하고자 한 것도 이 때문이었다.

또 "권세를 거스르는 자"(2절)라는 말에서 '거스르다'에 해당하는 헬라

와 갈등을 피하고, 악을 악으로 갚지 않는 기독교인의 덕을 행하라고 가르친 것이다. 기독교를 박해하는 세속권세에 대해서도 복종하라는 말씀은 정치권력의 당위성을 가르친 것이거나 기독교인들이 복음을 위해 정치를 이용하는 일을 정당화하는 말씀으로 사용되어서는 안 된다. 남병두, "Petr Chelčický," 233-34; Enrico C. S. Molnár, "A Study of Peter Chelčický's Life and a Translation from Czech of Part One of His Net of Faith," B.D. Thesis (Pacific School of Religion, 1947), 108-17. 헬치츠키는 심지어 기독교인이 세속권세에 불복종할 권리도 있다고 주장한다. 세속권세가 하나님의 뜻에 따라 힘을 행사하지 않으면 죄를 짓는 것이며, 그 일에 복종하는 것도 죄에 동참하는 일이다. 이러한 세속군주나 고위교직자들을 따르는 것은 죄와 마귀의 영광을 높이는 일이다. 이에 대한 성경의 예로 다니엘의 세 친구가 느부갓네살을 거역한 일, 모르드개가 하산왕을 거역한 일, 유대인들이 안티오쿠스 4세를 거역한 일이다. 기독교인들이 하나님의 뜻에 어긋난 세속권력에 복종하지 않는다면, 그래서 전쟁에 참여하지 않는다면, 전쟁과 남을 해치고 피 흘리는 일이 그만큼 줄었을 것이다. 남병두, "Petr Chelčický," 234; Molnár, "A Study of Peter Chelčický's Life and a Translation from Czech of Part One of His Net of Faith," 116-17.

어 동사는 '안티타소'(ἀντιτάσσω)인데, 이 말의 의미는 '반란하다'(rebel)라는 말에 가깝다. 이 동사는 폭력을 동반하여 저항한다는 의미이다. 이러한 의미에서 권세를 거스르는 일은 우선 하나님이 허용한 세상권세를 원천적으로 인정하지 않는다는 의미이며, 더 나아가 그것에 폭력으로 저항한다는 의미를 가진다. 그러므로 권세를 거스르지 말라는 말은 하나님이 허용한 세속권력을 인정하라는 말이며, 세속권력이 사회적 선을 유지하는 기능을 인정하라는 것이며, 세속권력이 그 기능을 수행하는 일을 거스르지 말라는 것이다. 그러나 이 말씀이 세속권력이 사회적 선을 유지하는 기능에서 벗어나서 악을 행할 때도 복종하라는 말은 아니다. 세속권력이 악을 행하면, 이제는 더 이상 세속권세의 기능을 인정하는지 안하는지의 문제가 아니라 선을 택할 것인지 악을 택할 것인지의 문제가 된다. 이때는 "악에게 지지 말고 선으로 악을 이기라"(롬12:21)는 권고를 따라야 한다. 사도 바울이 권세를 거스르지 말라고 한 말은 바로 전장의 마지막 절의 말씀과 밀접한 관련이 있다. 세속권력이 악한 일을 할 때는 이제 그 악에게 지지 말고 그 악에 이기라는 말씀이다. 그러나 '안티타소'의 방식으로 하지 말고 '선의 방식으로' 그 악에게 지지 말고 이기라는 것이다. 그러므로 세속권력이 악을 행할 때는 그 체제를 폭력으로 뒤엎는 방식으로 하지 말아야 하지만, 산상수훈의 정신(마5:38-44)으로 그 악에 저항해야 한다.

결국 이 말씀은 기독교인들도 시민으로서 사회적 책임을 다해야 함을 말하는 것이며, 시민으로서 그 정치체제가 그 사회적 기능을 다하는 데 있어서 협력해야 하고, 시민으로서 그 정치권력이 올바르게 기능을 수행하는지 관심을 가져야 한다. 그리고 그 정치권력이 권력을 남용하거나, 사회질서를 바로 잡는 일에 오류가 있으면, 그것을 바로 잡는 시민적 활동을 해야 한다. 그러나 기독교인의 시민적 활동은 철저하게 기독교적 선의 방식으로 해야 한다. 그러한 가운데 정치권력의 가치나 사회적 가치가 기독교 가치와 상충할 때, 기독교인들은 기독교 가치를 선택해야 한다. 이 말씀을 오해하고 왜곡하여 정치권력이 악하더라도 복종해야 한다는 논리는 성서적으로도 옳지 않고, 사회적으로도 옳지 않다.

5. 침례교회사에 나타난 국가와 교회 분리 사상의 예들

1611년의 "네덜란드의 암스테르담에 남아 있는 영국인들의 신앙선언서"(A Declaration of Faith of English People Remaining at Amsterdam in Holland)는 실질적으로 영국침례교회가 발표한 최초의 신앙고백서라고 할 수 있다.[17] 네덜란드에서 두 그룹으로 나눠졌을 때 토마스 헬위스(Thomas Helwys)를 필두로 하는 소수 그룹(10명 남짓)은 스마이스 그룹이 메노파 교회에 가입하려는 것을 반대했다. 헬위스 그룹이 메노파 가입을 반대한 데는 사상적 차이를 비롯하여 여러 가지 상황들이 있었을 것이라고 추정된다. 당시에 네덜란드에 망명한 영국의 분리주의 독립교회들이 그들의 국적 정체성을 고수하는 일을 상당히 중시했다. 라이덴으로 간 필그림교회가 결국 신대륙으로 가게 된 것은 이러한 문제와 무관하지 않았다. 그들에게 신대륙으로 가는 일은 박해의 문제와 자손들의 민족적 정체성을 지키는 일을 동시에 해결할 수 있는 길이었다. 헬위스와 같은 사람은 처음부터 네덜란드에 계속 남아있으려는 생각을 하지 않았을 것이다. 그는 영국에 두고 온 아내 조앤 애쉬모어(Joan Ashmore)와 7자녀가 있었다. 아마 헬위스의 마음 한 구석에는 런던에서 함께 게인스보로 공동체의 일원으로서 고난 받았던 아내를 홀로 남겨둔 일이 못내 마음에 걸렸을 것은 말할 나위도 없다. 그의 아내는 남편 부재 시에 체포되어 법정에서 맹세를 거부한 뒤에 투옥되었다고도 알려져 있다.[18] 그들 가운데 영국으로 돌아가야 할 이유가 있었던 사람이 헬위스

17) Lumpkin, 「침례교 신앙고백서」, 141.

18) David Reagan, "Thank the Baptists for Freedom of Religion," http://www.learnthebible.

만은 아니었을 것이다. 이러한 이유들에 비해 언어적 소통문제는 그다지 큰 문제가 되지 않았을 것이다. 그렇지만 가장 큰 이유는 사상적 차이라고 보는 것이 적절하다. 또 이것이 헬위스 그룹이 내세운 이유였다.

위의 신앙고백서에는 교회와 국가의 분리 사상이 명확하게 나타나있지는 않다. 그러나 그것이 전제되어 있음을 알 수 있다. 이 신앙고백서의 주요 목적은 그들의 주장이 메노파와 같은 점들이 있지만 다른 점들도 있다는 것을 밝히는 데 있다. 특히 국가 공직에 관한 24항을 보면 국가와 교회의 분리 입장이 전제되어 있음을 알 수 있다. 그 전제에서 아나뱁티스트 주장과는 달리 기독교인들도 정부의 공직자가 될 수 있다는 것이다.[19)]

> 24항은 우선 재침례교의 주장과 동일하게 정부도 "하나님으로 말미암아 세워진 존엄한 제도"이며 "사회의 복리"와 "합법적 행정"을 위한 "경건한 제도"라고 하면서 더 나아가 재침례교와는 달리 정부의 관료도 기독교인이 될 수 있고-그렇게 되도록 기도해야한다고 주장한다-기독교인도 정부의 관료가 될 수 있다고 주장한다. 여기서 말하는 정부의 역할은 악한 자들을 징계하고 세속 사회의 질서를 잡는 일에 국한되어 있음이 분명히 확인된다. 이 조항의 의도는 정교분리를 전제로 하면서도 재침례교의 주장을 그대로 수용한 1610년의 "짧은신앙고백서"와는 달리 기독교인도 정부의 관료가 될 수 있다는 것을 강조하는 데 있다. 그들이 이 신앙고백서를 발표한 주목적은 자신들은 스마이스 그룹이 가입신청을 한 메노파와 분명히 다르다는 것을 명확히 하고 자신들이 그 일에 동조하지 않는 분명한 이유를 밝히는 것이었다.[20)]

---

org/thank-the-baptists-for-freedom-of-religion.html, 2014년 12월 27일에 접속.

19) Lumpkin, 「침례교 신앙고백서」, 141.

20) 남병두, "침례교회사에 나타난 정교분리: 영미 침례교를 중심으로," 「복음과 실천」, 42 (2008년 가을호): 203-4; Lumpkin, 「침례교 신앙고백서」, 141, 149. 이 신앙고백서는 그 외에도 지역교회의 독립과 자치를 주장하고, 교회의 계승주의를 부인하며, 아나뱁티스트의 맹세와 병역복무를 금하는 것을 반대한다는 것을 분명히 밝히고 있다. Ibid., 141.

1656에 특수침례교회의 서부지방회(Western Association)에서 출판한 한 회람은 교구체제화 되어 있는 현실 교회에 대한 정서를 잘 보여준다. 이 회람은 말씀을 전하는 데 있어서 교구(parish)와 같이 세상의 기존 체제를 취하는 것은 옳지 않다고 전제하면서 그러한 일은 "발람과 같이 보수를 바라고 하는 교구 사역에 대해 공개적이고 충분한 비판의 목소리를 내는 복음 사역자의 입을 막는 일이고, 그것은 적그리스도의 사역자들의 방식이며, 보수를 좇는 일은 그리스도의 사역이 아니며, 어디로 가든지 그 방향으로 가게 될 것"이라고 단언하고 있다.[21] 교회가 세속사회의 행정체제에 따라 설립됨으로써 국가체제에 의존된 상황을 신랄하게 비판하고 있음을 알 수 있다.

신대륙에 설립된 영국인들의 식민지에서도 침례교인들은 교회와 국가의 분리 입장을 분명하게 표현했다. 영국에서 박해를 피해 신대륙으로 건너간 청교도들과 분리주의자들은 새로운 정치적 영역에서 그들이 원하는 방식으로 사회와 교회를 설립했을 때, 그 교회와 사회는 정치사회적으로, 종교적으로 결합된 신정체제였다. 맥베스는 그 당시 상황을 다음과 같이 요약한다.

> 뉴잉글랜드를 처음 정착시킨 필그림 교부들은 회중주의 형태의 교회를 구상하였다. 구약성경의 본보기와 개혁교 신학에 사로잡혀서 그들은 일종의 신정국가를 세워야 한다는 의무감을 가졌다. 1648년의 "캠브리지 강령"과 다른 법안을 통하여 그들은 법으로 회중주의 교회를 설립하고 그 교회를 후원하기 위하여 모든 시민들에게 세금을 부과하였으며 다른 종교 형태를 금지하였다. 아이러니하게도 옛 영국에서 비국교도의 위치에 있던 막 도착한 정착민들이 스스로 뉴잉글랜드에서 공식교회를 설립하고 그들을 반대하는 자들을 박해하였다.[22]

---

21) A. C. Underwood, *A History of the English Baptists* (London: Carey Kingsgate Press, 1947), 81.

17세기 신대륙의 매사추세츠만식민지(Massachusetts Bay Colony)는 처음부터 교회와 국가의 분리에 대한 관념을 가지고 있지 않았기 때문에 "국가교회를 존중하는 법을 만드는 일에 주저함이 없었다."[23] 그 식민지의 설립자요 첫 총독(governor)이었던 존 윈스롭(John Winthrop)은 매사추세츠만 식민지의 궁극적 목표는 국가와 교회 모두에 있어서 정부의 합당한 형태를 이루는 것이라고 말했다.[24] "뉴잉글랜드의 설립자들이 획일화의 필요성이라는 중세적 개념"을 가지고 있었고 "모든 종교개혁가들이 열망했던 획일성을 이루는 일에 의식적으로 헌신하였다."[25]

뉴잉글랜드(New England) 보스턴의 목사요 그 지역의 대표적인 청교도 신학자였던 존 카턴(John Cotton)은 로저 윌리엄스(Roger Williams)와 논쟁하면서 매사추세츠만식민지를 구약의 이스라엘로, 그곳의 아메리카 토착민을 아말렉 족속으로, 비유했다.[26] 이것은 계약신악에 근거한 청교도 신학이 교회와 국가의 관계를 어떻게 이해하는지 잘 보여준다. 그는 여전히 하나님의 백성 개념이 기독교를 공식적으로(법적으로) 표방하는 정치적 지역에 기반을 두고 있음을 알 수 있다. 그러한 시각과 관점에서 아메리카 토착민은 이스라엘을 괴롭히는 아말렉 족속으로 보일 수밖에 없다. 이에 대해 윌리엄스는 새 이스라엘, 즉 교회는 "인종과 언어와 국적에 상관없이 신생(new birth)을 경험한 거듭난 사람들"로 이루어지기

---

22) H. Leon McBeth, *The Baptist Heritage: Four Centuries of Baptist Witness* (Nashville, TN: Broadman Press, 1987), 255.

23) Edmund S. Morgan, *Roger Williams: The Church and the State* (New York: Harcourt, Brace, and World, Inc., 1967), 63. 남병두, "Roger Williams의 박해에 대한 이해." 「한국교회사학회지」 22 (2008): 66에서 재인용

24) Perry Miller, *Orthodoxy in Massachusetts: 1630-1650*, 2d ed. (Boston: Beacon Press, 1959), 148. 남병두, "Roger Williams의 박해에 대한 이해," 66에서 재인용.

25) Miller, *Orthodoxy in Massachusetts*, 150. 남병두, "Roger Williams의 박해에 대한 이해," 66에서 재인용.

26) 김승진, 「침례교회와 역사: 침례교회사의 주요 논제들」, 수정증보판 (대전: 침례신학대학교출판부, 2009), 197.

때문에 더 이상 정치적 지역을 기반으로 하지 않음을 분명히 했다. 윌리엄스는 이러한 관점에서 아메리카 토착민을 "하나님의 자비와 은혜를 받아야 할 인간들"로 보았다.[27] 이것은 교회에 대한 카턴과 윌리엄스의 근본적인 시각 차이를 보여준다. 김승진은 "카턴의 교회 이해가 구약성서에 근거하고 있다면 윌리엄스의 그것은 철저히 신약성서에 근거하고 있다"고 그 차이를 적절하게 평가했다.[28]

18세기 후반부에 대표적인 침례교회 지도자 존 릴랜드(John Leland)는 1791년에 권리장전이 비준되는 과정에서 중요한 역할을 했다. 1791년에 출판된 그의 "양도할 수 없는 양심의 권리들"(the Rights of Conscience Inalienable)은 교회와 국가의 분리와 종교자유를 주창한 탁월한 글이었다. 맥베스는 이 글에 나타난 릴랜드의 주장을 다음과 같이 요약한다: 1) 양심의 권리는 정부의 허가나 제한에 의해 빼앗기지 않으며 굴복될 수 없다; 2) 국가가 특정 종교를 세우고 보호할 때 가장 치명적으로 그 종교를 해치게 된다; 3) 국가가 종교를 제도화하는 진정한 동기는 그 종교를 이롭게 하려는 것이라기보다 통치자의 권리와 정치적 종교인들의 입지를 강화시키는 데에 있을 뿐이다; 4) 종교는 하나님과 개인 간의 문제이다; 5) 국가교회의 제도는 결국 국가와 교회 모두를 망친다.[29]

교회와 국가의 분리 원칙과 관련하여 주목할 만한 릴랜드의 주장은 교회가 국가의 도움을 얻는 일에 대해서도 부정적인 입장을 취했다는 사실이다.[30] 브랙크니(Brackney)는 이 부분에 있어서 릴랜드는 배커스에 비하여 훨씬 발전된 사상을 보여주었다고 말한다.[31] 나중에 릴랜드는 심지어 미국우편국(U. S. Post office)이 일요일에 문을 열 권리가 있다고

27) Ibid., 198.
28) Ibid.
29) McBeth, *Baptist Heritage*, 274; 남병두, "침례교회사에 나타난 정교분리," 218에서 재인용.
30) 남병두, "침례교회사에 나타난 정교분리," 218.
31) Brackney, *The Baptists*, 99.

옹호하기도 하였다. 정부의 일과 교회의 일은 분명히 구분된 것이라는 것을 명확히 한 것이다.[32] 이러한 릴랜드의 입장은 미국 남침례교단의 대표적인 신앙고백서인 "침례교 신앙과 교훈"(the Baptist Faith and Message)에 잘 반영되어 있다: "교회는 교회의 사역을 수행하는 데 있어서 정부의 힘에 의존해서는 안 된다. 그리스도의 복음은 그 목적을 추구함에 있어서 영적 수단만을 생각해야 한다."[33]

교회는 어떤 경우에도 세상의 힘을 이용하여 복음을 전하는 일을 해서는 안 된다는 생각은 윌리엄 이스텝(William Estep)의 말에서도 확인된다: "침례교인들이 세속 정부의 공권력을 이용하여 그들의 종교적 목표를 이루려고 한다든지, 어떤 특정 정당과 연계해서 종교적인 목적을 달성하려고 정치적 수단을 강구하려고 하는 것은 전혀 터무니없는 일이다."[34] 이스텝은 여기서 미국 기독교인들이 공립학교에서의 기도를 정당화하는 일에 대해 반대의 목소리를 높인다. 그는 정부가 지원하는 공립학교에서 공식적으로 이루어지는 기독교적 기도행위를 정당화하는 일은 "세속 국가의 본질과 목적에 대해 무지를 반영하고 있는" 일이라고 주장하면서, 특히 침례교인들이 이러한 일에 동조하는 것은 침례교인들이 어떤 사람들인가에 대한 역사적 이해가 부족함을 스스로 드러내는 일이라고 질타한다.[35] 그는 더 나아가 침례교인들 가운데 이러한 미혹이 일어나고 있는 것은 "침례교 신앙고백들에 언급되어 있는 대로 초창기 침례교인들의 성서해석과는 정반대되는 17세기 청교도들의 성서해석을 무비

32) Ibid.

33) Herschel H. Hobbs, *Baptist Faith and Message*, 121; William R. Estep, *Why Baptists?: A Study of Baptist Faith and Heritage* (the Baptist Distinctives Committee of the Baptist General Convention of Texas, 1997), 39-45을 참조.

34) William R. Estep, "국교반대주의(Nonconformity)의 사상이 침례교인들의 양심에 스며들어 있다," 「21세기 속의 1세기 신앙: 침례교 신앙 정의하기」, ed. Charles W. Deweese, 김승진 역 (대전: 침례신학대학교출판부, 2005), 147.

35) Ibid., 147-48.

판적으로 수용한 것에 근거하고 있다"고 말한다.[36]

6. 교회와 국가의 분리 사상의 현대적 의미

현재 많은 개신교단들은 교회와 국가의 분리 원칙을 주장할 수밖에 없는 정치 사회적 상황에서 "구렁이가 담을 넘어가듯이" 그 문제를 넘어갔다. 특히 근대 국가로서 미국이 독립국가의 헌법을 만들고 그 "첫 수정안"(First Amendment)에서 "권리장전"(Bill of Right)을 채택한 이후로 새로운 신생 국가들의 헌법에는 정치와 종교의 분리 원칙이 포함되기 시작했고, 각 기독교 교단들은 바뀌진 정치 사회적 분위기 속에서 서서히 '정교분리'의 입장을 받아들이고 주장하기 시작했다. 그 교단들의 새로운 세대들은 그 원칙을 당연시하게 되었지만, 그 원칙은 교회의 변두리적인 문제로 슬며시 전락했다. 과거에 국가교회를 지향했던 교단들은 오늘날 교회와 국가의 분리 문제를 주요 관심사에서 제외시켰다.

한국의 개신교단들 가운데 과거에 국가교회를 지향했던 교단들은 오늘날 정치사회적 상황에 따라 '정교분리'라는 논리에 대해 양극단적인 모습을 보여준다. 정치사회적 문제에 관심을 기울이는 개신교인들은 '정교분리' 원칙을 개인적 신앙과 사회적 관심을 분리시키는 부정적인 논리로 평가한다. 기독교 신앙을 사회적인 관점에서 보기를 꺼려하는, 그래서 그 신앙을 지극히 개인적인 차원에서만 이해하려고 하는, 개신교인들은 사회적 문제에 관련되는 상황이 발생할 때마다 '정교분리'를 내세워 그 상황을 회피하려고 한다. 둘 다 잘못된 인식이다.

기독교 교리와 세상 체제 논리를 이원화하고 전자를 '교회'라는 테두

36) Ibid., 148. 이스텝은 초기 침례교인들과 청교도들 사이의 차이는 "존 카턴과 로저 윌리엄 사이, 그리고 매사추세츠만 식민정부와 로드아일랜드 식민정부 사이"에 있는 큰 차이라고 말하면서, "이 둘 사이의 차이를 제대로 이해하게 될 때, 국교반대주의의 입장을 견지하고 있는 침례교인들의 진정한 양심은 비로소 회복될 것"이라고 말한다. Ibid.

리 내에 국한시키는 일은 잘못된 일이다. 이것은 교회를 세상과 분리된 어떤 영역으로 이해하는 일인 동시에 기독교 교리를 세상 체제에서의 일과는 별개의 것으로 이해하는 일이다. 신자들의 교회 전통에서 말하는 교회와 국가의 분리 사상은 이러한 '이원론'을 지지하지 않는다. 교회와 국가의 분리는 교회가 추구하는 것과 그것을 이루는 방식과 가치관이 세상과 다르다는 데 있다. 여기서 말하는 분리가 세상 문제에 대한 외면을 의미하지 않는다. 오히려 세상의 문제들을 세상의 방식이 아닌 그리스도의 복음의 방식으로 접근해야 한다는 것을 의미한다.

교회와 국가의 분리 사상은 기독교인들의 정치적 무관심을 의미하지 않는다. 과거에 '정교분리'라는 미명 아래 정치적, 사회적 문제에 대해 소극적이거나 무관심했던 경우들이 있었고, 그러한 일들은 지금도 반복되고 있다. 사실상 한국교회들이 정치를 포함하여 사회적 문제들에 무관심했던 것은 사회에 대한 교회의 관심과 헌신 결여에서 비롯되었겠지만, 다른 한편으로는 교회의 '정치적' 의도에서 비롯되었다. 후자의 경우는 교회가 '정교분리'의 원칙에 충실해서라기보다는 정치적 무관심이 그들 교회의 입장에 유익하다고 판단했음을 의미한다.

다른 한편으로, 사회 문제들에 적극적으로 관심을 가진 일부 교회들의 오류는 그들이 그 문제들을 해결하는 방식을 세상체제로부터 가져온 데 있다. 세상에 보냄을 받은 교회로서 세상 문제에 관심을 가지는 것은 바람직한 일이지만, 그 일을 실질적으로 해결하는 과정에서 여전히 정치적 힘에 의존하거나 일반 사회의 사회운동 방식을 채택하는 오류를 범한 경우들이 있었다는 것이다. 이것은 16세기의 주류 종교개혁가들이 종교개혁을 이루는 방식으로 여전히 정치권력을 이용한 것과 다를 바 없는 일이다. 그들은 역사의 과거에 교회가 교회의 일을 이룬다는 선한 목적을 복음의 방식이 아닌 세상체제의 방식으로 하게 되었을 때 얼마나 잘못되었는지를 직시해야 할 것이다.

교회와 국가의 분리 원칙은 교회가 정치적 권력을 이용하여 복음을 확장하려는 모든 시도를 중단해야 한다는 것과 국가가 교회를 정치적 파트너로 이해한다든지, 개인의 양심과 신앙의 문제에 간섭해서는 안 된다는 것을 의미한다. 교회는 세상에서의 복음 선포 사역에 있어서 어떤 경우에도 정치적 힘에 의존해서는 안 된다. 그러나 이것은 과거에 교회가 정치권력과 연합하고 그 세속권력의 힘을 사용하여 복음의 영역을 확장하거나 교회의 사회적 기득권을 지키려고 했던 것을 반대하는 것이지 교회가 처한 정치적, 사회적 현실을 외면하라는 것이 아니다.

교회는 그리스도에 의해 세상에 보냄을 받음 공동체로서 그들이 처한 세상 현실을 전면적으로 이해하고 그 현실 가운데서 어떻게 복음을 증거하고 선포할 것인지를 고민해야 한다. 그들의 복음 증거와 선포는 세상의 정치적, 사회적 현실을 외면하고는 가능하지 않다. 복음 증거란 결국 그러한 세상 현실 안에서 기독교인들의 구체적이고 총체적인 삶의 형태로 이루어져야 하기 때문이다.

> 그리스도를 전 삶의 주와 구속자로 고백하는 신앙고백…은 창조 이후 그리스도로 인하여 죄와 타락의 세상 안에서 새로운 가치관과 질서가 선포되었다는 사실을 받아들이면서 시작하는 것이기 때문이다. 교회는 이러한 그리스도의 선포를 세상(문화) 안에서 구체화하는 일에 부름을 받은 정치적, 문화적 실체(political, cultural entity)이며 그 자체의 고유의 문화, 즉 삶의 방식을 가지고 있다. 교회가 가진 문화는 세상의 문화에 대하여는 대안문화의 성격을 본질적으로 가질 수밖에 없다. 이것이 바로 세상에 있으되 세상에 속하지 않는 교회의 모습이다.[37]

37) 남병두, "기독교, 문화, 그리고 역사에 관한 한 생각: 교회와 세상 또는 복음과 문화의 관계에 대하여," 「문화를 알면 교육이 보인다」, 침례교신학연구소 편 (대전: 침례신학대학교 출판부, 2003), 59.

제5장

침례교회와 종교자유

침례교인들이 인류 사회에 끼친 공로가 있다면 앞 장에서 논한 교회와 국가의 분리 원칙과 이 장에서 다루게 될 종교자유(religious liberty) 원칙일 것이다. 이러한 주장은 그들의 역사적 고난과 그것을 극복하는 오랜 과정을 거쳐 현실 사회의 공감을 이끌어내는 데에 일조했다. 물론 현대 사회가 법적으로 종교자유를 보장하게 된 과정에는 여러 가지 다른 요인들이 있었지만 침례교인들의 역사적 주장이 그 요인들 가운데 하나였음은 분명하다. 사실 교회와 국가의 분리 문제와 종교자유 문제는 떼어놓을 수 없는 관계에 있다. 이 두 문제를 따로 다루는 것이 쉽지 않은 일이어서 중복된 사건을 어느 정도 다룰 수밖에 없다. 앞 장에서 다룬 사건이라 하더라도 이 장에서는 박해와 종교자유 문제에 초점을 맞추려고 한다. 여기서는 기독교 역사와 박해에 관하여 먼저 살펴본 다음 종교자유에 대한 성서적 근거들과 침례교인들의 역사적 주장들을 살펴보고자 한다.

1. 기독교와 박해

기독교와 박해는 역사적으로 서로 떼어놓을 수 없는 상관관계를 가지고 있다. 기독교 역사 2000년 가운데 박해의 문제가 대두되지 않은 경우는 거의 없었다. 오늘날 기독교인들은 박해라는 말을 들을 때에 대체로 초기 기독교인들이 로마제국의 상황에서 당했던 박해를 떠올린다. 그 당시에 있었던 그들의 영웅적 신앙 이야기들이 후대 기독교인들의 뇌리에 깊이 각인되었기 때문일 것이다. 사람들이 자신이 한 좋은 일은 기억하고 나쁜 일은 쉽게 잊어버리는 것은 인지상정이라고 할 수 있을지 모르겠으나, 기독교 역사를 바라보는 오늘날 기독교인들의 경우에 이 바람직하지 않는 정신적 현상이 상당히 일반적으로 일어나는 일인 것 같다. 사실상, 기독교는 박해를 당했던 때보다 박해를 했던 때가 훨씬 더 많았다.

그들의 역사 가운데 기독교인들은 박해받는 자들이었든지, 아니면 박해를 하는 자들이었든지 항상 둘 중에 하나였다. 그들은 그들이 박해를 받지 않은 때는 항상 박해자들이었다. 기독교에 대한 박해가 종식된 4세기 초 이후로 기독교인들은 줄곧 박해자의 위치에 있었고 그 역할을 꾸준하게 해왔다. “기독교는 이 세상에서 가장 일관되게 박해를 일삼은 종교”라는 말은 기독교 역사를 볼 때, 부인하기 힘든 사실이다.[1]

> 초대교회가 313년 무렵에 이르러 마침내 제국의 박해에서 벗어난 직후에 기독교인들은 곧바로 다른 종교와 기독교 내의 다른 형제들을 핍박하는 박해자의 위치에 있게 되었다. 16세기의 종교개혁가들은 그들이 옳다고 생각하는 종교개혁의 방식으로 그들의 교회를 성공적으로 세우고 난 뒤에 즉시 다른 종교개혁가들과 그 교회들을 박해하였다. 영국의 청교도들(Puritans) 역시 그들이 살았던 시대의 박해로 인하여 고통을 받고 신대륙으로 피신했지만, 그곳에서 그들은 국가교회를 설립하고 영국에서 함께 고통을 받았던 다른 기독교인들을 박해하였다.[2]

1) G. R. Elton, “Introduction,” in *Persecution and Toleration*, Studies in Church History series, vol. 21, ed. W. J. Sheils (Padstow, U.K.: T. J. Press, 1984), xv.

'기독교 유럽'(Christian Europe)에서 기독교가 행한 박해는 대체로 기독교 내부에서 이루어졌다. 물론 무슬림과 유대인들에 대한 가혹한 박해의 사례들이 있었지만, 기독교 박해는 대체로 기독교인들의 다른 기독교인들에 대한 박해였다. G. R. 엘턴(Elton)이 "종교는 실제로 다른 종교보다는 같은 종교 안에서 다른 견해를 가진 자들에게 더욱 가혹하게 비관용적"이라고 한 것은 기독교 역사의 경우에 그대로 들어맞는 말이다.[3)]

기독교에 대한 로마제국의 박해가 종식된 것은 313년에 기독교를 제국의 합법적 종교로 공인한 "밀라노칙령"(Edict of Milan)에 의해서였다. 디오클레티아누스(Diocletianus) 황제에 의한 303-305년의 '대(大)박해'(Great Persecution)가 끝난 지 10년도 되기 전에 전격적으로 일어난 사건이었다. 콘스탄티누스 황제는 그 이듬해에 아를공의회(Synod of Arles)를 소집하고 북아프리카에서 강세를 보이면서 기존교회와 갈등을 빚었던 도나투스파의 정죄를 결정했다.[4)] 도나투스파는 이러한 결정에 반발했고, 황제는 결국 이 문제를 박해의 형태로 해결하려고 했다. 317년에 콘스탄티누스 황제는 칙령을 발표하고 북아프리카에 도나투스파를 진압하기 위해 군대를 파송했으며, 이 과정에서 도나투스파 사람들 가운데 사망자가 나왔고, 그들의 감독들이 망명해야 하는 사태가 발생했다. 기독교에 대한 박해가 종식된 지 4년 만에 기독교인들은 그들의 형제들을 물리적인 폭력으로 진압하는 박해의 영성을 보여주었다.

325년의 니케아공의회(Council of Nicea)의 결론으로서 "니케아신조"가 채택되었을 때, 콘스탄티누스 황제는 그 신조에 모두 서명하도록 강요했고, 서명하지 않은 소수의 아리우스파 지도자들을 제국 바깥으로 추방했

---

2) 남병두, "Roger Williams의 박해에 대한 이해," 「한국교회사학회지」, 22 (2008): 57.

3) Elton, *Persecution and Toleration*, xiii.

4) 이 공의회는 콘스탄티누스가 개최한 첫 공의회이자 나중에 있을 니케아 공의회(Council of Nicea)의 전조와 같은 공의회였다. 여기서 기독교에서 오랫동안 논쟁의 대상이었던 부활절의 시기가 로마교회의 입장으로 정리되기도 했다.

다. 니케아공의회가 올바른 신학적 결론으로 종결되었다하더라도 그 내용에 관계없이 철저하게 국가의 권위에 의하여 주도되었고 국가의 통치 행위의 차원에서 이루어졌음을 부인하기는 힘들다. 이러한 상황에서 신학적 논쟁의 결과는 이제 결정에 동조하지 않는 패배자들에게 물리적인 공권력 행사로 귀결되었다.

사실 당시에 "니케아신조"에 서명한 감독들 가운데 신학적인 동의에 따라 그렇게 한 사람들은 그렇게 많지 않았다고 보는 것이 타당하다. 반아리우스파 감독들은 당연히 서명했겠지만, 모인 감독들 가운데 다수를 점하고 있었던 중립파 감독들은 아리우스파의 주장에 동조하지는 않았지만 반아리우스파의 명확한 '동일본질'(*homoousios*) 개념을 받아들이기에도 신학적인 어려움을 가지고 있었다. 황제의 강력한 요구가 없었다면 그들 가운데 상당수는 서명하지 않았을지도 모른다. 그들은 성부와 성자의 동일본질 개념이 사벨리우스주의(Sabellianism)를 지지하는 개념일 수 있다는 우려를 가지고 있었다. 황제의 영향력에 의해 결론으로 도출된 "니케아신조" 이후에도 아리우스논쟁이 해결되지 않았던 것은 이후 황제들의 정치적 상황에 따라 교회의 공식적인 신학 입장이 표류하게 된 데도 원인이 있지만, 소위 '유사본질'(*homoiousios*)을 주장하는 상당수의 동방교회 감독들을 설득하는 일이 만만치 않았기 때문이었다. 이러한 상황을 본다면 앨리스터 맥그래스(Alister McGrath)가 니케아신조는 대다수의 동의를 이끌어낸 신조라고 한 것은 형식적으로만 맞는 말이다.[5] 이러한 상황을 종합적으로 판단해본다면, "니케아신조"는 황제의 정치적 압력에 의해 많은 감독들이 마지못해 서명한 신조였다.

전 장에서 언급한 380년의 "테살로니카칙령"은 제국이 합법적으로 인정하는 기독교 신앙을 받아들이지 않는 자들은 "어리석은 광인들"이기

---

5) Alister McGrath, 「그들은 어떻게 이단이 되었는가」, 홍병룡 역 (서울: 포이에마, 2011), 150.

때문에 "이단이라는 수치스러운 이름으로 낙인찍혀야 할 것"과 "하나님의 저주라는 질책을 겪을 것" 이외에도 "[황제들]의 권위를 가지고 결정하여 부과할 형벌을 겪을 것"이라고 선포했다. 이는 로마제국이 종교관용의 정책을 포기했음을 의미했고, 양심과 신앙의 자유라는 가치는 기독교 제국에 들어설 여지가 없게 되었다.[6] 유일신론의 기독교가 제국의 공식 종교가 되었을 때 로마제국은 이전에 다신교적인 시대에 비해 종교적 관용에 훨씬 더 인색하게 되었다.

이후 사회적 체제와 공고하게 결합된 중세 기독교는 본격적으로 종교자유를 탄압하기 시작했다. 동방과 서방에서 기독교는 그 지역에서 일어난 기독교 이단들과 분파들에 대하여 정치권력의 무자비한 탄압 방식을 사용했다. 동방에서는 바울파(Paulicians)와 보고밀파(Bogomils)의 역사에서, 서방에서는 카타리파(Cathars) 혹은 알비파(Albigenses)와 발도파(Waldenses)의 역사에서 그 전형적인 탄압의 예를 찾아볼 수 있다.

서방에서는 이단들을 다루는 방법으로 처음에는 설득의 방식을 사용했으나 점차적으로 폭력을 수단으로 사용하기 시작했다.[7] 성지회복과 무슬림 세력의 타도를 겨냥하여 시작된 십자군(the Crusades)의 활동은 곧 이단을 다루는 수단이 되기도 했다. 13세기에 프랑스 남부의 알비파에 대한 대량 학살은 그 좋은 예이다. 또 다른 '유력한' 이단 박멸의 도구는 악명 높은 종교재판소(Inquisition)였다. 교회는 이단을 심문하고 판별하는 기관으로 종교재판소를 설치하고 발전시키면서 수많은 사람들의 인명을 하나님의 이름으로 처단했다. 15세기의 스페인 종교재판소는 그

---

6) Sidney Z. Ehler and John B. Morrall, eds., *Church and State through the Centuries: A Collection of Historic Documents*, trans. Sidney Ehler and John Morrall (Cheshire, CT: Biblo-Moser, 1988), 7.

7) 도미니크수도회(Dominican Order)가 이단들을 설교를 통하여 설득하는 방식으로 교화하고자 하는 목적을 가지고 결성된 것은 그 대표적 예이다. 이후에 종교재판소의 심문관 직위가 주로 이 수도회의 수도사들에 주어진 것을 보면 설교의 방식이 통하지 않았을 때 결국 폭력을 사용하게 되었음을 잘 보여준다.

지역에서 오랫동안 공존하며 살아왔던 무슬림들과 유대인들의 삶의 터전을 순식간에 파괴한 것으로 악명 높았다. 그들은 왕의 요구에 따라 모두 강제로 기독교로 개종할 것을 선포했고, 그 요구를 따르지 않을 경우 모든 소유를 그대로 두고 이베리아반도를 떠나도록 했다. 강제로 개종한 사람들에 대해서도 의심의 눈초리를 거두지 않았고, 그들의 개종 진위 여부를 캐는 수단으로 종교재판소가 폭력적으로 활용되었다. 지금까지 남아 있는 당시 종교재판소의 고문 도구들은 그 심문 과정이 얼마나 끔찍했는지 짐작할 수 있다.

박해하는 기독교의 모습을 보여줬다는 점에서 16세기 종교개혁 이후의 개신교 진영도 별로 다를 바가 없었다. 최초의 아나뱁티스트 순교 사건은 츠빙글리의 개혁 도시 취리히에서 일어났다. 한 때 츠빙글리의 제자였고, 나중에 아나뱁티스트 지도자가 된 펠릭스 만츠(Felix Manz)의 경우가 그 예이다. 그는 츠빙글리 주도의 시의회에 의해 사형선고를 받고, '첫 번째 침례'(유아세례)를 무시하고 '두 번째 침례'(신자침례)를 받은 자는 '세 번째 침례'로 다스린다는 취지에 따라 리마트(Limat) 강에서 산채로 수장되는 방식으로 처형당했다. 칼뱅의 제네바에서도 신학적 논쟁의 끝은 추방이나 처형의 사건으로 귀결되었다. 미카엘 세르베투스(Michael Servetus)의 경우가 대표적인 사례로 전해진다. 칼뱅은 기욤 파렐(Guillaume Farel)에게 보낸 편지에서 세르베투스에게 사형선고가 내려질 것을 예상하면서 자신은 덜 잔인한 방식의 형벌이 내려지기를 원한다고 말하고 있다. 여기서 덜 잔인한 방식의 형벌은 참수를 의미하는 것이었다. 실제로는 칼뱅이 원하던 것보다 더 잔인한 방식이 사용되었다. 세르베투스는 가장 이상적인 종교개혁이 이루어졌다는 제네바에서 화형을 당했다.

"교회가 물리적인 힘의 사용을 거부하고 그래서 피를 흘리지 않았다면 때로는 그 유일한 이유는 그럴 기회가 없었다는 것이었다. 권력을 위한 투쟁이 교회의 생활에 전혀 없었던 적은 결코 없다"라고 한 칼 바르트(Karl Barth)의 말은 전혀 과장된 표현이 아니다.[8] 기독교는 정치권력과 결합함으로써 복음을 힘으로 전하는 기회를 얻게 되었고, 설득과 권고가 아니라 강압과 강요를 그 수단으로 삼게 되었다. 세상의 힘의 논리가 전반적으로 기독교 생활에 체질화됨으로써 종교자유라는 말은 기독교 사회에서 낯선 논리가 되었다. 자유를 억압하고 강요하는 방식으로 기독교 복음을 전하려고 했을 때 기독교인들은 오히려 그들이 전하고자 하는 복음의 본질에서 벗어나기 시작했을 뿐 아니라 복음 자체를 왜곡시키기 시작했다. 자유로운 마음으로 하나님 앞으로 나아오는 것을 기뻐하는 신을 믿는 종교가 바로 그 자유를 억압했을 때 그 교회는 가식적이고 위선적인 신앙을 조장하는 함으로써 교회됨을 상실했고, "영과 진리"(요4:24)가 없는 세상 체제와 다를 바 없는 집단이 되었다.

기독교와 박해의 관계는 단순히 고통을 주고받은 것으로 끝나지 않았다. 어떤 경우에도 박해가 정당화 될 수는 없지만, 그것이 여러 면에서 기독교 신앙의 모습들을 결정짓는 역할을 했음을 부인할 수 없다. 초대교회 시대에 기독교인들은 박해를 받는 가운데 세상에서 살아야 할 그들의 참 기독교적 삶을 모범적으로 보여주었다. 그들은 박해에도 불구하고 복음을 로마제국 전역으로 가져가서 증인의 삶을 살았고, 복음의 증인이 되는 일이 선택적인(optional) 일이 아니라 그들의 존재양식임을 보여주었다. 이것은 그들이 박해 가운데서도 지역적으로, 그리고 숫자적으로 지속적인 성장을 이룰 수 있었던 이유가 되었다. 2-3세기의 교부 테르툴리아누스(Tertullianus)가 "순교자의 피가 흘려진 곳에서 교회가 세워졌다"라고 한 것은 과장이 아니었다. 초기 기독교인들에 대한 박해는 많은 경우에 그들에 대한 잘못된 인식과 오해에서 비롯되었기 때문에 2세기에는 소위 '기독교 변증가들'(Christian Apologists)이 등장하여 기독교의

8) Karl Barth, "기독교 공동체와 시민 공동체," 「교회와 국가」, 고범서 편역 (서울: 범화사, 1984), 47.

가르침과 행습을 변증하는 활동을 통하여 그들의 신앙을 체계화함으로써 신학의 발전을 이루었다.[9)]

4세기 초 이후 기독교가 국가교회 체제로 전환된 이후에는 전술한 바대로 박해는 대체로 기독교 내부에서 일어났다. 긴 중세 시대에는 세속 체제화 된 기독교에 대해 염증을 느낀 자들에 의해서 다양한 분파운동들이 일어났다. 그들은 각 시대의 '제도교회반대자들'(dissenters)로서 당시 제도교회의 여러 모순들에 대해서 비판을 제기했고, 그들 나름대로 참 신앙과 참 교회의 모습에 대해 고민했다. 기존 교회는 공권력을 동원하여 그들을 박해하는 것을 일상적인 일로 생각했고 정당화했다. 16세기와 17세기에는 이러한 종교적 박해를 인간 양심의 자유를 훼손하는 반성서적, 반기독교적 행위로 이해하고 종교자유와 교회와 국가의 분리 원칙을 주창하는 사람들이 등장했다. 16세기에 이 역사적 역할을 감당한 자들은 '부당하게' 아나뱁티스트(Anabaptists)로 불리는 자들이었고, 17세기에는 그 역할이, '당시로서는 부당하게,' 침례교인(Baptists)으로 불리는 자들이었다. 그들은 각각 자신들이 살았던 시대의 '강압적' 교회를 '타락한 교회'로 규정하고 자발적인 신앙고백을 근거로 하는 신자들의 교회를 설립했다. 그들의 교회들은 처음부터 완전한 종교자유를 표방했다.

2. 성서에 나타난 신앙의 자율성

E. Y. 멀린스(Mullins)는 "자유로운 국가에 있는 자유로운 교회는 신약성서의 원리"라고 못박았다.[10)] 허셀 홉스(Herschel Hobbs)는 특히 창세기 1장 27절에 주목하면서 인간이 하나님의 형상으로 지음을 받았다는 사실은 신앙에 있어서 '영혼의 역량'을 의미하는 것이며 어떤 사람이든지, 시민정부이든지, 종교체제이든지 하나님과 인간 사이에 개입할 수 있는

9) 남병두, "Roger Williams의 박해에 대한 이해," 「한국교회사학회지」, 22 (2008): 58.
10) E. Y. Mullins, *Baptist Beliefs* (Valley Forge, PA: Judson Press, 1912), 72.

권위가 없음을 의미한다고 주장한다.[11] 브렌트 워커(J. Brent Walker)도 이 말씀은 인간이 "자발적으로, 어떠한 강압도 없이, 하나님과의 관계를 선택할 자유를 가졌음을 필연적으로 의미한다"고 주장한다.[12]

창세기 3장에서 아담과 이브가 선악과를 따먹고 죄를 범한 이야기는 인간에게 선과 악을 두고 선택할 자유가 있음을 보여준다. 먹어서는 안 되는 나무열매가 있다는 하나님의 말씀에 대해 인간은 그 말씀을 이행할 자유도 있었고 어길 자유도 있었다. 그들은 그 말씀을 어길 자유를 선택했을 때 그 선택에 대한 책임을 져야 했을 뿐이다. 성서 전체를 통틀어서 하나님은 그의 백성에게 스스로 하나님의 말씀과 섭리를 따를 것을 요구했다. 선과 악 사이에서 고민하고 선택해야 하는 것은 인간이고, 하나님은 그들이 옳은 것을 선택하기를 기다릴 뿐이다. 하나님은 여러 가지 형태로-예를 들면 구약에서는 율법으로, 신약에서는 복음으로-인간에게 어떻게 사는 것이 하나님의 창조 섭리에 맞게 사는 것인지 말씀하셨고, 인간들은 그 말씀을 순종도록 초청받았다. 그 초청에 응할 것인지 아닌지는 인간의 몫이다.

구약성서를 보면 하나님이 심지어는 그의 백성에게 하나님을 믿을 것인지 이방신을 믿을 것인지 택할 것을 요구하는 장면도 나온다. 여호수아가 "이제는 여호와를 경외하며 온전함과 진실함으로 그를 섬기라 너희의 조상들이 강 저쪽과 애굽에서 섬기던 신들을 치워 버리고 여호와만 섬기라"(수24:14)고 권유했지만 "만일 여호와를 섬기는 것이 너희에게 좋지 않게 보이거든 너희 조상들이 강 저쪽에서 섬기던 신들이든지 또는 너희가 거주하는 땅에 있는 아모리 족속의 신들이든지 너희가 섬길 자를 오늘 택하라"고 한 것은 선택은 백성의 몫임을 분명히 보여준다.

---

11) Herschel Hobbs, *The Baptist Faith and Message*, 2nd ed. (Nashville, TN: Convention Press, 1996), 121.

12) Walker, *Religious Liberty and Church-State Separation*, 7.

구약성서에는 여호와 하나님에 대한 예배와 바칠 예물과 관련하여 '자원'의 정신을 강조하는 말씀이 많이 등장한다. 출애굽기 35장 21절은 회막을 짓는 일과 그 회막에 필요한 예물을 마련하는 일이 "마음이 감동된 모든 자와 자원하는 모든 자"가 할 것을 요구하고 있다. 또 29절에서는 "마음에 자원하는 남녀"가 실제로 "여호와께 자원하여 드린 예물"로 그 일을 했음을 확인하고 있다. 36장 3절에서도 "성소의 모든 것을 만들기 위하여...백성이 아침마다 자원하는 예물을 연하여 가져왔"음을 보여준다. 레위기와 신명기에도 제사에 바쳐질 번제 제물이 "자원제물"로 표현되고 있다(레22:18, 23; 23:38; 신16:10; 23:23).[13]

신약성서에서도 마찬가지다. 예수님은 공사역의 시작으로서 광야에서 40일 금식의 시간을 보낸 뒤에 나사렛의 회당에서 전한 첫 말씀에서 이사야서를 읽으며 "포로 된 자에게 자유를, 눈 먼 자에게 다시 보게 함을 전파하며 눌린 자를 자유롭게"(눅4:18) 하는 사역을 시작할 것을 예고했다. '자유'가 예수 그리스도의 사역의 핵심적 가치임을 잘 보여준다. 바로 이 자유를 위한 사역이 "주의 은혜의 해를 전파"(19절)하는 것임을 분명히 했다.

예배와 관련하여 예수님은 수가성 여인과의 대화에서 "예배하는 자가 영과 진리로 예배할"(요4:24) 것을 주문하면서 "아버지께서는 자기에게 이렇게 예배하는 자들을 찾"는다(요4:23)고 했다. 사도바울은 로마서 12장 1절에서 "너희 몸을 하나님이 기뻐하시는 거룩한 산 제물로" 드리는 일이 교회가 드려야 할 "영적 예배"라고 하면서 진정한 삶의 변화와 실천이라는 자발적 신앙이 진정한 의미에서의 예배라고 말한다. 베드로전서 2장 16절은 "너희는 자유가 있으나 그 자유로 악을 가리는 데 쓰지 말고 오직 하나님의 종과 같이 하라"고 함으로써 선과 악 가운데 선택하

---

13) 다음 구절을 참조: 대상29:9, 17; 시51:12; 시119:108; 겔46:12.

는 일은 사람에게 있음을 분명하게 보여준다.[14)]

로저 윌리엄스(Roger Williams)와 존 카턴(John Cotton)의 '알곡과 가라지 비유'(마태복음 13장)에 대한 논쟁은 나중에 논의되겠지만 사도바울은 고린도전서 5장 12-13절에서 이에 대한 그의 입장을 이미 잘 밝혀주었다: "밖에 있는 사람들을 판단하는 것이야 내게 무슨 상관이 있으리요마는 교회 안에 있는 사람들이야 너희가 판단하지 아니하랴 밖에 있는 사람들은 하나님이 심판하시려니와 이 악한 사람은 너희 중에서 내쫓으라." 바울은 교회 바깥에 있는 사람들의 악행에 대해서는 교인들이 반드시 판단해야 할 일은 아니라고 말한다. 세상에서 불신자들이 악행을 행하는 일에 대해서는 교회가 특별히 제재를 가해야 할 일은 없지만 교회 내에서 일어나는 악행에 대해서는 전체 공동체가 "묵은 누룩으로도 말고 악하고 악의에 찬 누룩으로도 말고 누룩이 없이 오직 순전함과 진실함의 떡"(8절)을 나눌 수 있기 위하여 방관하거나 좌시해서는 안 된다는 입장을 분명히 밝히고 있다. 여기서 바울의 관심사는 교회 내의 문제에 있지만 "밖에 있는 사람들을 판단하는 것이야 내게 무슨 상관이 있으리요"라는 말과 "밖에 있는 사람들은 하나님이 심판하시려니와"라는 말은 예수님의 '알곡과 가라지' 비유를 교회가 아니라 세상이라는 문맥에서 이해하고 있음을 보여준다. 그렇지만 교회 내의 악행에 대해서는 단호하게 대처를 하여 그러한 '누룩'이 전체 교회를 오염시키지 않도록 주문하면서 교회권징(church discipline)의 활동을 적극적으로 장려한다.

사도바울이 한 말은 알곡과 가라지 "둘 다 추수 때까지 함께 자라게 두라"(마13:30)는 그리스도의 말씀을 교회 바깥인 세상에서 신자들과 불신자들을 그대로 두라는 말씀으로 이해한 것이다. 그러므로 세상에서는 불신자들에게도 종교자유가 허용되어야 한다는 것이며, 그들이 불신을

---

14) 다음 구절을 참조: 고후8:3, 17; 갈5:1; 벧전5:2.

선택한 일에 대한 징벌은 하나님의 심판이 이루어지는 마지막 날까지 미뤄둬야 한다는 논리를 잘 뒷받침한다.

3. 침례교회와 종교자유: 그 역사와 사상

침례교인들은 그들이 발전해온 역사 가운데 대체로 박해 받는 자들이었다. 16세기 아나뱁티스트 교회가 가톨릭교회와 다른 개신교 종교개혁 진영 모두로부터 박해를 받았던 것처럼, 17세기 침례교인들도 영국국교회와 청교도 모두로부터 박해를 받았다. 그들이 침례교회를 세우고 그들이 성서적이라고 생각하는 신앙과 신학을 구현하면서 그들만의 삶의 방식을 창출했던 일은 대부분 박해의 상황에서 이루어진 것이었다.[15] 교회와 국가의 분리 원칙과 완전한 종교자유의 개념이 대체로 박해를 받는 자들에 의해서 주장되고 정리되었다는 사실을 두고 "목마른 사람이 우물을 판다"는 이치로만 접근하는 것은 아나뱁티스트 역사와 침례교회 역사의 경우에 맞지 않다. 그들에게 종교자유는 단순히 역사적 상황에 의해 주장하게 된 상황논리가 아니라, 신앙의 본질적인 차원에서 취한 논리였다.

침례교회가 역사적으로 완전한 종교자유를 주장하는 것은 그들의 신앙적 자율주의 혹은 자원주의(voluntarism)에 근거한다. 이 책의 제1장에서 침례교회의 포괄적 특성들을 논할 때 신앙의 '자발성'에 관하여 논의했다. 이것은 신앙에 있어서 가장 근본적인 성서 사상 중에 하나로서 하나님이 인간에게 부여한 권리이며, 인간이 침해할 수 없는 권리이다. 하나님이 인간에게 양심의 자유, 생각의 자유, 선택의 자유를 부여했기 때문에 누구든지 이를 억압하는 사람은 스스로 하나님보다 높은 위치에 있다고 생각하는 셈이 되거나 하나님을 거역하는 셈이 된다. 그러므로

15) 남병두, "Roger Williams의 박해에 대한 이해," 58-59.

이 자유를 어떤 인간이나 제도나 체제가 제한하거나 박탈할 수 없다. 신앙은 개인의 양심 문제이기 때문에 누구도 그것에 대해 간섭하거나 강압적인 태도를 취할 수 없다.

침례교회는 신자들의 교회이기 때문에 더욱 자발적 신앙을 중시한다. 신앙이 스스로 원하고 선택한 것이 아니라면, 즉 강요된 것이라면, 그것은 참 신앙이 되지 못한다. 그러한 신앙을 근거로 침례를 받아서는 안 되고 더 나아가 그러한 가식적인 신앙을 가지고 교회의 회원이 되어서는 안 된다는 것이다. 그것은 신자들의 교회가 아니라 또 하나의 종교적 단체를 만들 뿐이다. 제3장에서 신자들의 교회는 '자발적 교회'(voluntary church)이어야 한다고 한 이유는 여기에 있다.

침례교인들은 그들의 역사 첫 페이지부터 완전한 종교자유를 열렬히 주장하고 옹호했다. 맥베스(McBeth)는 "종교적 신앙과 행동에 대하여 하나님께–정부가 아니라–응답하는 개인의 권리를 위한 투쟁에 있어서 침례교인들의 증거보다 더 명확하고 일관적인 경우는 어디에도 없었다"고 단언한다.[16] 20세기 전반부에 미국 남침례교단의 탁월한 지도자였던 조지 트루엣(George W. Truett)이 1920년 5월에 미국 국회의사당에서 만 명 이상의 청중 앞에서 했던 설교의 제목은 "침례교회와 종교 자유"(Baptists and Religious Liberty)였다. 그 설교에서 그는 다음과 같이 말했다:

> 침례교회는 그들의 길고 파란만장한 역사를 통틀어서 자유에 관한 하나의 일관된 기록을 가지고 있습니다. 그들은 결코 양심을 억압하는 편에 있지 않았습니다. 그들은, 종교적이든 사회적이든, 자유에 대한 확고한 옹호자들이었습니다…. 모든 인간에게 그들의 양심의 지시에 따라 하나님을 예배거나 하지 않을 권리가 있다는 것은 당연하고 근본적인 일입니다. 그리고 그들은 모든 종교적 신앙과 행습에 대해서는 다른 사람들의 권리를 침해하지

16) H. Leon McBeth, 「침례교회의 역사와 유산」, 김용국, 남병두, 장수한 역 (대전: 침례신학대학교출판부, 2014), 347.

않는 한 하나님께만 책임을 집니다.[17]

존 스마이스(John Smyth)는 "참된 기독교에 관한 명제들과 결론들"(Propositions and Conclusions True Christian Religion, 1612-1614)에서 국가 공직자가 인간의 양심에 대해 간섭할 수 없음을 분명히 밝힘으로써 이미 양심의 자유에 대해 언급했다. 그는 83항에서는 국가 공직은 "인류의 복지를 위하여 하나님께서 두시고 용인하신 법도"라고 전제하고 그 직위는 사회적 "정의와 예의를 유지시키는 일," 즉 사회적 질서를 바로 잡는 역할을 한다고 설명한다.[18] 그러나 84항에서는 "관료는 그의 직위의 힘으로 종교, 혹은 양심의 문제에 간섭하여 사람들로 하여금 특정한 종교 혹은 교리를 강요해서는 안 되며, 기독교를 사람들의 양심에 자유롭게 맡겨야" 한다고 단언한다. 그것은 "그리스도만이 교회와 양심의 왕이시고 입법자이시기 때문이다."[19]

토마스 헬위스(Thomas Helwys)는 네덜란드에서 스마이스 그룹과 결별한 뒤에 영국으로 돌아와 런던의 스피털필즈(Spitalfields) 지역에서 교회를 재건립했다. 이 교회는 영국 땅에 세워진 최초의 침례교회로서 나중에 '일반침례교회'로 불렸다. 그는 돌아오자마자 「불법의 신비」(*Mystery of Iniquity*)라는 책을 통해 영국에서 이루어지고 있는 종교적 박해에 대해 맞서기 시작했다.[20] 이 책은 완전한 종교자유를 주장한 최초의 영어 문헌이다. 그가 영국으로 돌아왔을 시점에는 이미 이 책의 초고가 완성된 상태였다. 아직 네덜란드에 있을 때 그는 박해를 피해서 네덜란드로

17) J. Brent Walker, ed., *The Trophy of Baptists: Words to Celebrate Religious Liberty* (Macon: Smyth & Helwys, 2003), 30-31; idem, *Religious Liberty and Church-State Separation*, The Baptist Heritage Library (Brentwood, TN: Baptist History and Heritage Society, 2003), 6.

18) Lumpkin, 「침례교 신앙고백서」, 167.

19) Ibid., 168.

20) 이 책의 제목은 데살로니가후서 2장 7절에서 비롯되었다. 한국어 번역본에서는 "불법의 비밀"에 해하는 말이다.

건너간 일 자체가 처음부터 잘못된 일이라고 생각했기 때문에, 이 글을 쓰기 시작한 것은 영국으로 돌아갈 것을 결심한 이후로 추정된다. 아마 영국으로 돌아가면 박해를 피하지 않고 오히려 그 부당성을 지적하고 주장하는 일을 해야겠다는 자각이 그로 하여금 이 책을 쓰게 만들었을 것으로 보인다.[21] 아마 런던에서 홀로 고난 받고 있었던 아내에 대한 부담도 없지 않았을 것이다.[22] 그는 마치 과거의 잘못된 판단을 되갚기라도 하는 듯이 영국에 돌아오자마자 매우 과감하게 박해의 문제와 종교자유의 문제에 매달리기 시작했다. 그는 이 책을 즉시 출판한 뒤에 직접 당시의 영국 왕 제임스 1세에게 전달하고자 시도했고, 그 일이 무산되자 책과 함께 왕에게 보낸 메모지에서 종교적 박해의 부당성에 대해 과감하게 질타했다.

> 왕이시여, 당신의 비천한 자들의 조언을 멸시하지 마시고, 그들의 불평이 왕의 존전까지 이르게 하소서. 왕은 죽을 수밖에 없는 인간이며 하나님은 아니시니, 하나님 백성들의 불멸의 영혼들을 지배할 권력을 가질 수 없으며, 영혼들에 대한 규범이나 법령들을 만들거나, 영혼들의 영적 지배자가 될 수 없습니다. 만약 왕께서 영적 통치와 법률을 만들 권한을 가지고 있다면, 왕께서는 영원불멸의 하나님이며 죽을 수밖에 없는 인간이 아닐 것입니다. 오! 왕이시여, 속이는 자들의 유혹에 넘어가 당신이 복종해야 할 분이신 하나님을 대적하는 죄를 범치 마시고, 당신에게 모든 생명과 재물로서 복종해야 하고, 그렇게 하기를 원하는 당신의 가여운 백성들을 적대하지 마시며, 그들의 생명을 이 땅에서 거두지 마시옵소서. 왕께 하나님의 가호가 있으시길 기원합니다.[23]

---

21) Lumpkin, 「침례교 신앙고백서」, 141.
22) McBeth, 「침례교회의 역사와 유산」. 47.
23) Ibid., 141.

영국왕 제임스 1세에게 보낸 헬위스의 메모

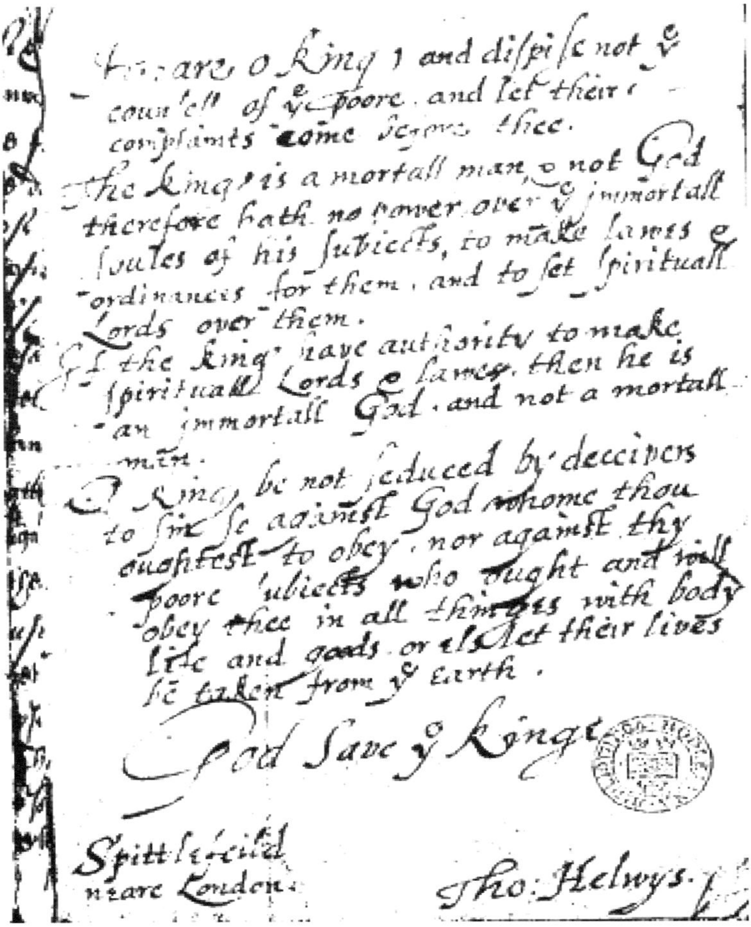

Heare, o King, and dispise not ye
counsell of ye poore, and let their
complaints come before thee.
The king is a mortall man, & not God
therefore hath no power over ye immortall
soules of his subiects, to make lawes &
ordinances for them, and to set spirituall
Lords over them.
If the king have authority to make
spirituall Lords & lawes, then he is
an immortall God, and not a mortall
man.
O King, be not seduced by deceivers
to sinne so against God whome thou
oughtest to obey, nor against thy
poore subiects who ought and will
obey thee in all thinges with body
life and goods, or els let their lives
be taken from ye earth.

God save ye King

Spittlefeild
neare London.

Tho: Helwys.

헬위스는 이 글에서 로마 가톨릭교회를 요한계시록 13장에 나오는 첫 번째 짐승과 동일시했고, 영국국교회를 두 번째 짐승과 동일시하면서 그들은 모두 성서의 권위보다는 그들이 만든 법과 신조로 인간의 양심을 얽매었고, 파문, 투옥, 추방, 처형의 방식으로 사람들을 위협했다고, 예배를 강요했다고 고발했다. 그는 영국 왕의 세속적 통치권을 기꺼이 인정하면서도 왕이 백성의 영적 영역에 간여하는 일과 종교적 일치를 위해 칼을 사용하는 것은 잘못된 일이라고 대담하게 도전했다.[24] 그는 이 책의 마지막 부분에서 참 신자들은 고난과 박해를 죽음을 무릅쓰고 견뎌야 한다고 격려하면서 박해로 인해 망명한 사람들은 그리스도와 그 진리를 위해서 본국으로 돌아와야 한다고 촉구했다.[25]

종교자유를 역설한 레너드 부셔(Leonard Busher)에 관한 자료는 그렇게 많아 보이지 않는다. 1609년에 스마이스 그룹이 네덜란드에서 최초로 침례교회를 세웠을 때, 그 가운데 부셔가 있었을 가능성은 매우 높다.[26] 그는 영국에서 「종교의 평화: 양심의 자유를 위한 호소」(*Religion's Peace: A Plea for Liberty of Conscience*)에서 적그리스도의 거짓 종교가 "불과 검"이 아니라 "잘못된 영과 마귀의 가르침"을 통해서 오는 것과 같이 참 종교는 "거짓 감독들과 사역자들처럼 불과 검이 아니라 그리스도의 영과 하나님의 말씀의 가르침에 의해서 군주와 백성의 마음과 양심으로부터 나와야 한다"고 역설했다. 그는 특히 마태복음 28장 19절에서 그리스도는 가르치고 설교하는 방식으로 복음을 전하라고 했다고 강조했다.[27]

새뮤얼 리처드슨(Samuel Richardson)의 "종교문제에 있어서 관용의 필요성"(Necessity of Toleration in Matters of Religion, 1647)은 그 전년도에 "웨스트민스터신앙고백서"(Westminster Confession)를 발표한 국교회 내의

24) Walter Shurden, "Thomas Helwys, A Short Declaration of the Mystery of Iniquity," http://centerforbaptiststudies.org/resources/iniquity.htm, 2014년 12월 26일에 접속

25) Ibid.

26) 챔플린 뷰러지(Champlin Burrage)는 부셔를 네덜란드 사람으로 보았고 W. T. 휫틀리(Whitley)는 그들 스마이스나 헬위스처럼 네덜란드로 망명한 영국으로 보았다. McBeth, 「침례교회의 역사와 유산」, 141.

27) Leonard Busher, *Religion's Peace: A Plea for Liberty of Conscience*. http://quod.lib.umich.edu/e/eebo/A17345.0001.001?rgn=main;view=fulltext. 2015년 1월 11일에 접속.

장로파가 궁극적으로 장로파 체제인 스코틀랜드국교회와 같은 체제를 영국에 세우려는 목표를 세우고 있다는 사실을 확인하고 그에 반박하는 글이라는 점에서 침례교회가 종교자유 및 국가와 교회 분리 문제에 있어서는 장로파와 분명히 차별화되고 있음을 잘 보여준다.[28] 이 책에서 리처드슨은 종교자유의 필요성을 역설하면서 그 이유들을 밝히고 있다. 그는 우선 "신앙은 자유로워야하는 것이 하나님의 방식이고, 그것은 믿음과 사랑의 내적 원리에서 흘러나와야 하는 것이며, 하나님께서는 마지 못해 하는 예배자들에 의해 드려지는 예배를 받기 원하지 않으신다"는 점을 강조한다. 또 교회와 국가의 분리 원칙하에 세상에서 기독교인들이 진정한 복음의 증인들이 되기 위해서는 종교자유가 필요하다고 주장한다. 그리고 종교자유는 사회를 구성하고 있는 다양한 사람들이 서로의 신앙 차이점들에 대해 상호 관용의 태도를 견지하게 하고 그들에 대해 정부가 공정하고 평등하게 대우함으로써 사회에 더없이 좋다고 주장한다.[29]

특수침례교회의 첫 신앙고백서인 "제1런던신앙고백서" 49항에서는 "우리가 어떤 교회의 법들을 그들에게 적극적으로 양보하지 않을 경우에, 그들로부터 결코 크게 고통을 받는 일이 있어서는 안 된다. 그들은 필시 그 교회의 법을 세우는 일이 그들의 의무라고 생각하고 있겠지만 우리는 현재 그렇게 생각하지 않을 뿐만 아니라 우리의 양심도 그렇게 허용하지 않기 때문이다"라고 하면서 정부가 교회와 양심의 문제에는 관여해서는 안 된다는 것을 완곡하지만 분명하게 언급하고 있다.[30]

1660년에 영국의 일반침례교회들이 발표한 "표준신앙고백서"(the Standard

---

28) William R. Estep, *Revolution within the Revolution: The First Amendment in Historical Context, 1612-1789*, foreworded by Bill Moyers (Grand Rapids, MI: William B. Eerdmans Publishing Company, 1990), 66.

29) Ibid., 67.

30) Lumpkin, 「침례교 신앙고백서」, 208.

Confession)는 당시 침례교회에 대한 "가공할만한 비방들"이 최악이었던 상황에서 나왔다.[31] 이 신앙고백서의 24항은 "모든 사람이 각자 자신의 양심에 따라, 어떤 압제나 핍박도 없이, 신앙과 예배의 문제에서 자유롭게 결정할 수 있어야 한다는 것이 하나님의 뜻이며 심정이다…. 수확의 때(그것은 세상 끝이다)까지는 가라지와 보리가 밭에서(이것은 이 세상이다) 함께 성장할 것"(마13:29-30, 38-39)이라고 주장한다.[32] 신앙과 예배의 자유를 강하게 피력하고 있음을 알 수 있다. 이어서 25항은 "시민적 관료들"의 정당한 역할과 권위를 인정하고 기독교인들도 그들에게 순종해야 할 의무가 있음을 강조하면서도 기독교인이 "하나님께 대한 양심에 따라 현재 복종할 수 없는 신앙의 사건에 대해 억지로 강요를 받을 때는" 사람보다 하나님을 순종하는 것을 택해야 하고 그로 인한 시련을 "참고 견디어 고난을 감당할 것을 결의"하고 있음을 보여준다.[33] 이 외에도 초기 침례교회 지도자들 가운데 종교자유를 위해 투쟁하고 문헌을 남긴 사람들은 많이 있었다.[34]

1677년에 특수침례교회에 의하여 발표된 "제2 런던신앙고백서"는 1644년의 신앙고백서에 비하여 더 체계화되었고 각 주제별로 제목이 달려서 일목요연한 모습을 갖추었다.[35] 이 신앙고백서의 21장은 "기독교인의 자

---

31) Ibid., 265.

32) Ibid., 277-8. 이것은 소위 '알곡과 가라지' 논쟁에 대한 이 일반침례교회의 입장을 반영한다.

33) Ibid., 278.

34) 존 멀턴(John Murton)의 "대화를 통한 반대표명"(Objections Answered by Way of Dialogue, 1615)과 "왕께 드리는 겸손한 청원(An Humble Supplication to King's Majesty, 1620); 에드워드 바버(Edward Barber)의 "왕께 드리는 글"(To the King's Majesty, 1641); 크리스토퍼 블랙우드(Christopher Blackwood)의 "적그리스도의 공격"(The Storming of Antichrist, 1644)과 "사도적 침례"(Apostolical Baptism, 1645); 존 툼즈(John Tombes)의 "고대의 경계들"(The Ancient Bounds, 1645). McBeth, *Baptist Heritage*, 102-11을 참조.

35) 1688년에 개정된 이 신앙고백서는 1646년의 "웨스트민스터 신앙고백서"(the Westminster Confession)의 영향을 많이 받았으며(아마 의도적으로), 자연히 칼빈주의적인 색채가 더 강화되었고, 나중에 미국의 "필라델피아 신앙고백서"(Philadelphia Confession)에 많은 영향

유와 양심의 자유에 관하여" 설명한다: "하나님 한 분만이 양심의 주인이다. 하나님은 자신의 말씀과 반대되거나 혹은 말씀에 없는 인간의 계명이나 교리들로부터 인간의 양심을 자유롭게 하신다. 따라서 양심과 반대되는 교리 혹은 계명을 믿거나 순종하는 것은 진정한 양심의 자유를 배반하는 것이다. 또한 무조건적인 믿음 및 완전하고 맹목적인 순종을 요구하는 것은 양심과 이성의 자유를 파괴하는 것이다."[36] 여기서 종교의 문제로 인간의 양심을 억압하고 강요하는 것은 하나님의 뜻에 맞지 않는 것임을 분명히 한다. 그리고 24장에서는 "선을 행하는 자들을 보호하고 격려하며, 악을 행하는 자들을 징벌"하는 목적을 띤 세속정부의 역할을 설명하면서 기독교인도 관료가 될 수 있으며 정당한 전쟁을 수행할 수 있음을 밝힌다.[37] 후자의 내용들은 23장의 맹세에 관한 긍정적 입장을 포함하여 그러한 부분에서 재침례교의 영향을 감지할 수 있는 일반침례교회와 좀 더 분명한 차이점을 의도적으로 보여준다.

특수침례교회의 1677년의 신앙고백서에 응하여 일반침례교회는 그 이듬해에 "정통신조"(the Orthodox Creed, 1678)를 발표하였다. 침례교 신앙고백서로서는 드물게 '신조'라는 용어를 사용한 이 신앙고백서는 일반침례교회가 발표한 신앙고백서들 가운데 가장 체계적인 신앙고백서이며, "기독교 신앙의 근본적인 조항에서 참된 개신교인들을 하나로 굳게 결속하기 위해" 작성되었다.[38] 윌리엄 럼킨(William Lumpkin)은 "신학적으로 연합의 목적을 이루기 위해, 이 신앙고백서는 다른 어떤 일반침례교 신앙고백서보다 더 칼빈주의에 가까이 접근"하고 있고 칼빈주의와 아르미니우스주의라는 두 신학적 체계를 조화하려는 초기 시도로 주목할 만하다고 평가한다.[39] 이 신앙고백서의 45항 "시민의 행정관에 관하여"에서

을 주었다. Ibid., 281-7을 참조.

36) Ibid., 328.

37) Ibid., 332.

38) Ibid., 344.

는 “건전한 법과 공동복지에 따라 정의와 평화를 보존”하는 관료의 역할을 말하면서 부득이한 경우에는 전쟁도 할 수 있음을 언급한다.[40] 이어서 46항 “양심의 자유에 관하여”에서는 “… 주 예수 그리스도는 유일한 양심의 주님이다. 주님만이 그와 같은 특별한 권리를 가진다…. 그러므로 그리스도는 사람들의 양심이 … 강요당하거나 속박당하는 것을 원치 않는다…. 맹목적 신앙이나 절대적 복종을 요구하는 것은 양심의 자유와 이성을 파괴하고 위반하는 일이며, 양심과 이성 모두에도 모순된다”고 밝힌다.[41]

영국의 침례교인들이 올리버 크롬웰(Oliver Cromwell)의 “새 모델 군대”(New Model Army)에 참여하면서 청교도혁명에 적극적으로 가담했던 주요 이유가 종교자유를 쟁취하려는 데 있었다는 것은 잘 알려진 사실이다. A. C. 언더우드(Underwood)는 크롬웰 군대의 주축이 독립회중교회 교인들과 침례교인들로 이루어졌다고 주장한다.[42] 크롬웰이 청교도혁명을 성공적으로 이끌고 권력을 잡은 뒤에 청교도 세력보다는 비국교도들에 대해 더 동정적이었던 이유가 짐작되는 부분이다. 그는 오히려 청교도들이 신대륙에서 다른 비국교도들을 박해한 데 대하여 다음과 같이 힐문하였다: “자유를 주지는 않으면서 자유를 요구하는 것이 정직한 일인가? 감독에 의하여 억압받았던 자들이 그들의 멍에가 제거되었을 때 그렇게 재빨리 대단한 억압자가 되어버린 것보다 더 큰 위선이 무엇인가?”[43] 그러나 청교도혁명에 가담한 침례교인들이 종교자유를 위해 투쟁

39) Ibid., 344-5.

40) Ibid., 385. 물론 일반침례교회 가운데는 재침례교의 평화주의 입장에 영향을 받은 흔적들이 있지만 대체로 정당전쟁에 대하여 수용하는 입장이 주류라고 보아야 할 것이다.

41) Ibid., 386. 이러한 내용들은 “정통신조”가 “제2 런던신앙고백서”를 의식하면서 작성되었음을 짐작하게 한다.

42) A. C. Underwood, *History of the English Baptists* (London: Carey Kingsgate Press, 1947), 64.

43) Charles S. Longacre, *Roger Williams: His Life, Work, and Ideals* (Washington, D.C.:

했지만 그 혁명이 성공한 이후에 여전히 영국교회가 국가교회체제에서 벗어나지 못했을 때 그 교회의 일부가 되는 것을 거부했다. 물론 크롬웰 체제에서 국가교회에 참여한 소수의 침례교인들이 있었지만 대부분은 그 교회를 참교회로 인정하지 않았다.[44]

윌리엄 브래크니(William Brackney)는 영국에서 1689년의 "종교관용령"(Act of Toleration)이 발효된 과정에서 침례교인들의 역할이 과소평가 되어서는 안 된다고 말한다.[45] 토마스 헬위스 이후로 영국 침례교인들은 수많은 신앙고백서, 논문, 팸플릿, 책과 같은 출판물과 설교와 공중토론회와 같은 논쟁들을 통해서 박해의 부당성과 종교자유를 역설했다. 이러한 활동들이 "종교관용령"을 발효시킨 직접적인 이유라고 할 수는 없다하더라도 그 과정에서 중요한 역할을 했음을 부인하기는 힘들 것이다. 실상 종교자유에 관한 가장 설득력 있고 명확한 논리는 침례교인들에 의해서 이루어졌다. 그러나 1689년의 관용령은 완전한 종교자유와는 상당한 거리가 있었다. 이 법령은 여전히 영국국교회가 유일한 참 교회라는 전제를 가지고 있고 그 외는 단지 독립적인 신앙 활동을 허용할 뿐이지 완전한 자유는 아니었다. 비국교도들은 여전히 정치사회적인 제약들에서 자유롭지 못했다. 완전한 종교자유를 명시한 법은 18세기말에 미국에서 나왔다.

1620년을 기점으로 박해를 피해 신대륙으로 건너간 분리주의자들과 청교도들이 그곳에서 식민지들을 세웠을 때만큼 종교자유 원칙에 대한 사회적 공감을 기대할 수 있었던 때는 별로 없을 것이다. 결과적으로 그것은 기대로만 끝났다. 그들이 그곳에서 세운 사회는 종교와 사회체제가 공고하게 연합된 신정적(theocratic) 사회였다. 그들은 그곳에서 공식교회

Review and Herald Publishing Association, 1939), 81에서 인용.

44) Estep, *Revolution Within the Revolution*, 68-69.

45) Brackney, *The Baptists*, 90-91.

(official established church)를 세웠고, 다른 종교나 교단을 허용하지 않았다. 그리고 그곳에는 영국에서 그들과 함께 박해를 당했던 다른 종교적 소수자들에 대한 박해가 이루어졌다. 식민지가 건립된 직후부터 그곳으로 건너간 침례교인들과 그곳에서 자생한 침례교회는 또 다른 박해의 상황을 맞이하게 된 것이다.

이러한 식민지 정책의 첫 피해자는 영국에서 이미 분명한 분리주의를 선언한 로저 윌리엄스였다. 그는 분리주의자였지만 신대륙으로 건너와서 식민지를 세운 비분리주의자들(매사추세츠만 식민주의자들)뿐만 아니라 분리주의자들(플리머스 식민주의자들)과도 함께 하지 못했다. 그의 눈에는 후자도 영국의 국교회와 완전히 분리되지 않은 것으로 비쳤기 때문이었다. 사실상 플리머스식민지와 매사추세츠만식민지는 영국에서 서로 다른 무리들이었다. 전자는 분리주의자들이었고 후자는 비분리 청교도였다. 그들의 신학적 전통은 대체로 개혁교 전통에 뿌리를 두고 있었지만 영국 국교회와의 관계에 있어서는 달랐다. 그러나 전자는 네덜란드로 망명한 이후부터 헨리 제이콥(Henry Jacob)의 비분리독립교회주의(Non-separate Independent Churchism)에 영향을 받기 시작했다. 게다가 그들은 신대륙에서 후자의 무리와 서로 영향을 주고받으면서 서서히 비분리주의로 선회하게 되었다. 뉴잉글랜드에서 영국의 분리주의자들과 비분리주의자들은 회중교회 체제와 비분리주의로 한 무리가 되어갔다. 이러한 상황에서 윌리엄스의 강경한 분리주의 원칙은 매사추세츠만식민지뿐 아니라 플리머스식민지에서도 받아들여지지 않았다.

이러한 식민지 상황에서 종교자유를 위한 투쟁을 처음 시작하는 역사적 사명은 윌리엄스에 떨어졌다. 그는 미국에서 그의 삶을 시작하는 첫 순간부터 종교 박해의 희생자였고, 그 박해의 부당성을 주장하는 과정에서 '영혼의 자유'(soul liberty)와 국가와 교회 사이에 '분리의 벽'(wall of separation)을 세우는 일에 전력을 다했다. 그는 「박해의 피어린 교의」

(*The Bloudy Tenent of Persecution, for Cause of Conscience, Discussed in a Conference between Truth and Peace*, 1644)[46]와 「여전히 더 많이 피어린 교의」(*The Bloudy Tenent Yet More Bloudy: By Mr. Cottons Endeavor to Wash It White in the Blood of te Lambe*, 1651)를 통해서 박해의 부당성, 교회와 국가의 분리, 종교자유의 정신을 역설했다.

윌리엄스는 우선 평화의 왕 예수 그리스도는 각 사람의 양심에 대한 박해를 요구하지도 않았으며 허용하지도 않는다고 말하면서 박해는 그리스도의 형상과 본성에 전적으로 역행하는 일이라고 못 박았다.[47] 그는 성서가 양심의 주장에 대한 박해를 반대하며, 누구에게든지 "가장 이교적이고, 유대적이고, 투르크적이고, 혹은 적그리스도적인 양심과 예배에 대한 허가가 주어졌다는 것이 하나님의 뜻이자 명령"이라고 주장한다.[48]

윌리엄스는 마태복음 13장의 '알곡과 가라지' 비유에 대한 해석을 두고 존 카턴(John Cotton)과 논쟁을 벌인 것으로 유명하다. 이 논쟁은 5세기에 히포의 아우구스티누스와 도나투스파 간에 있었던 논쟁 이후로 순수한 교회 개념과 교회와 국가 관계 문제와 관련된 논쟁이었다.[49] 이

---

46) 「박해의 피어린 교의」는 네 부분으로 구성되어 있다: 1) 존 멀턴의 「매우 겸허한 탄원」의 일부; 2) 멀턴의 책에 대한 존 카턴의 답변; 3) 카턴의 답변에 대한 윌리엄스의 답변; 4) 아마 도체스터(Dorchester)의 리처드 매서(Richard Mather)가 쓴 「교회와 국가권력의 모형」(*A Model of Church and Civil Power*)에 대한 윌리엄스의 답변. 처음 세 부분은 윌리엄스에 의하여 논쟁의 형태로 정리되었다. 남병두, "Roger Williams의 박해에 대한 이해," 68-69.

47) Ibid.; Roger Williams, *The Bloudy Tenent, of Persecution, for Cause of Conscience, Discussed, in a Conference between Truth and Peace*, ed. Samuel L. Caldwell, *The Complete Writings of Roger Williams*, vol. 3 (New York: Russell and Russell, 1963), 3:3. 이후로 CW로 표기.

48) 남병두, "Roger Williams의 박해에 대한 이해," 69.

49) 교회의 순결성(purity)을 강조했던 도나투스파는 박해 기간 동안에 교회가 기독교인으로서 부적절한 행동을 했던 사람들을 가볍게 용서함으로써, 또 부적절한 교직자들이 여전히 예전 집례를 포함한 교직 활동을 하게 함으로써, 교회는 오염되었고 의인과 죄인이 뒤섞인 타락한 공동체가 되었다고 주장했다. 이에 대해 아우구스티누스는 교회 내에는

논쟁에서 중요한 포인트는 '밭'이 무엇을 가리키는가이다. 카턴은 밭을 교회라고 본 반면에 윌리엄스는 그것을 세상으로 보았다. 그러므로 세상에 있는 이단이나 불신자들은 하나님의 심판의 날까지 뽑지 말고 그대로 내버려두어야 한다는 것이다.[50] 불신자는 범법자가 아니며, 그들에게도 종교자유가 있기 때문에, 그들을 내버려두는 것은 공익을 위하는 일이며 궁극적으로는 신자들에게도 유익한 일이라고 주장했다.[51]

윌리엄스와 카턴은 이사야 2장 4절과, 11장 9절, 그리고 미가 4장 3-4절을 이해하는 데에 있어서도 분명한 차이점을 보여준다. 카턴은 이 말씀이 "오직 하나님의 말씀과 영의 능력만이 열방을 복음의 믿음으로 순종하게 할 수 있다"는 말씀이지만 그렇다고 해서 국가 공직자들이 그리스도의 양을 삼키려는 '늑대'들을 몰아내고 억제하는 것을 금하는 말씀은 아니라고 주장한다.[52] 윌리엄스는 여기서 카턴의 이중성에 대해 지적한다. 복음을 전하는 유일한 능력으로 하나님의 말씀과 영을 거론

알곡과 가라지가 공존하고 있으며, 그리스도께서는 마지막 날까지 둘을 그대로 두라고 했음을 상기시켰다. 그는 다음과 같이 설교했다: "오 경건한 기독교인들이여, 많은 사람들 가운데, 정말 많은 사람들 가운데, 여러분들은 선한 사람들이 소수에 불과함에 대해 한숨 쉬고 괴로워하고 계십니다. 겨울은 지나가고, 여름이 올 것입니다. 자, 여기에 추수의 때가 곧 올 것입니다. 선별할 줄 알고 실수할 수 없는 천사들이 올 것입니다. 사랑하는 이들이여, 제가 진실을 말한다면, 심지어는 높은 자리에 있는 자들(아마 교직자들) 가운데도 알곡과 가라지가 둘 다 있습니다. 평신도들 가운데도 알곡과 가라지가 있습니다. 선인은 악인을 관용할 일이고, 악인은 스스로를 변화시키고 선인을 본받을 일입니다. 만약 그렇다면, 우리 모두는 하나님께로 다가가야 합니다. 우리 모두는 그의 자비를 통해 이 세상의 악을 피해야 합니다. 우리 모두 선한 때를 희구합시다. 우리는 지금 악한 때에 처해 있기 때문입니다. 그러나 악한 때에 우리는 불경한 자가 되지 맙시다. 그래야만 우리가 좋은 날에 이를 수 있을 것입니다." Augustine of Hippo, Sermon 23. 문제는 그가 교회 내에 있는 '가라지'를 내버려두어야 한다고 주장했으면서도, 같은 기독교 내에 있는 도나투스파를 공권력으로 탄압하는 일을 허용했다는 있다. 그가 간과한 것은 교회와 국가가 결합된 사회체제 안에서는 교회 내의 '가라지'가 동시에 국가법을 어기는 범법자가 된다는 사실이다. 결과적으로 그는 교회 내의 '가라지'도 내버려두지 않게 되었다.

50) 남병두, "Roger Williams의 박해에 대한 이해," 70; CW 3:107, 118.

51) Ibid.; CW 3:118.

52) Ibid., 71; CW 3:45.

하는 동시에 복음을 국가의 공권력으로 지킬 수 있다는 논리는 서로 모순이다.[53] 국가의 공권력이 '늑대'로부터 '양'을 지키는 데 사용되면, 그 힘은 결국 '양'을 강제로 '우리' 안으로 들이는 데도 사용될 수밖에 없다는 것이다.[54]

윌리엄스가 종교자유를 역설한 것은 말로만 끝나지 않았다. 그는 실제로 종교자유를 법적으로 허용하는 프로비던스식민지(Providence Colony)와 더 나아가 로드아일랜드식민지(Rhode Island Colony)를 건립한 것이다. 이 식민지는 역사상 종교자유와 교회와 국가의 분리를 표방하는 최초의 정치적 실체였다. C. E. 배로우즈(Barrows)는 새 식민지에 대해 "국가의 기능으로부터 종교를 제외시키면서 … 설립자들은 그곳을 박해로부터 피신해 온 기독교인들의 피난처, 종교문제로 양심이 곤고한 자들을 위한 도피처로 간주하였다"고 말한다.[55] 이 식민지는 당시에 침례교인들을 비롯하여 많은 종교적 소수자들의 안식처가 되었고, 향후 미국 역사에서 종교자유와 교회와 국가의 분리 사상이 법에 반영되고, 정치적 민주주의를 발전시키는 일에 중요한 역할을 하였다.

뉴잉글랜드 지역에서 존 클라크(John Clarke)의 역할과 공헌은 어떤 경우에도 과소평가되어서는 안 된다. 그러나 그와 같은 시대에 같은 지역에서 동역했던 로저 윌리엄스에 쏠린 역사적 관심으로 인해 그가 정당

---

53) Ibid.; CW 3:141.

54) Ibid.; CW 3:141. 윌리엄스는 로마서 13장의 말씀에 관해서도 그것은 교인으로서 국가에 대한 영적인 순종을 말하는 것이 아니라 국민으로서 국가권위에 대한 순종을 말하는 것이라고 주장한다. 남병두, Ibid.; James Leo Garrett, Jr., "Advocates of Religious Toleration and Freedom," Day-Higginbotham Lectures delivered at Southwestern Baptist Theological Seminary, Fort Worth. Waco, TX: Baylor University Book Store (1978), 53; CW 3:150-59. 윌리엄스는 또한 발람과 이세벨과 같은 사악한 자들도 그들의 범죄가 영적인 것이라면 국가 공직자들에 의해서가 아니라 복음의 사역자들에 의하여 다루어져야 한다고 주장한다. 남병두, "Roger Williams의 박해에 대한 이해," 71; CW 3:173.

55) 남병두, "Roger Williams의 박해에 대한 이해," 64; C. E. Barrows, *The Development of Baptist Principles in Rhode Island* (Philadelphia: American Baptist Publication Society, 1875), 27-28.

하게 받아야 했을 만큼의 주목을 받지 못한 것은 사실이다. 다음의 월터 셔던의 글은 미국 침례교회의 역사에서 클라크의 위치와 영향을 단적으로 묘사한 것이다:

> 어떤 역사가도 로저 윌리엄스의 중요성을 결코 경시할 수 없다. 그러나, 로저 윌리엄스가 아니라, 존 클라크야말로 17세기 아메리카 식민지에서 가장 중요하고 영향력 있었던 사람이었다. 그러한 평가는 그렇게 놀랄만한 것이 못된다. 그러한 주장을 하는 데 있어서 나는 존 클라크가 "미국 침례교회의 아버지"로 불리기에 손색없다고 주장하는 윌리엄 캐서카트(William Cathcart), 앨버트 뉴먼(Albert H. Newman), 윌리엄 이스텝(William R. Estep), 윌리엄 브래크니(William Brackney), 그리고 그 외의 역사가들에 동조한다.[56]

로저 윌리엄스와 협력하여 로드아일랜드식민지를 건립하는 데 중요한 역할을 했던 존 클라크는 종교자유를 위한 투쟁에서도 그에 못지않은 역할을 했다. 영국에서 신대륙으로 왔을 때 그는 이미 확실한 분리주의자였고, 필시 유아세례를 반대하면서 '아나뱁티스트적인' 혹은 '침례교적인' 사상에 상당히 근접해 있었던 사람이었을 가능성이 높다.[57] 그는 매사추세츠만식민지에서 앤 허친슨(Ann Hutchinson)의 무리와 함께 어울리면서 어려운 상황을 맞게 되었고, 그곳을 피하여 로드아일랜드로 오게 되었다. 그는 뉴포트(Newport)에서 침례교회를 설립하고 그 교회의 목회자가 됨으로써 본격적으로 침례교인이 되었다. 그는 영국과 미국에서, 그리고

---

56) Walter Shurden, "Ill News from Twenty-First Century America," *Baptist History and Heritage* 39 (Spring 2004): 6.

57) 브래크니는 클라크가 캠브리지 대학에서 공부하면서 이미 유아세례를 반대하는 입장에 도달했다고 말한다. William H. Brackney, *The Baptists* (Westport, CT: Praeger Publishers, 1994), 93. 맥베스는 클라크가 네덜란드에서 공부했을 가능성을 언급한다. 그렇다면 그는 그곳에서 아나뱁티스트들과의 접촉 가능성을 조심스럽게 추측해볼 수 있다. McBeth, 「침례교회의 역사와 유산」, 187을 참조. 그가 캠브리지에서 이미 유아세례를 반대하는 입장에 도달했다면 그들 여느 분리주의자들과 같은 부류로 이해해서는 안 될 것이다.

아마 네덜란드에서도, 종교적 박해를 경험했고, 이 경험은 그가 신학적, 정치적 활동을 통해 로드아일랜드 지역에서 종교자유를 역설하고 관철하는 일에 중요한 자산이 되었다.[58]

클라크의 유명한 책 「뉴잉글랜드에서 온 나쁜 소식」(*Ill Newes from New England*)은 그가 로드아일랜드식민지의 헌장에 대한 승인을 얻기 위하여 영국으로 돌아가서 활동할 때 그곳에서 출판된 책이었다. 그는 이 책에서 종교적 박해를 피해서 신대륙으로 건너간 사람들이 그곳에 자신들의 식민지를 건립한 다음 곧바로 가혹한 박해자들이 된 모순상황을 고발했다. 그는 이 책을 통하여 세속 정부가 종교적인 문제에 대해 법률을 제정하는 일에 대해 영적 영역에서는 그리스도만이 유일한 주님이시고 입법자라고 주장하면서, 누구도 다른 사람에게 신앙을 강요할 수 없음을 분명히 했다.[59] 그는 영국의회가 그의 책을 보고 식민지 지역에 종교관용 정책을 펼 것을 희망했다

클라크는 동 식민지가 영국 왕으로부터 1663년의 식민지 헌장에 대한 승인을 얻는 과정에서 중요한 역할을 했다. 그 헌장에 포함된 그의 표현은 기억될 만하다. 그는 식민지 내에서 개인적인 종교적 견해에 따라 영국국교회의 방식을 따르지 않는 경우에도 "우리 왕의 의지와 의향은 앞에 언급된 식민지에서 이후로 어떤 경우에도, 종교(신앙) 문제에 대한 견해의 차이로 인해서 괴롭힘을 당하거나, 형벌을 받거나, 불안 조성이

58) 클라크가 침례교회 목회자요 신학자로서 교회와 국가의 분리 원칙과 종교자유의 원칙을 정치적 활동을 통해 관철하고자 했던 것을 두고 교회와 국가의 분리 원칙을 지키지 않았다는 문제제기를 할 수 있을 것이다. 그러나 클라크의 경우가 잘 보여주듯이 침례교인은 교인인 동시에 시민 된 입장에서 정치 사회적인 활동을 할 수 있다는 점에서 문제될 것이 없다. 그리고 교회와 국가의 분리 문제와 종교자유 문제는 단순히 교인으로서의 활동 영역에만 국한된 것이 아니라 동시에 정치적, 사회적 관심사이기도 하기 때문에 시민활동의 대상이 될 수밖에 없다. 18세기 후반부에 뉴잉글랜드의 워렌지방회의 활동과 버지니아 침례교인들의 사회 운동은 이러한 관점에서 이해되어야 할 것이다.

59) Brackney, *The Baptists*, 94. 그는 그 외에도 책에서 유아세례를 비판했고, 신자침례와 침수례 방식을 강조했다.

되거나, 문제 삼음을 당해서는 안 된다는 것이다…. 모든 각 사람은… 종교적인 일과 관련하여 자신의 판단과 양심을 자유롭고 충분하게 가지고 즐긴다"고 했다.[60] 이 헌장은 미국 땅에서 종교자유를 인정한 첫 법적 조치였다. 19년 뒤에는 매사추세츠만식민지에서도 종교관용이 선포되었고, 그 지역에서 오랫동안 관습화되었던 종교 박해가 종식되었다는 점에서 로드아일랜드식민지에서 종교자유를 위해 투쟁했던 침례교인들의 역사적 역할은 과소평가되어서는 안 된다.

윌리엄스와 클라크의 종교자유를 위한 노력은 1791년에 "권리장전"(Bill of Rights)이 일차 헌법 수정안(First Amendment)에 포함됨으로써 그 결실을 맺었다. 18세기 후반부에 이러한 역사적 역할을 계승한 지도자들은 아이잭 배커스(Isaac Backus)와 존 릴랜드(John Leland)였다. 배커스는 미국 독립전쟁(American Revolution)을 영국으로부터 시민의 자유를 쟁취하는 일과 종교자유를 쟁취하는 일로 보았는데, 실제로 많은 침례교인들이 독립전쟁에 참여한 주요 이유는 종교자유의 쟁취였다.[61] 그런데 혁명의 성공은 신생 독립국가의 새 헌법에 종교자유 및 교회와 국가의 분리 원칙을 명시하는 데까지 이르지 못했다. 배커스는 글을 통해서 이러한 상황을 바꾸려고 노력했다. 그는 「종교자유를 위하여 공중에게 드리는 청원」(*An Appeal to the Public for Religious Liberty*, 1773), 「정부와 자유에 대한 설명; 그리고 교회폭정의 폭로」(*Government and Liberty Described; and Ecclesiastical*

---

60) Brackney, *The Baptists*, 94-95. 브래크니는 로드아일랜드 식민지를 건립하는 과정에서 로저 윌리엄스가 "자유의 넓은 문"(wider door of liberty)을 열었다면 존 클라크는 미국 땅에 종교자유에 대한 법적 인가를 얻어낸 첫 인물이었다고 말한다. Ibid., 95. 클라크는 당시 영국 왕 찰스 2세에게 보낸 청원문에서 종교적인 일에 대하여 완전한 자유가 허용되면 그 시민사회는 더 번성할 것이라는 주장을 폈다. 이 주장은 새뮤얼 리처드슨과 같은 초기 영국 침례교인들의 주장과 같으며, 나중에 다른 미국 식민주의자들 가운데 범위하게 퍼져 있었던 인식이었고, 18세기 말에 버지니아의 침례교회 목회자 존 릴랜드(John Leland)의 주장에서도 발견되는 논리이다. Estep, *Revolution Within the Revolution*, 67; McBeth, 「침례교회의 역사와 유산」, 348.

61) McBeth, *Baptist Heritage*, 260.

Tyranny Exposed, 1778)과 「전횡적 권력을 반대하며 매사추세츠 주의 사람들에게 드리는 청원」(*An Appeal to the People of Massachusetts State against Arbitrary Power*, 1780)을 통해 종교자유를 역설하면서 매사추세츠 주정부가 독립 이후에도 여전히 종교에 대한 정부의 권한을 주 헌법에 포함하려는 일에 대해 비판했다.[62]

배커스는 또 뉴잉글랜드 침례교의 워런지방회(Warren Association) 내에 상설된 불만처리위원회(Grievance Committee)의 위원장으로서 종교자유 및 교회와 국가의 분리 조항을 주 헌법에 포함시키기 위해 다각적인 노력을 기울였다. 직접 사람들을 만났고, 편지를 보냈으며, 때로는 시민 불복종 운동을 전개하기도 했다. 배커스와 워런지방회의 노력은 뉴잉글랜드 지역에서 단기적으로는 가시적인 성과를 거두지는 못했지만, 장기적으로는 매사추세츠와 뉴잉글랜드의 여러 지역에서 종교자유에 대한 침례교인들의 열망을 각인시켰고, 결과적으로는 시간이 좀 지나긴 했지만 그들의 열망에 부합하는 결과가 나오는 데에 영향을 주었다.[63]

앞 장에서도 언급되었지만 비슷한 시기에 존 릴랜드(John Leland)와 버지니아 침례교인들의 활약은 좀 더 역사적인 사건을 도출시켰다. 버지니아는 신대륙에서 영국 식민지가 가장 먼저 개척된 곳이었고, 처음부터 영국국교회가 그 지역의 공식교회였으며, 종교 박해가 가장 심한 지역 가운데 하나로서 침례교인들이 특히 많은 박해를 받은 곳이었다.[64] 그러나 버지니아 침례교인들은 그 지역을 로드아일랜드를 제외하고 종교자유가 가장 먼저 확립된 주로 만드는 데에 일조했다. 그들의 활동 가운

62) Ibid. 배커스는 그의 글에서 존 로크(John Locke)와 로저 윌리엄스의 논리를 종종 사용하였다. Ibid., 259-62.

63) Sweet, *Religion in Colonial America*, 182-3; Estep, *Revolution within the Revolution*, 117-9; Brackney, *The Baptists*, 98; 남병두, "침례교회사에 나타난 정교분리: 영미 침례교를 중심으로," 「복음과 실천」, 42 (2008년 가을호): 217.

64) McBeth, *Baptist Heritage*, 268-73.

데 릴랜드는 탁월한 지도력을 보여주었다. 그의 "양도할 수 없는 양심의 권리들"(the Rights of Conscience Inalienable)은 그의 종교자유 사상과 교회와 국가의 분리 사상을 명확하게 표현해 주었고, 이것을 이루기 위해 그가 주도한 시민운동은 큰 족적을 남겼다.

> 버지니아 침례교회들은 버지니아의 헌법에 종교자유와 정교분리의 원칙을 반영하기 위해 '총위원회'(General Committee)를 구성하고 다양한 청원운동을 전개하였다. 그들은 논리적인 방법보다는 실질적이고 정치적인 설득과 압력의 수단을 사용하였으며 그 결과 1785년 토마스 제퍼슨(Thomas Jefferson)의 주도로 버지니아 헌법에 "종교자유 조항"(Bill for Establishing Religious Freedom)이 포함되었다. 버지니아 헌법의 쾌거는 거기서 끝난 것이 아니라 다른 주들의 헌법과 나아가서 연방헌법에 영향을 주었다. 그 과정에서 릴랜드와 버지니아 침례교인들의 정치적 지지를 얻은 제임스 매디슨(James Madison)은 연방의회에 종교자유와 정교분리의 원칙을 포함하는 헌법수정안(the First Amendment)을 제출하여 비준을 받는 역할을 수행하였다. '권리장전'으로 불리는 수정안의 그 내용은 국가교회의 설립을 금지하고, 종교 활동의 자유를 보장하는 내용이 명시되어 있다. 여기에는 언론과 집회의 자유까지 포함되어 있다. 이 과정에서 근대 시민사상을 가진 미국의 국부들의 정치적 역할이 큰 공헌을 했지만 릴랜드와 버지니아의 침례교인들의 노력도 간과되어서는 안 될 것이다. '총위원회'를 중심으로 지속적으로 운동을 전개한 그들의 정치적 지지가 제퍼슨과 매디슨의 활약에 큰 힘이 되었음은 두말할 나위도 없다.[65)]

미국 침례교회는 미국 역사의 가장 초기부터 가장 일관되게 교회와 국가의 분리 원칙과 완전한 종교를 표방하고 주장해온 교단이었다. 특히 17세기의 로저 윌리엄스와 존 클라크, 그리고 18세기의 아이잭 배커스와 존 릴랜드로 이어지는 침례교회의 지도자들의 확고한 사상과 희생적 헌

---

65) 남병두, "침례교회사에 나타난 정교분리," 218-19; McBeth, *Baptist Heritage*, 277-83을 참조.

신, 그리고 그들을 중심으로 꾸준하게 그들의 역사적 사명을 감당했던 많은 침례교인들의 의지와 희생이 미국의 독립헌법의 "1차 수정안"을 가능하게 하는 데 귀중한 일조를 했다. 이후 미국의 헌법에 영향 받은 많은 근대 신생국가들을 생각한다면, 그들의 역사적 역할은 그만큼 인정받아야 할 것이다.

제6장

침례교회와 교회예전: 침례와 주의 만찬

교회예전은 침례교회의 신앙과 역사에서 매우 중요한 부분을 차지한다. 교단 이름이 침례라는 예전에서 비롯되었다. 그들은 신약성서적 교회로서 신자들의 교회를 표방하면서 침례의식을 개혁하는 일을 일차적인 개혁목표로 삼았다. 존 스마이스가 1609년에 신자침례를 회복한 사건이 침례교회의 시작을 알리는 사건이었다. 침례교회는 침례로 세워졌다는 단순한 말은 매우 의미심장한 표현이다. 첫 침례교인들이 올바른 성서적 침례만이 올바른 교회를 세운다고 믿었기 때문이다. 그리고 그러한 침례로 세워진 교회는 지속적으로 이루어지는 주의 만찬을 통해서 공동체적 삶을 이어간다.

1. 교회사에 나타난 교회예전

그리스도께서 제자들을 통하여 교회를 세우시면서 명령한 두 가지 의식이 침례와 주의 만찬이었다. 그는 침례 요한을 통해 침례를 받음으로써 그것이 교회의 중요한 의식이 될 것임을 예고했다. 침례는 기독교의 새로운 발명품이 아니라 그 시대의 정결의식(淨潔儀式)이나 관문(關門儀式)으로서 행해지고 있었던 것을 기독교적으로 차용한 의식이었다.[1] 주의 만찬은 유대인들의 유월절 식사였다. 그 식사가 그리스도와 제자들의 마지막 만찬이 되면서 또 하나의 중요한 교회예전이 생기게 되었다. 예수님은 새로운 신앙공동체로서 '내 교회'(마16:18)를 세우면서 그의 제자들이 이 두 가지 의식을 행하도록 명령했다. 그는 새로운 형태의 의식을 만들기보다는 그 시대 사람들이 알고 있었던 공동체 의식을 빌어서 '그의 공동체' 의식으로 삼았다. 그리고 그 의식이 그를 따르는 제자들의 공동체가 어떤 공동체인지를 보여주려고 했다. 그리스도의 제자들은 교회를 세우면서 이 두 의식을 교회예전으로 삼고 교회의 근간이 되게 했다. 그러나 교회예전은 시간이 흐름에 따라 그 형태와 의미에 있어서 많은 변화를 겪게 되었다.

'성례전'(sacrament) 혹은 성사(聖事)라는 말은 원래 '사크라멘툼'(*sacramentum*)이라는 라틴어에서 왔으며, 그 원래의 문자적 의미는 "신에게 바침"(given to the gods)이며, 로마제국의 여러 사회적 상황에서 '맹세'라는 말로 사용되었다. 이 말은 군대 내에서 군인들이 군대와 국가에 충성을 맹세할 때도 사용되었다. 이 맹세를 어길 경우에는 상당한 육체적 형벌이 따랐고 심지어는 처형을 당하기도 했다. 그들은 이러한 맹세를 정기적으로 했는데, 로마 군인들 가운데 기독교인들은 항상 이 맹세를 꺼릴 수밖에 없었다. 그것은 이 맹세가 대체로 종교적 의미를 내포하고 있었기 때문이다. 전형적인 정교합일 체제였던 로마제국은 시민종교(civil religion)로서 로마의 종교를 통하여 통합적인 통치체제를 구축하고 유지했다. 그 가운데 군대는 어느 그룹보다도 더 종교에 대한 의존도가 높았던 사회였다. 그들은 전쟁으로부터 그들을 지켜주고 승리를 가져다준다고 믿는 신들에게 정기적으로 제사를 지냈다. 그러므로 제국과 군대에 대한 군인들의 맹세는 신들에 대한 맹세와 구분되어 있지 않았다. 그러

1) 이에 대한 좀 더 구체적인 설명은 "침례의 의미"에서 이루어질 것이다.

므로 로마 군인들 가운데 기독교인들은 이러한 맹세 행위 때문에 매우 곤란한 처지에 있었다. 산상수훈에 나오는 "도무지 맹세하지 말라"는 말씀도 있지만 그 맹세 행위는 단순히 제국에 대한 맹세가 아니라 로마의 신들에 대한 맹세이기도 했기 때문이다.

이러한 상황은 기독교 신앙을 가진 군인들 가운데 많은 순교자가 양산되는 결과를 만들었다. 그렇지만 군대 내에 있는 기독교인들 가운데는 할 수 없이 그러한 맹세를 하는 경우도 종종 있었다. 테르툴리아누스(Tertullianus)는 이러한 '사크라멘툼' 행위를 신랄하게 비판하면서 기독교인들이 해야 할 유일한 '사크라멘툼'은 침례(baptism)라고 강조했다. 그는 여기서 침례가 그리스도에 대한 일종의 '사크라멘툼'이라고 표현하면서 이 말이 예전이라는 용어의 전조가 되었다. 그는 군인의 맹세가 군인으로서 새로운 삶을 시작하는 표시인 것처럼 침례가 기독교 공동체의 삶을 시작하는 표시라고 생각하면서 '사크라멘툼'이라는 말을 사용했다.[2)]

성례전주의의 개념은 일찍이 2세기 초의 대표적 사도적 교부(Apostolic Father)인 안디옥의 이그나티오스(Ignatius of Antioch)에게서 발견된다. 그는 그의 "스미르나교회에 보내는 서신"(Letter to the Smyrnaeans)에서 주의 만찬을 "우리 주 예수 그리스도의 살"로 믿어야 한다고 하면서 이 "하나님의 선물"을 받지 않으면 멸망한다고 말했다.[3)] 그리고 그의 "에베소교회에 보내는 서신"(Letter to the Ephesians)에서는 주의 만찬을 "불사(不死)의 약"(medicine of immortality)이요 "죽음을 방지하는 해독제"(antidote preventing death)로 묘사했다.[4)] 이는 성례전주의(Sacramentalism)의 초기적 표현으로 간주된다.

---

2) William A. van Roo, *The Christian Sacrament* (Roma: Pontificia University Gregoriana, 1992), 37; Tertullianus, De Corona (as noted by Paul Stephenson, *Constantine, Roman Emperor, Christian Victor*, 2010:58).

3) Ignatius of Antioch, *The Letter to the Smyrnaeans* 7. Ante Nicean Father 1:89. 지금부터는 ANF.

4) Ignatius of Antioch, *The Letter to the Ephesians* 20. ANF 1:58.

이그나티오스가 어떤 생각에서 이러한 표현을 했는지는 불명확하지만 이러한 표현이 사람들에게 성례전주의 관념을 각인시키는 데에 큰 기여를 했음은 부인하기 힘들다.

예전에 대한 초기 기독교인들의 오해는 죄 문제와 민감하게 결부되어 나타나기도 했다. 그들은 침례의식을 이전의 모든 죄를 씻는 필수적인 수단으로 이해함으로써 침례의식 이후에 짓는 죄에 대해 고민하기 시작했다. 그것은 침례를 죄를 씻는 직접적 수단으로 이해하지 않았다면 할 필요가 없는 고민이었다. 침례로 이전의 모든 죄를 씻었다고 하더라도 침례를 받은 이후에 짓는 죄에 대해서는 대책이 없었던 것이다. 2세기 초의 문헌으로 알려진 「헤르마스의 목자들」(*Shepherd of Hermas*)이 이에 대해 침례 이후 한 번에 한하여 죄 짓는 일이 허용된다는 해법을 내놓기도 했지만, 명백하게 영구적인 해법은 될 수 없었다.[5] 어떤 사람들은 침례를 생애의 마지막에 가서 받음으로써 이 문제를 해결하기도 했다. 이러한 초기 기독교인들의 고민은 오랫동안의 역사적 과정을 거친 다음 참회제도(penitential system)로서 고해성사(Sacrament of Penance)라는 새로운 예전의 발명으로 귀결되었다. 이제 침례 이후에 지은 죄는 새로운 예전의 참여를 통하여 해결하게 된 것이다.

예전에 대한 이러한 이해가 보다 논리적으로 체계화되고 일반화된 것은 서방 신학의 '종결자' 히포의 아우구스티누스(Augustinus of Hippo)에 의해서였다.[6] 그가 특히 도나투스파(Donatists)와 논쟁하는 가운데 정립한 예전론과 교회론은 이후 교회에 지울 수 없는 흔적을 남겼다. 아우구스티누스는 신학적으로 북아프리카의 전통을 이어받았지만 예전과 교회

5) *Shepherd of Hermas* 2.4.3; ANF 2:22

6) 침례에 대한 아우구스티누스의 자세한 이해를 위해서는, Samuel Byungdoo Nam, "A Comparative Study of the Baptismal Understanding of Augustine, Luther, Zwingli, and Hubmaier," Ph.D. Dissertation (Southwestern Baptist Theological Seminary, 2002)의 1장을 참고.

에 대한 이해는 로마교회 전통을 따랐다. 그의 이러한 진면목은 4세기 초에 북아프리카의 상황에서 기존 교회를 타락한 교회로 규정하고 새로운 교회를 설립한 도나투스파와 치열한 논쟁을 거듭하는 가운데 드러났다. 도나투스파가 제기했던 기존 교회의 문제점은 박해 때에 기독교의 문서를 소각하도록 내어줌으로써 교직자로서 자격을 상실한 사람들(Traditores)이 침례를 비롯한 예전을 집례했다는 점에 있었다.[7] 그들은 그러한 자격상실의 교직자들에 의해 이루어진 예전은 오염되었기 때문에 무효라고 보았다. 그들에게 있어서 예전의 유효성(validity)과 효험성(efficacy)은 집례자의 자격 여부와 밀접한 관계가 있었다. 만약에 집례자가 교직자로서의 윤리성을 상실했다면 그 예전은 유효하지도 않고 효험이 생기지도 않는다고 주장했다.

이에 대해 아우구스티누스는 예전이 그것을 집례하는 자에 의해 오염될 수 있다는 것을 받아들이지 않았다. 그리스도의 은혜로 제정된 침례는 그것을 집례하는 교직자에 달려있지 않으며 교직자의 도덕성에 의해 좌우되지 않는다는 것이다. 그는 침례의식에 임하는 성령의 역사가 사람에 의해서 방해받지 않기 때문에, 교회 안에서 온전히 이루어진 침례의식은 그 자체로 유효하고 효험이 발생한다고 말하면서 "이루어진 일 자체로부터"(*ex opere operato*)라는 말로 대변되는 중세교회의 성례전주의(예전의 사효성) 개념의 기초를 닦았다.[8]

아우구스티누스는 또 침례의 유효성(validity)과 사효성 혹은 효험성(efficacy)을 구별함으로써 구원의 방주로서 교회의 위치를 확고하게 강화

7) 303-305년에 있었던 디오클레티아누스(Diocletianus) 황제의 '대박해'는 성서를 포함하여 기독교 문서들을 압수하여 소각하는 일을 포함했다. 이때 박해의 위협을 받고 그러한 문서를 내어준 교직자들은 박해 이후에 *Traditores*라는 불명예스러운 호칭을 얻게 되었다. 어떤 교직자들은 다른 기독교인들의 이름을 내어준 경우도 있었다.

8) Samuel Byungdoo Nam, "A Comparative Study of the Baptismal Understanding of Augustine, Luther, Zwingli, and Hubmaier" (Ph.D. diss. Southwestern Baptist Theological Seminary, 2002), 36-45 참조.

했다. 그는 침례가 온전히 집례되었다면 이단이나 살인자가 집례했더라도 그 유효성은 인정되지만, 그것이 가톨릭교회 바깥에서 집례되었다면 효험의 역사는 일어나지 않는다고 보았다. 그에 의하면 성령의 역사로 가능한 죄 씻음의 효험은 오직 가톨릭교회 내에서만 이루어진다. 교회 바깥에서 이루어진 침례, 즉 이단들(heretics)이나 분열자들(schismatics)의 침례는 유효하지만 그 효험은 침례를 받은 자가 가톨릭교회로 회복될 때 발생한다. 이와 같이 구원에 있어서 예전과 교회의 관계는 제도적으로 단단하게 묶어져 있다. 이러한 예전론과 교회론을 기반으로 중세 가톨릭교회는 제도화된 모습을 여실히 보여준다.[9)]

16세기 종교개혁 시대에 교회예전의 문제는 개혁의 성격과 범위에 중요한 영향을 미치는 쟁점으로 부각되었다. 개신교 개혁가들은 가톨릭교회의 예전의 이해와 방식에 상당한 변화를 주었고 그들의 개혁 프로그램과 관련하여 중요한 위치를 부여했다. 개신교 개혁운동 진영 자체 안에서도 교회예전에 대한 논쟁은 다양하게 전개되었고, 그 이슈는 다른 어떠한 개혁 이슈에 비해 그 중요성이 결코 뒤떨어지지 않았다. 그것은 개신교 개혁가들의 공동과제였다고 해도 과언이 아닐 것이다. 특히 가톨릭교회의 일곱 예전을 두 예전(성공회는 세 예전)으로 줄이는 일과 그들의 성례전주의를 극복하는 일은 거의 모든 개혁가들의 관심사였다. 그들은 성서를 개혁의 중심에 놓음으로써 성서에 언급되지 않은 중세교회의 예전들을 철폐하고자 했다. 그러나 그들의 예전에 대한 견해들은 일률적이지 않았고 그들 가운데서도 많은 논쟁들이 있었다. 개신교 개혁가들이 성서적 예전으로서 주의 만찬과 침례를 제외한 다른 예전들을 철폐하는 일에 있어서는 성공했다는 평가를 받을 만하다. 영국국교회(성공회)는 고해성사(sacrament of penance)를 포기하지 않았지만, 루터교, 개혁교, 아

---

9) Ibid., 20-8 참조.

나뱁티스트 개혁 전통에서는 개혁 초기에 이미 성서적 예전으로 주의 만찬과 침례만 인정했다. 마르틴 루터는 개혁 초기에 고해성사에 대해서 유보적인 입장이었지만 1520년경에 와서는 그것을 침례의 한 부분으로 이해하면서 정리했다. 그는 4-5세기의 제롬(Jerome; Hieronymus)의 '두 번째 갑판'(second-plank) 논리를 반박하면서 고해(penance)를 독립적인 예전으로 보지 않고 침례의 일부로 보았다. 그는 기독교인들이 지은 죄에 대해서는 평생 동안 침례의 정신으로 끊임없이 돌아감으로써 회개해야 한다고 주장했다.[10] 루터의 이 논리는 일단 고해성사를 하나의 독립된 예전으로 이해하는 가톨릭교회의 입장을 반박하는 데 사용할 수 있는 탁월한 설명이다.

개신교 개혁가들은 가톨릭의 성례전주의를 각기 다른 방식으로 극복했다. 루터의 신학이 교단 전통의 기반이 되었던 루터교는 결론적으로 성례전주의를 극복했다고 보기 힘들다. 후기의 루터는 믿음 이외에 침례의식 자체를 구원의 조건으로 삼음으로써 성례전주의를 다시 불러들였다는 비판을 면하기 힘들다.[11] 그는 그의 영적 고뇌와 깊은 성서연구의 과정에서 개신교 종교개혁 신학의 백미(白眉)로 일컬어지는 이신칭의(justification by

10) Ibid., 107-8. 제롬은 침례 이후에 지은 죄를 해결하는 방안으로서 죄에 의해 '난파된 배'인 침례를 대신하여 '고해성사'(sacrament of penance)라는 새로운 배에 다시 승선해야 한다고 설명했다. 이러한 제롬의 논리는 침례 이후에 지은 죄를 해결하기 위해 오랫동안 교회가 고심해온 결과로서 특히 서방교회에서 발전된 것이다. 서방교회 전통에서는 동방교회가 신학적 논쟁에 매달렸던 것과는 달리 죄와 윤리적 문제를 두고 오랫동안 논쟁을 했다. 참회제도(penitential system)가 특히 서방교회의 관심사에서 발전된 것은 역사적으로 당연한 일이었다.

11) 루터의 신학을 이해하는 데 있어서 초기의 루터와 후기의 루터를 구별하는 것은 기본적으로 필요한 일이다. 특히 그의 침례에 대한 이해를 보면 가톨릭교회의 논리를 비판하고 있었던 초기에는 믿음의 요소를 강조했던 반면, 그의 표현방식으로, '열광주의자들'(fanatics)과 아나뱁티스트들을 비판해야 했던 후기에는 침례를 하나님의 일이요, 하나님께서 지정한 구원의 장소로 여기면서 그것 없이는 칭의도 없고 구원도 없다는 입장을 강화시켰다. 루터의 이신칭의 논리는 그의 후기 신학 가운데 특히 드의 침례에 대한 이해를 감안하여 논의되어야 한다. Ibid., 69-9 참조.

faith alone)를 정련했지만 이러한 은혜 사건은 반드시 가시적 침례의식에서 이루어진다고 말함으로써 가톨릭교회의 성례전주의에서 탈피하지 못했다. 그에게 있어서 침례의식은 여전히 구원의 필수 조건이었기 때문이다. 주의 만찬에 있어서도 루터는 성례전주의를 벗어나지 못했다. 그는 가톨릭의 화체설(Transubstantiation)과 영구제사설(perpetual sacrifice) 논리는 거부했지만 여전히 '공재설'(Consubstantiation) 혹은 '실제 임재설'(doctrine of Real Presence)을 확고하게 주장했다. 주의 만찬에 대한 그의 견해는 츠빙글리를 비롯한 스위스 개혁가들과 첨예하게 대립됨으로써 종교개혁가들 간의 중대한 차이점을 노정했다. 이 차이는 결국 양 개혁 진영을 통합하려던 시도가 무산되게 만드는 결정적인 요인이 되었다.[12]

주류 종교개혁가들 가운데 가톨릭의 성례전주의를 가장 잘 극복한 사람은 츠빙글리였다. 그는 '플라톤적' 형이상학(metaphysics)과 실재론(philosophical realism)의 관점에서 어떠한 가시적, 외형적 의식도 영적 실체를 대변할 수 없다고 보았다. 가시적 의식은 그것이 가리키는 영적 실체에 대한 표시(sign)에 불과하며, 그 이상도 이하도 아니라는 것이다. 그는 침례와 주의 만찬 의식에는 어떠한 내재된 힘이나 능력도 없다고 주장하면서 가톨릭의 성례전주의를 논박했다. 그는 구원에 있어서 침례의식 자체는 아무런 의미가 없다고 보았고, 그것은 단지 유아를 포함한 수침자들이 교회에 소속되었음을 가시적으로 표시하는 데 불과하다고 보았다.[13] 츠빙글리의 침례에 대한 이해는 가톨릭교회와 루터교회가 침례의식을 구원론적 관점에서 그 중요성을 강조한 것과는 분명한 차별성을 보여주었다. 침례에 대한 이해에 있어서 츠빙글리의 약점은 침례의 교회론적 의

12) 루터교 제후 헤세의 필립(Philip of Hesse)는 독일에서 가톨릭 세력에 대항하는 수단으로 스위스 개혁진영과의 연합을 꾀하기 위해 소위 마르부르크 회담(Marburg Colloquy, 1529)을 열었지만 15개의 신학적 합의 조항 가운데 마지막 사항이었던 주의 만찬 논리에서 합의점을 찾지 못함으로써 양 진영의 영구적 결렬을 확인하는 수밖에 없었다.

13) Nam, "A Comparative Study," 162-6.

미가 축소되었다는 점과 그의 유아세례 옹호론에 있다. 그는 아나뱁티스트들이 주장하는 믿음을 전제로 한 침례, 즉 신자침례의 개념도 인정하지 않았기 때문에, 그에게 있어서 침례는 단지 교인이 되는 형식적 관문에 불과했다. 그는 심지어 침례는 아직 믿음에 이르지 못한 사람들에게 구원의 메시지를 가시적으로 가르쳐주는 수단이 된다고도 말했다. 믿음은 침례를 통하여 교회로 들어온 뒤에도 일어날 수 있는 사건으로 이해한 것이다.[14] 이는 그가 유아세례를 여전히 옹호하게 된 이유가 되기도 한다. 그의 유아세례 옹호론은 이 장의 나중에 다시 논의하기로 한다.

츠빙글리의 주의 만찬론은 16세기의 대표적인 '기념 상징설'(memorial, symbolic view)이었다. 그는 가톨릭의 화체설을 배격했을 뿐 아니라 루터의 '실제 임재설'(혹은 공재설)을 거부함으로써 성례전주의로부터 확실히 차별된 모습을 보여주었다. 주의 만찬론에 있어서 주류 개혁가들 가운데 아나뱁티스트 교회와 침례교회에 가장 근접해 있었던 사람은 츠빙글리였다. 그의 주의 만찬론은 그와 한 때 함께 개혁을 추진했던 초기 아나뱁티스트 지도자들의 견해와 아무런 충돌이 없었다. 그가 그들과 격렬하게 대립했던 것은 교회와 국가 분리 문제와 유아세례 문제였다.

칼뱅 역시 유아세례를 옹호했다는 점에서는 앞의 두 개혁가들과 다를 바가 없다. 그러나 그는 그것을 옹호하는 논리를 하인리히 불링거(Heinrich Bullinger)를 통하여 츠빙글리의 계약신학(covenant theology)에서 가져왔고, 이 논리는 개혁교 전통의 유아세례론과 교회론을 설명하는 중요한 논리가 되었다. 칼뱅의 주의 만찬론은 슈트라스부르크의 개혁가 마르틴 부처(Martin Bucer)에게서 가져온 영재설(doctrine of spiritual presence)로서 루터와 츠빙글리의 중간적인 입장이었다. 부처는 루터와 츠빙글리의 주의 만찬에 관한 이견을 좁히는 중재안으로 영재설을 제안했는데, 이것은

14) Ibid., 158-9.

빵과 포도주에 그리스도의 영이 실재한다는 주장이다. 츠빙글리는 그리스도의 몸의 편재성을 부인함으로써 루터의 공재설을 받아들일 수 없었기 때문에 부처는 그리스도의 영이 빵과 포도주에 실재한다는 중간안을 제시한 것이다. 그리고 루터를 향해서는 그리스도의 몸은 아니지만 그리스도의 영이 실제로 빵과 포도주에 함께 한다고 함으로써 여전히 공재론에서 벗어나지 않는다는 메시지를 보냈다. 물론 이 안은 루터와 츠빙글리에 의해 받아들여지지 않았으나, 나중에 칼뱅에 의해 받아들여졌다.

영재설을 주의 만찬 시에 그리스도의 영이 함께 한다는 논리로 단순히 생각하고 받아들이는 경우들이 있는데, 이는 잘못된 생각이다. 그리스도의 영이 빵과 포도주에 실재한다는 말과 그리스도의 영이 만찬에 참여한 신자들과 함께 한다는 것은 분명히 다르다. 전자는 그리스도의 영이 빵과 포도주에 결부되어 있다는 입장으로서 빵과 포도주에 특별한 의미를 부여함으로써 성례전주의 개념에서 완전히 벗어나지 못한 개념이다. 후자는 기념 상징설을 주장하는 사람들도 받아들일 수 있는 개념이다. 그리스도의 제자들이 그리스도의 몸과 피를 기념하기 위해 모였을 때 거기에는 그리스도께서 함께 하신다고 믿기 때문이다. 그것은 그리스도의 영이 빵과 포도주와 함께 있는 것이 아니라 그리스도의 제자들과 함께 한다고 믿는 것이다(마18:20).

2. 교회예전에 대한 침례교회의 일반적 입장

침례교회는 대부분의 개신교단과 함께 성서적 교회예전은 침례와 주의 만찬 두 가지로 한정한다. 그 두 가지가 신약성서에 나타난 그리스도의 명령으로 그의 제자들이 지켜야할 교회의식이었기 때문이다. 침례교회는 성례전(sacraments)이라는 말보다는 교회의식(church ordinances) 혹은 교회예전이라는 말을 선호한다.[15] 침례교회가 성례전이라는 말을 꺼리는 것은 그 용어가 역사적으로 교회예전의 신약성서적 의미 이상을 의미해왔기 때문이다. 과거의 교회가 예전이 가지는 원래의 의미 이상으로 의미를 부여하고 더 나아가 신성시했기 때문에 '성례전'이라는 말을 삼가게 된 것이다.

여기서는 먼저 예전에 대한 침례교회의 기본적인 이해를 몇 가지 살펴본다. 첫째, 침례교회는 교회예전에 관한 지침을 신약성서에서 찾는다. 그들은 두 예전의 기본적인 의미와 방식을 신약성서에서 가르치는 범위에서 벗어나지 않으려고 한다. 그들의 성서주의는 그들의 예전에 대한 이해에서 그대로 드러난다.

둘째, 그들은 예전을 상징적으로 이해한다. 예전은 그것이 의미하는 바를 가리키는(pointing) 표시이며, 상징이다. 그들에게 성례전주의는 신약성서적 의미에서 벗어난 개념이므로 배격한다. 그들은 가시적 예전 그 자체에 특별한 하나님의 은혜와 능력이 내재되어 있다고 보지 않는다. 예전이 가리키고 표시하는 내적 의미가 전제되지 않는 의식은 단순히 가시적 행위 이상도 이하도 아니다. 가시적 의식으로서 예전이 중요한 것은 그것이 가리키는 내적 의미 때문이다. 즉, 본질적인 내적 의미가 전제되지 않은 가시적 예전은 아무런 의미가 없다. 침례는 로마서 6장 3-5절의 말씀처럼 그리스도와 함께 죽고 장사된 바가 되었다가 그리스도와 함께 부활한다는 것을 표시하고 상징한다. 주의 만찬은 마태복음 26장 26-28절 말씀대로 그리스도의 몸과 피를 상징한다.

셋째, 그러므로 예전의 의미는 가시적 예전을 선행한다. 다른 표현으로, 가시적 예전은 항상 그것이 가리키는 의미를 뒤따른다. 예전의 방식

---

15) 영어 표현인 'church ordinances'는 교회의식(教會儀式)이라는 말로 번역되는 것이 가장 정확하다. 여기서 주로 교회예전이라고 번역하여 사용하는 것은 현실적 선택이다. 한국적 상황에서 성례전이라는 용어에 익숙해온 사람들에게는 예전이라는 말이 좀 더 종교적인 뉘앙스를 가진 용어가 될 것이고, 동시에 일반사회에서도 사용하는 '의식'(儀式)이라는 말과 구별이 될 수 있기 때문이다.

은 예전이 의미하는 바에 비해 이차적이다. 예를 들어, 신자침례의 의미에 비해 침수례(immersion)라는 침례의 방식은 이차적이다. 주의 만찬의 방식도 그 의미가 변질되지 않는 범위 안에서 다양한 형태를 취할 수 있다.

넷째, 침례교인들에게 교회예전은 항상 신자들에게 주어진다. 믿음이 전제되지 않은 예전은 아무런 의미를 가지지 못한다. 신자침례는 침례의식이 헌신된 신자에게 주어지는 의식이라는 의미이다. 신자침례가 신자들의 교회를 만든다는 점에서 침례의식의 기본적인 목적이 있다. 주의 만찬은 믿고 침례를 받은 자, 즉 신자침례를 받은 자만이 참여하는 의식이다. 이것은 주의 만찬이 신자들의 교회라는 공동체 의식임을 말한다. 두 예전 모두 신자에게 주어지는 의식이다.

3. 침례교회의 침례: 신자침례

1) 침례의 역사 및 신자 침례의 회복

G. R. 비즐리머리(Beasley-Murrary)는 "수상한 곤경"(strange predicament)에 처한 유럽의 국가교회라는 상황에서 "침례가 교회로 들어가는 관문이 되는 대신에 교회를 약화시키고, 복음을 둔감하게 만들며, 세상을 속이는 허구적인 일치로 교회와 세상을 묶어주는 수단이 되어왔다"고 비판한다.[16] 이 말은 교회가 오랜 역사동안 침례의식을 오용해온 데 대한 신랄한 비판이다. 그리스도를 고백한 신앙을 전제로 해서 주어져야 할 침례가 변질되고 왜곡되면서 교인됨과 교회됨이 모두 무너졌음에 대한 개탄이다. 침례 자체가 죄를 씻는다는 논리는 믿음으로 구원을 받는다는 신약성서 구원론을 심각하게 왜곡했으며, 교회는 유아세례를 일반적으로 인정하기 시작하면서 실질적으로 불신자들을 교회에 대량으로 들이게

---

16) G. R. Beasley-Murray, *Baptism Today and Tomorrow* (New York: St. Martin's Press, 1966), 3.

되었다. 침례의 의미가 변질됨으로써 교회가 신자들의 공동체라는 말은 형식 논리로 전락하고 말았다. 이로 인해서 교회와 세상의 경계선은 무너졌고, 그야말로 세상이 교회로 들어오고, 세상의 논리가 신앙을 잠식하게 만들었다.

이러한 현상에 대하여 에밀 브루너(Emil Brunner)도 강한 어조로 당시에 교회가 행하고 있었던 침례를 "수치스러운" 일로 규정하고 "오늘날 모든 지역에서 교회가 겪고 있는 어려움들의 주요 원인들 가운데 하나는 침례 받은 자들의 거대 교회와 신앙고백자들의 작은 교회라는 '두 교회' 사이의 불일치"라고 단언한다.[17] 칼 바르트(Karl Barth)는 16세기 이후로 지금까지 개신교회들이 유아세례를 옹호하며 밝혀온 모든 이유들 이면에 숨겨진 이유가 어떤 희생을 치르더라도 국가교회 형태를 유지하고, 그렇게 함으로써 "대중 교회"(the Church of the Masses)를 보존하려는 욕망이라고 비판한다.[18] 그들의 말은 침례의 의미가 회복됨 없이는 잘못된 교회를 바로 세울 수 없음을 의미한다.

16세기 종교개혁 시대에 신자침례를 회복하는 것이 개혁의 가장 근본적인 일이라고 생각한 것은 아나뱁티스트였다. 그들은 당시에 주류 종교개혁과는 달리 유아세례를 거부하고 신자침례를 회복하는 것이 무너진 교회를 바로 세우는 것이라고 믿었다. 올바른 침례의 회복 없이는 올바른 교회 개혁은 근본적으로 불가능하다고 본 것이다. 오직 성서적 침례의 의미를 회복해야만 성서적 교회를 세울 수 있다고 보았기 때문이다. 유아세례 없이는 교회 전체 조직이 산산이 찢어질 것이라는 생각이 츠빙글리로 하여금 유아세례를 옹호하게 만들었다면,[19] 최초의 아나뱁티스

17) Emil Brunner, *The Divine-Human Encounter* (London, 1944), 132ff. Beasley-Murray, *Baptism Today and Tomorrow*, 4에서 재인용.

18) Karl Barth, *The Teaching of the Church regarding Baptism* (London, 1948), 53ff. Beasley-Murray, *Baptism Today and Tomorrow*, 4에서 재인용.

19) Emil Brunner, *The Christian Doctrine of the Church, Faith and Consummation* (London,

트 무리들은 유아세례를 철폐하는 것이 교회와 국가의 잘못된 결합을 해체하는 첫 번째 단추라고 생각했다. 그들이 생각한 교회의 근본적 문제는 국가교회에 있었고, 교회와 국가를 공고하게 결합시켜주는 의식이 바로 유아세례였기 때문이었다. 그 지역의 모든 사람들이 태어나면서 유아세례를 통해 자동적으로 교인이 됨과 동시에 시민이 되는 국가교회 체제가 모든 문제의 근원이라고 진단한 것이다.

17세기에 최초의 영국 침례교회들은 16세기 아나뱁티스트들의 신약성서적 자각을 재현하였다. 물론 그들은 후자의 영향을 분명히 받았으며, 침례에 대한 양 진영의 이해는 동일하다. 이들 교회의 공통점은 유아세례를 비성서적 제도로 배격하고 신자침례를 회복함으로써 그들이 생각하는 신약성서 교회를 세운 일이다. 그들은 그들이 처해 있었던 제도교회를 '거짓교회'로 규정했고, 그 교회와 의도적 분리를 했으며, 그들의 신앙고백을 토대로 새로운 교회를 세웠다. 그들의 신자침례 회복은 교회개혁 첫 단추였을 뿐 아니라 새로운 교회전통의 출발을 알리는 것이었다.

2) 침례의 의미

여기서는 침례의 의미를 크게 세 가지로 구분하여 설명하고자 한다.[20] 침례의식이 상징하는 바는 로마서 6장 3절 이하의 말씀에 잘 나타

1962), 56. Beasley-Murray, *Baptism Today and Tomorrow*, 5에서 재인용.

20) 세계침례회연맹(Baptist World Alliance)의 '학술연구분과'(Study and Research Division)에서 발행한 「우리 침례교인들」(*We Baptists*)에서는 침례의 의미를 다음과 같이 세분하여 설명한다: 1) 침례는 물의 사용을 통하여 그리스도의 죽으심으로 인한 죄의 용서를 표시한다; 2) 침례는 죄악의 옛 삶에 대해서는 죽고 그리스도를 믿는 믿음을 통한 새 삶으로의 부활을 표시한다; 3) 침례는 그리스도의 몸인 교회의 가시적 회원이 되는 것을 표시한다; 4) 침례는 그리스도를 믿는다는 신앙고백, 그리고 그리스도의 모든 명령에 순종한다는 열망을 표시한다; 5) 침례는 그리스도의 죽음과 부활을 사는 기본적인 복음적 삶을 극적(劇的)으로 표상(表象)한다; 6) 침례는 신약성서와, 그리고 성령의 은사에 대한 신자들의 경험과, 밀접하게 연결되어 있다; 7) 침례는 종말에 신자들을 일으키실 하나님의 능력

난다: "무릇 그리스도 예수와 합하여 침례를 받은 우리는 그의 죽으심과 합하여 침례를 받은 줄을 알지 못하느냐. 그러므로 우리가 그의 죽으심과 합하여 침례를 받음으로 그와 함께 장사되었나니 이는 아버지의 영광으로 말미암아 그리스도를 죽은 자 가운데서 살리심과 같이 우리로 또한 새 생명 가운데서 행하게 하려 함이라." 이 말씀은 침례가 물에 잠기는 행위를 통하여 그리스도와 함께 죽고 장사되는 것을 상징하고, 물에서 올라오는 행위를 통하여 그리스도와 함께 죽음에서 부활한다는 것을 상징한다는 것을 문자 그대로(literally), 사실적으로(graphically) 보여준다.

(1) 외적 신앙고백으로서 침례

침례는 일차적으로 외적 신앙고백을 표시한다. 외적 신앙고백(outward confession)이라 함은 내적 신앙고백(inward confession)이 전제되어 있음을 의미한다. 말씀을 듣고 성령의 깨닫게 하심을 통해 그리스도를 구세주와 주님으로 고백함으로써 내적 신앙고백을 한 사람이 그 다음 단계로 '물침례'를 통해 교회 회중 앞에서 신앙고백을 하는 것이다. 그러므로 침례는 이미 내적 신앙고백으로 구원을 경험한 사람이 받는 것이다. 여기서 내적 신앙고백은 '성령침례'(baptism of the Spirit)에 해당한다. 앞에서 설명한 대로 '물침례'는 '성령침례'를 전제로 한다. 성령침례가 물침례를 선행한다는 것이다. 이 사건은 성례전주의자들이 주장하는 것처럼 동시 사건이 아니다. 이 두 사건은 서로 다른 사건이며, 이 두 사건 사이에는 시간적 차이가 있다. 첫 번째 사건을 경험한 사람이 그 다음 단계에서 두 번째 사건을 경험하게 되기 때문이다.

신약성서는 믿음을 전제로 하는 침례를 여러 곳에서 밝혀준다. 사도행

에 대한 신자들의 믿음을 표시한다. BWA, *We Baptists*, 26-27.

전 2장 41절에서 "그 말을 받은 사람들은 침례를 받으매 이 날에 신도의 수가 삼천이나 더하더라"는 말씀은 그 전형적인 예이다 "그 말을 받은 사람들"이 복음을 받아들인 사람들을 의미한다면, 복음을 받아들인 사람들이 그 다음 단계에서 침례를 받았다는 것을 의미한다. 38절에서도 베드로는 이미 "너희가 회개하여 각각 예수 그리스도의 이름으로 침례를 받고 죄 사함을 받으라 그리하면 성령의 선물을 받으리니"라고 말했다. 여기서는 복음을 받아들인다든지 믿는다든지 하는 표현은 없지만 회개라는 말이 침례를 선행한다. 이 말씀을 41절의 문맥으로 읽으면, 복음을 받아들이고 회개한 사람이 침례를 받는다는 말로 이해할 수 있을 것이다. 그래서 그리스도를 고백하는 회심(conversion)과 신앙이 전제된 침례이기 때문에, 혹자는 '신자침례'라는 용어 이외에 '회심침례'(conversion-baptism)[21]라고 하기도 하고 '고백자침례'(confessor-baptism)라고 하기도 한다.[22]

마가복음 16장 16절은 역사적으로 신자침례를 주장하는 사람들의 성서적 근거로 널리 사용된 말씀이다: "믿고 침례를 받는 사람은 구원을 얻을 것이요 믿지 않는 사람은 정죄를 받으리라." 여기서 믿는 행위와 침례를 받는 행위가 동시에 구원을 위한 조건이라는 해석도 가능하지만, 그 뒤에 나오는 "믿지 않는 사람은 정죄" 받는다는 말씀은 침례가 구원의 전제 조건이 아니라는 해석을 가능하게 한다. 그렇다면 믿고 침례를 받는다는 말은 동시적 사건이 아니라 순차적인 사건이라고 봐야한다.

마태복음 28장 19절 역시 신자침례의 근거 구절로 많이 사용되었다: "그러므로 너희는 가서 모든 민족을 제자로 삼아 아버지와 아들과 성령의 이름으로 침례를 베풀고." 여기서 제자 삼는다는 말은 복음을 믿고 따르는 자를 제자로 삼는다는 말이며, 그러한 자들에게 침례를 베풀라는

---

21) Beasley-Murray, *Baptism Today and Tomorrow*, 93.

22) Jonathan H. Rainbow, "Confessor Baptism: The Baptismal Doctrine of the Early Anabaptists," *American Baptist Quarterly* 8 (December 1989): 276-90.

것이다. 즉, 믿고 제자 된 자들에게 침례를 주라는 말씀이다. 요한복음 4장 1절에서도 "예수께서 제자를 삼고 침례를 베푸시는 것이 요한보다 많다…."는 말에서 제자를 삼는 것이 침례를 선행하고 있음을 보여준다.

고린도전서 10장 13절 이하는 고린도교회의 분열에 대해 사도바울이 우려를 표시하며 전한 말씀이다. 본문에 따르면 아마 고린도교회 교인들 가운데 누구로부터 침례를 받았는지에 따라 패당이 만들어진 듯하다. 이에 사도바울은 17절에서 "그리스도께서 나를 보내심은 침례를 베풀게 하려 하심이 아니요 오직 복음을 전하게 하려 하심이로되 말의 지혜로 하지 아니함은 그리스도의 십자가가 헛되지 않게 하려 함이라"고 말한다. 이는 침례라는 의식보다 더 본질적이고 중요한 것은 복음이라는 말씀이다. 복음이 전제되지 않은 상태에서 침례는 아무런 의미가 없음을 말하고 있는 것이다. 침례를 누구로부터 받았는지가 중요한 것이 아니라 침례를 받는 전제로서 복음에 대한 온전한 내적 신앙고백이 중요하다는 말씀이다.

사도행전 10장 44절 이하를 보면 베드로의 말씀 증거 후에 이방인들도 성령을 받는 사건이 나온다. 그리고 47절에서는 베드로가 "이 사람들이 우리와 같이 성령을 받았으니 누가 능히 물로 침례 베풂을 금하리요"라는 말씀이 그것이다. 성령침례가 물침례를 선행하고 있음을 잘 보여준다. 사도행전 11장 15-17절에서도 "내가 말을 시작할 때에 성령이 그들에게 임하시기를 처음 우리에게 하신 것과 같이 하는지라 내가 주의 말씀에 요한은 물로 침례를 베풀었으나 너희는 성령으로 침례를 받으리라 하신 것이 생각났노라"는 말씀이 있다. 이 말씀은 침례 요한의 침례와 명백하게 차별화되는 그리스도의 침례를 의미한다. 요한의 침례는 여전히 구약적인 차원에서 이루어지는 죄의 회개를 전제로 한 일이다. 그러나 여기에 언급된 침례는 물침례 이전에 있는 더 본질적인 사건을 말한다. 곧 "주 예수 그리스도를 믿을 때에" 받는 성령 침례 사건을 말한다. 이 사건은 시간적으로 물침례를 선행하는 일로서 구원의 사건을 의미한다.

물침례는 일차적으로 각 개인의 내적 신앙고백, 즉 성령침례의 사건을 외적으로 재현하는 것이다.[23] 물에 잠겼다가 다시 올라오는 의식을 통해 수침자가 그리스도와 함께 죽고 장사 된 바 되었다가 그리스도와 함께 부활한다는 신앙을 가시적으로 고백한다는 것이다. "네덜란드의 암스테르담에 남아있는 영국인들의 신앙고백서"(1611)는 "침례 또는 물로 씻음은 죄에 대한 죽음과 새로 나는 발걸음을 외적으로 표시하는 것"이라고 하면서 로마서 6장에서 한 사도 바울의 설명을 그대로 반영한다.[24]

물침례는 또한 공중 신앙고백(public profession of faith)이다. 내적인 개인의 신앙고백을 침례의식을 통해 공동체 앞에서 공표하는 것이다. 이것은 개인의 신앙고백을 공동체화 하는 것이며, 이를 통하여 개인의 신앙고백의 삶은 이제 공동체 앞에서 가시화될 것이다. 수침자는 침례를 통하여 그것을 공동체 앞에 밝히는 것이다. 그리하여 침례의식을 통한 내적 신앙고백에 대한 외적 신앙고백의 중요성은 그 다음 두 가지 의미와 밀접한 관련을 가진다. 침례를 통하여 새로운 공동체로 들어가고, 새로운 공동체적 언약이 맺어진다.

(2) 교회에 들어가는 관문: 교회회원 자격과 신앙의 실제화

침례는 단순히 내적 신앙고백의 외적 표현에 불과한 의식이 아니다. 그것은 교회로 들어가는 가시적 관문의 역할을 한다. 기독교 침례 이전에 침례의식은 정결의식(ritual washing or purification)이었음과 동시에 새로운 공동체로 들어가는 관문의식(gateway ceremony)이었다. 이것은 어

23) 비즐리머리(Beasley-Murray는 믿음이 "하나님의 은혜에 대한 내적 반응"이라는 전제 하에 가시적 물침례는 "이차적이고 확증하는 기능"(secondary and confirmatory function)을 가진다고 표현한다. Beasley-Murray, *Baptism Today and Tomorrow*, 89.

24) Lumpkin, 「침례교 신앙고백서」, 147.

떤 새로운 공동체에 들어가기 전에 그 공동체가 요구하는 새로운 삶의 방식을 취하기 위해서 이전 삶의 방식을 청산함으로써 그 새로운 공동체로 들어갈 수 있는 자격을 얻는다는 의미가 담겨 있다. 유대교(Judaism)에서는 '테빌라'(Tevilah)라는 일종의 목욕재계(沐浴齋戒) 방식이 정결의식으로 행해졌다. 이것은 종교적 정결(religious/ritual purification)을 위해 완전히 물에 잠기는 의식이었다.[25] 에세네파(Essenes) 공동체인 쿰란공동체(Qumran Community)도 그들의 공동체로 들어가는 관문의식으로서 침례의식을 가졌다. 이방인이 유대교로 입교하는 경우에도 온 몸을 물에 잠그는 침례를 관문의식으로 행했다. 기독교의 침례의식은 이러한 히브리 전통에서 정결의식과 관문의식으로 행해진 의식으로부터 유래했다.

기독교 교단들 가운데서 침례를 관문의식으로 이해하는 일은 거의 보편적이라고 할 수 있을 것이다. 물론 같은 관문의식이라 하더라도 침례의식이 의미하는 바가 서로 다르면 그 관문을 통과하는 자격요건은 다를 수밖에 없을 것이다. 예를 들어 침례의식에서 실제적인 죄 씻음의 사건이 일어나고 구원의 사건이 일어난다고 이해하면, 그리고 그러한 의식은 유아들에게도 허용될 수 있는 것이라고 한다면, 구체적이고 자발적 신앙고백을 하지 않은 사람도 교회로 들어가는 관문을 통과할 자격이 있다고 말할 수 있을 것이다. 그러나 침례교회가 주장하는 바대로 이미 회심의 결단과 그리스도에 대한 믿음을 고백한 자만이 침례를 받을 수 있다고 말한다면, 회심과 구원이 침례교회로 들어가는 자격이 될 것이다.

침례가 이전의 삶과는 다른 새로운 공동체적 삶, 즉 교회의 삶으로 들어가는 관문을 통과하는 의식이라는 점에서 교회가 어떤 공동체인지를 정의하는 바에 따라 관문의식으로서 침례의 자격요건은 또한 달라질

25) 레위기 15장에서 몸이 종교적으로 더럽혀졌다고 생각되는 경우에 물로 씻는 의식을 언급하고 있는데, 이것이 정결의식에 해당한다고 볼 수 있다.

수밖에 없을 것이다. 가톨릭교회의 침례는 가시적으로 제도화된 가톨릭 체제의 교회로 들어가는 관문이 될 것이다. 가톨릭 교인이 된다고 하는 것은 그리스도에 대한 내적 신앙고백과 헌신에서부터 신앙생활을 출발하는 것이 아니라 가톨릭교회를 인정하고 신뢰하여 그 교회에 들어감으로써 신앙생활을 시작하는 것을 의미하게 될 것이다.[26] 개혁교 전통의 교회는 교회를 구약적 계약 공동체 개념으로 이해하기 때문에 여전히 유아세례를 할례의 개념으로 이해할 수밖에 없고, 관문의식으로서 침례의 자격요건은 그리스도의 제자됨이라기보다는 새로운 공동체에 대한 '소속감'(sense of belonging)이 될 것이다.[27] 성인들의 침례 자격요건은 유아와 다르다고 말할 수 있겠지만, 신자들의 교회 전통이 아닌 교단에서는 기본적으로 신자된 사람이 교회로 들어가는 것이 아니라, 교회에 들어가서 신자로 완성되어간다고 말할 것이다.

침례교회는, 침례의 첫 번째 의미에서 설명되었듯이, 회심과 그리스도에 대한 신앙고백을 경험한 자들이 침례를 통하여 들어가는 신자들의 교회를 지향하기 때문에 제자들의 공동체에 합당한 제자도가 관문 통과의 자격요건이 될 것이다. 이러한 점에서 침례교회의 관문의식으로서 침례가 가지는 의미는 작지 않다. 그것은 우선 새로운 공동체의 일원이 되고 교회회원 자격(church membership)을 갖는 가시적 표시이다. 신앙고백

---

26) 가톨릭교회는 침례의식이 행해질 때 임하는 성령은 의식 자체에 내재되어 있어서 그 의식이 실제로 죄를 씻게 하고 수침자를 가톨릭교회 안으로 인도하는 일을 한다고 믿는다. 그러나 한 개인이 실제로 성령의 은총을 입고 믿음에 도달하는 것은 견진성사(Sacrament of Confirmation) 때라고 본다. 이것은 한 개인이 교회로 들어가는 일과 신앙을 가지는 일이 분리되어 있음을 보여주는 것이다. Beasley-Murray, *Baptism Today and Tomorrow*, 52를 참조. 비즐리머리는 성공회의 침례론을 논박하면서 동일한 논리를 사용한다. 성공회의 침례에 대한 이러한 생각은 가톨릭교회를 그대로 답습한 것이다. 비즐리머리는 성공회가 교인이 되는 것과 성령의 은총을 입는 시점을 분리하는 것은 오순절교회가 신앙에 이르러 침례를 받는 일과 '두 번째 축복'(second blessing)으로서 성령침례를 받는 일을 분리하는 것과 닮아 있다고 예리하게 분석한다. Ibid.

27) 개혁교 전통의 침례는 구약적인 계약신학과 밀접한 관계가 있으므로 유아세례를 논의할 때 좀 더 본격적인 논의를 할 것이다.

에 이어 침례의식을 받았을 때 비로소 정식 교회회원이 되기 때문에 침례가 교회의 관문이 되는 것이다. 침례교회의 침례는 바로 이 점에서 공동체 의식으로서 매우 중요한 의미를 가진다. 침례가 단순히 내적 신앙고백을 외적으로 상징하는 정도의 의미가 아니라 구체적인 신앙생활을 시작하는 공동체의 일원이 된다는 점에서 단순한 상징 이상의 의미가 있다는 것이다. 이 점에서 침례교 신학자 비즐리머리와 메노파 신학자 존 하워드 요더(John H. Yoder)는 침례의 의미를 논의하면서 갈라디아서 3장 26절 이하의 말씀에 주목한다.

우선 27절에 대한 한국어 번역이 "누구든지 그리스도와 합하기 위하여 침례를 받은 자는 그리스도로 옷 입었느니라"로 된 것은 적절하지 않음을 지적하지 않을 수 없다. 같은 구절에 대한 영어 번역본은 대체로 "그리스도 안으로 들어가는 침례를 받은 자들은 그리스도로 옷을 입었다"(for all of you who were baptized into Christ have clothed yourselves with Christ)로 되어 있고, 이 번역이 더 적절하다.[28] 영어 번역본이 이 구절의 의미를 더 명확하게 전달하고 있다는 전제 하에 비즐리머리는 침례를 '그리스도와의 연합'(union with Christ)으로 이해한다. 그는 침례가 로마서 6장 3-5절이 말씀하듯이 신자를 십자가와 부활의 그리스도와 연합시킨다는 의미에서 "그리스도 안으로 들어가는 침례 받은 자들"이 그리스도의 몸, 즉 교회와 연합한다는 것을 의미한다고 말한다.[29]

---

28) 여기에 사용된 영어 번역본은 NIV이지만 다른 번역본들도(eg. KJV, NASB) 이와 다르지 않다. 한국어 번역의 의미는 그리스도와 합하기 위해서 침례를 받는다고 함으로써 신자 침례의 의미와 상충된다. 마치 침례를 그리스도와 연합을 이루는 실질적인 수단으로 오해하게 만드는 소지가 있다. 영어 번역은 여전히 침례가 그리스도와의 연합을 상징하는 것으로 이해될 수 있는 여지가 있다. 사실 "baptized into Christ"라는 말을 한국어로 매끄럽게 번역하기란 쉽지 않다. 문자적으로 번역을 하면 "그리스도 안으로 침례를 받는다"는 말이 되겠지만 그것이 의미하는 바가 명확하게 들어나지 않기 때문에 "그리스도 안으로 들어가는"이라는 표현을 사용한다.

29) Beasley-Murray, *Baptism Today and Tomorrow*, 63.

비즐리머리는 또 인간은 사회를 떠나서 살 수 없듯이 신자는 하나님이 창조한 “새로운 사회, 즉 하나님의 백성인 교회”에 들어와야 한다고 강조한다. 그래서 그는 다음과 같이 말한다: “교회는 천사들이 아니라 살과 피를 가진 남녀들로 이루어지기 때문에 가시적 형태를 가져야 하고 매우 견고한 땅 위에 위치해야 한다…. 교회는 … 세상에 있는 실질적이고(actual) 실재적인(substantive) 사회이기 때문에 물적으로(materially)으로 규정되어야 하고, 거기에 결부된 것은 외형적 형태로 구체화되어야 한다.”[30] 그는 또 바로 이 지점에서 가시적 예전의 중요성을 설명한다.

> 이 말이 사실이라면 신령한 사회로 들어가는 예전이 존재해야 한다는 것이 얼마나 필요한 일인지 인정되어야 할 것이다. 들어가는 양식(mode)이 살과 피의 교회 현존과 새로운 피조물인 성령의 사람들로서 교회의 본성에 맞아야 할 것이기 때문이다. 하나의 가시적 행위로서 그것은 교회로 들어가는 문의 형태를 취한다. [침례]가 소중하게 안치하는 그 영적 사건은 신자의 믿음과 함께 하나님 영의 역사(役事)의 연합을 나타낸다.[31]

요더는 “그리스도 안으로 침례 받은 자들”은 그리스도 안에서 ‘자녀’(갈3:26; 4:5-7)로 또 ‘새로운 피조물’(갈6:15)로서 “새로운 연합”(new unity)을 이룬다고 표현한다.[32] 바로 이것이 “우리가 유대인이나 헬라인이나 종이나 자유인이나 다 한 성령으로 침례를 받아 한 몸이 되었고 또 다 한 성령을 마시게 하셨느니라”(고전12:13)는 말씀과 “너희는 유대인이나 헬라인이나 종이나 자유인이나 남자나 여자나 다 그리스도 예수 안에서 하나이니라”(갈3:28)는 말씀이 의미하는 바이다.

그리스도를 고백한 신자가 침례를 통하여 가시적 신앙 공동체로 들어

---

30) Ibid., 64.

31) Ibid., 65.

32) John H. Yoder, *Body Politics: Five Practices of the Christian Community Before the Watching World* (Scottdale, PA: Herald Press, 2002), 29.

가고 교인이 되는 것은 자신이 고백한 내적 신앙을 실제화(actualization of inner faith)하는 것이다. 그리스도를 구세주와 주님으로 고백하는 것은 추상적인 정신세계의 일이 아니라 실제적 삶의 일이다. 그러므로 그리스도를 따르는 신앙을 고백한 사람은 곧 바로 구체적인 삶의 현장으로 들어가야 하고 그것이 바로 교회라는 것이다. 삶의 현장으로서 교회는 어떤 특정한 장소가 아니라 믿음의 형제와 자매들이 함께 하는 삶(사역)과 교제(관계)의 현장이다. 고백한 신앙이 실제화되지 않는다면 그 신앙은 추상적이고 의미 없다. 교회는 그 신앙이 실제화 되는 현장이다. 침례는 바로 그 현장으로 들어가는 가시적 관문이다. 아무리 의미 있는 신앙을 내면적으로 가지고 있다고 하더라도 가시적으로 고백되지 않으면 다른 사람들과 공감도 연대도 할 수 없고, 그러한 가시적 현장이 없다면 그리스도를 '따르는'(following) 실제적 삶은 가능하지 않다. 침례교회가 가시적 침례를 중시하는 것은 그것이 실질적으로 죄를 씻기 때문이 아니라 믿는 자로 하여금 새로운 삶의 공동체로 들어가게 하고 그가 고백한 내적 신앙을 실제적이고 구체적인 삶의 형태가 되게 하기 때문이다.[33]

관문의식으로서 침례는 또한 새로운 교제(fellowship)로 들어가는 의식이다. 그것은 특별히 성도의 교제(communion of saints)인 주의 만찬에 참여하는 자격조건을 구성한다. 교회의 입장에서는 침례의식을 통하여 새로운 회심자를 공동체 안으로 받아들이고 환영하는 의식이다.[34] 그러므로 가시적 물침례는 새로운 회심자와 이미 교인이 된 자들 간에 일어나는 상호적인 사건이다. 새 회심자는 교회 앞에서 침례의식을 통하여

---

33) 침례의 의미에 있어서 아나뱁티스트 전통과 침례교회가 츠빙글리식의 개혁교 전통과 차별화되는 것은 바로 여기에 있다. 츠빙글리는 내적 신앙에 비하여 가시적이고 외형적인 모든 전례와 의식들을 중요시하지 않았기 때문에 '예전경시주의자'(sacramentarian)로 불리기도 했다. 그는 단순히 이러한 관점에서 가톨릭교회의 성례전주의(sacramentalism)을 비판했다.

34) Beasley-Murray, *Baptism Today and Tomorrow*, 97.

가시적 신앙고백을 하면서 자신을 공동체 안으로 받아줄 것을 요청하고, 교회는 그를 그리스도의 몸의 일부분(지체)으로 인정하고, 한 공동체, 한 교제권으로 받아들이면서 새로운 형제와 자매의 관계를 창출한다. 그러므로 침례의식에는 수례자와 집례자만 있어서는 안 된다. 침례는 공동체 의식이기 때문에 공동체의 모든 구성원들이 있는 현장에서 이루어져야 한다. 새로운 신자가 침례의식을 통해서 외적 신앙고백과 헌신의 계약-이것이 그 다음에 설명될 침례의 세 번째 의미이다-을 하면서 새로운 공동체의 일원이 되고자 할 때, 회중은 그 의식의 중요한 한 구성원이다. 회중이 없이는 공동체 의식으로서 침례의 의미는 그만큼 상쇄될 수 밖에 없다. 회중은 그 현장에서 수침자의 신앙고백을 진지하게 받아들여야 하고, 함께 헌신의 계약에 동참해야 하며, 새로운 교회회원을 맞아야 하는 것이다.

(3) 침례는 헌신의 계약이다

침례를 계약으로 보는 것은 개혁교 전통의 계약신학(covenant theology)을 떠올리게 하지만, 그것과는 다른 차원에 이해해야 한다. 계약신학에 대해서는 유아세례 문제를 논의할 때 좀 더 자세히 설명할 것이지만, 그것은 구약에 등장하는 하나님과 하나님의 백성 간에 맺어진 계약과 밀접한 관련이 있다. 침례에 담겨 있는 계약의 의미 역시 믿음을 가진 새 신자와 하나님 간에, 그리고 새 신자와 교회 간에, 이루어진다는 점에서는 유사성이 있지만, 이것이 신앙고백과 연계된 헌신을 다짐한다는 점에서 다르다. 「침례교 신앙과 교훈」은 교회를 정의할 때 "복음의 믿음과 교제 안에서 계약으로 맺어진 침례 받은 믿는 자들의 지역적 구성체"라는 표현을 사용한다.[35] 여기에 '계약'(covenant)이라는 말이 언급되어 있

---

35) Hobbs, *The Baptist Faith and Message*, 64.

다. 이 계약 혹은 언약은 일방적 맹세의 개념이라기보다는 헌신에 관한 쌍방적 서약(mutual pledge)의 개념이다.

「현대인의 성경」은 베드로전서 3장 21절의 말씀에서 침례의 의미를 좀 더 정확하게 표현하고 있다: "이 물은 예수 그리스도의 부활을 통해서 여러분을 구원하는 침례를 상징합니다. 이 침례는 몸의 더러운 것을 없애 버리는 것이 아니라 오직 선한 양심이 하나님을 향해 찾아가는 것입니다." 이 말씀은 침례가 실제로 육체의 죄를 씻는 것이 아님을 잘 설명해준다. 그것은 그리스도를 통한 구원을 상징하는(symbolizing) 것임을 분명하게 언급하고 있다. 그리고 더 나아가 침례는 구원에 합당한 "선한 양심이 하나님을 향해 찾아가는 것"이라고 표현한다. 후자의 구절은 *New International Version*(NIV)의 번역이 적절하다. "선한 양심이 하나님을 향해 찾아가는 것"이라는 표현보다는 "선한 양심을 지키기로 하나님께 서약"(the pledge of a good conscience toward God)한다는 표현이 더 정확하다. 그러므로 이 구절의 말씀은 침례가 그리스도를 통한 구원을 상징하는 것이며 동시에 그 구원에 합당한 신앙고백(선한 양심) 대로 계속 살 것을 서약하는 것임을 분명하게 설명한다. 이는 곧 침례가 헌신의 계약을 표시한다는 것을 말한다. 이 헌신의 계약은 두 가지 측면에서 이해되어야 한다.

첫째, 침례는 각 신자가 고백한 신앙고백에 대한 헌신의 계약이다. 이 말은, 그리스도를 구세주(Savior)와 주님(Lord)으로 고백한 신앙이 단순히 정신적 동의를 의미하는 것이 아니라 총체적인 삶의 변화를 의미하는 것이며, 그 신앙이 삶에 그대로 드러나야 한다는 것을 의미한다. 믿음이 단순히 정신적 활동에 국한된 것이 아니라 그리스도를 전 삶의 주님으로 인정하고 그를 따르는 삶 그 자체를 말한다는 것이다. 이것은 곧 제자도(discipleship)를 의미한다. 수침자는 침례를 통하여 제자도의 헌신을 서약하는 것이다. 이것은 침례의 윤리적 의의(意義; significance)를 말한다. 침례가 표시하고 상징하는 구원 사건에는 이미 '성화(聖化; sanctification)의 개념이 내포되어 있음을 의미한다.

갈라디아서 3장 27절 말씀은 침례를 "그리스도로 옷"을 입는 일이라고 표현함으로써 구원 받은 신자가 어떤 모양으로 살아야 하는 사람인지를 잘 보여준다. 신자가 그리스도로 옷 입어야 한다는 것은 그리스도의 제자로서 그리스도를 닮은 삶을 살아야 함을 의미한다. 위에서 설명한 로마서 6장의 말씀은 훨씬 더 구체적이다. 사도바울이 3-5절에서 침례의 의미를 설명한 목적이 신자들의 거룩한 삶을 강조하는 것이었다. 그는 1-2절에서 이미 신자들이 "죄에 대하여 죽은" 자들이고 그 가운데 살아서는 안 되는 존재임을 말하고 난 다음에, 침례를 통하여 그리스도와 연합한 자는 "새 생명 가운데서 행"(5절)해야 하는 자임을 강조한다. 이는 침례의 윤리적 의미를 강조한 것이다. 바울은 이후에 "우리의 옛 사람이 예수와 함께 십자가에 못 박힌 것은 죄의 몸이 죽어 다시는 우리가 죄에게 종 노릇 하지 아니하려 함"(6절)이라고 하면서 "너희 자신을 죄에 대하여는 죽은 자"(11절)로 여기고 "몸의 사욕에 순종하지 말고,"(12절) "너희 지체를 불의의 무기로 죄에게 내주지 말고 … 너희 지체를 의의 무기로 하나님께 드리라"(13절)고 한다. 바울은 신자가 받는 침례는 믿는 자가 "죄로부터 해방되어 의에게 종"(18절)이 되었기 때문에 "죄로부터 해방되고 하나님께 종이 되어 거룩함에 이르는 열매"(22절)를 맺는 자들임을 강조하고 있다. 그는 신자침례가 성숙한 제자도의 삶에 헌신한다는 서약의 의미를 담고 있음을 명확하게 표현했다.

둘째, 침례는 새로 들어간 교회 공동체에 대한 헌신이다. "네덜란드의 암스테르담에 남아있는 영국인들의 신앙고백서"의 16항은 이것을 잘 명시하고 있다: "교인들은 서로 잘 알아야 하고 영육 간에 사랑의 의무를 모두 다해야 한다(마18:15; 살전 5:14; 고전12:25)."[36] 여기서 근거되는 말씀으로 제시된 데살로니가전서 5장 14절은 "게으른 자들을 권계하며 마음이 약한 자들을 격려하고 힘이 없는 자들을 붙들어 주며 모든 사람에게 오래 참으라"는 권면의 말씀이다. 교인들이 인내 가운데 서로 신앙을 격려하고 세우는 일은 교인으로서 가져야 할 당연한 의무라는 것을 강조하는 말씀이다. 고린도전서 12장 25절도 "몸 가운데서 분쟁이 없고 오직 여러 지체가 서로 같이 돌보게 하셨느니라"고 하고 26절 말씀도 교인들 가운데 고통을 겪는 사람이 있다면 그 고통에 동참하고, 교인들 가운데 좋은 일이 있으면 함께 즐거워하라고 말씀한다. 가시적 공동체로서 교회에 대해서 가지는 신자의 책임과 의무는 공동체가 현재 정해놓은 바를 인정하고 지키는 것과 교인들 간의 상호 섬김의 사역에 헌신하는 일이다.

여기에 또한 마태복음 18장의 권징과 관련된 말씀이 함께 있다. 침례로 한 몸을 이룬 교인은 사랑의 의무로서 다른 교인의 신앙생활이 잘못되지 않도록 주의를 기울이고 그러한 일이 있을 때는 권고하는 일을 해야 한다는 것이다. 3장 "신자들의 교회"에서 신자들의 교회는 '권징이 있는 교회'라고 한 바대로 교인된 자는 자신이 속한 공동체가 죄로 오염되지 않도록 자신의 신앙생활에 대한 책임을 가지는 동시에 다른 교인들의 신앙생활이 잘못된 길로 가지 않도록 관심을 가질 책임을 가진다. 그리고 그러한 일이 있다면 앞에서 설명한 방식과 절차대로 그 일에 직면해야 할 의무를 가진다.

위에서 설명한 침례의 의미는 마태복음 28장 19-20절에 잘 집약되어 있다: "너희는 가서 모든 민족을 제자로 삼아 아버지와 아들과 성령의 이름으로 침례를 베풀고 내가 너희에게 분부한 모든 것을 가르쳐 지키게 하라." 이 구절은 선교의 명령으로 복음을 전하는 사람에게 주어진 말씀이지만 복음을 듣고 받아들인 사람의 입장에서 읽으면, 먼저 복음을

---

36) Lumpkin, 「침례교 신앙고백서」, 147.

받아들인 사람, 즉 그리스도의 제자가 된 사람은 침례를 받고 그리스도의 가르침을 그대로 따르는 사람이 되어야 한다는 것을 가르쳐준다. 그리스도를 주와 구세주로 고백하여 구원(성령침례)을 얻은 신자가 교회 앞에서 교회로 들어가는 침례를 받고 자신의 신앙고백에 합당한 헌신의 삶을 살아야 한다는 것이 이 말씀에 잘 드러난다.

「침례교 신앙과 교훈」의 제8항 "침례와 주의 만찬"에서도 침례의 의미를 다음과 같이 정리한다: "[침례]는 십자가에 달리시고, 장사되시고, 부활하신 구세주를 믿는 신자의 믿음, 죄에 대한 신자의 죽음, 옛 삶의 장사(葬事; burial), 그리고 그리스도 예수 안에 있는 새 삶의 길로의 부활을 상징하는 순종의 행위이다…. 교회예전으로서 그것은 교회회원의 특권과 주의 만찬의 선결 행위이다."[37] 침례에 대한 이 표현은 위에서 설명한 침례의 세 가지 의미를 모두 담고 있다. 침례가 신자의 믿음을 상징한다고 함으로써 이미 내적 신앙고백을 한 사람들이 그 고백을 외적 의식으로 표시하는 것임을 말하고 있고, 교회회원의 특권을 얻기 위한 선결 행위라고 말하고 있고, "옛 삶의 장사"와 "새 삶의 길로의 부활"이라는 표현을 통해 신앙고백에 따라 새로운 삶을 살 것을 헌신하는 의식임을 잘 표명하고 있다.

갈라디아서 3장 25-27절의 구조를 보더라도, "너희가 다 믿음으로 말미암아 그리스도 예수 안에서 하나님의 아들이 되었으니"(25절)라고 한 말씀은 침례 이전에 그리스도를 영접한 믿음을 언급한 것이고, "누구든지 그리스도 안으로 들어가는 침례를 받은 자들은 그리스도로 옷을 입었느니라"(26절; 필자번역)고 한 말씀은 침례를 통하여 새로운 삶의 공동체로 들어간 것과 믿음에 합당한 삶에 대한 헌신을 말하고 있다. 그리고 침례를 통하여 들어간 '그리스도의 몸'이라는 공동체는 "유대인이나 헬라

37) Hobbs, *The Baptist Faith and Message*, 72.

인이나 종이나 자유인이나 남자나 여자나 다 그리스도 예수 안에서 하나"(27절)가 되는 공동체임을 설명하고 있다.

침례의 의미를 삼중으로 설명한 최초의 인물은 16세기 아나뱁티스트 개혁가요 신학자였던 발타자르 후브마이어(Balthasar Hubmaier)였다. 그의 침례에 대한 설명은 이후 아나뱁티스트 교회의 침례에 대한 이해에 지대한 영향을 주었다. 그는 침례를 '성령침례'(baptism of the Spirit), '물침례'(baptism of water), 그리고 '피침례'(baptism of blood)로 설명했다. 성령침례와 물침례는 위에서 설명한 바와 같다. 독특한 표현은 피침례(baptism of blood)이다. 그는 이것을 "죽음에 이르기까지의 매일의 고난"(a daily mortification of the flesh until death)이라고 표현했다.[38] 즉, 피침례는 기독교인이 일생을 살아가는 동안 그리스도의 고난에 동참하는 삶을 의미한다. 후브마이어는 피침례를 단순히 기독교인들의 고난만을 의미하지 않았다. 더 나아가 그것은 "그리스도를 위한 믿음의 열매를 맺는 일"(bringing forth fruits of faith for Christ)이라고 하면서 제자도를 의미한다는 것을 분명히 했다.[39]

3) 유아세례

유아세례 행습이 언제부터 시작되었는지는 그 분명한 시점을 말하기는 힘들다. 2세기 말에 초기 라틴교부 테르툴리아누스가 유아세례를 반대한 것을 보면 이미 유아세례의 사례들이 있었음을 알 수 있다. 유아세례를 실행하게 된 배경에는 기독교인들이 상당히 일찍부터 침례의식을 실제로 죄를 씻는 의식으로 이해했다는 사실이 전제되어야 할 것이다. 유아 사망률이 매우 높았던 당시에 기독교 가정에 태어난 유아들이 침례를 받기 전에 사망했을 때에 그 유아의 영혼 구원을 걱정하게 되었다

---

38) Nam, "A Comparative Study," 215-9 참조.
39) Ibid., 216.

는 것은 그것을 잘 말해준다. 당시의 의학적 환경에 미루어 볼 때 아이가 태어나면 언제 어떻게 죽을지 모르기 때문에 되도록이면 일찍 침례를 주고 싶어 했을 것이라는 추측은 어렵지 않다.

유아세례가 일반화된 데는 두 가지 요인이 있다고 봐야 한다. 첫째는 히포의 아우구스티누스(Augustinus of Hippo)의 신학적 역할에 있었다. 그는 펠라기우스파(Pelagians)와 논쟁하는 가운데 인간의 타락과 원죄를 논하게 되었고, 이 원죄는 새로 태어나는 유아들도 유전적으로 타고나기 때문에 반드시 침례의식으로 해결해야 한다는 것을 강조했다. 그는 처음에 유아들이 침례를 받지 않고 죽은 경우에는 어딘가에 있을 제3의 장소로 갈 것이라고 생각했다가 나중에는 아예 지옥에 떨어질 것이고 말했다.[40] 이러한 아우구스티누스의 견해는 사람들로 하여금 유아들의 구원에 있어서 침례를 절대적 필수요건으로 이해하게 만들었다.

유아세례의 보편적 실행의 둘째 요인은 교회와 사회의 공고한 결합에 있었다. 국가교회 체제에서 성인침례의 사례는 거의 사라졌다고 봐야 할 것이다. 한 지역이 기독교화되면 기독교 신앙을 처음 접하는 사람들을 위한 침례가 대거 이루어지겠지만 시간이 지나면서 그러한 경우는 급격하게 줄어들 수밖에 없다. 이후로는 소수의 새로운 개종자들을 제외하면 성인을 위한 침례를 하는 경우는 드물게 되었다. 국가교회 체제에서 침례는 거의 대부분의 경우 유아세례일 수밖에 없었을 것이다. 이러한 가운데 유아세례는 서서히 교회와 사회를 결합하는 중요한 연결고리 역할을 하게 되었다. 즉, 그 사회(기독교 사회)에 아이가 태어나면 유아세례를 통하여 교인이 됨과 동시에 시민이 되었기 때문이다. 나중에 정치권력가들이 유아세례를 반대하는 사람들을 반사회적인 범죄자라고 생각한 이유는 여기에 있다.

40) Ibid., 56-7.

유아세례에 대한 본격적인 옹호는 사실 16세기 종교개혁 시대에 이르러서야 이루어졌다. 그 이유는 이 행습에 대한 본격적인 논박이 그 시대 이전에는 거의 이루어지지 않았기 때문이다.[41] 유아세례 옹호론은 항상 그것이 논박당할 때 등장했다. 그렇기 때문에 바르트는 루터를 포함한 유아세례 옹호론자들이 그 행습에 대한 고유의 논리를 처음부터 펴지 않았으며, 항상 옹호해야 할 필요가 있을 때 비로소 옹호논리를 가져왔기 때문에 그 논리들은 유아세례의 내적 필연성에서 비롯되지 않았으며, 그 자체로 침례에 대한 본질적 논리가 될 수 없다고 주장한다.[42]

주류 종교개혁가들은 이구동성으로 유아세례를 옹호했다. 물론 그들이 유아세례의 의미와 관련해서는 서로 다른 견해를 보이기도 했지만, 그것을 철폐하고자 했던 신자침례주의자들의 논리에 대해서 극렬하게 비판했다는 점에서는 일치되는 견해를 보였다. 그들은 신자침례의 행위를 '아나뱁티즘'(Anabaptism)이라고 부르면서 과거 "유스티니아누스법전"(Justinian Code)에 의해 규정된 극형에 처할 만한 흉악한 죄로 몰아갔다.

루터 역시 처음부터 유아세례에 대한 독자적인 논리를 가지고 있지 않았다. 그가 유아세례 옹호론을 펴기 시작한 것은 그것을 반대하는 아나뱁티스트 주장을 접한 뒤였다. 그는 그의 "재침례에 관하여"(Concerning Rebaptism)라는 논문에서 아나뱁티스트 논리를 논박하며 광범위하게 유아세례를 옹호했다. 루터는 후브마이어가 신자침례에 관한 글을 썼음을 알고 있었다. 그는 직접 읽지는 않았지만 다른 사람을 통해 그 글의 존재를 알았고, 후브마이어가 그 글에서 자신을 신자침례 주창자라고 했다는 사실에 불편한 마음을 갖게 되었다. 이것이 그가 글을 쓰게 된 전적인 이

41) Arnold J. Koelpin, "On Baptism, the Challenge of Anabaptist Baptism and the Lutheran Confession," in *No Other Gospel: Essays in Commemoration of the 400th Anniversary of the Formula of Concord, 1580-1980*, ed. Arnold J. Koelpin (Milwaukee: Northwestern Publishing House, 1980), 258.

42) Barth, *Church Dogmatics* 4/4:167.

유는 아니라 하더라도 후브마이어를 반박하고자 하는 의도는 분명히 가지고 있었다. 여기서 후브마이어의 글은 필시 "기독교 신자침례"(On the Christian Baptism of Believers)를 말할 것이다, 루터는 후브마이어의 주장을 단호하게 부인하면서 유아세례야말로 "가장 확실한 형태의 침례"이며 "유아들을 위한 최고의 축복"이라고 말한다. 그는 가톨릭교회가 타락했지만 유아세례는 "손상되지 않았고 오염되지 않았다"고 강변한다.[43)]

루터는 기본적으로 침례를 하나님의 말씀에 근거한 불변의 '하나님의 일'(the work of God)로 이해하기 때문에 침례가 인간의 불확실한 믿음에 근거한다는 사실을 거부한다. 그러므로 유아가 믿음을 가질 수 없다하더라도 침례를 받는 데에 아무런 문제가 되지 않는다고 보았다. 오히려 침례를 믿음에 근거해야 한다는 것은 복음이 인간의 주관적인 능력에 달려있는 것으로 보는 것이라고 하면서, 유아세례야말로 인간의 주관적 믿음과 공로를 배제하는 가장 확실한 형태의 침례라고 주장한다. 이것은 루터가 유아세례의 근거로서 믿음의 필요성을 강조했던 이전의 주장과는 모순을 이룬다. 그는 유아의 믿음(*fides infantium*) 존재 가능성을 배제하지 않았고, 심지어는 다른 사람의 믿음(*fides aliena*)이라 할지라도 유아세례의 근거로 끌어들이려고 했다.[44)]

루터는 그 외에도 여러 가지 논리를 끌어들여서 유아세례의 타당성 옹호하고자 했지만, 자신이 제기한 논리들이 서로 충돌을 일으키는 모습

---

43) Nam, "A Comparative Study".

44) 루터는 다음과 같이 언급했다: "나는 여러분들이 미래의 믿음에 근거해서 어린 아이들에게 침례를 주는 데 대하여 매우 염려하고 있습니다…. 나는 믿음의 부재 가운데 그들에게 침례주기보다는 어디서든, 어떤 경우에도 어린 아이들에게 침례를 주지 않는 것이 더 낫다고 이미 말한 바 있습니다. 그것은 그 과정에서 예전과 하나님의 이름을 헛되게 남용되기 때문이며, 저는 이것이 심각한 문제라고 생각합니다."Luther, *The Adoration of the Sacrament*, LW 36:300-301. 여기서 그의 관심사는 유아세례와 '이신칭의'의 논리적 호환이었기 때문에 유아세례에도 믿음의 요소가 필요하다고 보았고, 그것이 매우 중요한 문제라고 생각했다,

을 보여준다. 그는 교회의 전통에 의존하여 천년 이상 유지되어온 유아세례가 잘못되었을 리가 없다는 주장을 하기도 했다. 만약 그랬다면 교회가 지금까지 어떻게 존속될 수 있었는지 설명되지 않는다고 했다. 또 다른 한편으로는 신약성서의 근거를 말하자면, 이 논리일 수도 있고 저 논리일 수도 있다는 식이다. 이것은 바르트가 지적했듯이 루터 역시 유아세례의 타당성과 당위성에 대한 본래적 논리와 사상이 없었다는 것을 여실히 보여준다.

신약성서에서 유아세례의 근거를 찾는 일은 교회 전통을 정당화하기 위해 성서를 무리하게 해석하는 전형적인 예이다. 이는 인간의 전통을 성서에 끼워 맞추려는 시도로서 잘못된 일이다. 이러한 방식으로 성서를 사용하는 일은 교회 전통을 성서와 동등한 위치에 두는 가톨릭교회로서는 내적 합리성을 가지고 있다고 말할 수 있겠지만, 성서의 권위를 전통보다 우위에 두는 개신교에서는 모순적인 일이다.

16세기에 유아세례를 옹호하는 대표적인 논리의 근거는 계약신학(covenant theology)이었다. 계약신학은 원래 16세기에 울리히 츠빙글리(Ulich Zwingli)가 아나뱁티스트들의 신자침례를 비판하고 유아세례를 옹호하는 과정에서 발전된 논리였다. 이 논리는 이후에 하인리히 불링거(Heinrich Bullinger)를 거쳐 장 칼뱅(Jean Calvin)에 이르면서 개혁교 전통의 대표적인 신학으로 자리를 잡았다. 츠빙글리는 신약교회에서 유아세례의 근거를 구약의 할례에서 찾았다. 그는 이스라엘 백성 가운데 태어나는 아이들이 할례를 통해서 하나님의 백성의 일원이 된다는 구약의 언약에 그 근거를 둔 것이다. 구체적인 성서적 근거는 창세기 17장 9-11절에서 “하나님이 또 아브라함에게 이르시되 그런즉 너는 내 언약을 지키고 네 후손도 대대로 지키라 너희 중 남자는 다 할례를 받으라 이것이 나와 너희와 너희 후손 사이에 지킬 내 언약이니라 너희는 포피를 베어라 이것이 나와 너희 사이의 언약의 표징이니라”고 한 데 있다. 이것은 신약의 교회를 구약의 계약 공동체와 연속적으로 이해하는 데서 비롯된다. 구약에서 할례가 하나님과 하나님의 백성 간의 계약을 표시하는 의식이었고, 하나님의 백성 가운데 태어난 아이들이 그 의식을 통하여 하나님의 계약 공동체의 일원이 되듯이, 신약교회에서는 유아세례를 통하여 기독교 가정에 태어난 아이들이 교회의 일원이 된다는 것이다.

계약신학은 신약의 침례의식을 구약의 할례 의식으로 이해함으로써 구약의 계약 공동체인 이스라엘 백성과 신약의 교회를 동일시하는 논리를 형성한다. 개혁교 전통의 조직신학자 존 머리(John Murray)는 그의 「기독교침례」(*Christian Baptism*)에서 이러한 논리를 체계적으로 주장한다. 그는 유아에게 침례를 베푸는 일을 "적절한" 일이라고 말하면서 그것은 성인에게 베푸는 침례와 다를 바가 없는 침례라고 단언한다.[45] 그는 침례를 "그리스도의 몸의 일원이라는 표시(sign)요 봉인(封印)"이라고 그 정당성을 주장하면서 그 근거를 구약성서에서 가져온다.[46] 그리고 그러한 구약성서적 개념은 신약교회에서 연속적으로 적용된다고 주장한다. 그는 기본적으로 구약성서와 신약성서의 '일치와 연속성'(unity and continuity)을 전제로 함으로써 츠빙글리와 불링거의 전통을 그대로 답습하고 있다.[47] 그는 침례를 그리스도의 몸인 기독교 공동체에 소속된 일원임을 봉인하는 예전으로 이해한 다음, 기독교 가정에 태어난 유아들도 구약의 계약에 근거하여 정당하게 이 공동체의 일원이 된다고 이해하고, 그것을 가시적으로 봉인하는 유아세례의 정당성을 주장한다.

이러한 견해는 구약성서와 신약성서의 불연속성에 대해서는 관심을

---

45) John Murry, *Christian Baptism* (Phillipsburg, NJ: Presbyterian and Reformed Publishing Company, 1980), 45.

46) 그가 거론하는 구약성서의 구절은 다음과 같다: 창세기 17:1-14; 출애굽기 6:12, 30, 19:5-6; 레위기 19:23, 26:41; 신명기 4:7-8, 7:6, 10:6, 14:2, 30:6; 예레미아 4:4, 6:10, 9:25; 31:33, etc. Ibid., 45-47.

47) Ibid., 45.

두지 않는다. 구약종교 체제의 본질과 핵심적인 개념은 그리스도와 그의 교회 시대에 와서 폐지되었다는 것을 인정하지 않는다. 구약종교의 제사 개념은 그리스도의 단 한 번의 제사로 종식되었다. 성전 지성소의 휘장이 찢어진 것은 이것을 극적으로 표시해주고 있다. 신약시대에 와서는 더 이상 구약적 제사는 없으며, 제사장 직위도 없다. 안식일은 주일 개념으로 바뀌었다. 안식일의 개념 자체를 완전히 뒤집은 그리스도의 가르침에 주목해야 한다. 사도바울은 또한 율법시대의 종언을 고했다. 율법의 기능은 시대적으로 종식되었고 이제는 그리스도의 은혜 시대가 선포되었다. 더 이상 율법으로 규정되는 구원과 하나님 백성의 개념은 없어졌다. 이제는 그리스도의 복음으로 규정되는 구원과 그리스도의 제자들 공동체인 교회가 세워졌다. 이 공동체는 나라 이스라엘이 하나님의 백성이었듯이 새로운 하나님의 백성이라는 점에서 구약과 연속성을 가지고 있다. 그러나 신약성서는 교회를 구성하는 사람들이 더 이상 민족적, 국가적 집합체가 아니라는 것을 명백하게 가르쳐준다. 교회는 민족과 나라의 한계와 장벽을 뛰어넘는 새로운 형태의 공동체임을 보여준다(마28:19; 행1:8).

할례에 관해서도 마찬가지다. 할례라는 제도 그 자체가 교회시대에 와서 없어진 것은 명백하다. 동일하게 명백한 사실은 그 개념이나 의미조차도 없어졌다는 것이다. 신약성서에 와서는 더 이상 하나님의 백성 개념을 민족 공동체적 개념으로 이해하지 않는다는 것이다. 사도행전에 나타난 초기의 기독교인들–물론 유대주의적 기독교인들–가운데 이방인들이 기독교인이 될 경우에 먼저 할례를 받고 유대인이 되어야 할 것을 요구하는 경우들이 있었지만, 15장에 소개되는 소위 예루살렘 교회회의(Jerusalem Council)의 결론은 그럴 필요가 없다는 것이었다. 기독교의 가르침과 그것으로 세워진 교회에는 더 이상 할례 의식도 할례 개념도 없어졌음을 잘 보여준다.

유아세례를 옹호하는 논리로서 구약의 체제를 지탱했던 계약신학은 더 이상 새로운 하나님의 공동체인 교회에 적용되어서는 안 된다. 그야말로 새 술을 헌 부대에 담는 일이다. 교회를 구약의 신정체제로 이해하는 것은 시대착오적인 일이요, 중세의 국가교회 전통의 유산이다. 츠빙글리가 원래 유아세례를 반대하는 입장에 있다가 옹호하는 입장으로 돌아서게 된 것은 그가 추진하는 개혁이 성공하는 데에 정치권력(취리히의 시의회)을 필요로 했기 때문이었다. 이후로 유아세례는 개신교 전통 안에서도 "수많은 교회들이 중생하지 못한 사람들을 양산하는 중요한 수단으로 이용되어 왔다."[48] 유아세례는 국가와 교회의 "밀월관계"를 심화시켰다.[49]

유아세례를 배격한 중요한 16세기의 문헌 가운데 최초의 아나뱁티스트 신앙고백서인 "슐라이타임신앙고백서"(Schleitheim Confession, 1527)는 매우 중요한 의미를 가진다. 이 신앙고백서는 그 첫 조항에서 침례 문제를 다루면서 신자침례는 근본적으로 유아세례와 양립할 수 없음을 분명히 하면서 후자를 "교황이 저지른 일들 가운데 최고로 추악한 일"이라고 비판했다.[50] 유아세례가 사도들의 침례가 아니었음은 명백하다. 이미 2세기 후반부에는 유아세례가 행해지고 있었다고 말할 수 있지만 그것이 5세기 이후에 서서히 보편화되었다는 것을 감안한다면 초대교회가 유아세례를 사도들이 행한 침례로 생각하지 않았음이 분명하다. 만약에 초기의 교회들이 조금이라도 유아세례를 사도들이 행한 침례라고 생각했다면 기독교 가정이 처음 형성된 뒤에 태어난 유아들에게 곧바로 적용되

48) Hobbs and Mullins, 「기독교신앙의 6대 공리」, 41. 홉스와 멀린스는 유아세례의 폐해에 대해 유럽 국가들의 경우를 예를 들면서 교회회원의 수는 늘어났지만 도덕 기준이 저하하고 출석수가 저조한 것을 들고 있다. Ibid.

49) 김용복, 「침례교신학: 침례교인의 신앙과 신학유산」, 개정판 (대전: 침례신학대학교출판부, 2009), 89.

50) Lumpkin, 「침례교 신앙고백서」, 32.

었을 것이다. 그렇다면 이미 1세기 후반부에는 유아세례가 보편화되기 시작했어야 한다. 그렇지 않았다는 것은 유아세례가 1세기 기독교인들에게는 생소한 것이었음을 말한다.

4) 침례의 방식

역사적으로 침례의 방식에는 침수례(immersion), 관수례(affusion), 살수례(aspersion)가 있었다. 물론 신약성서에 나타난 방식은 예외 없이 침수례였다. 이것은 침례교회가 침수례를 실행하는 가장 중요한 이유이다. 그들이 1641년경에 침수례를 처음 회복했던 것도 그것이 성서적 방식이었기 때문이다. 그러나 침례의 방식은 역사가 흐름에 따라 다양화되기 시작했다. 사도적 교부의 문서로 여겨지는 「디다케」(*Didache* 혹은 *he Teachings of Twelve Apostles*)는 침수례 이외의 침례방식을 소개한 최초의 문헌이다. 이 문헌은 기독교인들의 삶의 규범과 교회의식에 대한 지침서로서 침례의 방식에 대해 언급하고 있다. 이 지침서는 먼저 흐르는 물에서 침수례를 하는 것이 원래의 방식이라고 전제한 뒤에 흐르는 물이 없으면 떠온 물("다른 물")에서 침수례를 할 것을 가르친다. 그러나 그렇게 할 상황이 안 되면 성부, 성자, 성령의 이름으로 머리에 물을 세 번 부으라고 한다.[51]

다음은 필자의 "교회예전에 관한 역사적 고찰과 교회회복에 대한 전

---

51) 남병두, "교회예전에 관한 역사적 고찰과 교회회복에 대한 전망," 「침례교회예전: 침례와 주의 만찬」, 침례교신학연구소 편 (대전: 침례신학대학교출판부, 2008), 22. *Didache* 7.1-4; Kirsopp Lake, *Didache: The Teaching of the Twelve. Apostolic Fathers.* Loeb Classical Library, 1912. [온라인자료], http://www.earlychristianwritings.com/text/didache-lake.html, 2008년 1월 25일 접속. 초대교회와 중세교회가 침수례를 행할 때에 대체로 성부, 성자, 성령의 이름으로 세 차례에 걸쳐 물에 잠기게 한 것은 일반적이었다. 이것은 테르툴리아누스의 문헌에서도 발견된다. Tertullianus, *De Corona*, ANF 3:94. 럼킨은 삼중침수례(trine immersion)가 널리 퍼진 것은 아리우스논쟁 이후에 삼위일체 하나님의 동등한 위치를 강조한 데서 비롯되었다고 주장한다. Lumpkin, *A History of Immersion*, 11; 남병두, "교회예전에 관한 역사적 고찰과 교회회복에 대한 전망," 39-40에서 재인용.

망"(「침례교회예전」)의 한 부분이다.

> 「디다케」 이후 침례의 방식은 여러 정황에 따라 약식의 형태가 등장하기 시작했지만 여전히 침수례가 광범위하게 행해지고 있었다. 4세기와 5세기의 교부들의 문헌을 보더라도 침수례가 여전히 일반적인 방식으로 소개되고 있으며 그러한 상황은 중세후기까지 계속되었다. 예를 들어 13세기 말에 쾰른에서 개최된 한 종교회의에서는 침수례를 할 수 없는 특별한 경우에 관수례가 허용되어야 한다고 결정한 것을 보면 그러한 사실이 확인된다. 유아세례가 대세였던 9세기 이후에는 침례탕건물(baptistery)의 건축이 현저히 줄어들었다고 하지만 그 이후에도 침례탕건물이 건축되지 않은 것은 아니었다. 서방교회에서 관수례가 급격하게 확산된 것은 1311년의 라베나 종교회의(Council of Ravenna)에서 관수례의 방식이 침수례와 동등한 권위를 가지는 것으로 결정된 이후였다. 유아세례가 일반화된 것이 침수례의 퇴조의 원인이 될 수 있다는 주장은 항상 설득력이 있는 것이 아니다. 동방교회의 경우는 처음부터 침수례를 계속 고수해왔으며 이것은 유아에게도 적용되었다. 특히 러시아 정교회의 경우에는 아직까지 성부, 성자, 성령의 이름으로 세 번의 침수례를 고수하고 있다.[52)]

침례교회가 침수례를 강조하는 것은 그것이 침례가 상징하고 의미하는 바를 가장 잘 묘사해주기 때문이다. 사도바울이 로마서 6장 3-5절(그리고 골로새서 2장 12절)은 침수례가 표시하고 상징하는 침례의 의미를 그림처럼 보여준다. 3절은 "그리스도 예수와 합하여 침례를 받은 우리는 그의 죽으심과 합하여 침례를" 받는다고 묘사한다. 이 표현은 갈라디아

---

52) 남병두, "교회예전에 관한 역사적 고찰과 교회회복에 대한 전망," 22-23. 초기의 기독교 문헌들은 당시의 침례의 방식이 침수례였음을 말해준다. *The Epistle of Barnabas*, ANF 1:144; *First Epistle of Apology*, ANF 1:183; *The Pastor of Hermas*, ANF 2:49; Lumpkin, *A History of Immersion*, 19; "Baptism," *Wikipedia: The Free Encyclopedia*, [온라인자료], http://en. wikipedia.org/wiki/Baptistery, 2008, 2월 5일 접속; 1311년의 결정은 관수례가 침수례와 동등하게 유효하다고 말한 토마스 아퀴나스(Thomas Aquinas)의 영향이 컸다. Lumpkin, *A History of Immersion*, 19-20; Schaff, *History of Christian Church*, 1:335. 이상의 각주는 남병두, "교회예전에 관한 역사적 고찰과 교회회복에 대한 전망," 39에서 재인용.

서 3장 27절의 "그리스도 안으로 들어가는 침례"와 동일한 표현이다. 침례의식에서 물에 잠기는 행위는 그리스도와 함께 죽고 장사됨을 의미하고, 물에서 올라오는 행위는 그리스도와 함께 부활한다는 것을 의미함으로써, 침수례는 가시적으로 그 의미를 잘 드러내준다. 비즐리머리는 갈라디아서 3장 27절에 근거하여 침수례야말로 헌 옷을 벗고 새 옷으로 갈아입는 이미지를 잘 보여준다고 말한다.[53] 침례의식의 참 의미를 그 방식을 통해 적절히 살리려고 한다면, 침수례가 가장 적합한 방식임에는 이견이 없어 보인다.

침례교회는 성서적 침례방식으로 침수례를 중시하고 의미 있게 생각하지만, 그것이 침례의 의미에 비해 일차적이지는 않다. 침례교회가 침례교회인 것은 침수례가 아니라 신자침례에 있다. 침례교회가 신자침례를 회복하면서 처음 세워졌을 때 행한 침례는 침수례의 방식이 아니라 관수례의 방식으로 이루어졌다. 존 스마이스의 '자기침례'(self-baptism)는 자신에게 물을 붓는 방식으로 이루어졌다. 이것이 일반침례교회가 세워지는 과정에서 행해진 최초의 침례방식이었다. 특수침례교회가 1638년에 시작되었을 때도 침수례를 아직 시행하지 않았다. 일반침례교회와 특수침례교회를 통틀어 침수례의 방식을 회복한 것은 1641년에 후자에 의해서였다.

"키핀 필사본"(Kiffin Manuscript)에 의하면 1640년경에 JLJ교회가 핸리 제시(Henry Jessey)의 교회와 프레이즈갓 베어본(Praise-God Barebone)의 교회로 다시 나눠졌고, 침수례를 회복한 교회는 제시의 교회였음을 말해준다. 이는 제시의 교회가 침례교회가 되는 과정에서 분리되었음을 암시한다. "키핀 필사본"은 계속해서 이 교회가 어떻게 침수례를 회복했는지 꽤 상세하게 전해준다. 그들은 침수례가 성서(로마서와 골로새서)의 가

53) Beasley-Murray, *Baptism Today and Tomorrow*, 45.

르침이라고 확신하면서 "영국에서는 신앙고백을 한 믿는 자들에게 [침수례를] 실행하고 있는 예가 아직 없고, 네덜란드에 있는 어떤 이들이 그러한 일을 실행하고 있다는 사실을 접하고는" 네덜란드 말을 할 줄 알았던 리처드 블런트(Richard Blunt)를 파송했다. 거기서 침수례를 전수받은 "블런트는 그들의 교사였던 블랙록(Blacklock)에게 침례를 베풀었고, 이미 침례를 받은 블런트와 블랙록은 같은 생각을 가진 나머지 교우들에게 침례를 베풀었"다고 전해준다.[54)]

여기서 "네덜란드에 있는 어떤 이들"은 메노파의 한 분파였던 콜레기안파(Collegiants) 혹은 린스부르크파(Rhynsburgers)를 지칭한다. 특수침례교회가 침수례를 회복한 것이 아나뱁티스트 그룹을 통해서 이루어졌음은 중요한 의미를 가진다. 우선 그들이 아나뱁티스트 교회에 대해서 매우 잘 알고 있었다는 것이다. 콜렌기안파는 네덜란드에서도 잘 알려지지 않은 조그만 분파였다. 그들의 존재를 알고 있었다는 것은 그들이 아나뱁티스트 그룹들에 대해 자세하게 알고 있음을 의미한다. 이것은 곧 그들이 아나뱁티스들이 주장하는 바들도 잘 알고 있었다는 것을 말해준다. 글렌 스태슨(Glen Stassen)은 그의 논문 "특수침례교회의 기원에 끼친 아나뱁티스트의 영향"(Anabaptist Influence in the Origin of the Particular Baptists)을 통해 특수침례교회가 신학적으로 아나뱁티스트 사상으로부터 영향을 받았음을 주장한다.

> [그는] 1644년의 "런던신앙고백서"를 면밀히 검토한 뒤에 초기 특수침례교회의 가장 중요한 이 신앙고백서는 분리주의 전통의 대표적인 신앙고백서인 1596년의 "참 신앙고백서"(A True Confession)로 대변되는 칼빈주의적 분리주의를 신학적 근간으로 하고, 침례교회의 신자의 침례와 제자도의 개념은 메노 시몬스의 「기독교 교리의 기초」(*Foundation of Christian Doctrine* 혹은

54) McBeth, 「침례교회의 역사와 유산」, 56-57.

> *Foundation-Book*)에서 가져온 것으로 결론을 내린다. 그는 특히 1644년의 신앙고백서가 침례의 의미를 그리스도의 죽음, 장사, 부활이라는 기독론적 관점에서 설명하고 있는 것에 주목한 다음, 동일한 설명을 "참 신앙고백서"를 포함하여 분리주의 전통 그 어디에서도 발견할 수 없었으나 「기독교 교리의 기초」에서 발견했음을 고백한다. 그는 「기독교 교리의 기초」와 1644년의 신앙고백서를 나란히 놓고 비교하면서 강조점의 내용, 순서, 인용된 성경구절 등이 거의 동일하다는 사실을 발견했다고 말한다.[55]

스태슨의 주장은 특수침례교회가 아나뱁티스트 그룹으로부터 단순히 침수례를 전수받은 정도가 아니라 사상적으로 아나뱁티스트의 영향을 받았음을 말한다.[56]

특수침례교회에 의한 침수례 회복은 1644년에 발표된 그들의 첫 신앙고백서인 "제1 런던신앙고백서"를 통해 다음과 같은 분명한 주장을 가능하게 했다: "[침례를] 베푸는 성서적인 방식은 물 아래 온 몸이 묻히거나 잠기는 것이다. 그것은 다음과 같은 의미가 담겨 있는 하나의 징표다: 첫째, 그리스도의 피로 온 영혼을 씻는 것; 둘째, 성도가 죽고 장사되고 부활하는 일에 관심을 갖게 하는 것; 셋째, 육체가 물 아래 묻히고 일어나는 것처럼, 그리스도의 능력으로 그리스도와 통치하기 위해 부활의 날

---

55) Glen H. Stassen, "Anabaptist Influence in the Origin of the Particular Baptists," *Mennonite Quarterly Review*, 36 (October 1962): 322-48; idem, "Opening Menno Simons's Foundation-Book and Finding the Father of Baptist Origins Alongside the Mother—Calvinist Congregationalism," *Baptist History and Heritage*, vol. 33 (Spring 1998): 34-44; 뒤의 논문은 36년이 지난 뒤에 전자를 보충 설명하는 논문이다. 스태슨은 여기서 윈스롭 허드슨이 62년의 소논문을 읽고 난 뒤에 장문의 축하편지를 통하여 그가 제시한 증거에 설득되었음을 알려왔다고 전한다. Ibid., 34. 스타센은 그 다음 논문에서는 1644년의 "런던신앙고백서"와 메노 시몬스의 「기독교 교리의 기초」가 공유하는 다른 이슈들(성경의 권위, 중생한 자들의 교회; 제자도, 가시적 교회, 종교자유, 교회와 국가의 분리 등)을 소개한다. Idem, "Revisioning Baptist Identity by Naming Our Origin and Character Rightly," *Baptist History and Heritage* 33 (Spring 1998): 45-54; 남병두, "침례교 기원에 관한 소고," 「복음과 실천」, 44 (2009년 가을): 125-56에서 재인용.

56) 자세한 논의는 남병두의 "침례교 기원에 관한 소고"와 "침례교회 기원"을 참조.

에 성도의 몸이 분명히 일어날 것임을 믿는 믿음에 대한 우리의 확신으로 하는 것."[57]

일반침례교회가 특수침례교회의 예를 따르게 된 것은 1650대에 이르러서였다. 1641년 이전에도 일반침례교회에서 침수례의 사례가 있었다는 보고가 있지만, 그것이 사실이라 하더라도 개인적인 차원에서 이루어진 것이라고 봐야 할 것이다.[58] 침수례를 명확하게 요구한 첫 일반침례교회 신앙고백서는 1660년의 "표준신앙고백서"였다.[59] 영국의 침례교회들은 1650년대부터는 대체로 침수례를 일반적으로 실행하게 되었다.

앞에서도 언급했지만, 침례교회는 신자침례를 회복함으로써 침례교회가 되었다. 침수례가 침례교회를 만든 것이 아니라 신자침례가 침례교회를 만들었다. 여전히, 침수례가 가장 적절한 성서적 침례방식임은 의문의 여지가 없다. 그러나 침수례를 실행한다는 정도로 침례교회라고 할 수는 없다. 신자침례의 의미를 다시 새기고, 교회의 삶에 그 의미를 회복하는 것이 침례교회를 본질적으로 침례교회답게 하는 일이다.

4. 주의 만찬: 공동체 식사

교회사를 돌아보면 침례보다는 주의 만찬에 관한 논쟁이 훨씬 많았음을 알 수 있다. 9세기에는 라트람누스(Ratramnus)와 라드베르투스(Radbertus)의 논쟁이 있었고, 여기에는 당시 신성로마제국의 황제 '대머리왕' 샤를(Charles the Bald)이 상당한 관심을 가지고 개입했을 정도로 그 논쟁은 시대적 주목을 많이 받았다. 11세기에는 베렝가리우스(Berengarius)와 랑프랑(Lanfranc) 간에 유사한 논쟁이 있었고, 전자는 이로 인해 정죄되기도 했다. 이 논쟁 이후로 랑프랑의 주의 만찬에 대한 설명은 소위 '화체

57) Lumpkin, 「침례교 신앙고백서」, 205.
58) McBeth, 「침례교회의 역사와 유산」, 55-56.
59) Ibid., 59

설' 논리로 발전했고, 1215년에 제4 라테란공의회(Fourth Lateran Council)에서 가톨릭교회는 이 논리를 교회의 공식 교리로 인정했다.

주의 만찬 논쟁은 16세기에도 가톨릭과 개신교 간에, 그리고 개신교 개혁가들 간에 격론의 주제가 되었다. 그것은 침례에 대한 논쟁보다 더 뜨거웠다. 개신교 개혁가들은 대체로 가톨릭교회의 7성례전을 비판했고, 주의 만찬 논리인 영구제사설과 화체설 논리를 비판했다. 개혁가들 가운데 루터와 츠빙글리의 논쟁은 가장 유명하며, 그 논쟁의 결과가 가지는 의미도 컸다. 1529년에 있었던 마르부르크회담(Marburg Colloquy)은 루터교 제후 헤세의 필립(Phillip of Hesse)이 가톨릭 세력의 대항세력으로 종교개혁 세력의 연대를 꾀하기 위해 마련된 자리였다. 여기에서 루터와 츠빙글리는 15개의 동의안 가운데 14개의 안에 동의했으나 마지막 한 가지 안이었던 주의 만찬에 대한 견해에서 이견을 좁히지 못했다. 이것은 그들의 분명한 신학적 차이를 보여주며 어떤 타협도 가능하지 않았다. 이후 종교개혁 운동은 계속 독일의 루터교 진영과 스위스의 개혁교 진영으로 남게 되었다. 종교개혁 운동의 통합 가능성은 주의 만찬에 관한 이견으로 무산된 것이다.

츠빙글리의 주의 만찬론은 기념 및 상징설이라는 점에서 표면적으로 침례교회와 유사하다. 둘 다 주의 만찬을 성례전주의적 관점에서 이해하는 것을 거부한다는 점에서 공감한다. 둘 사이에 차이가 있다면 츠빙글리는 어느 정도 '예전경시주의자'(sacramentarian)의 성향을 보이면서 이 예전의 의미를 본질적으로 중요하다고 생각하지 않는 경향이 있다는 점이다. 그에게 있어서 외형적 의식은 그것이 표시하는 내적 의미에 비해 부차적인 것이었다. 침례교회도 내적 의미가 전제되지 않은 단순한 외형적 의식에 대해서 의미를 두지 않는 것은 츠빙글리와 동일하다. 그러나 침례교회는, 주의 만찬이 실제적인 공동체 식사이기 때문에 그것은 교회론적으로 중요한 의미를 갖고 있다고 본다. 주의 만찬론에 있어서 침례교회의 입장이 츠빙글리와 분명히 다를 수밖에 없는 것은 그들의 교회론 차이에서 온다. 침례교회의 차별성은 신자들의 교회 전통에서 온다. 주의 만찬이 신자들의 교회를 구성하는 교회회원들이 그리스도의 몸과 피를 기억하면서 함께 나누는 식사 의식이라고 했을 때, 이 의식을 통해 일어나는 공동체적 경험이 다를 수밖에 없다. 여기서는 침례교회가 일반적으로 이해할 수 있는 범위 안에서 몇 가지 주의 만찬 의미들을 설명하려고 한다. 아래의 설명들이 반드시 모든 침례교회들에 의한 통일된 방식의 설명은 아니지만–침례교회 내에 그러한 통일되고 정형화된 설명은 없다–주의 만찬 의식과 관련하여 널리 공감할만한 의미들이라고는 할 수 있을 것이다.

주의 만찬의 의미

주의 만찬은 기본적으로 교인들이 함께 나누는 공동체 식사(meal of community)이다. 주의 만찬은, 무인도에서 혼자 살고 있거나 갱도에 오랫동안 갇혀있는 경우를 제외하고는, 여러 신자들이 함께 먹는 공동체 식사이다. 무인도나 굉도에 혼자 갇혀있는 경우에도 본인이 하고 싶은 경우에 할 수 있겠지만 반드시 해야 하는 것은 아니다. 주의 만찬은 개인의 신앙생활 차원에서 하도록 주어지지 않았기 때문이다. 침례가 믿는 자들의 공동체를 형성하는 의식이라고 한다면 주의 만찬은 그러한 공동체적 삶 가운데 행해지는 의식이다. 두 예전 모두 지극히 공동체적인 의식이다.

침례와 마찬가지로 주의 만찬도 믿는 자들을 위한 의식이다. 다르게 말하면, 믿지 않는 사람들은 이 의식에 참여할 수 없다. 이 식사 의식은 그리스도의 몸의 깨어짐과 피 흘림의 의미를 아는 자들이 그것을 기념하는 예전이기 때문에 그 의미를 모르는 사람들에게는 아무런 의미가 없다. 마태복음 27장 고린도전서 11장 20절 이하의 말씀은 공동체 가운데 이러한 식사가 어떤 의미를 가지는지 보여준다.

1) 기념의 식사

주의 만찬은 가장 우선적으로 기념의 식사(meal of memorial or remembrance)이다. 이 식사는 참례자들이 그리스도의 고난을 기억하면서 자신이 그리스도의 은혜로 어떻게 구원에 참여하게 되었는지를 다시 한 번 경험하는 시간을 제공해준다. '기억'이라는 활동은 구약성서에서 매우 중요하게 취급되는 종교적 행위였다. 여호와 하나님께서 이스라엘 백성들에게 어떤 일을 행했는지, 그리고 그들과 하나님 사이의 언약(covenant)을 기억하는 하는 것은 그들의 신앙생활에 있어서 가장 기본적인 일이었다. 그래서 구약성서에는 기억하라는 말이 자주 등장한다. 레위기 26장 42절에서는 하나님께서 야곱과 이삭과 아브라함과 "맺은 내 언약을 기억"할 것을 요구하신다. 시편 77장 11절에서는 "곧 여호와의 일들을 기억하며 주께서 옛적에 행하신 기이한 일을 기억"할 것을 언급한다. 시편 78장 42절은 여호와의 "권능의 손"과 "그들을 구원하신 날"을 기억할 것을 말하고, 학개 2장 18절은 "너희는 오늘 이전을 기억하라"고 명령한다.

구약종교를 보면 이러한 기억의 기재들이 많이 등장하고 있고, 그러한 기재들은 그들 신앙생활의 중심을 이루고 있다. 그 중에 대표적인 것이 안식일을 지키는 일이다. 십계명의 제4계명이 될 만큼 이 안식일은 히브리 종교에 있어서 핵심적인 메시지를 담고 있다. 신명기 5장 15절을 보면 "너는 기억하라 네가 애굽 땅에서 종이 되었더니 네 하나님 여호와가 강한 손과 편 팔로 거기서 너를 인도하여 내었나니 그러므로 네 하나님 여호와가 네게 명령하여 안식일을 지키라"고 촉구한다. 이 말씀은 일주일 가운데 하루를 안식일로 지정하여 그들이 분주한 삶에서 손을

놓고 그 하루를 거룩하게 성별하여 그들의 삶을 가능하게 하신 여호와 하나님을 기억하라는 메시지를 담고 있다. 구약의 절기들이 또한 모두 기억의 기재들이었다. 각 절기를 통하여 그들의 하나님이 구체적으로 그들의 삶 가운데서 어떤 일들을 했는지 기억하게 했다. 예를 들면, 유월절을 통하여 하나님이 그들의 조상들을 어떻게 애굽으로부터 해방하셨는지, 장막절을 통하여 하나님이 광야에서 어떻게 그들을 보호하고 지켰는지를 생생하게 기억하게 했다.

주의 만찬은 일차적으로 그리스도의 고난을 기억하고 기념하는 의식이다. 빵을 먹음으로써 그의 몸의 깨어짐을, 포도주를 마심으로써 그의 피의 흘림을, 기억하는 것이며, 그러한 고난을 통하여 그리스도가 그의 제자들을 위해 어떤 희생을 치렀는지를 기억하는 의식이다. 그러한 기억 가운데 그들의 신앙적 정체성을 다시 생각하게 되고 회복하게 된다.

2) 갱신과 회복의 식사

주의 만찬은 갱신과 회복의 식사(meal of renewal and restoration)이다. 만찬에 참여한 각 교인은 이 식사를 통해 주님께서 하신 일을 기억하면서 침례 시에 고백했던 자신의 신앙고백에 따라 자신의 삶을 다시 갱신하고 회복한다. 이 식사는 각 신자에게 그동안 고백한 신앙에 걸맞지 않거나 미흡하게 생활했던 부분이 있다면 자신이 했던 첫 신앙고백에 비추어 다시 자신의 삶을 바로 잡는 시간을 제공한다. 기억은 갱신과 회복을 유발한다. 여호와 하나님이 그의 백성들에게 과거의 일을 기억하라고 했을 때는 반드시 그 기억의 활동을 통하여 그들의 잘못된 현재의 삶을 돌이키고 갱신하여 하나님의 백성에 합당한 삶을 회복할 것을 촉구했다. 하나님께서 과거 구약시대에 그의 백성들에게 베푼 은혜를 다시 떠올리고 현재의 삶을 고치라는 의미에서 절기를 주셨듯이 신약시대의 교회에게는 주의 만찬을 주셨다. 이 의식을 통해서 교회는 그리스도의 고난을 기억하면서 자신들의 신앙고백의 정신으로 돌아가며, 그동안 흐트러졌던 삶을 다시 바로잡고 회복하는 계기를 삼아야 한다는 것이다. 첫 주의 만찬에서 "이것은 많은 사람을 위하여 흘리는 나의 피 곧 언약의 피"(막 14:24)라고 한 그리스도의 말씀에 따라, 주의 만찬에 참여하는 신자는 그리스도의 언약을 기억함으로써 그 언약을 새롭게 갱신할 뿐 아니라 그가 침례를 통하여 고백한 신앙고백과 헌신의 언약을 갱신한다는 것이다.

루터는 고해성사를 하나의 독립적인 예전으로 보지 않으면서도 고해의 행위는 침례의 정신으로 돌아감으로써 지속적으로 이루어진다고 했다. 고해성사의 개념을 침례에 귀속시킨 것이다.[60] 여기서 침례교회가 루터의 견해를 반박해야 할 이유는 없다. 침례의 정신, 혹은 침례가 의미하는 바는 일생동안 각 신자가 지속적으로 돌아가서 되새겨야 할 것이기 때문이다. 여기서 언급되어야 할 것은 침례의 정신으로 지속적으로 돌아가는 행위가 주의 만찬에서 이루어진다는 것이다. 주의 만찬이 갱신과 회복의 식사로서 침례의 정신을 갱신하고 회복하는 의미를 가지기 때문이다. 이것은 침례의식과 주의 만찬 의식은 유기적인 내적 관계를 가지고 있음을 의미한다. 이 두 예전은 두 개의 별개의 예전이 아니라 교회를 만드는 침례와 그 정신이 주의 만찬을 통해 계속 기억되게 함으로써 교회라는 삶의 현장을 통한 그들의 신앙생활이, 개인적으로 그리고 공동체적으로, 갱신되는 일을 가능하게 한다.

3) 감사의 식사

주의 만찬은 감사의 식사(meal of thanksgiving)이다. 이 식사 의식에 참여한 사람들은 그리스도께서 하신 일을 기억하면서 감사의 시간을 가진다. 주의 만찬은 종종 헬라어에서 온 '유카리스트'(Eucharist)라는 말로

---

60) Nam, "A Comparative Study," 107-12 참조.

불리곤 했는데, 그 뜻은 감사이다. 동시에 그리스도 안에서 함께 몸을 이룬 형제자매들에 대한 감사를 포함한다.

4) 교제와 축하의 식사

주의 만찬은 교제와 축하의 식사(meal of fellowship and celebration)이다. 빵과 포도주를 나누는 가운데 그리스도와 연합하는 영적 경험이 있고, 한 그리스도의 몸을 이룬 신자들 간의 연합과 교제가 있다. 만찬에 참여한 신자들은 빵과 포도주를 나누는 가운데 그리스도의 깨어진 몸과 흘려진 피의 공로로 함께 그리스도의 몸을 이루게 됨을 서로 축하하는 의식이다. 주의 만찬을 오랫동안 '커뮤니언'(Communion)이라고 한 것을 보아도 이 의식이 가지는 교제의 의미를 짐작하게 한다. 또 초대교회에서는 주의 만찬이 그 직후에 있는 '애찬'(love feast)과 늘 함께 이루어졌다. 그들은 주의 만찬을 실제로 교인들이 함께 나누는 식사의 콘텍스트(context)에서 이해했음을 알 수 있다. 고린도전서 11장에 나오는 주의 만찬 이야기를 보더라도 그것이 실제의 식사였음을 알게 해준다. 그들은 식사를 함께 나누는 실제적인 의식 가운데 교인들 간에 이루어지는 사랑의 교제를 경험했다.

5) 종말론적 식사

주의 만찬은 또한 종말론적 식사(Eschatological meal)이다. 그것은 고린도전서 11장 26절에서 "너희가 이 떡을 먹으며 이 잔을 마실 때마다 주의 죽으심을 그가 오실 때까지 전하는 것"이라고 한 말씀대로 종말이 올 때까지 그리스도의 다시 오심을 기대하며 먹는 식사이다. "네덜란드의 암스테르담에 남아 있는 영국인들의 신앙고백서"에서는 이 구절을 그대로 사용한다.[61] 주의 만찬은 교회가 그리스도의 피를 나눈 한 몸이요 공동체로서 끝 날까지 그리스도를 기억하고 그의 다시 오심을 기대하며 나누는 식사라는 말이다.

첫 주의 만찬은 유월절 식사였다(마26:17-19). 무교병이 사용된 이유이다. 첫 주의 만찬의 상황은 출애굽을 앞둔 이스라엘 백성이 처한 상황과 매우 흡사한 점들이 있다. 문설주에 양의 피를 바른 이스라엘 백성들이 새로운 삶의 여정으로 나서는 시점에 첫 유월절 식사가 이루어진 것처럼, 십자가 사건을 앞둔 그리스도께서 제자들의 새로운 삶의 여정을 준비하는 과정에서 첫 주의 만찬이 이루어졌다. 첫 유월절 식사가 긴 여행을 앞둔 사람들이 처한 긴박한 상황에서 이루어진 것처럼 첫 주의 만찬도 십자가 사건을 앞둔 긴박한 상황에서 이루어졌다.

기독교인들의 신앙생활은 이제 오직 그리스도를 따르는 믿음으로 알 수 없는 미래와 미지의 세계를 향하여 길을 나서는 데서 시작된다는 점에서 1세기에 그리스도의 제자들이 처한 상황과 다르지 않다. 그리스도의 제자가 된다고 하는 것은 세상에 있지만 세상의 길을 선택하지 않고 그리스도를 좇아 그리스도와 동행하는 새로운 삶의 여정을 선택하고, 그리스도에 대한 신뢰, 믿음 하나만으로 그 길을 나서는 일이다. 이것은 이제까지 살아왔던 삶의 방식과 사고방식에서 떠나 새로운 삶의 방식을 선택하는 일이다. '믿음'이라는 행위가 기독교 신앙의 본질인 이유는 여기에 있다. 첫 주의 만찬은 바로 그 믿음의 길목에서 이루어진 사건이며, 이후 주의 만찬은 끝 날까지 그 믿음의 여정 가운데 그 여정의 길목에서 나아가야 할 바를 보여주는 이정표와 같은 것이다. 믿음의 공동체로서 교회는 주의 만찬을 통하여 지속적으로 그리스도를 따르는 여정에 동참하게 된다. 이것은 매우 긴박한 여정의 삶을 선택하는 일이며, 미래를 알 수 없지만 믿음으로만 선택할 수 있는 삶이다. 이것은 아브라함이

---

61) Lumpkin, 「침례교 신앙고백서」, 147.

알지 못하는 상황에서 현재를 버려두고 광야로 떠난 일을 상기시킨다. 이것이 믿음이다. 이러한 믿음 없이는 그리스도를 따르는 삶을 선택할 수 없다. 믿음의 삶을 이러한 여정으로 이해한다면 그리스도를 따르는 삶은 종말론적 삶이며, 주의 만찬은 종말론적 식사로서 그러한 신자들의 삶을 지속하게 해주는 표시가 된다.

침례교회는 여느 개신교단들과 마찬가지로(성공회는 예외) 성서적 교회예전을 침례와 주의 만찬 두 가지로 이해한다. 그들은 기본적으로 성례전주의를 배격하고, 어떠한 경우에도 가시적 의식에 초자연적인 은혜의 작용을 결부시키지 않는다. 가시적 싸인(sign) 혹은 표시보다 그 가시적 싸인이 지시하는(pointing to) 복음의 내용에 더 본질적 의미를 둔다. 가시적 의식 그 자체에 아무런 본질적 의미를 두지 않는다. 그렇다고 그 가시적 의식을 중시하지 않는 것은 아니다. 소위 '엑스 오페레 오페라토'(*ex opere operato*)라는 교회예전의 객관적 효험에 대한 믿음 때문이 아니라, 예전이 가지는 교회론적 의미 때문이다. 즉 침례를 통한 신앙고백이 가시적 교회가 형성되는 가시적 기준이 되고, 주의 만찬을 통한 예배와 교제가 가시적 교회의 존재양식이 된다는 점에서 그러하다. 교회의 두 예전은 실제로 참 교회의 정체성이 무엇인가를 보여주는, 그리고 그것을 지속적으로 일깨워주는, 가시적 싸인으로서 중요한 위치를 점한다. 그러므로 침례교회는 교회예전을 구원론적 의미보다는–물론 구원론적 의미를 담아내고 있긴 하지만–교회론적 의미에서 중요시한다. 두 교회예전은 교회가 지상에서 어떤 존재여야 하는지, 그리고 어떤 존재양식을 취해야 하는지를 가시적으로 보여주고, 각인시켜주고, 일깨워줌으로써 교회를 통한 그리스도의 사역이 정신적이고 추상적인 영역에 머무는 것이 아니라 신자들의 삶의 현장에서 실제화 되어야 하는 것임을 지시하는 역할을 한다.

침례교회에 있어서 침례와 주의 만찬은 구원론적으로보다는 교회론적으로 중요하다. 이 두 예전은 신자들의 교회가 어떤 교회인지 정확하고도 분명하게 설명해준다. 침례는 교회가 어떤 사람들로 구성되는지를 보여줌으로써 교인됨과 교회됨의 정체성을 표시한다. 주의 만찬은 그러한 사람들로 구성된 교회가 종말이 올 때까지 그리스도의 제자들이라는 그들의 정체성을 잃지 않고 그들의 신앙고백을 삶의 현장에서 어떻게 구체화해야 하는지를 보여준다. 오늘날 교회의 회복이나 교회의 개혁을 꿈꾸는 신자들이나 교회들이 있다면 가장 먼저 이러한 침례와 주의 만찬의 의미를 각 지역교회 가운데 회복하는 일을 선행해야 할 것이다. 이 두 예전이 교회가 어떤 공동체이어야 하는지를 그대로 보여주기 때문이다. 침례의 참된 의미를 회복함으로써 교회가 세상과 분명히 구별된 신자들의 공동체로 이해되어야 할 것이고, 주의 만찬의 의미를 통해서 각 신자들의 신앙을 지속적으로 유지하고 교회의 삶을 갱신해 나가는 일을 하게 될 것이다.

제7장

침례교회의 교회 정체(政體): 회중주의 체제

미국 남침례교단의 대표적인 신학자 제임스 개럿(James Leo Garrett, Jr.)은 그의 1962년 「침례교회 권징」(*Baptist Church Discipline*)의 초판에서 미국 남침례교단(Southern Baptists) 내에서 회중 중심적인 교회권징의 필요성에 대한 인식이 실제로 향상되고 있는 추세라는 긍정적 평가를 내린 바 있다.[1] 그러나 그는 같은 책의 2004년 개정판에서 "미국의 거대 침례교단 총회들에 소속된 교회들 가운데 회중 중심적 교회권징의 행습이 의도적이고, 일관되게 실천하는 일이 되살아나는 기미는 거의 없다"고 시인했다.[2] 미국의 남침례교단의 경우에는 이러한 현상이 교단 내에서 지난 수십 년간 강화되어온 '교권주의적' 행태와 무관하지 않을 것이다.[3] 무분별한 교회성장주의가 교회 내에서 이루어져야 할 실질적인 회

1) James Leo Garrett, Jr. *Baptist Church Discipline*. (Nashville: Broadman Press, 1962), 2. Wyman Lewis Richardson, "The Rule of Christ and Congregational Polity: A Unique Challenge and Opportunity," *Southwestern Journal of Theology* 47 (Fall 2004): 45에서 재인용

2) James Leo Garrett, Jr. *Baptist Church Discipline*, 2nd ed. (Paris: Baptist Standard Bearer, 2004), 1. Richardson, "The Rule of Christ and Congregational Polity," 45에서 재인용.

3) Slayden A. Yarbrough, "선두와 중앙에 서야 할 사람들은 평신도들이다," 「21세기 속의 1세기 신앙: 침례교 신앙 정의하기」, ed. Charles W. Dewees, 김승진 역 (대전: 침례신학대학교출판부, 2005), 290-92를 참조. 야브로우(Yarbrough)는 "침례교회에서 평신도들은 수

중 주체적 삶보다는 사역의 전문성과 효율성에 집중하게 만든 것도 큰 원인을 제공했을 것이다. 여기에는 세상 기업의 마케팅과 경영 전략, 그리고 성공주의를 겨냥한 리더십 개념이 교회 내로 유입된 것이 한 몫을 했을 것이다. 또 세상에서는 새로운 대중 매체들의 등장과 아울러 새로운 영웅 혹은 수퍼스타들이 등장해 대중을 열광하게 하는 것처럼, 교회에서도 교회회중의 일상적인 공동체적 삶에 주목하기보다는 소수의 '수퍼스타'에 열광하는 현상이 두드러지게 나타나고 있음도 사실이다.

신자들의 교회 전통에 있는 침례교회가 그들의 본질적 특성인 회중주의 정치체제(congregational polity)에서 퇴조 현상을 보이는 것은 심각한 문제이다. 회중주의 체제는 신자들의 교회가 지향하는 기독교적 삶이 만들어져 가는 틀이고 기독교 신앙이 실질적으로 구체화되는 통로이기 때문에, 그 퇴조 현상은 교회를 총체적으로 병들게 만들 위험성을 동반할 수밖에 없다. 사역자들의 비뚤어진 성공주의적 목회관과 교인들의 수동적 신앙관은 이러한 비정상적인 동향을 심화시킨다. 오늘날 한국의 침례교회들도 비슷한 위기에 처해 있음을 부인하기 힘들다. 한국에서 침례교회는 그들의 회중 주체적 공동체의 삶의 방식을 오히려 다른 교회 전통과 나누어야 할 사명이 있음에도 불구하고 스스로도 건강한 회중 주체적 교회의 삶을 살아내기에 역부족인 것이 현실이다. 한국 침례교회가 신자들의 교회 전통을 회복하고 이어가려면 회중 주체적 교회 삶을 회복해야 한다.

많은 목회사역들과 프로그램들에 활발하게 참여해 왔음이 명백하다"고 한 뒤에 "남침례교인들이 서부로 그리고 북부로 이주를 하면서 그 길을 인도했던 것은 바로 평신도들이었다. 남침례교 교회가 없는 지역에서 교회를 개척했던 것도 평신도들이었다. 이렇게 볼 때 교단의 개념을 대중운동(a people's movement)으로 구현했던 것도 역시 평신도들이었다"고 하면서 동 교단의 발전 과정에서 중요한 동력이 되었던 평신도 사역의 다양한 공헌을 논한다. Ibid., 287. 야브로우는 이 글 전반에 걸쳐 남침례교단의 역사에서 평신도들의 활발한 역할들을 언급하면서도, 마지막 결론에서는 이 회중 중심적 사고가 동 교단 내에서 퇴보하고 있음을 안타깝게 생각한다.

1. 역사에 나타난 교회정체 유형

교회는 그리스도의 몸이며 하나님 나라의 전신(前身)이지만 이 땅에서는 사람들의 가시적 공동체이다. 가시적 공동체는 결국 조직이라는 외형적 형태를 가지고 체제를 이룰 수밖에 없다. 교회 또한 그 행정적 체제, 즉 정체(政體; polity)를 가지게 된 것은 자연스러운 일이다. 교회의 정체는 교회 공동체의 일을 결정하는 권위체계의 성격을 규정하는 일이며, 교회의 여러 가지 사역과 방향에 대한 결정을 누가 어떻게 하는가와 밀접하게 연결되어 있는 문제이다. 교회가 신앙 공동체이기 때문에 교회의 외형적 체제 문제를 본질적인 문제로 생각하지 않는 것은 중대한 잘못이다. 기독교 신앙은 구체적 삶의 현실에서 벗어나서는 설명될 수 없다. 기독교를 역사적 종교라고 말하는 것은 기독교 신앙이 현실의 삶을 떠나서는 설명될 수 없기 때문이다. 그렇기 때문에 기독교 신앙은 추상적이고 정신적인 영역에 머물러서는 안 된다. 기독교 신앙이 역사적 현장에서 계시되고 구체화되었던 바에 따라 그 신앙은 현실의 삶에서 표현될 외형적 수단들을 가질 수밖에 없다. 더 나아가 그러한 외형적 수단들은 신앙의 내용을 가장 잘 드러낼 수 있도록 올바르게 선택되어야 한다. 잘못된 외형적 체제가 그것이 담고 표현하려는 내용을 변질시킬 수 있는 가능성은 항상 있다. 그러므로 신앙을 담아내고 표현하는 외형적 형태나 체제가 신앙의 내용과 본질을 훼손하거나 왜곡하는 일이 없도록 하는 것은 매우 중요한 일이다.

교회 정체의 문제는 이러한 관점에서 본질적 중요성을 가진다. 교회가 어떤 공동체이며, 어떤 삶의 방식을 구현하는가는 그 공동체가 증거(witness)하려고 하는 복음의 본질과 떼어놓을 수 없다. 교회가 세상에 그리스도의 사랑을 표방하고 그것을 실천하려고 한다면 그러한 일을 실행하기에 적합한 교회의 체제와 삶의 방식이 내적으로 체질화되어 있어야 할 것이다. 이러한 관점에서 신자들의 교회로서 침례교회가 그 본질을 제대로 드러내기 위해서는 그 교회에 맞는 교회의 정치체제가 채택되고 그 정체에 체질화되어 있어야 할 것이다. 기독교는 역사적으로 교회 정치체제를 세 가지로 표현해왔다. 감독주의(Episcopalism), 장로주의(Presbyterianism), 회중주의(Congregationalism)가 그것이다.

감독주의 체제(episcopal polity)는 감독좌(監督座; bishopric)가 있는 지역에 소속한 교구교회들의 목회적, 행정적 권위가 일인 감독에게 있다고 하는 형태이다. 로마 가톨릭교회, 정교회, 루터교회, 성공회, 그리고 감리교회가 이 형태의 교회체제를 채택하고 있다.[4] 감독주의는 교회 내에 일어나는 삶과 사역에 관련하여 그 최종적 결정을 1인 감독이 하는 정치체제이다. 즉, 1인 감독이 교회를 치리하는 행정적 체제이다. 물론 한 교회에 여러 감독들이 있었던 시대를 돌이켜본다면 감독주의라는 말 자체가 여러 감독들이 교회를 치리하는 체제를 일컫는다고 할 수도 있을 것이다. 그러나 실제로 감독주의 전통이 형성된 시기는 '1인 감독주의'(monarchical episcopalism)가 등장한 시점과 거의 동일하다. 즉, 감독주의 체제는 1인 감독주의 체제가 형성되면서 서서히 등장한 교회정체라고 할 수 있다. 사실 한 교회에 여러 감독들이 목회했던 시대는 기독교 역사의 가장 초기였으며, 그 시대의 교회정체는 오히려 회중주의 체제였다.

감독주의 체제의 교단 전통에서는 감독의 권위가 그리스도의 사도들로부터 시작하여 지금까지 끊어지지 않는 감독직위의 역사적 계승에서

---

4) 감리교회의 경우에는, 감리교의 창시자로 알려져 있는 존 웨슬리(John Wesley)가 일으켰던 '감리교운동'(Methodist Movement)에서 한 지역에 흩어져 있는 소그룹들을 관리하는 지역 관리자(regional superintendent)의 역할과 미국으로 건너간 웨슬리의 제자들이 세운 미국의 감리교단의 감독(bishop)의 역할은 다른 것이었다. 미국의 감리교회는 창시자의 가르침을 따랐다기보다는 감독주의 체제(episcopal polity)를 채택함으로써 영국국교회의 모델을 따랐다.

비롯되었다고 주장한다. 이것은 2세기부터 발전되기 시작한 사도계승주의(Apostolic Successionism) 개념에서 발전된 것이다. 3세기에 와서는 키프리아누스(Cyprianus)와 같은 이들에 의해 이러한 감독중심적 교회개념이 더욱 강화되었다. 그는 감독이 없으면 교회도 없다고 이해했다. 사도들을 계승한 감독의 존재가 교회의 존재 유무를 결정한다는 것이다. 이것은 또한 교회의 공식적인 가르침도 감독의 권위에서 비롯된다는 것을 전제하고 있기 때문에 감독의 가르침에 따르는 것이 정통신학에서 벗어나지 않는 길임을 의미한다.

이러한 감독중심적 교회체제는 16세기 종교개혁 운동으로 새로운 기독교 교단들이 형성되기까지 거의 도전받지 않았다. 중세교회는 예외 없이 감독주의 체제로 발전되었고 거기에는 예외가 없었다. 16세기 종교개혁의 결과로 형성된 다양한 개신교단들 가운데는 감독주의의 대안 체제로서 장로주의 체제(presbyterian polity)와 회중주의 체제(congregational polity)가 등장했다. 물론 가톨릭교회와 동방정교회는 여전히 감독주의 체제를 고수하고 있으며, 개신교단들 가운데도 영국국교회(성공회)와 감리교회는 감독주의 체제를 취하고 있다.

장로주의 체제는 교회의 행정적 책임 주체를 당회 혹은 장로회(長老會; assembly of presbyters, presbytery 혹은 classis)에 두는 교회정체(教會政體)를 말한다. 즉, 각 지역교회의 모든 일은 일단의 장로들에 의해서 결정되는 교회체제이다. 역사적으로 장로주의 체제는 1인 감독주의 체제를 거부하면서 채택된 제도이다. 이 제도는 신약성서에 나오는 장로(elder)와 감독(bishop)이 같은 직위의 다른 이름이라는 전제에 따라 초대교회는 여러 장로들이 치리했다는 논리에서 출발한다. 이 논리는 16세기에 슈트라스부르크(Strasbourg)의 개혁가 마르틴 부처(Martin Bucer)에 의해 제창되었고, 그에게 영향을 받은 장 칼뱅이 제네바에서 개혁하는 과정에서 채택한 교회정체였다. 이 정체(政體)는 칼뱅의 종교개혁 프로그램이 국제적으로 퍼져나가면서 곳곳에서 세워진 개혁교회 전통의 전형적인 교회체제로 발전하게 되었다. 스코틀랜드교회(Church of Scotland)를 필두로 하여 프랑스의 위그노파(Huguenots) 혹은 프랑스개혁교회(Reformed Church of France), 네덜란드개혁교회(Dutch Reformed Church), 그리고 오늘날 세계 곳곳의 개혁교회와 장로교회들은 교회체제로서 장로주의를 채택한다.

장로주의 체제는 초대교회 시대에 각 교회를 여러 장로들(혹은 감독들)이 동역했다는 점에서 그 우선적 정당성을 찾는다. 여기에는 '가르치는 장로'(teaching elders)와 '치리하는 장로'(ruling elders)들이 있고, 교회사역은 이들의 리더십에 의해 이루어졌다고 본다. 전자는 좀 더 전문적으로 훈련된, 말씀과 예전의 사역을 맡은 자들이고, 후자는 그 외 교회의 목회적, 행정적 업무를 담당하는 자들이다. 16세기의 제네바에서는 '교회법원'(Concistory)이 목회자들(ministers)인 '가르치는 장로들'과 시의회의 의원들인 '치리하는 장로들'로 구성됨으로써 장로회가 전문 사역자들(ordained ministers)과 평신도 지도자들(lay leaders)로 이루어지게 되었다. 이는 평신도가 장로가 되는 전통이 시작되었음을 의미한다.

회중주의 체제 역시 감독주의가 일반화되어 있었던 16세기에 등장했다. 물론 이 글은, 초대교회가 회중 주체적 공동체 교회였으며, 그 회중주체적 교회가 16세기에 아나뱁티스트 교회에서 회복되어 나타났고, 17세기에는 일부 분리주의 교회와 침례교회에서 발견된다는 입장을 취한다.[5] 교회의 회중주의 체제는 교회의 모든 권위가 감독과 장로들이 아니라, 회중에서부터 비롯된다는 생각이다. 이제부터는 회중주의에 관한 구체적 논의를 하려고 한다.

감독주의와 장로주의 체제는 한 개인이나 소수의 집단이 안수를 통하

5) 17세기에 분리주의자들 가운데 세워진 독립 회중교회의 회중주의와 침례교회의 회중주의를 비교하여 그 유사점과 차이점을 밝혀보는 연구가 필요하지만, 여기서는 논외로 한다.

여 그리스도로부터 직위의 권위를 부여받고 그 권위를 회중을 향해 행사한다. 그러나 회중주의 교회는 전문 사역자들의 목회적 권위가 그리스도로부터 직접 주어졌다고 보지 않는다. 오히려 회중이 그리스도로부터 부여받은 사역적 권위를 그들이 세운 적임자(들)에게 안수함으로써 부여한다고 이해한다. 다음의 다이어그램은 세 교회 정치체제에서 신앙적 권위가 행사되는 방향을 표시한 것이다.

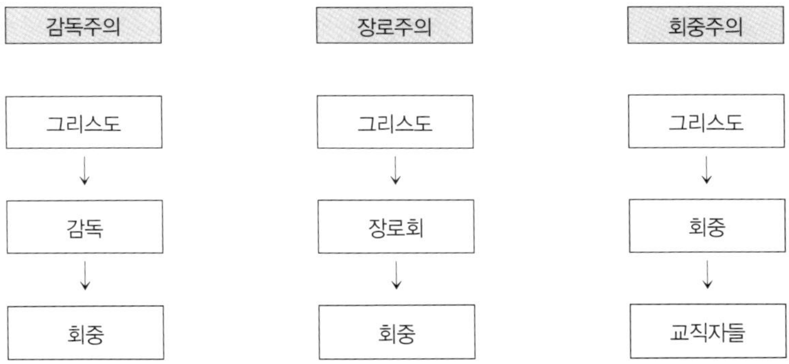

2. 회중주의에 대한 신약성서적 사례

철저하게 계층화된 사회와 문화권 안에서 사람들 간의 관계를 비계층적으로 이해하고 그것을 삶의 방식으로 삼은 것은 교회였다. 1세기의 팔레스타인에서, 유대교 전통 내에서, 로마제국의 정치적 상황에서, 더 광범위하게는 헬라문화권 아래에서, 사회적 계층과 지위와 개인적 능력(부와 재능)에 좌우되지 않는 평등한 공동체가 설립된 것은 대단히 혁명적인 일이었다. 첫 기독교인들은 이러한 점에서 자신들의 민족적, 종교적 전통을 넘어서고 시대의 일반적 사고방식을 뛰어넘은 사람들이었다. 그들의 삶과 사고방식을 근본적으로 바꿔놓은 새로운 사상, 즉 예수 그리스도의 가르침은 그들로 하여금 그들이 처해 있었던 현실과 그들을 규정해온 과거의 전통을 다 내려놓게 만들었고, 그들을 둘러싸는 세상에 대한 평가를 새롭게 시작한 자들이었다. 이것이 그들로 하여금 어떤 경우에도 사람들 간의 차별주의를 인정하지 않게 만든 요인이었다. 그들은 그리스도를 통하여 하나님을 만난 자들이었고, 그 사실이 그들의 삶과 생각을 송두리째 바꾸어 놓았다. 하나님의 통치 아래에서 그들 간의 차이들이 얼마나 사소하고 부질없는 것인지 깨달은 것이다. 사도바울은 그가 태어나고 자란 자랑스러운 유대주의 전통과 그가 내세울 만한 교육적 배경을 모두 '배설물'로 여기게 되었음을 고백했다. 하나님의 권위와 사랑 아래 모든 사람들은 동일하다는 사실을 깨달은 것이다. 그들의 신앙은 내가 다른 사람보다 조금 더 나은 것이 하나님 앞에서 얼마나 보잘 것 없는 것인지 철저하게 인식하는 데서 출발했다. 사도들은 이러한 신앙적 전제에 따라 자연스럽게 교회를 회중 중심적으로 이해하게 되었다. 다음에 나오는 사례들은 이것을 잘 보여준다.

1) 최초의 집사 간택: 사도행전 6장 3-6절

사도행전을 보면 초기의 교인들이 비록 회중주의라는 말을 사용하지 않았지만 어떻게 교회의 일을 그 원칙에 따라 했는지 잘 보여준다. 먼저 사도행전 6장 3-6절을 보면 예루살렘 교회에서 처음으로 집사를 간택하여 세우는 장면을 목격할 수 있다. 물론 당시의 사도들과 교인들 마음속에 '집사'라는 직분이 처음부터 있었던 것은 아니었다. 그 교회 내에서 사도들 이외에 교회를 위하여 구체적인 봉사의 일을 감당해줘야 할 사람들을 필요로 하는 상황이 생겼고, 그 사람들을 교회의 일꾼으로 세우게 되면서 집사라는 직분이 생겼다. 집사라는 말에 해당하는 헬라어가 '디아코노스'(diakonos)였음을 보더라도 그 직분이 당시에 '하인'(servant)을 지칭하는 일반적인 용어였음을 알 수 있다. 그들의 교회에 봉사의 일을 할 '하인들'이 필요했던 것이다.

당시에 예루살렘의 기독교인들 가운데 헬라파 유대인 과부들과 히브리파 유대인 과부들이 있었는데 그들에 대한 구제 사역이 공정하게 이루어지지 않는 경우가 자주 발생했고, 그로 인한 불만이 종종 표출됨으로써, 교인들을 돌보는 사역을 사도들만이 감당하기에는 어려운 실정이 되었다. 이에 사도들은 기도하고 말씀 전하는 일에 소홀할 수밖에 없는 상황을 해결하기 위하여 교인들 가운데 구제의 일을 감당할 일꾼들을 세우려고 했다. 그리하여 그들은 "형제들아 너희 가운데서 성령과 지혜가 충만하여 칭찬 받는 사람 일곱을 택하라 우리가 이 일을 그들에게 맡기고 우리는 오로지 기도하는 일과 말씀 사역에 힘쓰리라"(행6:3-4)고 요청했다. 이 말을 쉽게 지나쳐서는 안 된다.

당시 계층적, 권위주의적 사회에 익숙해져 있었던 사람들이 이러한 경우에 당연하고도 자연스럽게 취할 수 있었던 방식은, 사도들로 하여금 적절한 사람들을 일방적으로 선택하여 세우도록 하는 방식이었을 것이다. 왜냐하면 사도들은 누구보다도 그리스도와 함께 삶을 나눈 사람들이었고 그의 가르침을 직접 받은 자들이었기 때문이다. 새로운 가르침을 중심으로 하여 새로운 공동체가 시작되었을 때 이 가르침을 전수하는 위치에 있었던 사도들의 신앙적 권위는 거의 절대적일 수밖에 없다. 기독교 신앙은 전적으로 그들에게 달려있었던 상황이었다. 그리고 그 새로운 공동체의 가장 초기에 있었던 일이다. 새로운 신앙에 관하여 사도들만큼 권위 있고 의존할만한 사람들이 없었던 때였다. 기독교 역사의 시점들 가운데 이때보다도 더 지도자들이 일방적으로 신앙의 일들을 결정해도 무방할 때는 없었을 것이다. 이러한 상황을 감안한다면 사도들이 일꾼들을 선택하고 세우는 일을 전체 교인들에게 맡겼다는 것은 특이하고 생소한 방법이었음에 틀림없다. 특히 유대인들은 오랫동안 제사장과 율법선생의 종교적 권위에 절대적으로 의존된 신앙생활을 해왔던 사람들이었다. 종교사회적으로 그들은 늘 수동적이었고 종속적이었다. 그들은 늘 위에서 정한 것을 그대로 따르는 삶의 방식에 익숙해져 왔던 사람들이었다. 이러한 관점에서 보면 사도들이 취한 방식은 그들에게 상당히 의외의 일로 다가왔을 것이다. 누가가 사도행전을 기록하면서 이 부분을 설명할 때 그 절차를 구체적으로 적시한 것은 당시로서는 특별했던 방식을 보여주고자 했음이 분명하다.

사도들의 요청에 따라 "온 무리"는 일곱 일꾼들을 "택하여 사도들 앞에" 세웠고, 사도들은 그 일꾼들에게 안수를 하면서 교인들의 선택을 인정하고 추인하였다. 이렇게 하여 교회는 처음으로 일꾼을 세울 때에 전형적인 회중 중심적 방식을 취했다. 이 일은 기독교 역사의 가장 초기에 사도들이 교회가 공동체적인 문제를 해결해야 하는 경우에 전체 교인들이 그 문제를 해결하는 일에 주도적으로 참여하게 하고 그들의 결정에 따라 그 문제를 해결하는 방식을 사용했음을 잘 보여준다.

2) 최초의 이방 선교사 파송: 사도행전 13장 1-3절

최초의 교회였던 예루살렘교회에서 사용된 회중 중심적 방식은 이방 지역에 최초로 세워진 안디옥교회에서도 그대로 채택되었음이 사도행전 13장 1-3절에서 잘 확인된다. 잘 알려져 있듯이 안디옥교회는 초기 기독교 역사에서 이방선교의 전진기지 역할을 했던 중요한 교회였다. 이 구절에서는 안디옥교회가 바나바와 사울(바울)을 이방 지역에서 이방인들에게 복음을 전하는 선교사로 세운 일을 설명하고 있다: "주를 섬겨 금식할 때에 성령이 이르시되 내가 불러 시키는 일을 위하여 바나바와 사울을 따로 세우라 하시니 이에 금식하며 기도하고 두 사람에게 안수하여 보내니라." 한국어 성서에는 이 말씀이 누구에게 명령되었는지, 그리고 그 명령에 따라 누가 두 사람을 복음전도자로 세웠는지 명확하게 드러나지 않는다. 영어성서에서는 두 사람을 세워서 보냈다는 동사의 주어가 원문에 따라 '그들'(they)이라고 되어 있다. 여기서 '그들'은 안디옥 교회의 교인들을 가리킨다고밖에 달리 설명할 길이 없다. 그들이 예배하고 금식하는 가운데 그들에게 성령의 감동이 있었고 그 감동에 따라 두 사람을 복음사역자로 세웠다는 것이다. 바나바와 바울은 안디옥교회의 지도자로서 역할을 해왔지만 그들을 세운 것은 전체 교회였다. 그들이 스스로 성령의 감동을 받고 복음사역자가 되겠다고 한 것이 아니라, 교회 전체가 예배하고 금식하는 가운데 성령의 감동을 받고 그 두 사람을 선택하여 세웠다는 것이다. 1절을 보면 그 교회에는 지도자들이 여럿 있었음을 알 수 있다. 바나바와 바울 이외에도 세 사람의 이름이 더 언급되어 있다. 그들 가운데 특히 바나바와 바울을 선택하여 세운 것은 그들 지도자들의 의사가 아니라 전체 교인들의 의사였음을 분명히 보여주고 있다. 이러한 장면은 안디옥교회의 교인들이 그들의 교회 생활에서 지도자들에 의해 이끌려가는 수동적인 위치에 앉았고 주체적인 위치에 있었음을 잘 보여준다.

3) 예루살렘 회의: 사도행전 15장

사도행전 15장에는 소위 '예루살렘 회의'(Jerusalem Council)로 불려온 사건이 실려 있다. 이 사건의 배경은 바나바와 바울이 키프루스(Cyprus)와 소아시아의 여러 지역에서 복음 사역을 마치고 다시 안디옥교회로 돌아온 뒤에 일어난 이방인 선교를 둘러싼 논쟁이었다. 사도행전 8장 이후를 보면 복음이 예루살렘을 벗어나서 사마리아 지역을 거쳐 시리아 지역에까지 전파된 일, 그곳에서 이방인 지역 최초의 교회 안디옥교회가 설립된 일, 안디옥교회를 통하여 이방인 선교가 본격적으로 시작된 일을 차례로 소개한다. 그리고 바울의 1차 전도여행이 끝난 시점에 와서는 이방인 선교에 관한 점증된 견해 차이를 해소해야 할 때가 온 것이다. 초기 기독교 유대인들은 그리스도를 통하여 새롭게 계시된 메시지가 그들과 이방인들 가운데 동등하게 주어졌다는 사실을 아무런 고민 없이 받아들이지 못했다. 그들은 '구약'이 그러했듯이 '신약'도 유대인들에게 주어졌다고 생각했고, 이방인이 기독교인이 되기 위해서는 먼저 유대인이 되어야 한다고 생각했다. 그들은 이방인이 기독교인이 되려면 먼저 할례를 받아야 한다고 주장했다.

사건의 발단은 이런 생각을 한 사람들이 급기야는 안디옥교회까지 와서 교인들에게 "너희가 모세의 법대로 할례를 받지 아니하면 능히 구원을 받지 못하리라"(행15:1)고 경고하면서 시작되었다.[6] 이러한 가르침은 곧바로 바울과 바나바의 견해와 충돌하게 되었고, 교회 내에서 "다툼과 변론"(행15:2)을 일으켰다. 이 견해 차이는 초기 기독교인들을 양분할 만큼 중대한 사안이 되었고 앞으로 계속 전개될 이방인 선교 활동에 걸림돌이 될 만한 것이었다. 이 문제를 해결하기 위하여 안디옥교회의 교인들은 바울과 바나바를 비롯하여 몇몇 교인들을 예루살렘에 파송하였다. (여기서도 안디옥의 교인들이 그들의 일을 대신하여 맡을 사람들을 세워서 파송했다!) 그들은 특히 할례를 주장한 사람들이 유대로부터 온 사람들이었기 때문에 유대 지역에 있는 사도들의 견해를 확인해야 할 필요가 있었을 것이다.

예루살렘 회의와 관련하여 여기서는 그 회의가 어떻게 진행되고, 그 결론이 어떻게 도출되었는지를 살펴보려고 한다. 예루살렘 회의는 흔히 사도들의 회의로 알려져 있다. 그러나 사도행전 15장 4절 이하의 상황을 잘 살펴보면 그 회의가 전체 회중들의 모임이었음을 잘 보여준다. 안디옥교회에서 파송된 사람들은 예루살렘에 와서 "교회와 사도와 장로들에게 영접을 받고" 하나님께서 자신들을 통하여 어떻게 이방인들을 구원하

6) 첫 기독교인들은 유대인들이었기 때문에 기독교 역사의 가장 초기부터 그리스도의 가르침을 유대주의(Judaism)의 관점에서 받아들인 사람들이 많이 있었던 것은 자연스러운 일이라고 봐야 한다.

는 일을 행하셨는지를 보고했고(행15:4), 교인들 가운데 바리새파 출신의 교인들은 "이방인에게 할례를 행하고 모세의 율법을 지키라 명하는 것이 마땅하다"라는 반론을 폈다(행15:5). 이 장면은 전체 교인들과 사도들이 모인 가운데 첨예하게 대립된 두 견해가 개진되었음을 보여준다. 그리고 이 전체 모임이 진행되는 가운데 "사도와 장로들이 이 일을 의논"하기 위해 따로 모임을 가졌다(행15:6). 아마 이 문제에 대해 사도들도 그들의 견해를 정리할 필요가 있었을 것이다. 그들 가운데 "많은 변론이 있은 후에"(행15:7 앞부분), 아마도 그들의 입장을 정리한 후에, 그들은 다시 전체 교인들 앞에 나와서 그들의 입장을 전달했다. 7-11절은 베드로가 사도들을 대표해서 그들의 정리된 입장을 발표하는 모습을 보여준다. 12절에서는 "바나바와 바울이 하나님께서 자기들로 말미암아 이방인 중에서 행하신 표적과 기사에 관하여" 다시 증언했는데, 이때는 아까와는 달리 "온 무리가 가만히" 경청하는 모습을 보여준다. 이는 회중들이 전반적으로 사도들의 견해에 동의하는 모습을 보여준 것이라 사료된다. 뒤이어 야고보가 일어나서 베드로의 언급을 재확인하면서 "내 의견에는 이방인 중에서 하나님께로 돌아오는 자들을 괴롭게 하지 말" 것을 당부했다(행15:19). 그리고 22절은 "사도와 장로와 온 교회가 그 중에서 사람들을 택하여 바울과 바나바와 함께 안디옥으로 보내기를 결정"한 사실을 전해준다. 여기서도 사도와 장로들만이 아니고 전체 교회가 그 일을 할 사람들을 그들 가운데 택하여 세웠다는 것이다.

이 회의 과정을 다시 정리하면 예루살렘의 전체 회중 가운데서 먼저 의견들이 개진되었고, 전체 회의를 잠시 중단한 뒤 사도들을 비롯한 지도자들은 '소위원회'를 열어 그들의 의견을 조율했으며, 그들은 '소위원회'에서 정리된 견해를 전체 회중 앞에 발표했고, 회중은 그 견해를 받아들였다. 그리고 그 회중은 원래 이 사안에 대해 질문해온 안디옥교회에 사람들을 파송하여 편지를 전달하기로 "만장일치로 결정"하고 그렇게 했다

(행15:22, 25). 이것은 첫 교회회의가 사도들의 일방적인 입장 조율에 의해서가 아니라 전체 회중의 회의에 의해 결론에 도달했음을 잘 보여준다. 여기서도 누가는 단순히 결정된 사항을 전달하려고 하기보다는 그 과정을 제법 상세히 보여줌으로써 그것이 회중 주체적 회의였음을 잘 전달해 준다.

여기서 특별히 주목할 필요가 있는 부분은 예루살렘교회가 안디옥교회에 회의 결과를 전달한 편지 내용이다. 그 편지는 회의 결정 내용을 소개한 다음 그 결정은 "성령과 우리"(행15:28)가 판단한 것임을 분명히 하고 있다. 실제로 이 결정은 예루살렘 교회의 회중과 사도들에 의해서 이루어진 것을 감안한다면, 전체 회중의 결정을 성령의 결정으로 표현하고 있음을 알 수 있다. 그들은 믿는 사람들이 모인 교회가 믿음 안에서 결정한 것을 성령의 인도하심으로 이해하고 있음을 알 수 있다. 이것은 나중에 또 언급되겠지만 신자들의 교회의 회중 중심적 활동이 회중 가운데 함께 하시는 성령의 활동임을 확인해주는 부분이다.

4) 교회권징의 가르침

복음서 가운데 마태복음은 권징의 사례를 통하여 회중주의의 모습을 보여준다. 18장 15-18절은 제자들의 공동체 내에서 이루어지는 권징 절차를 가르쳐준다. 한 형제가 죄를 범하게 되었을 때 먼저 그것을 알게 된 사람이 단독으로 그에게 가서 상대하라고 가르친다. "가서 너와 그 사람과만 상대하여 권고하라"(마18:15)는 것이다. 여기서는 먼저 개인적인 차원에서 그를 설득하는 것이 좋다고 말하는데 이는 개인적인 오점이 다른 사람들에게 알려지지 않도록 하려는 배려가 담겨져 있다. 그렇게 해서 그 형제가 설득되고 죄에서 돌이키게 되면 "그 형제를 얻은 것"이 된다. 그러나 그 형제가 그 충고를 받아들이지 않으면 그 다음 단계로 "한두 사람을 데리고 가서 두세 증인의 입으로 말마다 확증"하라고 가르친다. 이것은 그 형제가 잘못하고 있음이 다른 사람들에 의해서도 인정되고 지적되고 있음을 확인시켜주는 절차이다. 그런데 그들의 말도 듣지 않고 죄에서 돌이키지 않을 때는 교회(ecclesia)에 이 사실을 알리라고 가르친다. 이제는 개인적 차원에서 이 문제를 해결할 수 있는 차원을 넘어섰고 전체 공동체 앞에 이 문제를 내놓고 해결해야 한다는 것이다. 그리고 교회 전체가 권고했는데도 듣지 않으면 "이방인과 세리와 같이 여기라"라고 가르친다. 이 말은 공동체에서 그 형제를 제외시키라는 말이다. 이 절차를 자세히 곱씹어보면 형제의 잘못을 돌이키는 과정에서는 개인적, 공동체적 노력을 다하지만 최종적으로 그 형제를 공동체에서 제외시키는 결정은 결국 전체 공동체에 의해서 이루어진다는 사실을 알 수 있다. 권징의 최종적 절차와 결정은 전체 공동체, 즉 전체 회중에 의해서 이루어져야 한다는 것이다.

그리고 이 말씀 바로 다음 구절에서는 "진실로 너희에게 이르노니 무엇이든지 너희가 땅에서 매면 하늘에서도 매일 것이요 무엇이든지 땅에서 풀면 하늘에서도 풀리리라"(마18:18)는 말씀이 나온다. 이 말씀은 이미 16장에서 베드로의 신앙고백 직후에 나온 바 있다. 거기서는 이 말씀이 마치 베드로 개인에게 주어진 말처럼 되어 있지만 여기서는 공동체 전체에게 주어진 말씀인 것이 분명하다. 그렇다면 16장의 말씀도 교회라는 공동체적 상황에서 주어진 말씀이라고 이해하는 것이 타당하다.[7] 이

7) 마테복음 16장 19절이 베드로 개인에게 주어진 말씀이고 마태복음 18장 18절의 말씀은 교회 공동체에게 주어진 말씀이라면, 그 주어진 말씀은 사실상 공동체에게 주어진 말씀이라고 봐야 할 것이다. 이 말씀이 베드로에게 주어진 것이 베드로의 신앙고백 직후였다는 것은 이 말씀이 "주는 그리스도시오 살아계신 하나님의 아들"이라는 신앙고백을 한 사람에게 주어진 것임을 말해준다. 그리고 이 말씀이 나중에 전체 공동체에게도 주어졌다면 이 말씀을 베드로에게만 해당된다고 주장하는 것은 무리이다. (가톨릭교회가 이 구절을 베드로와 그의 후계자들의 권위로 해석하는 것은 무리가 있다. 만약에 사도들이 그렇게 이해했다면 예루살렘교회에서 첫 일꾼들을 세울 때 베드로나 사도들이 결정했을 것이다.)

것은 그리스도의 교회가 공동체적으로 결정한 것은 '하늘'에서도 인정한다는 말씀이다. 하나님께서는 불완전한 인간들의 결정이지만 그리스도의 뜻에 따라 설립된 공동체가 무엇인가를 결정했다면 그것을 최선의 결정으로 인정하고 존중하겠다는 말씀이다. 불완전하나마 그것이 최선이며, 지상의 공동체는 그 결정에 따라 움직여가야 한다는 것이다. 이것은 앞에서 설명한 예루살렘회의에서 전체 회중과 사도들이 결정한 사항이 "성령과 우리"(행15:28)의 결정이라고 한 것과 일맥상통한다.

바로 그 다음 나오는 두 구절은 교회 공동체의 최소 단위를 보여준다: "진실로 다시 너희에게 이르노니 너희 중의 두 사람이 땅에서 합심하여 무엇이든지 구하면 하늘에 계신 내 아버지께서 그들을 위하여 이루게 하시리라. 두세 사람이 내 이름으로 모인 곳에는 나도 그들 중에 있느니라"(마18:19-20). '두 사람' 혹은 '두세 사람'이 그리스도의 뜻 가운데 함께 하면 그들 가운데 함께 있고 그들의 간구하는 바를 듣는다는 그리스도의 약속이다. 이 말씀을 '합심기도'라는 관심사만으로 이해하는 것은 적절하지 못하다. 이 말씀의 문맥은 그리스도의 공동체가 가장 최소 단위인 두세 사람으로 이루어졌다 할지라도 그들이 그리스도의 이름으로 모였다면 그리스도의 공동체로 인정한다는 데에 있다. 그리고 그 공동체가 무엇이든지 주님의 이름으로 구하고 이행한다면 하나님께서 인정하신다는 말씀이다.

와이먼 리처드(Wyman Richard)는 마태복음 18장 15-18절의 말씀을 "그리스도의 규범"(Rule of Christ)이라고 부르며 이 말씀을 교회 내에서 실천하는 것은 교회 내의 "신자들이 그들의 삶과 품행에 대해 서로 책임을 지는" 일이라고 표현한다.[8] 그는 이 말씀을 4단계로 잘 나누어서 일목요연하게 설명한다: 1) 개인적이고 사적인 간청(18:15); 2) 두세 증인들과 함

8) Richardson, "The Rule of Christ and Congregational Polity," 46.

께 간청(18:16); 3) 전체 교회의 간청을 요청(18:17a); 4) [문제의] 교인을 교회 바깥에 머물게 하는 일(18:17b). 그는 교회권징의 절차가 여기서 끝나는 것이 아니라, "교회권징의 회복적 본성"(redemptive nature of the church discipline)에 따라 교회 교제권 바깥으로 출교된 사람을 다시 온전한 신앙으로 회복하는 일을 다섯 번째 단계로 포함한다고 말한다.

고린도후서 2장 6-8절은 교회권징의 정당성에 대해 언급하면서도 교제권 바깥으로 밀려난 사람이 다시 회복될 수 있는 길을 제시하고 있다: "이러한 사람은 많은 사람에게서 벌 받는 것이 마땅하도다. 그런즉 너희는 차라리 그를 용서하고 위로할 것이니 그가 너무 많은 근심에 잠길까 두려워하노라. 그러므로 너희를 권하노니 사랑을 그들에게 나타내라." 사도 바울은 이 말씀을 통하여 전체 교회에 의해 출교를 당한 사람에게 계속 사랑의 사역을 베풀고 궁극적으로는 그 사람을 교회 안으로 인도할 것을 주문하고 있다.

고린도전서 5장 1절 이하에서도 사도 바울은 교회 가운데 심각한 죄를 범한 사람에 대한 소식을 듣고 "어찌하여 통한이 여기지 아니하고 그 일 행한 자를 너희 중에서 쫓아내지 아니하였느냐?"(5:2)라고 반문하고 있다. 그리고 "주 예수의 이름으로 너희가 내 영과 함께 모여서"(5:4) 권징을 행하라고 요청하고 있다. 여기서 예수 그리스도의 이름으로 모인 자들은 곧 교인들을 말하고 있음은 당연하다. 사도 바울은 디모데전서 5장 20절에서도 "범죄한 자들을 모든 사람 앞에서 꾸짖어 나머지 사람들로 두려워하게 하라"고 경고하고 있다.

고린도전서 5장 1-2절에서도 사도 바울이 어떤 악행을 저지른 교인을 공동체의 교제에서 끊어내도록 가르치는 대상은 어떤 특정한 교직자가 아니라 그가 계속 "너희"라고 지칭하는 고린도교회 교인 전체이다: "너희 중에 심지어 음행이 있다 함을 들으니 … 너희가 … 그 일 행한 자를 너희 중에서 쫓아내지 아니하였느냐." 바울 역시 그러한 일을 최종적으로 결정하고 이행하는 권위가 마태복음 18장의 경우처럼 전체 교인들에게 있음을 당연시하고 있음을 보여준다.

이러한 교회권징은 지도자들에게도 예외 없이 적용된다. 디모데전서 5장 19-20절은 그것을 잘 보여준다: “장로에 대한 고발은 두세 증인이 없으면 받지 말 것이요 범죄한 자들을 모든 사람 앞에서 꾸짖어 나머지 사람들로 두려워하게 하라.” 장로(감독 혹은 목사)도 두세 증인의 증언에 의해 권징의 대상이 되어야 함을 말해주고 있다. 그리고는 “모든 사람 앞에서,” 즉 전체 교인들 앞에서 권징할 것을 요구한다. 여기서 교회 지도자에 대해서 문제를 삼을 때는 두세 증인들의 증언이 필요하다고 했지만, 마태복음 18장의 권징절차를 보면 모든 권징의 절차에서 두세 증인들을 요구하고 있다. 교회권징에 있어서 일반 교인들과 교회 지도자들 간에 차이가 없음을 알 수 있다. 그리고 이 말씀은 교회 지도자도 회중에 의해서 권징을 받도록 되어 있음을 알 수 있다.

3. 회중주의의 신학적 근거

회중주의를 뒷받침하는 신학적 근거는 주로 전신자제사장 개념에서 온다. 여기서는 주로 이에 대해 많은 지면을 할애하려고 한다. 그렇지만 ‘신자들의 교회 개념’과 ‘그리스도의 주권’에 관한 논의가 짧게나마 빠져서는 안 될 것이다.

1) 신자들의 교회 개념

침례교회가 회중주의 원칙을 선택하는 가장 근본적인 신학적 근거는 ‘신자들의 교회’ 개념에서 온다. 교회가 그리스도를 믿고 따르는 사람들의 모임이라고 했을 때, 그리스도에 대한 그들의 신앙은 동일하다. 그 신앙에는 차별이 있을 수 없고, 신자가 된 그들의 위상도 동일하다. 그들은 그리스도를 머리로 하는 지체들이기에 결코 상하의 관계에 있지 않다. 교회를 구성하는 각 교인은 그리스도 안에서 주체적 자아를 회복한 사람이다. 신앙적 권위에 있어서 그들 간에는 어떠한 차이도 없다. 교회 회중은 신앙의 주체적 역량을 회복한 각 신자들로 구성되기 때문에 교회와 사역에 관련된 모든 권위는 회중으로부터 오는 것이다.

교회직위가 이러한 평등관계에 어떠한 영향도 끼칠 수 없다. 직위는 은사에 따라 주어지는 기능의 차이를 보여줄 수는 있어도 그것이 권위의 차별을 전제하지 않는다. 디모데전서 5장 17절에서 "잘 다스리는 장로들은 배나 존경할 자로 알되"라고 표현한 부분에서 장로들(혹은 목사들, 감독들)의 다스리는(ruling) 역할을 주장하는 경우가 있다. 이 단어에 해당하는 헬라어 동사는 '프로이스테미'(προιστεμι)로서 반드시 군림하는 식으로 다스린다는 의미가 아니라 '감독하다'(to superintend), '회의를 주도하다'(to preside over), '보호하다'(to be a protector), '관심을 기울이다'(to care for) 등과 같은 의미를 수반한다. 이러한 단어들의 의미는 목회적 관심을 가지고 성도들을 돌보는 역할(role) 혹은 기능(function)을 말하는 것이지 위에서 지시하고 군림하는 권위를 의미하지 않는다.

2) 그리스도의 주권

신약성서 전반에 걸쳐서 나타나고 사도들에 의해 고백된 그리스도의 주되심(Lordship)은 회중주의의 중요한 신학적 근거가 된다. 교회는 그리스도의 주되심을 고백한 제자들의 모임으로서 교회에 대한 그리스도의 주권을 인정하는 것은 그 외의 다른 권위를 인정하지 않는다는 것을 의미한다. 각 지체는 그리스도의 권위 아래 동등하다는 것이다. 모든 교인들은 동일한 신앙고백을 한 사람들로서 주되신 그리스도와 모두 동일한 관계를 맺은 사람들이기 때문에 교인들 간에 권위의 차등화는 있을 수 없다. 그래서 론 라일즈(Ron Lyles)는 침례교회의 회중주의가 "그리스도의 주권이라는 신약성서적 원리의 적용 결과"라고 말한다.[9] 주되신 그리스도는 각 지체와 직접 관계한다. 교회의 머리이신 그리스도와 그리스도의 몸된 교회의 각 지체 사이에는 어떠한 중재적 권위도 존재하지 않는다. 각 지체가 모두 그리스도의 주되심을 직접 고백하는 자들이기 때문이다.

3) 전신자제사장 이론

전신자제사장(Priesthood of All Believers) 개념은 교회의 회중주의 원칙을 설명하는 중요한 논리적 뒷받침이다. 제임스 개릿(James Leo Garrett, Jr.)은 "전신자제사장 개념과 회중주의 체제 사이에는 중요한 관련이 있다"고 말하고,[10] 스탠리 그렌쯔(Stanley Grenz)도 회중주의를 "전신자제사장 개념의 일관된 성취"라고 말한다.[11] 마르틴 루터에 의해서 구체적으로 제기된 전신자제사장 이론은 16세기 종교개혁 운동이 낳은 탁월한 사상 가운데 하나이다. 그는 1520년에 발표한 "독일 기독교 귀족들에게 고함"(To the Christian Nobility of the German Nation)에서 다음과 같이 말했다:

> 모든 기독교인들은 진정으로 영적 지위를 가진 자들이며, 그들 가운데 직위(office)의 차이 이외에는 어떤 차이도 없다…. 우리는 모두 한 몸이지만 각 지체는 다른 사람들을 섬길 고유의 사역을 가진다. 그것은 우리 모두 한 침례, 한 복음, 한 믿음을 가지기 때문이다. 침례, 복음 그리고 믿음만이 우리를 신령하게 하고 기독교인으로 만들기 때문에 우리는 모두 동등하다.[12]

---

9) Ron Lyles, "The Local Church," in *Baptists: History, Distinctives, Relationships*, 49.

10) James Leo Garrett, Jr., "The Congregation-Led Church," in *Perspectives on Church Government: Five Views of Church Polity*, ed. Chad Owen Brand and R. Stanton Norman (Nashville, TN: B&H Academic, 2004), 180-81.

11) Stanley Grenz, *Theology for the Community of God*, 723.

12) Luther, *Christian Nobility*, LW 44:127.

같은 해에 발표한 "교회의 바빌론 유수"(On the Babylonian Captivity of the Church)에서도 침례를 받음으로써 "우리는 모두 동일하게 제사장들"이라고 천명했다. 그는 로마가 톨릭교회의 사제들을 겨냥하여 "그들은 … 우리가 그들에게 부여한 경우 이외에는 … 우리 위에서 힘을 행사할 아무런 권위가 없다고" 주장했다.[13] 그는 특히 침례의식에 주목하면서 모든 기독교인들이 동일한 한 침례를 받음으로써 제사장이 된다고 했다. 즉, 침례는 죄의 용서와 칭의 사건이 일어나는 현장인 동시에 수침자에게 '제사장이 되는 권리'(a right to be priest)를 부여한다고 보았다.[14]

홉스와 멀린스는 "모든 사람은 하나님께 직접 나아갈 동등한 권리를 가진다"고 말하면서, 여기서 주요 논점이 '직접'(direct)이라는 단어에 있음을 강조한다.[15] 즉, "개인과 하나님 사이에 어떠한 제도나 특별한 인간, 의식, 조직 등이 개입할 수 없다는 것을 의미"하고 한 개인이 하나님께 나아가는 데 있어서 어떤 장애물도 없어야 한다는 말이다.[16] 이것은 신약성서적 신앙이 더 이상 하나님과 인간 사이의 중개자로서 제사장을 필요로 하지 않는다는 말이다. 오히려 이제는 각 신자가 그리스도를 통하여 하나님께 직접 나아가서 은혜를 구하고 죄 용서를 구할 자격을 얻었기 때문에 자신과 하나님의 관계에서 스스로 제사장의 역할을 한다는 것이다.

요한복음 14장 6-7절은 모든 신자들이 그리스도를 통해서 직접 하나님께 나아간다는 사실을 말해주는 중요한 말씀이다. 예수님이 직접 "내가 곧 길이요 진리요 생명이니 나로 말미암지 않고는 아버지께로 올 자가 없느니라"(6절)고 한 것은 사람이 하나님께로 나아가는 것은 오직 그

---

13) See Luther, *Babylonian Captivity of the Church*, LW 36.

14) Nam, "A Comparative Study of Baptismal Understanding of Augustine, Luther, Zwingli, and Hubmaier," 111-2를 참조.

15) Hobbs and Mullins, 「기독교신앙의 6대 공리」, 105.

16) Ibid.

리스도를 통해서만이 가능하다는 것이고, "너희가 나를 알았더라면 내 아버지도 알았으리로다 이제부터는 너희가 그를 알았고 또 보았느니라"(7절)고 한 것은 그리스도를 만남으로써 이미 하나님을 만났음을 가르쳐준다. 이 말씀은 사람과 하나님 사이의 유일한 중재자로서 그리스도의 역할을 분명히 드러낸다. 이 사실을 구약성서적 배경과 연결해서 설명한다면, 그리스도의 성육신은 구약의 '대리적 신앙'을 철폐하고 신약의 '직접적 신앙'을 가능하게 한 사건이라고 할 수 있다. 즉, 구약시대에는 하나님께서 제사장의 제사를 통해서 사람을 만나셨다면, 신약시대에는 그리스도를 직접 사람들에게 보내는 방법으로 사람들을 만나셨다는 것이다. 그리스도의 성육신 사건 자체가 하나님께서 사람들을 직접 만나기로 작정하신 일이라는 것이다. 위의 말씀은 이러한 하나님의 의도를 그대로 반영한다.

회중주의는 사제주의를 정면으로 논박하는 논리로 등장한다. 사제주의는 신약교회의 사역 직분 개념을 구약적으로 이해한 것이다. 신약교회에 와서 구약의 제사와 속죄 개념은 폐지되었다. 그에 따라 신약교회에는 제사장의 역할이 더 이상 그 효용성을 갖지 못한다. 그리스도의 단 한 번의 제사(십자가 사건)로 구약의 제사 의식은 영구히 폐지된 것이다. 이제는 모든 믿는 자들은 그리스도의 십자가 사역의 권능으로 죄 사함과 하나님과의 화해를 이룬 자들이 되었다. 이제 각 믿는 자는 하나님과 직접 소통(교제)할 수 있는 자로서 하나님께 직접 나아가고, 직접 하나님의 말씀을 듣고 인도하심을 받으며, 하나님께 직접 용서를 구하고 죄 용서를 받을 수 있는 자가 된 것이다. 즉, 각 신자는 하나님과 관계하는 일에 있어서 어떤 매개체나 매개자를 필요로 하지 않는다. 그리스도를 주님으로 믿고 따르는 자들은 주님의 하나님 되심과 그의 사역의 권위와 권능을 기본적으로 신뢰하는 자들이다. 그러므로 그들은 이제 신앙의 문제에 있어서 그리스도 이외에 어떤 인간적 매개의 실체적 존재 가능성에 대해서도 인정하지 않는다. 신앙의 문제는 그리스도와 그를 따르는 각 개인의 문제이다. 이에 대해 어떤 외부적 권위도 인정되지 않는다.

하나님께서 사람을 직접 만난다는 사실은 여전히 유대교적 개념에서 벗어나지 못한 빌립과 같은 사람에게는 이해하기 힘든 일이었다. 그가 예수님의 말씀을 이해하지 못하고 "주여 아버지를 우리에게 보여 주옵소서"(8절)라는 뒷북치는 질문에 대해 예수님께서는 "나를 본 자는 아버지를 보았거늘 어찌하여 아버지를 보이라 하느냐"(9절)라고 반문했다. 그리고 "내가 아버지 안에 거하고 아버지는 내 안에 계신 것을 네가 믿지 아니하느냐 내가 너희에게 이르는 말은 스스로 하는 것이 아니라 아버지께서 내 안에 계셔서 그의 일을 하시는 것이라"(10절)는 말씀을 통해 하나님과 그리스도의 일체화됨을 역설했다. 이것은 인간에 대한 하나님의 관계 방식의 전격적 전환을 의미하는 그리스도의 복음적 선언이다. 나중에 베드로는 같은 메시지를 공회 앞에서 선언했다. "다른 이로써는 구원을 받을 수 없나니 천하사람 중에 구원을 받을 만한 다른 이름을 우리에게 주신 일이 없음이라"(행4:12)고 한 것이 그것이다. 바울도 "하나님은 한 분이시요 또 하나님과 사람 사이에 중보자도 한 분이시니 곧 사람이신 그리스도 예수라"(딤전2:5)라고 했다.

베드로전서 2장 9절, "너희는 택하신 족속이요 왕 같은 제사장들이요"라는 말씀은 전신자제사장 이론에 중요한 근거로 자주 거론된다. 사도 베드로가 전하는 이 말씀은 그가 같은 서신의 첫 인사에서 "예수 그리스도의 사도 베드로는 본도, 갈라디아, 갑바도기아, 아시아와 비두니아에 흩어진 나그네 곧 하나님 아버지의 미리 아심을 따라 성령이 거룩하게 하심으로 순종함과 예수 그리스도의 피 뿌림을 얻기 위하여 택하심을 받은 자들에게 편지하노니" 라고 밝혔듯이 소아시아(Asia Minor) 여러 지역에 흩어져 있는 모든 신자들에게 주어졌다. 그리고 그들이 바로 "신령한 제사를 드릴 거룩한 제사장"이라고 말하고 있다. 이것은 어떤 특정한 사람들에게만 주어진 말씀이 아니다. 사도 베드로는 자신을 포함한 사도들을 제사장이라고 하지 않았고, 교회의 감독들을 제사장이라고 하지 않았다. 그는 분명히 모든 신자들이 제사장이라고 선포하고 있다. 각 신자의 하나님과의 직접적인 관계를 선포함으로써 하나님과 이스라엘 백성들 사이에 제사의 중개 역할을 했던 구약적 제사장 개념은 없어졌음을 선언한 것이다. 바울도 고린도전서 4장 1절에서 우리 모두가 "그리스도의 일꾼이요 하나님의 비밀을 맡은 자"임을 부인할 수 있는 자는 없다고 분명히 말했다.

요한계시록 5장 9-10절을 보면 교회에 대한 비전이 나온다. 이것은 그리스도가 피 흘림의 희생을 통하여 "각 족속과 방언과 백성과 나라 가운데에서 사람들을 피로 사서 하나님께 드리시고 그들로 우리 하나님 앞에서 나라와 제사장들을 삼으셨으니 그들이 땅에서 왕 노릇" 한다는 비전이다. 그리스도를 통하여 하나님께 드린바 된, 즉 하나님과 화해하고 그에게 나아갈 수 있게 된, 모든 사람들이 제사장이라는 말씀이다.

루터의 전신자제사장 개념은 사실상 자유교회의 교회론적 실천에서 현실적으로 실현되었다고 할 수 있다. 이 개념은 회중 중심적 교회에서 비로소 구체화될 수밖에 없기 때문이다. 그의 탁월한 신학적 입장이 그의 교회론적 한계에 부딪친 것이다. 17세기의 침례교회는 루터의 전신자제사장 개념을 실제적 교회생활에 적용했다. 신자들의 교회야말로 이 성서적 입장을 구현하는 최적의 교회전통이라는 사실은 자명하다.

4. 회중 중심적 교회로서 신자들의 교회

17세기에 침례교회는 신자들의 교회로서 회중주의를 그들의 교회정체로 삼았다. 이것은 그들이 신자들의 교회를 세웠을 때 이미 예견된 일이었다. 존 스마이스는 일찍이 "영적인 예배를 드리는 중에 [교회에서] 의

심스럽거나 거짓된 내용이 전달되었다면 추후에 조사해서 견책해야 한다"고 말하면서 설교자의 잘못에 대해 회중이 관여할 수 있음을 주장했다.[17] 이는 교회의 권위가 설교자가 아니라 회중에게 있음을 분명히 보여준다. 심지어는 회중에게 설교자의 설교 내용을 판단하는 권위를 인정하고 있다.

"네덜란드의 암스테르담에 남아 있는 영국인들의 신앙선언서"(1611)도 "그러므로 회중이 함께 모일 때, 가령 직위자가 하나도 없을 때라도, 또는 직위자가 투옥, 병고, 그밖에 어떤 이유로 교회에 참여하지 못할 때라도 저들은 함께 기도하며, 예언하며[설교하며], 떡을 떼며, 거룩한 예전을 행할 것이다"(벧전4:10; 2:5)라고 함으로써 목회자가 부재 시에도 예배를 인도하고 설교를 행하는 모든 교회 활동이 회중에 의해서 이루어질 수 있음을 시사하고 있다.[18]

1644년의 "제1 런던신앙고백서"에서는 출교를 언급하면서 모든 지역교회가 각각 독립적으로 이 권한을 가지고 있음을 언급하면서 동시에 각 지역교회 내에서는 이 권한이 "어느 특정한 개인이나 회원 혹은 직분자에게 부여된 것이 아니라 교회 전체에 주어진 것"이라고 명확하게 언급하고 있다.[19] 이 신앙고백서는 36항에서는 전체 교회가 모든 직위자들을 선택하는 권한을 그리스도로부터 받았다고 하고, 39항에서도 은사를 가진 직분자들이 "회중의 지명에 의해" 세워진다는 것을 명시하고 있다. 그리고 38항에서는 직위자들의 생계도 회중들에 의해 해결되어야 한다고 언급한다.[20] 또 42항은 출교에 관하여 언급하면서 그리스도께서는 어

---

17) John Smyth, "The Differences of the Churches of the Separation," *The Works of John Smyth*, vol. 1, ed. W. T. Whitley (Cambridge University Press, 1915), 275; McBeth, "하나님은 영혼의 유능성과 모든 신자들의 제사장 직분의 원리를 주셨다," 「21세기 속의 1세기 신앙: 침례교 신앙 정의하기」, ed. Charles W. Deweese, 김승진 역 (대전: 침례신학대학교출판부, 2005), 120에서 재인용.

18) Lumpkin, 「침례교 신앙고백서」, 146-7.

19) Ibid., 206.

떤 회원을 받아들이거나 출교시키는 권한을 "어느 특정한 개인이나 회원 혹은 직분자에게 부여된 것이 아니라 전체 교회에" 부여했다고 설명한다.[21] "제2 런던신앙고백서"(1677)도 8항에서 교회 직분자들이 "부름 받고 모인" 교회에 의해 선택되고 구별된다고 말한다.[22]

초기 침례교인들의 회중주의에 관한 명확한 표현은 17세기의 상황에서 쉽지 않은 일이었다. 그들이 신약성서적 교회로 신자들의 교회를 회복한 데서 이러한 근본적인 발상의 변화가 가능했다. 물론 당시의 분리주의자들이 취한 교회정체가 회중주의였고, 나중에 그들 교회를 독립회중교회라고 불렀지만, 여전히 유아세례를 기반으로 하는 구약적인 '계약 공동체'였기에 그들의 회중주의에는 한계가 있었다. 그들이 신대륙에서 설립한 식민지 사회에서 발전시킨 교회정체는 제네바의 '장로주의'에 가까운 체제였고, 그 교회와 결합한 사회의 정치체제는 '과두체제'(Oligarchy)였다고 보는 것이 타당할 것이다.

침례교회가 회중주의를 택하는 것은 편의상이나 실용적인 차원이 아니라 신자들의 교회로서 취할 수밖에 없는 본질적인 선택이다. 이미 위에서 언급한 대로 신자들의 교회는 신앙에 있어서 각 신자들이 주체적 역량을 가지고 있다고 전제하기 때문에 그 자체로 회중 중심적 교회이다. 6장에서 신자침례의 의미를 논할 때 각 신자는 침례를 통하여 자신이 신앙고백에 합당한 삶을 살 것과 교회 공동체의 일원으로서 책임과 의무를 다할 것을 서약한다고 했다.[23] 이는 신앙고백을 한 각 신자의 주체적 역량을 전제로 한 것이다. 교회는 바로 이러한 신자들의 삶과 사

20) Ibid., 204-5.

21) Ibid., 206.

22) Ibid., 335.

23) 「침례교 신앙과 교훈」이 침례교회가 주창해온 신자들의 교회를 정의하면서 "그러한 교회에서는 교인들이 동일하게 책임을 진다"고 한 것처럼 각 신자의 교회에 대한 책임의식이 회중주의를 실질적으로 가능하게 한다. Hobbs, *The Baptist Faith and Message*, 64.

역의 현장이며, 이곳에서 각 신자들은 책임의식을 가지고 교회의 제반 사역에 직접적인 참여를 하게 된다.

회중주의는 회의 절차에서 구성원 모두가 단순히 한 표를 행사하는 정도의 의미에 국한된 개념이 아니다. 각 교인의 적극적이고 주체적 사역 참여에 회중주의의 본질이 있다. 회의에 참여하여 의사를 표명하는 일은 그 중 하나에 불과한 일이다. 교회사역과 교회의 중요한 결정들이 특정한 소수의 사람들에 의해 이루어지는 것은 소수가 나머지 회중의 신앙생활을 대신 해주는 일이 된다. 이것은 결과적으로 회중의 주체적이고 책임 있는 신앙생활을 억제하고 그들을 수동적 신자로 만드는 일이다. 이것은 회중들이 교회의 구체적인 삶과 사역 활동에 참여하는 일을 통하여 신앙의 성숙을 도모하고, 그 가운데 하나님의 인도하심을 경험하는 일을 가로채는 일이다. 회중주의는 교회 사역의 효율성보다는 교회 사역을 통한 신자들의 하나님 경험과 그것을 통한 신앙 성숙에 더 본질적인 의미를 둔다.

교회가 회중 중심적이 되지 못하면 각 교인은 교회라는 삶의 현장에서 소외될 수밖에 없다. 사회 조직이나 이익 조직은 대체로 전문성과 효율성을 중시하기 때문에 그 조직의 일원이 조직 전체를 보고 이해하는 일이 매우 어렵다. 기업의 경영 주체는 각 조직원들로부터 각자의 위치에서 제한된 기능을 수행해주기를 바랄뿐이지 그들이 조직의 전체를 총괄적으로 이해하기를 기대하지 않는다. 기업은 각 회사원이 각자가 가진 기능적 역할만을 해주기를 기대한다. 전체의 조망과 기획, 그리고 결정은 소수의 전문 경영진이 독점한다. 교회는 그래서는 안 된다. 각 교인이 교회 전체에 대해 이해하는 주체적 사역자가 되어야 한다, 각 교인은 전체를 위해서 단순히 기능적 역할을 하는 것이 아니라 교회의 전체 방향과 비전과 사역을 공유하고, 그 가운데 일어나는 공동체적 삶에 적극 동참함으로써 복음의 삶을 총체적으로 경험해야 하고 그 경험을 통하여 기독교인의 독특한 삶의 방식을 배워가야 한다. 이것이 진정한 의미에서 회중 중심적, 회중 주체적 공동체에서 일어나는 일이다.

회중주의 원칙과 관계되는 중요한 원칙은 관계의 수평성(horizontality)과 다양성(diversity)이다. 교회 공동체는 모든 인간관계를 기본적으로 수평관계로 이해한다. 고린도전서 12장 13절은 "우리가 유대인이나 헬라인이나 종이나 자유인이나 다 한 성령으로 침례를 받아 한 몸이 되었고 또 다 한 성령을 마시게" 했다고 말씀한다. 그리스도의 복음을 받아들인 자들은 한 성령 한 침례를 받았으므로 차별이 없다는 말씀이다. 특히 고린도전서 12장은 그리스도의 몸인 교회가 어떻게 하나가 되는지를 잘 설명하고 있다. 그리스도를 머리로 하는 교회가 각 지체로 이루어졌고 이 지체들은 하는 역할이 다르지만 똑같이 귀중하다는 것을 강조하고 있다. 여기에는 전문 교직자들도 예외가 될 수 없다. 교회에서는 그리스도만이 머리가 되시고 그 외 모든 사람들은 지체들이다.

22-24절 말씀은 이것을 더 구체적으로 설명한다: "그뿐 아니라 더 약하게 보이는 몸의 지체가 도리어 요긴하고 우리가 몸의 덜 귀히 여기는 그것들을 더욱 귀한 것들로 입혀 주며 우리의 아름답지 못한 지체는 더욱 아름다운 것을 얻느니라 그런즉 우리의 아름다운 지체는 그럴 필요가 없느니라 오직 하나님이 몸을 고르게 하여 부족한 지체에게 귀중함을 더하사." 이 말씀은 이 세상에서 인간 차별의 근거로 작동될 수 있는 어떤 요건도 교회 안에서는 작동될 수 없다는 점을 말하고 있고, 더 나아가 부족한 자들과 우선적으로 연대하시는 하나님의 선택(preferential option for the less)을 엿보게 한다. 이는 공동체의 수평성이 균일성을 전제로 하지 않는다는 것을 보여준다. 공동체의 구성원들은 생각도 다양하지만 그들의 은사와 능력도 다양하고, 가진 정도도 다양하다. 그러나 회중의 다양성이 회중의 수평관계에 영향을 주지 않는다. 교회 내에서는 '못남'이나 '부족함'이 배제의 대상이 아니라 '고르게 되기까지 더 귀중히

여김'을 받는 대상이다. '잘남'이나 '풍부함'이 공동체 안에서 다른 사람보다 우위에 있게 만들지 않는다. 회중의 수평성은 그 다양성에도 불구하고 서로 치우치지 않는 보완 관계를 형성한다.

회중 중심적 교회는 건전하고 진지한 신앙과 헌신이 있는 신자들을 전제로 한다. 제대로 헌신되지 않은 겉치레 신자들로 구성된 회중이 그리스도의 뜻에 합당한 교회를 이루기는 힘들다. 제대로 '신자들의 교회'가 되지 못하면 회중주의는 오히려 혼란을 가중시키게 될 것이다. 실제로 침례교회들이 다른 교단으로부터 비판 받는 사항 중에 하나가 침례교회의 회중주의는 일인 목회자의 독주를 견제하는 데 한계점을 보여준다는 점이다. 예를 들어, 장로교회는 장로들이 목사의 독주를 견제한다는 것이다. 이것은 회중주의의 약점이 아니라 그러한 비판을 받는 교회 회중이 제 구실을 하지 못했기 때문이다. 회중주의는 회중이 진지한 신자들의 모임으로서 주체적 역량을 가졌을 때 그 진가를 발휘하게 된다. 장로주의 체제에서 장로들이 그 역할을 못하면 그 체제의 한계를 보여줄 수밖에 없듯이, 회중주의도 회중의 온전한 역할이 살아있지 않으면, 더 큰 문제점을 드러낼 수밖에 없다. 회중주의가 제대로 실천되기 위해서는 회중이 제대로 준비된 신자들로 구성되어야 한다. 그렇게 되기 위해서는 교회가 새로운 신자를 회원으로 받아들일 때 그들의 신앙의 진지함과 헌신을 잘 검증할 수 있는 과정과 절차를 갖추어야 한다. 특히 침례를 주는 과정에서 수례자의 신앙과 헌신의 진정성을 검증하는 공동체적 방안이 필요하다.

제8장

침례교회와 교회직위

침례교회는 전통적으로 목사와 집사만을 안수하여 세우는 교회직위로 인정한다. 그것은 신약성서에 나타나는 직위가 그 두 직위에 한정되었다는 데에서 비롯한다. 기본적으로 초기 침례교인들은 교회와 관련된 모든 규범들을 신약성서에서 가져와야 한다는 생각을 가지고 있었기 때문에 교회직위에 있어서도 예외는 아니었다. 예외의 경우들이 없지는 않았지만, 이 전통은 침례교회 내에서 상당히 충실하게 지켜져 왔다. 이 전통이 별 문제 없이 지금까지 잘 지켜진 것은 그들에게 여전히 두 직위제가 성서적 타당성을 가지고 있다는 생각과 그것이 실제 교회 현장에서 아무런 어려움을 가져오지 않았기 때문이다. 다른 교단에 비해서-아마 퀘이커파(Quakers)를 제외하고는-교회직위의 수가 적은 것이 교회 사역에 문제가 되었다든가 교회의 성장에 걸림돌이 되었다든가 하는 경우는 없었다. 미국의 침례교회가 지난 수세기 동안 발전해온 사실을 보더라도, 그리고 그 성장이 어떤 개신교단보다 지속적으로 이루어져왔던 사실을 보더라도, 직위 수가 적은 것이 치명적 단점이 되는 경우는 없었다고 단정해도 좋을 것이다.

교회직위를 올바르게 이해하기 위해서는 교회에 몇 개의 직위가 있어야 하는지 생각하기에 앞서 신약성서가 지향하고 보여주는 직위(ministerial position)에 대한 개념과 직위자의 권위에 대해 명확하게 이해하는 것이 필요하다. 여기서 교회 직위에 관해 논할 때 신약성서만을 언급하는 것은 교회는 신약성서의 산물이기 때문이기도 하며, 신약성서 시대에 와서는 직위에 대한 이해가 구약성서 시대에 비하여 근본적으로 달라졌기 때문이다. 오늘날 교회 목회자의 권위에 대하여 설명할 때 구약성서를 근거로 드는 경우들이 상당히 많은데, 이는 시정되어야 할 일이다. 구약의 제사장은 신약성서 교회의 직위가 더 이상 아니기 때문이다.

목사의 권위를 구약의 제사장의 권위와 동일한 것으로 이해하는 것은 대단히 잘못된 일이다. 구약의 제사장은 제사종교의 직분이었다. 구약 시대에는 죄인들이 직접 하나님께 나아가는 것이 불가능하다고 보았고, 하나님에 의해 정해지고 세워진 방식으로만, 그리고 이 일을 맡은 전문 사역자인 제사장을 통해서만, 가능했다. 제사장은 하나님과 사람들 사이를 종교적으로 중개하는 직분이었기 때문에 그 직분의 역할은 이스라엘 백성들의 신앙생활에 있어서 제사장의 위치를 거의 절대적으로 만들었다. 어떤 제사장들은 그러한 특권을 이용하여 일반 백성들을 현혹시키고 그들의 사회적 지위와 부를 취하는 경우들이 적지 않게 있었다. 기독교 역사를 돌아보면, 교회 시대에 와서도 교회 직위를 이용하여 자신들의 영달을 추구하는 잘못된 일들이 수없이 반복되었음을 확인하게 된다. 이는 교회 직위에 대한 근본적인 이해가 잘못된 결과이다.

1610년의 "짧은 신앙고백서"(A Short Confession of Faith)의 10항은 신약성서 교회의 직위와 사역이 구약성서의 경우와는 확연하게 다르다는 것을 명확하게 설명하고 있다: "모세의 법의 견딜 수 없는 짐, 소위 제사장 직분, 성전, 제단, 희생제사와 같은 모든 그림자와 형태들 그리고 왕의 직분, 왕국, 검, 법으로 지시된 복수, 전투 그리고 그의 인격과 직무가 어떤 형태였던지 거기에 있는 그림자 혹은 대변하는 것들은, 그 분 안에서 성취되고, 그 분에 의하여 덜어졌다."[1] 제사와 관련된 모든 사역의 개념과 제도가 그리스도에 의해 없어졌다는 것이다. 대제사장 되신 그리스도(히2:17; 3:1)의 단 한 번의 제사행위로 더 이상 제사행위는 필요치 않게 되었고 제사장 직위는 이제 용도 폐기된 직위이기 때문이다. 그러므로 신약의 교회는 더 이상 제사장 직위를 필요로 하지 않으며, 제사장의 역할도 필요로 하지 않는다. 1장에서도 언급했지만, 교회는 상당히 일찍부터 서서히 감독의 직위를 사도적 권위를 계승하고 대변하는 직위로 이해하기 시작하면서, 그리고 교회 예배와 예전을 주관하는 권위가 사제에게 있다고 이해하고 가르치기 시작하면서 '제사장' 직위를 다시 불러들이게 되었다. 소위 '사제주의'(Sacerdotalism) 개념이 그것이다. 그 결과 중세교회의 직위체계는 구약적으로 회귀하게 된 것이다.

1. 신약성서의 교회직분

신약성서에서 안수로 세워지는 교회직분은, 디모데전서 3장에서 특별히 거론한 바대로, 감독(bishop)과 집사(deacon) 두 직위였다. 감독(bishop)은 헬라어 '에피스코포스'(*episkopos*; ἐπίσκοπος)에서 온 말이며, 그 의미는 '위에서 내려다보는 사람'(overseer)이다. 즉, 사람들을 돌아보고 감독(監督)하는 직위이다. 한국어 신약성서에서는 감독이라고 번역되어 있지만 오늘날 가톨릭교회에서는 주교(主敎)라고 부른다. 물론 여기서 감독은 장로(elder)와 목사(pastor)라는 직위와 같은 직위의 다른 호칭이었다.[2] 신약성서에 걸쳐서 언급된 감독, 장로, 목사 직위는 상황에 따

---

1) William L. Lumpkin, 「침례교 신앙고백서」, 김용복 외 2인 역 (침례교신학연구소 펴냄. 대전: 침례신학대학교출판부, 2008), 129.

2) 감독과 장로가 서로 교차적으로 사용되었지만, 감독이라는 명칭은 실제로 하는 일 혹은 기능(function)과 관련된 호칭이라면, 장로는 공동체 내에서 그 사람의 품격(character)와 관련된 호칭이라고 할 수 있다. R. Stanton Norman, *The Baptist Way: Distinctives of a Baptist Church* (Nashville, TN: Broadman & Holman Publishers, 2005), 119.

라 다르게 지칭되었을 뿐이다. 때로는 사도들도 스스로 장로라고 지칭했다. 요한 2서와 3서의 서두에 사도 요한은 자신을 장로로 소개했고, 베드로전서 5장 1절에서 사도 베드로도 자신을 "함께 장로된 자"로 소개했다.

디도서 1장을 보면, 5절에서는 "각 성에 장로들"을 세우려는 계획을 말하면서, 7절에는 감독의 자격을 언급하고 있다. 장로와 감독을 동일시했음을 잘 보여준다. 5절과 7절에서 서로 다른 호칭을 사용한 것은, 장로는 회중을 돌보는 감독의 역할을 하는 사람임을 자연스럽게 말한 것으로 이해된다. 즉, 장로들을 뽑으려고 하는데, 교인들을 감독할 그 장로들은 이러이러한 사람이어야 한다는 말이다. 또 1세기 교회에는 여러 감독들이 있었음을 알 수 있다. 사도행전 20장 17절에서 사도 바울이 에베소교회의 "장로들"을 청한 사례는 한 교회에 여러 장로들이 있었음을 보여준다. 빌립보서 1장 1절에서도 바울이 "모든 성도와 또한 감독들과 집사들에게" 안부를 물었던 것으로 미루어 같은 교회 내에 여러 감독들이 있음을 확인해 준다.

또 신약성서에는 어떤 경우에도 감독의 직위를 여러 교회들을 돌보는 한 사람으로 언급하지 않는다.[3] 감독이 넓은 지역에 걸쳐 있는 여러 교회들을 치리하는 경우는 교직체계의 세속화에 따라 4세기 초 이후에 본격적으로 이루어진 일이다. 1세기 교회에서 감독들은 한 교회를 섬기는 사역자였다. 그들이 여러 명이었기 때문에 그들의 역할은 상당히 다양할 수밖에 없었다. 디모데전서 5장 17절에서 "잘 다스리는 장로들은 배나 존경할 자로 알되 말씀과 가르침에 수고하는 이들에게는 더욱 그리할 것이니라"고 한 것을 미루어보아 한 교회를 돌보는 감독들은 그 역할에 따라 '치리하는 장로'(ruling elders)와 '가르치는 장로'(teaching elders)로 구

---

3) Hobbs, *The Baptist Faith and Message*, 69.

분되고 있음을 알 수 있다. 여기서, 소위 '치리 장로'와 '설교 장로'의 구분은 나중에 16세기의 슈트라스부르크와 제네바의 경우와는 그 문맥이 다른 경우임을 인정해야 한다. 이 두 직위가 각각 독립적인 위치를 점했다기보다는 여러 장로들(혹은 감독들 혹은 목사들)이 한 교회에서 사역하면서 서로 다른 역할을 맡았음을 말해준다.[4] 에베소서 4장 11절에서 "그가 어떤 사람은 사도로, 어떤 사람은 선지자로, 어떤 사람은 복음 전하는 자로, 어떤 사람은 목사와 교사로" 삼았다는 말은 그들의 사역적 기능의 다양성을 반영하고 있다고 보는 것이 타당할 것이다.

교회가 국가교회 체제로 발전되는 과정에서 감독은 더 이상 한 지역교회에 한정된 직위가 아니라 넓은 정치적 행정구역 내의 모든 기독교인들을 감독하는 직위가 되었다. 그리고 그 행정구역의 정치사회적 중요성이나 크기에 따라 감독 직위는 다양화되면서 또한 계급화되었다. 예를 들어 '관구' 감독(Diocesan Bishop)이 있는 반면 '대감독'(Archbishop)이 있고, 또한 '총대감독'(Patriarchical Bishop)이 있는 식이다. 중세에 감독은 단순히 교회직위에만 머물러 있지 않게 되었고, 하나의 정치적 직위가 되었다. 세속권력은 각 지역의 감독들을 정치적 파트너로 생각하기도 했고, 상황에 따라 그들 사이는 라이벌 관계가 되기도 했다. 감독들이 실제로 세속 직위를 동시에 갖는 경우도 없지 않았다.

16세기의 주류 개신교단들은 계속해서 '영역교회'(territorial church)라는 개념의 국가교회를 지향함으로써 종교개혁 이후에도 감독의 역할이 크게 달라지지 않았다. 이러한 상황에 변화가 생긴 것은 근대 사회가 형성된 이후 자연스럽게 정치와 종교의 분리 원칙이 사회의 일반적 동향이 된 데서 기인한다. 개신교단 가운데 여전히 감독의 칭호를 사용하는 경우들(예를 들면, 루터교, 감리교)이 있지만, 그 의미는 사회적 변화에 따

4) 장로들을 수식하는 "다스리는"이라는 말이 의미하는 바가 무엇인지에 대해서는 7장에서 회중주의를 논의할 때 다룬 바 있다.

라 많이 달라졌다. 침례교회는 정치적 지역을 기반으로 하는 교회직위를 처음부터 인정하지 않았기 때문에 자연스럽게 감독의 직위는 지역 교회의 목회자를 지칭하는 말이 되었다.

집사(deacon)는 헬라어 '디아코노스'(*diakonos*; διάκονος)에서 온 말이며, 그 의미는 집안의 하인(servant)에 해당하는 말이다. 한국어 집사(執事)라는 말도 집안일을 맡아보는 하인을 지칭한다는 점을 고려한다면 원어의 의미를 적절히 반영한 것이라 할 수 있다. 오늘날 대부분의 개신교단에서 집사직위는 평신도(laity)의 직위로 알려져 있지만, 로마 가톨릭교회, 동방정교회, 그리고 성공회에서는, 전임 교직자의 직위이다. 가톨릭교회에서 집사에 해당하는 직분은 부제(副祭)이며, 사제가 되기 직전의 직위로서 주교(감독)와 사제(신부)와 더불어 '주요 직위'(major orders)에 속한다.

집사 직위는 사도행전 6장에서 일곱집사를 간택하는 과정에서 처음 등장한다. 이 직위는 처음 생겨날 때의 상황을 보면 사도들을, 그리고 나중에는 감독들을, 사역적으로 돕는 직위이다. 즉, 집사는 교회의 사정에 따라 감독들의 사역을 분담하면서 그들과 동역하는 자들이다. 디모데전서 3장 8-12절에서 사도바울은 그 직전에 감독의 자격요건을 설명한 다음 집사의 자격 요건을 설명한다. 이는 사도 바울이 교회의 직위로서 감독과 집사를 염두에 두고 있었음을 잘 보여준다. 그가 에베소서 4장 11-12절에서 "그가 어떤 사람은 사도로, 어떤 사람은 선지자로, 어떤 사람은 복음 전하는 자로, 어떤 사람은 목사와 교사로 삼으셨으니 이는 성도를 온전하게 하여 봉사의 일을 하게하며 그리스도의 몸을 세우려 하심이라"고 한 것은 다양한 직위를 말했다기보다는 다양한 사역의 종류들을 언급한 것이라고 보는 것이 적절하다.[5] 신약성서는 이러한 다양한 일들을 감당하는 직위로서 감독과 집사를 말하고 있는 것이다.

---

5) Norman H. Maring and Winthrop S. Hudson, *A Baptist Manual of Polity and Practice*, 2nd ed. (Valley Forge, PA: Judson Press, 1991), 99.

2. 교회직위의 역사적 발전

신약성서에서 발견되는 교회직위는 목사와 집사이지만, 역사적으로 직위의 수와 직위의 성격은 신약성서에 나타난 그대로 유지되지 않았다. 교회는 시대적 상황에 따라 교회 직위를 다르게 이해하기 시작했다. 1세기 말에서 2세기 초 사이에 써진 문헌으로 추정되는 "열두 사도들의 가르침"(Teachings of the Twelve Apostles), 혹은 줄여서 "디다케"(*Didache*)로 불리는 문헌만 하더라도 교회직위를 감독들(bishops)과 집사들(deacons)로 보았다. 이 문헌은 초기 기독교 공동체의 직위에 대한 이해가 신약성서에서 아직 벗어나지 않았음을 보여준다. 이 문헌은 감독과 집사 외에도 교사들(teachers), 사도들(apostles), 예언자들(prophets)을 들고 있지만 그들은 교회직위라기보다는 순회 사역자로 이해하고 있다. "디다케"는 순회하는 사역자들에 대해 의심의 눈초리를 거두지 말기를 가르치고 있다. 특히 교사들, 사도들, 예언자들을 어떻게 대해야 하는지에 대해서 설명하는 11장을 소개하면 다음과 같다:

> "누구든지 이미 주어진 가르침대로 가르치는 교사는 받아들이십시오. 그러나 이러한 가르침을 훼손하는 다른 교훈들로 바꾸어서 가르치는 교사는 듣지 마십시오. 그러나 그가 주님에 관한 의와 지식을 증진시키기 위하여 가르치면 그를 주님처럼 받아들이십시오. 그러나 사도들과 예언자들에 관해서는, 복음의 가르침대로 하십시오. 여러분에게 오는 모든 사도는 주님처럼 받아들이십시오. 그러나 그가 하루 혹은 필요한 경우 이틀, 이상을 머물러서는 안 됩니다. 그가 삼 일을 머문다면, 그는 거짓 예언자입니다. 그리고 그 사도가 떠날 때는 그가 다른 곳에 머물 때까지 필요한 빵 외에는 아무 것도 가지고 가지 못하게 하십시오. 만약 그가 돈을 요구하면, 그는 거짓 선지자입니다. 그리고 성령 안에서 말하는 모든 예언자는 여러분이 시험하거나 판단하지 마십시오. 모든 죄가 다 용서된다 하더라도 이 죄는 용서받지 못합니다. 그러나 성령 안에서 말한다고 해서 모두가 다 예언자는 아니며, 그가 주

> 님의 길대로 행하는 자일 때만 그렇습니다. 그러므로 그들의 행함을 통해서만이 그들이 거짓 예언자인지 아닌지 알 수 있습니다…. 진리를 가르치지만 자신이 가르치는 대로 행하지 않는 예언자는 거짓 예언자입니다…. 그러나 성령 안에서 말하며 자신에게 돈이나 그 외의 것들을 달라고 하면 그런 자는 듣지 마십시오.[6)]

이 글을 보면 당시에도 소위 '삯꾼' 같은 사역자들이 돌아다니고 있었음을 알 수 있다. 그들을 조심하라는 것이다. 그리고 이러한 사역자들에 대한 판단 주체는 회중에게 있음을 시사하고 있다. 어떤 사역자가 방문했을 때 그가 참 사역자인지 아닌지 판단하라는 것이다. 만약에 그가 참된 사역자라고 판단될 때, 더 이상 그를 판단하지 말라고 하고, 그 이상은 하나님의 판단에 맡기라고 권유한다.

'두 직위제'(two ministries)가 '세 직위제'(three ministries)로 바뀌기 시작한 것은 2세기초부터였다. 이 변화는 전체 교회의 결정에 따라서 이루어졌다기보다는 지역 별로 서서히 일어났다. 최초로 '세 직위제'가 언급된 문헌은 2세기 초의 '이그나티오스 서신'(Ignatian Correspondence)이다. 그의 서신에는 이미 1인 감독의 존재가 확인된다. 1세기에는 한 교회 내에 여러 감독들과 집사들이 사역했다면, 2세기 초에 이르러서는 여러 감독들 가운데 1인 감독이 부상(浮上)했음을 알 수 있다. 1인 감독의 등장은 곧 '세 직위제'의 도입을 의미한다. 여러 감독들 가운데 한 사람의 위치가 나머지 감독들로부터 구별되고 독립되면서 '감독'의 호칭을 독점하게 되고, 다른 감독들은 이제 감독의 다른 표현이었던 '장로들'로 불리게 되면서 자연스럽게 세 직위가 된 것이다.

그러나 2세기 초에는 아직 1인 감독의 부상이 보편적으로 이루어진

---

6) *The Lord's Teaching Through the Twelve Apostles* 혹은 *The Didache* 11, Roberts-Donalson English Translation, http://www.earlychristianwritings.com/text/ didache-roberts.html, 인터넷 지료, 2015년 1월 15일 접속.

것은 아니었다. 이그나티오스(Ignatios)가 로마교회에 보낸 서신을 보면 소아시아의 다른 교회들에 보낸 서신에서와는 달리 따로 감독에 대한 언급이 없다. 이는 2세기 초의 로마교회에는 아직 1인 감독의 존재가 확인되지 않는다는 사실을 간접적으로 시사한다. 일부 학자들의 주장에 의하면 로마교회에 1인 감독이 등장하는 것은 2세기 후반부의 일이라고 한다.[7] 물론 오늘날 가톨릭교회는 그들이 1대 감독이라고 여기는 베드로 이후로 늘 1인의 감독 계승자가 있었다고 주장하지만, 역사적 사실관계에 있어서 무리한 주장일 수밖에 없다.

분명하게 말할 수 있는 것은 2세기 초 이후로 '1인 감독제'(Monarchical Episcopalism)가 등장함으로써 교회직위제가 '세 직위제'로 전환되었다는 것이다. 이그나티오스가 그의 서신에서 1인 감독을 중심으로 하나가 되어 교회가 처한 시대적 어려움을 극복할 것을 강조한 바대로, 교회는 외부의 박해와 내부의 이단으로 인한 분열 상황을 극복하는 방편으로 여러 지도자들이 공동 목회하는 형태보다는 1인 목회 체제가 더 효율적이라고 생각했을 것이다. 고린도전서 1장에서 고린도교회 교인들 사이에 각자 선호하는 지도자들이 달라서 발생하는 분쟁을 볼 수 있듯이 교회에는 여러 지도자들로 인한 분열 상황이 항상 있을 수 있는 일이었다. 더군다나 각 지도자들의 가르침이 다를 때는 좀 더 심각한 문제가 될 수 있었다. 오늘날의 표현으로 한 교회 내에서 '공동목회'를 한다는 일이 예나 지금이나 쉽지 않은 일인 것은 인지상정(人之常情)이다. 사도들이 직접 사역할 때는 그들의 사역자로서의 위치에 이견이 없었을 것이지만, 사도시대 이후 2-3세대 사역자들이 동일한 권위를 가지는 일은 쉽지 않았을 것이다. 그들 가운데 자연히 리더십이 두드러지는 인물이 1인 감독으로 등장하게 되는 상황은 어렵지 않게 짐작되는 바이다.

---

7) Justo L. Gonzalez, 「기독교 사상사」, 1권, 이형기, 차종순 역 (서울: 한국장로교출판사, 1998), 82.

1인 감독체제는 곧 감독의 '사도계승주의'(Apostolic Successionism) 개념이 등장할 수 있는 전제조건이 되었다. 이는 정통 교회를 이단 교회와 구별하는 잣대로서 그 교회 감독의 정통성을 그 감독의 사도계승에서 찾는 개념이며, 2세기 중반 이후에 특히 마르키온주의자들(Marcionites)이나 영지주의자들(Gnostics)의 활동을 경계하면서 기존 교회의 정통성을 입증하는 방식으로 이레니우스(Irenaeus)와 같은 논박가들에 의해 일반화되기 시작했다. 다음은 사도계승주의를 보여주는 전형적인 표현이다.

> 그러므로 우리는 사도들로부터 계승한 교회의 사제들(priests)에게 복종해야 합니다. 그들은, 감독직의 계승과 함께, 하나님의 뜻에 따른 진리의 표시를 받았습니다. 그렇지 않은 사람들은 의심 받아야 하며, 그들은 주요 계승으로부터 이탈한 자들입니다.[8)]

테르툴리아누스(Tertullianus)가 그의 「취득시효」(*The Prescription against Heretics*)의 32장에서 이단들에 대해 언급한 것 역시 사도계승주의의 방식을 보여주는 전형적인 표현이다. 그는 이단들이 자신들의 기원을 사도시대로 소급하는 데 대해 "그들은 그들 교회의 원 기록들을 꺼내어 처음부터 합당하게 연이어진 계승으로 내려온 감독들의 명단을 펼쳐서, 감독이 그의 안수자와 전임자가 사도들 혹은 속사도(Apostolic Fathers)들 중 한 사람인 것을 보여줘야 할 것"이라고 말한다.[9)]

키프리아누스(Cyprianus)는 확고한 감독중심주의를 주장한 대표적인 3세기의 교부이다. 테르툴리아누스의 신학과 서방교회 전통에 충실했던 그는 감독이 없으면 교회도 없다고 보았다. 교회에 있어서 감독의 절대적 위치를 의미하는 말이다. 교회직위가 로마제국의 공직 계급체계의 영향을 받고 본격적으로 계급화되기 시작한 것은 4세기 초 이후의 일이었

8) Irenaeus, *Against Heresy* 4.26. ANF 1:496. Ibid. 3.2 참조.
9) Tertullianus, *The Prescription Against Heretics*, ANF 3:258. See Ibid. 20-21.

지만, 사제주의적 교직개념은 그 이전에 이미 확립되었다고 봐야 할 것이다.

중세교회의 교직은 훨씬 다양화되었다. 교회직위를 포함하여 모든 인간의 직위는 계급화 되면 복잡해질 수밖에 없다. 사람들이 어떤 직위가 높고 낮은지를 비교하기 시작하고 약간의 차이라도 높다는 것을 확인하고 싶어 할 때 직위는 복잡하게 많아지게 되고 그 직위의 위계질서가 피라미드식으로 정립될 수밖에 없게 된다. 콘스탄티누스 이후 교회의 직위는 계급사회인 로마제국의 복잡한 위계질서를 닮아가면서 소위 '교직위계질서'(clerical hierarchy)가 확립되었고 그 교직체계는 곧 제도교회로서 가톨릭교회의 가시적 틀이 되었다.

3. 침례교회와 교회직위

침례교회는 상당히 초기부터 교회직위를 '2 직위제'로 이해했다. 영국 특수침례교회의 "제1 런던신앙고백서"(1644년)는 교회의 직위를 목사, 교사, 장로, 집사로 정함으로써 개혁교 전통의 영향이 그대로 반영되었음을 보여준다.[10] 그러나 "제2 런던신앙고백서"(1677년)에서는 "감독 혹은 장로, 그리고 집사들" 두 직위만을 언급함으로써 '2 직위제'를 성서적인 직위제라고 주장한다.[11] 이후로 침례교회는 두 직위제 전통에서 거의 벗어나지 않았고 지금까지 그 전통을 고수하고 있다.

역사적으로 교회직위가 몇 개이어야 하는가에 대한 논의는 늘 있어왔지만, 교회직위의 수가 고민해야 할 본질적인 일인지 먼저 논의해야 할 필요가 있다. 적어도 교회직위의 수가 교리적 당위성의 문제가 아님은 분명하다. 그러므로 몇 개이어야 하는가를 묻기보다는 몇 개가 바람직한가를 묻는 것이 타당할 것이다. 교회직위의 수가 교리적 당위성 문제가

10) Lumpkin, 「침례교 신앙고백서」, 204.
11) Ibid., 335

아니라고 해서 그것이 중요하지 않다는 것은 아니다.[12] 여전히 교회가 직위의 수를 공동체적으로 정해두고 그에 따라 교회사역을 운용하는 것은 매우 중요한 문제이다. 그리고 교회가 직위를 정할 때 직위에 대한 신약성서적 의미와 실제에 벗어나지 않도록 하는 것은 더 중요하다. 신약성서에 나타난 직위의 수보다 더 본질적인 문제는 직위에 관한 신약성서적 정신이다.

여기서는 결론적으로 신약성서에 나타난 직위의 개념과 정신을 세 가지 정도로 정리하고자 한다. 첫째는 직위의 탈계급성(non-hierarchicality)이다. 신약성서 어디에도 교회직위에 계급적 의미를 부여한 곳은 없다. 기본적으로 교회직위자들은 섬기는 자들이었다. 그들의 권위는 사역적, 은사적, 기능적 권위였지 위에서 군림하고 지시하는 권위가 아니었다. 앞에서 살펴본 바대로 그들은 회중에 의해서 세워졌기 때문에 그들의 사역적 권위는 회중으로부터 온 것이었다. 물론 그들은 지도자로서 다른 신자들을 가르치고 돌보는 목회의 일을 했지만 계급적 우위를 가지고 한 것이 아니라 은사적 기능을 가지고 한 것이라고 봐야 한다. 교회직위를 수직적인 권위 체제로 이해하게 된 것은 교회 세속화의 한 증거라고 볼 수밖에 없다. 교회가 흔히 집사를 세울 때, 구체적인 사역을 위해서 공동체가 그 사역에 적합하다고 판단한 사람을 세우는 것이 아니라, 교인이 된 지 어느 정도 시간이 지난 사람들에게 당연한 듯이 주는 경우들이 많다. 마치 신앙의 연륜에 따라 직급이 상승하는 식이다. 이것은 교회직위를 은연중에 계급으로 생각하는 풍토 때문이라 아니 할 수 없다. 교회직위를 계급이나 감투로 생각하는 순간 교회직위는 세속화되고, 교회는 타락하게 될 것이다.

신약성서에 나타난 또 다른 정신은 직위의 단순성(simplicity)이다. 물

12) Maring and Winthrop, *A Baptist Manual*, 101.

론 서신서들을 보면 다양한 직임들을 언급하고 있긴 하지만 교회가 공식적으로 안수를 통해 세우는 직위는 목사와 집사 두 직위뿐이었다. 가장 초기에는 사도들이 교회를 치리하다가 필요에 따라 집사들을 세우도록 했다. 사도들과 집사들이 초기 교회의 직위였다. 물론 사도들은 그들의 존재 자체로 그리스도의 직접적인 위임을 받고 '보냄을 받은' 자들이었기 때문에 그들이 따로 안수를 받았다는 흔적은 없다. 신약성서에서 최초로 안수를 받고 세워진 직위자들은 집사들이었다. 그러나 초대교회는 나중에 사도들을 잇는 사역자로서 감독들(혹은 장로들, 목사들)을 세우기 시작했다. 사도들과 집사들에서 이제는 감독들과 집사들이 교회의 공식적인 직위자들이 되었다. 서신서에 나타난 다양한 직임들은 감독들과 집사들이 하는 다양한 사역들이었다. 사역은 다양했지만 교회가 안수해서 세우는 공식적인 직위는 두 직위로 단순했다. 교회직위의 수는 교회가 국가교회 체제로 바뀌면서 늘어나기 시작했을 뿐이다.[13] 앞에서도 말했듯이, 교회직위가 계급화되면서 다양한 사역이 서로 차별화되면서 직위의 다양화가 이루어지기 시작한 것이다.

교회의 사역이 다양하다고 해서 직위가 많아질 필요는 없다. 로마서 6장의 상황으로 돌아가 보면, 사도들 혹은 감독들이 말씀과 기도를 전담하는 사역을 할 때, 집사들은 그 외의 여러 가지 교회의 일들을 맡아서 할 수 있다. 사역이 다양하면 목사(들)와 집사들이 다양한 사역을 감당하면 된다. 예를 들어, 한 교회에 사역자가 해야 할 사역이 열 가지 정도 있다고 하면, 열 가지 직위가 필요한 것이 아니라, 열 집사가 있으면 되는 것이다. 직위가 많아져야 할 필요는 전혀 없다. 직위의 단순성은 교회직위의 계급화를 방지하는 장치가 될 수도 있다.

---

13) 로마 가톨릭교회의 교회직위는 7개로 늘어났다: 사제(priest), 부사제(deacon), 차부제(subdeacon), 복사(acolyte), 문지기(porter or doorkeeper), 성구낭독자(lector), 퇴마사(exorcist).

셋째는 직위의 실제성(practicality)이다. 신약성서에서 사도들 이외에 교회가 공식적으로 세운 직위는 집사였다. 사도행전 6장에서 그 배경을 보면 집사 직위가 세워진 것은 교회의 실제적 필요에 따라 이루어졌음을 잘 알 수 있다. 1절을 보면 예루살렘교회의 교인(제자) 수가 늘어남에 따라 교회의 사역이 늘어나고 있음을 보여준다. 구체적으로는 교회 내에서 헬라파 유대인 과부들이 구제에서 제외된 일로 인해서 문제가 제기된 상태였다. 이에 사도들이 감당해야 할 일들이 많아졌고 그로 인해 그들이 꼭 해야 할 말씀과 기도 사역을 소홀하게 할 수밖에 없는 지경에 이르렀다. 이러한 상황에서 사도들은 회중들로 하여금 교회를 위해 봉사할 일꾼을 세울 것을 요청하게 된 것이다. 이 장면을 보면 예루살렘 교회에는 집사라는 직위가 처음부터 있지 않았다. 어떤 필요가 생겼고 그 필요를 충족시키기 위해 생겨난 것이다. 이것은 교회직위가 처음부터 반드시 있어야 할 본래적인 직위가 아니었음을 알 수 있다. 교회가 실질적으로 필요로 하는 사역이 있었기 때문에 그 사역을 위한 봉사자들을 공동체적으로 세우게 된 것이다.

직위의 실제성 관점에서 보면, 구체적인 사역이 없는 데도 어느 정도의 신앙 연륜이 쌓인 사람들에게 직위를 주는 것은 적절한 일이 아니다. 이것은 마치 교회직위를 신앙 연륜이 있는 자들을 우대하는 차원에서 주는 것으로 생각하게 만든다. 이는 직위와 사역을 별개의 것으로 만드는 우를 범하게 된다. 교회직위는 실질적인 사역을 위해서 존재하는 것이며, 그 직위는 공동체가 그 일에 적합한 사람을 세우기 위해 주는 것이다.

교회직위와 안수

종교개혁 이후에도 가톨릭교회의 안수 개념은 개신교단 내에서 없어지지 않았다. 한 번 안수 받으면 평생 동안 없어지지 않는다는 개념이 바로 그것이다. 가톨릭교회에서 서품(ordination 혹은 consecration)이라고 불리는 안수는 예전(sacrament)이기 때문에 무효화 될 수 없는 일이다. 예전으로서 안수에 의해 주어진 직위는 소위 '신품'으로서 예전적 효험에 의해 부여된 직위이자 권위이기 때문에 취소될 수 없고 영구적이다.

회중주의 체제에서 교직자에 대한 안수의 의미는 감독주의와 장로주의 체제에서와는 다르다. 감독주의와 장로주의 체제에서 직위자를 세우는 안수는 그리스도로부터 그 직위의 권위를 부여받는 의식으로 이해된다. 따라서 안수는 대체로 특정한 사람(들)에게 그 직위를 영구적으로 부여하는 의식이 된다. 그리고 안수에 의해 세워진 직위자는 그 권위를 회중에게 행사한다. 이런 식으로 이해된 교직자의 권위는 구약의 제사장 직분의 경우와 별로 다를 바 없다.

회중주의 체제에서는 직위자를 세우는 안수가 회중이 특정한 사람(들)에게 공동체적 권위를 부여하는 의식으로 이해된다. 이 경우 안수의 권위는 그리스도로부터 받은 각 신자들의 사역적 권위가 그들이 세운 적임자에게 공동체적으로 부여되는 것이다. 좀 더 구체적으로 설명한다면, 각 신자가 그리스도의 부름에 응하여 그를 구세주와 주님으로 영접하는 신앙고백과 함께 그리스도의 제자가 된 것은 동시에 세상으로 보냄을 받는 사역자가 되었음을 의미한다. 이제 그 신자들은 교회라는 신앙 공동체에 참여하면서 그들이 그리스도로부터 부여받은 신자의 권위를 공동체적으로 행사하게 된다. 그들은 교회가 필요로 하는 사역자들을 세우고 그들이 사역자로서의 역할을 할 수 있는 권위를 부여한다. 이때 공동체가 사역의 권위를 부여하는 공적 의식(public ceremony)으로서 안수를 하게 되는 것이다. 그러므로 회중주의 체제에서는 회중이 그리스도로부터 받은 사역적 권위를 공동체의 필요에 따라 특정한 사람(들)에게 부여하는 의식으로서 안수를 하게 되고, 또한 그 사역적 필요가 종료되었을 때 안수의 의미도 동시에 종료된다. 이러한 경우 안수는 공동체에 의해서 철회될 수 있다.

교회직위의 실제성 개념과 아울러 교직을 세우는 안수도 실질적인 사역과 결부해서 이해되어야 한다. 안수는 어떤 사람을 특별하게 만들기 위해서 존재하는 의식이 아니다. 해야 할 사역이 없는데 어떤 사람을 안수해서 직위자로 세우는 것은 무의미한 일이다. 교회가 해야 할 사역이 있을 때, 그 일에 적합한 사람을 회중이 안수로 세우는 것이다. 그러므로 안수는 회중의 권위를 사역을 위해 세움을 받는 사람에게 부여하는 의식(ceremony)이다. 이것은 그 사람의 사역적 권위를 공동체가 부여해준다는 말이다. 사역자의 진정한 권위는 바로 회중이 안수를 통해 부여해준 권위이다. 회중이 부여해준 사역적 권위를 가지고 그리스도와 회중을 섬기는 것이다. 여기에 진정한 사역 정통성이 있다.

사람들은 흔히 회중주의 체제에서는 교직자들의 권위가 약화된다고 생각하는 경향이 있다. 사실은 그 반대이다. 회중의 신임에 따라 교직자로 세워진 사람이 진정한 교직자로서의 권위를 가진 사람이다. 회중이 사역의 권위를 부여하고 세웠기 때문에 회중을 위한 사역을 하기에 적합한 것이다. 이것은 회중과 사역자 간의 중요한 신뢰 관계를 형성한다. 회중은 그들이 세운 교직자에 대해 존경과 협조를 아끼지 않을 것이다(그렇게 해야 한다). 교직자는 자신을 지도자로 인정하고 세워준 회중의 신뢰를 바탕으로 마음껏 지도자로서의 역할을 하게 될 것이다.

사회에서도 시민이 선출한 정치적 지도자가 정통성을 가진다. 이러한 패러다임은 교회가 1세기 때 이미 이해한 일이다. 오늘날 완전하지는 않지만 시민 주체적 정치(민주정치)가 일반화되었다. 이것은 긴 역사를 두고 본다면, 나라마다 그 역사적 경험과 시기가 조금씩 다르지만, 최근의 일이다. 일반 사회는 역사적으로 오랫동안 상하 위계적 체제 가운데 발전해왔으며, 민주 사회체제가 어느 정도 이루어졌다고 하는 오늘날에도 진정한 의미에서 사람들의 수평적 관계는 요원한 문제이다. 정치적, 사회적 평등관계가 법적으로 보장되었다 하더라도, 사람이 사람을 지배하고, 차별화하는 일들은 계속 일어나고 있다.

기독교는 이미 1세기 때에 하나님 앞에서 모든 사람들이 동등하다는 사상을 교회 공동체의 기본적 정신으로 삼았다. 그리스도를 머리로 하는 교회는 모두 동등한 지체들로 구성된다는 사상이다. 기독교가 이러한 정신에서 벗어나게 된 것은 교회가 점점 감독 중심으로 발전하게 되면서였다. 거기다가 4세기 초 이후 로마제국과 결합되어 가면서 세상의 위계체제가 급격하게 교회로 들어오게 된 결과이다. 이것은 교회가 교회 고유의 정신과 문화를 세상에 선포하고 세상의 정신과 문화를 바꾸지 못하고, 거꾸로 세상의 정신과 문화가 교회 안으로 들어와서 정당화된 결과이다.

사도행전 2장에 나오는 오순절 성령강림 사건을 보면 성령이 특정한 지도자에게 내렸다는 말은 찾아볼 수 없다. "홀연히 하늘로부터 급하고 강한 바람 같은 소리가 있어 그들이 앉은 온 집에 가득하며 마치 불의 혀처럼 갈라지는 것들이 그들에게 보여 각 사람 위에 하나씩 임하여 있더니"(행2:2-3) 라는 말씀은 성령이 거기에 있는 "각 사람 위에" 내렸음을 설명해준다. 그리고 4절은 "그들이 다 성령의 충만함을 받고 성령이 말하게 하심을 따라 다른 언어들로 말하기를 시작"했다고 증언한다. 또 6절을 보면 "큰 무리가 모여 각각 자기의 방언으로 제자들이 말"했음을 알 수 있다. 성령 강림의 사건은 그 자리에 있었던 모든 사람에게 각각 임했음을 잘 보여준다. 사도행전 1장 8절에서 "오직 성령이 너희에게 임하시면 너희가 권능을 받고 예루살렘과 온 유대와 사마리아와 땅 끝까지 이르러 내 증인이 되리라"고 했을 때 이미 성령은 그리스도를 따르는 모든 자들에게 임할 것이라고 했고, 그들 모두가 권능을 받을 것이라고 했다. 그것이 오순절 성령강림 사건에서 그대로 이루어진 것이다. 그리스도의 증인이 되는 권위는 성령을 받은 모든 사람에게 각각 주어진다는 것을 분명히 보여준다. 이것 외에 예수 그리스도께서 다른 특별한 권위를 특정한 사람들에게 준 일은 없다. 그리스도를 증거하는 교회 사역에 있어서 그리스도의 권위는 기본적으로 그를 따르는 각 사람들에게 주어졌고, 교회의 사역적 권위의 원천은 바로 여기에 있다.

오순절 성령강림 사건 직후 사도행전 2장 14절 이하에 나오는 베드로의 설교는 요엘 선지자의 예언을 떠올리며 그 예언의 성취가 그리스도를 따르는 자들에 의해 이루어질 것임을 선언한다. 17-18절은 요엘서 2장 28-29절의 예언을 거의 그대로 반복한 말씀이다: "말세에 내가 내 영을 모든 육체에 부어 주리니 너희의 자녀들은 예언할 것이요 너희의 젊은이들은 환상을 보고 너희의 늙은이들은 꿈을 꾸리라. 그 때에 내가 내 영을 내 남종과 여종들에게 부어 주리니 그들이 예언할 것이요." 하나님의 영이 "모든 육체"에 임할 것이며 그 영을 받은 남녀노소 모두 복음의 증인이 될 것이라는 말씀이다. 소수의 특정한 사람이 아니라 "누구든지 주의 이름을 부르는 자"(21절)가 동일하게 하나님의 영을 받고 복음 증거를 하는 그리스도의 사역을 감당하는 권위를 가졌음을 시사한다.

그리스도는 그를 따르는 자들에게 그의 영, 즉 성령을 내리는 방식 이외에 다른 방식으로 사역의 권위를 부여한 적이 없으며, 이러한 성령강림은 모든 믿는 자에게 동일하게 내려졌음을 사도행전은 분명하게 증언하고 있다. 전문 사역자들, 즉 교직자들은 이러한 사람들에 의해서 세움을 받고 안수를 받음으로써 그들의 사역적 권위를 부여받을 뿐이다.

안수가 피안수자를 특별하게 만들지도 않는다. 안수가 피안수자를 특별하게 만든다는 생각은 성례전주의와 사제주의의 산물이다. 로마가톨릭 교회 전통에서 안수는 오랫동안 예전이었다. 그리고 예전은 수례자에게 지울 수 없는 '거룩한' 흔적을 남긴다고 보았다. 그리하여 안수 받고 사제가 된 자는 '인간적으로' 오류가 있다하더라도 그가 사제로서 하는 모든 일은 영적 권위를 가진다고 보았다. 교회가 공식적으로 인정한 절차에 따라 '집례된 일(안수) 그 자체로부터'(*ex opere operato*) 사제에게 본래적이고(ontological) 영구적인(permanent) 권위가 부여되었다는 것이다. 이러한 논리는 히포의 아우구스티누스가 도나투스파와 논쟁하는 과정에서 정리되었음은 주지의 사실이다.

신약성서에서 보여주는 안수의 예들을 보면, 안수가 그 사람을 '거룩하게' 만든 것이 아니라 회중이 '거룩하다고 여기는' 사람을 안수했음을 알 수 있다. 첫 집사들이 세워지는 과정을 보더라도 사도들이 "너희 가운데서 성령과 지혜가 충만하여 칭찬 받는 사람 일곱을 택하라"라고 했고, "온 무리"(회중)는 "믿음과 성령이 충만한 사람" 일곱 명을 택했고, 사도들은 그들을 집사로 안수하여 세웠다.

침례교회의 서리집사, 안수집사 문제

한국 침례교회는 여전히 '두 직위제'를 표방하고 있지만, 실상은 '세 직위제'를 실행하고 있다고 말해도 과언이 아니다. 한국 침례교회들은 대부분 집사직위를 서리집사와 안수집사로 구분하여 세운다. 표방하고 있는 직위의 수와 실제 실행하고 있는 직위의 수가 다르다. 즉, 목사, 안수집사, 서리집사가 모두 독립적으로 세워지기 때문에 '세 직위제'라고 해도 무방한 것이다. 물론 서리집사는 안수로 세우는 직위가 아니기 때문에 교회의 공식적인 지위가 아니라고 하면 할 말은 없다. 그렇지만 실제로 사람들은 서리집사를 하나의 공식적인 직위로 생각하고 있는 것이 현실이다.

문제는 서리집사라는 직위 아닌 직위의 타당성 여부이다. 서리집사 '직위'는 어떤 관점에서 보더라도 타당성이 없다. 서리집사라는 말이 의미하는 바는 정식으로 임명된 집사는 아니지만 집사의 역할을 하는 사람에게 붙여진 호칭이다. 정식으로 집사인 사람이 유고인 경우에 그 역할을 대신하거나, 아니면 아직 정식으로 집사는 아니지만 임시로 그 역할만 하는 경우에 서리집사가 된다. 현재 침례교회에서는 거의 예외 없이 후자의 경우일 것이다. 즉, 대체로 안수집사가 되기 전 예비 단계로서 서리집사들이 있고, 그 가운데 소수가 안수집사로 세움을 받는다. 만약 서리집사라는 '직위'가 단지 안수집사가 되기 위한 과정에 있는 직위라면 그나마 그 정도의 타당성이 있다고 할 수 있을지 모르지만, 실제로는 많은 서리집사들 가운데 소수만이 안수집사가 되고, 나머지는 계속해서 안수집사와 구별된 역할을 하고 있는 것이 현실이다. 다시 말하면 서리집사들 가운데 안수집사들이 세워지기는 하지만 서리집사 '직위'가 상존하는 이유가 그것만이 아니라 안수집사와는 독립적인 위치에서 사역을 한다는 것이다.

여기서 안수집사는 정식으로 집사이고 서리집사는 그 역할만 하는 집사라고 할 때, 논리적인 문제는 안수의 의미에 있다. 실제로 집사의 역할은 하는데 안수를 받지 않았기 때문에 정식 집사가 아니라는 것은 안수를 사역과 관련하여 주는 것이 아니라 그것과 관계없이 사람에게 주는 것으로 이해한다고 볼 수밖에 없다. 실제로 집사의 역할을 한다면 당연히 안수를 주어서 공식적으로 그 직위에 세워야 한다. 신약성서(사도행전6장; 디도서1장)에서 언급하는 집사의 자격에 합당한 사람이면 당연히 안수를 통해 세움을 받고 사역을 감당해야 할 것이다. 서리집사가 아직 그러한 자격에 이르지 못했다면 집사의 일을 자제해야 할 일이고, 자격이 있다면 처음부터 안수를 주어서 집사의 일을 하게 해야 한다는 말이다. 집사의 일을 하는데 아직 집사로 안수를 받지 않은 것도 문제이고, 안수 받고 집사의 일을 할 정도로 교회의 신임을 아직 얻지 못했는데 집사의 일을 하고 있는 것도 문제라는 말이다.

한국 침례교회에서 서리집사의 직위는 없어지는 것이 바람직하다. 실질적으로 사역을 위해서 공동체의 인정과 권위를 받고 세워질 것이면 당연히 모든 집사는 안수로 세워져야 한다. 그렇다면 이제 더 이상 서리집사라는 직위와 호칭은 필요 없게 될 것이다. 또 굳이 안수집사라는 호칭도 불필요할 것이다. 모든 집사가 안수로 세워진다면 '집사'이면 충분하다. 서리집사와 구별하기 위해 '안수집사'라는 호칭이 필요했다면, 이제 서리집사가 없어진다면 집사면 족하다. 목사는 모두 안수로 세워지지만 굳이 '안수목사'라고 하지 않는 것과 같다.

한국 침례교회와 직위문제: '호칭장로'?

2009년에 기독교한국침례회 총회는 '호칭장로'를 허용하기로 결의했다. 이 결정은 어떤 이들에게는 기쁜 소식이 되었고 어떤 이들에게는 실망스러운 소식이 되었다. 이 문제를 둘러싸고 있었던 그간의 교단정치적 일들에 대해서는 굳이 여기서 언급하려고 하지 않는다. 그러나 이 일이 가지는 의미에 대해서는 짚어봐야 할 문제들이 있다. 교회직위와 관련하여 교회가 견지해야 할 신앙 정신과 윤리 문제들뿐 아니라 침례교회가 추구하는 교회정체(church polity)와 관련된 문제들이 있기 때문이다.

먼저 분명히 짚고 넘어가야 할 문제는 총회의 결정이 장로제 도입을 의미하는 것이 아니라는 사실이다. 만약에 장로제 도입을 의미하는 것이라면 그것은 침례교회의 회중체제를 대체하는 일이기 때문에 침례교회 정체성의 본질적인 문제와 직결된다. 그것은 침례교회가 더 이상 회중중심적 교회이기를 포기하는 일이다. 아니, 그러한 교회는 더 이상 침례교회라고 말하기 힘들다. 일단 기독교한국침례회가 '호칭장로'를 허용하기로 결의한 것은 장로제 도입을 의미하는 것이 아닌 동시에 회중체제 포기를 의미하지 않는다는 전제에서 논의가 이루어져야 한다. 그러므로 명심해야 할 것은 침례교회에는 여전히 장로 직위는 없다는 사실이다.

'호칭장로'로 불린다고 해서 자신이 진짜 장로라는 생각은 결코 가져서는 안 된다는 것이다. 만약에 그렇게 불리는 사람이 원래 (안수)집사라면 그의 진짜 직위는 여전히 (안수)집사이지 장로가 아니다. 그러므로 만약에 총회 결의를 근거로 '호칭장로'를 사용하기로 결정한 침례교회들이 있다면, 그들 교회 가운데 직위와 호칭을 분별하지 못하는 일이 있어서는 결코 안 된다.

총회에서 '호칭장로' 허용을 결정하기 전에 집사 안수식을 계획하고 광고하고 있었던 어떤 침례교회는 총회의 결정이 이루어진 직후에 집사 안수식을 장로 장립식으로 광고하기 시작했고 결국 그렇게 실행했다는 이야기가 들려왔다. 이것은, 그 교회가 스스로 장로교회가 되기로 결정한 것이 아니라면, 심각한 오해와 착각에서 빚어진 일이다. 총회는 장로 직위를 도입한 일이 없기 때문이다. 장로 장립식을 했다면 그것은 단순히 '호칭장로'가 아니라 진짜 장로를 세운 일이다. '호칭장로'는 진짜 직위가 아니라 말 그대로 호칭일 뿐이다. 교회의 공식적인 직위가 아니기 때문에 공식적인 장로 안수식(혹은 장립식)을 거행해서는 안 된다. 안수식은 진짜 교회직위를 세우는 일이며, 침례교회는 여전히 목사와 집사 두 직위에 대해서만 안수식을 해야 한다. 총회가 '호칭장로'를 허용했다는 것은 안수집사들에게 '장로'라는 호칭 사용을 허용한 것이지 안수해서 장로를 세우라는 의미가 아니다. 이것은 심각한 착각이다.

위에 언급된 교회는 총회의 결정에도 불구하고 계속 집사 안수식을 통해서 (안수)집사를 세웠어야 했고, 그런 다음에, 교회가 총회의 결정을 계기로 '호칭장로'를 사용하기로 결정했다면, 그냥 그들에게 '호칭장로'를 적용했어야 했다. 장립식은 진짜 장로를 만드는 일이다. 심지어 그 교회에서 장립식을 통해 장로가 된 사람들은 장로교회의 경우처럼 (안수)집사가 된 다음 장로가 된 것이 아니라 곧바로 진짜 장로가 된 셈이다. 집사 안수식을 장로 장립식으로 대체하는 일은 침례교회에 없는 직위를 공식적으로 세운 일이며–이는 명백하게 총회의 결정에 위배되는 일이다–동시에 장로교회의 경우에도 맞지 않는 일이다.

왜 '호칭장로'인가? 침례교회에는 장로 직위가 없기 때문에 직위를 만들 수는 없지만 현실적으로 그 호칭이라도 허용하자는 뜻에서 붙여진 이름일 것이다. 문제는 '호칭'이라는 말에 있다. 이 말은 교직을 계급적인 지위로 생각하는 풍조를 전제로 나올 수 있는 말이다. 즉, 이 '호칭'이라는 말이 직위에 붙여진 것은 특정 직위에 대한 호칭을 중시하는 풍조를 반영한다는 것이다. 실제로 침례교회의 (안수)집사들이 사회에서 다른 교단의 장로들과 사회적 교류를 할 때 직급이 낮은 데서 오는 위화감과 면목이 서지 않는다는 사실 때문에 장로 직위를 필요로 한다는 말들이 많았다. 이러한 세태는 장로라는 교회직위가 사회적 의미까지 갖는 현실을 반영한다. 사회의 각계각층에 기독교인들이 많아지면서 장로 직위는 사회에서도 명예가 되는 직위가 되었음을 의미한다.

혹자는 침례교회에 호칭장로를 두면 타교단에 있는 장로급의 신자들이 침례교회로 올 수 있는 길이 열리고, 그들의 사회적, 경제적 영향력이 침례교회에서 잘 사용될 수 있을 것이라는 현실적인 이유를 든다. 이것은 그 사람이 불리기를 원하는 호칭을 불러주고 그가 가진 세상의 영향력을 사용할 때 교회에 도움이 된다는 논리이다. 그런 논리라면 예수님께서 '카이사르'(Caesar)로 오시지 않았고, '크라수스'(Crassus)로 오시지 않은 것이 한이 될 뿐이다. 복음의 사역을 순수한 신앙적 영향으로 하지 않고 세속적 영향력으로 하겠다는 발상에 다름이 아니다. 그러한 세상적 영향력으로 메시아의 일을 하라고 부추긴 사탄의 유혹을 단번에 뿌리친 그리스도의 결단을 기억해야 할 것이다.

어떤 안수집사들로부터는 '호칭장로' 도입이 결정되자 이제야 한을 풀었다는 식의 발언들이 나오기 시작했다. 아마 다른 교단에 소속했더라면 벌써 장로가 되었을 텐데 침례교단에 소속하다보니 (안수_집사라고 무시를 당했던 연유일까? 만약에 그렇다면 참 안 된 일이다. 호칭장로는 장로가 아니기 때문이다. 한국 사회에서는 어디를 가나 상대방이 '사장님'이라고 불러주는 경우들이 많다. 대개는 서비스업에 종사하는 사람들이 남성 고객들을 대상으로 불러주는 호칭이다. 실상은 사장이 아니므로 '호칭사장'이라고 해야 할지 모르겠다. 아마 한국에서 사는 성인 남자치고 '사장'이라는 호칭을 들어본 적이 없는 사람은 거의 없을 것이다. 그들은 실상 모두 '호칭사장'인 셈이다. 장로가 아닌데 장로로 불리는 일이 사장이 아닌데 사장으로 불리는 일과 무엇이 다르겠는가?

풍문으로 들리는 이야기이다. 사회에 어떤 모임이 있으면 그 모임 가운데서도 특별히 장로들로 구성되는 교제권이 형성되는 경우들이 있다고 한다. 예를 들면, 국회의원들 가운데서도 기독교 장로들만 모이는 교제권이 있는 식이다. 어떤 침례교회의 (안수)집사들은 교회 내에서의 실질적인 위치로 따진다면 스스로 '장로급'에 해당한다고 생각함에도 불구하고 그 '장로' 교제권 내로 진입할 수 없는 현실을 안타까워 한다는 이야기도 들려온다. 그러한 사람들에게는 장로라는 '호칭'이 절실했을지 모른다. 어떤 사람들은 사회적인 모임이 아니라 실제로 다른 교단들과 교류하고 협력하는 일을 위한 초교단적 모임에서 직급의 차이로 인해 대등한 대화를 할 수 없다고 토로한다고 한다. 전자의 경우든 후자의 경우든, 씁쓸하기는 마찬가지이다. 교회직위를 마치 신분과 계급인양 여기는 일도 문제이고, 기독교인들이 직급의 차등을 따지는 사회적 인식에 매몰되어 스스로 교회직위를 계급화하고 신분화 하는 풍토도 큰 문제이다.

침례교회의 (안수)집사가 이제 '호칭장로'가 되어 장로들과 함께 어깨를 나란히 하는 일은 기독교 정신에도 맞지 않고 윤리적으로도 옳지 않은 일이다. 침례교회 내의 이러한 풍조가 다른 교단들에게는 어떻게 비칠까? 왜 침례교인들은 자신들이 가지고 있는 교단의 전통과 특성에 충실하지 않고 교단 내에 존재하지 않는 다른 교단의 직위를 호칭으로 사용하는가? 그 결과는 그들에게는 진짜 장로가 있고 침례교회에는 진짜 장로가 없다는 사실이다. 교회 직위를 감투로 생각하는 것 자체가 있을 수 없는 일이다. 이러한 풍조는 기독교 신앙 정신에 위배되는 일이다. 호칭장로의 딜레마는 첫째, 호칭장로는 실제로 장로가 아니라는 사실이다. 둘째, 호칭장로로 불리면서 진짜 장로 역할을 하려고 한다면 더 큰 문제다. 그러면 더 이상 침례교회가 아니라 장로교회가 되기 때문이다. 후자의 문제는 앞으로 침례교회들이 걱정해야 할 문제이다. 교단적으로 호칭장로를 허용한 것이 '호칭' 자체에 의미를 둔다는 점에서 장로 직위를 도입한 것이 아니라고 하지만, 실제로는 장로제도의 도입이나 다름없는 결과들이 교회들 가운데 나타나고 있다. 호칭장로들이 실제로 장로의 역할을 하기 시작했다는 이야기들이 벌써부터 들려오기 시작한다. 이것은 침례교회의 본질적 특성인 회중주의 체제에 위협이 되는 문제가 된다.

제9장

침례교회와 지역교회 자치권

침례교회의 역사에서 지역교회 자치권(local church autonomy) 개념이 의미하는 바는 대단히 크다. 그들의 역사에서 이 개념은 가장 초기부터 나타난 사상이다. 그들은 처음부터 총회(Convention)나 지방회(Association)와 같은 교회연합체가 지역교회 위에 군림하여 지배하거나 관리하는 권위가 있다는 것을 인정하지 않았다. 그래서 어떤 침례교회들은 이러한 연합 기관을 세우는 일에 소극적이었고 때로는 참여하는 것조차 꺼려했다. 그들은 각 지역교회를 독립적으로 이해했고, 어떤 경우에도 교회들의 연합체로서 총회나 지방회를 지역교회의 전제조건으로 이해하지 않았다. 그들에게 지역교회는 그 자체로 온전한 그리스도의 교회였다.

침례교인들이 지역교회의 자치적 권위를 강조하는 것은 그들에게 있어서 교회란 실질적으로 지역교회를 말하기 때문이다. 그들은 교회들의 연합체를 교회로 생각하지 않았다. 그들에게는 교회들(churches)이 있을 뿐이지 여러 교회들을 묶은 전체 개념으로 '교회'(Church)라는 것은 없었다. 로마 가톨릭교회가 그들의 교회를 'Roman Catholic Church'로 표현하는 것과는 달리, 침례교회는 전체 개념으로 'Baptist Church'라는 표현은 쓰지 않는다. 그들에게는 'Baptist churches'가 있을 뿐이다.

침례교회도 시간과 공간을 초월하여 모든 믿는 사람들의 집합체로서 교회 개념을 부인하지는 않지만, 그들이 대부분의 관심을 두는 것은 지역교회이다. 신약성서에서 '에클레시아'라는 말이 '우주적 교회'(universal church)를 의미하는 경우는 13번 등장한다.[1] 특히 에베소서에서 사도 바울이 언급하는 교회 개념은 단순히 특정 지역의 교회를 지칭하는 것이 아니라 지상에 있는 모든 믿는 자들의 집합체를 지칭한다. 이것을 '우주적 교회'라고 표현한다면, 이 교회는 결코 가시적으로 조직된 하나의 교회가 아니며, 지상에서 어떤 실질적인 기능이나 권위를 가진 교회는 아니다.[2] 그렇다고 해서 지상에 있는 모든 신자들의 집합체, 혹은 지상의 모든 신자들의 교회의 집합 개념으로서 이 교회는 단순히 추상적인 교회를 의미하는 것도 아니다. 츠빙글리(Zwingli)가 보이지 않는 교회를 예정 받은 자들의 집합 개념이라고 한 것과는 분명히 다르다. 이 지상에는 실질적으로 확인되지 않는 막연한 불특정 다수의 집합으로서 교회는 추상적인 개념에 불과하지만, 지상의 모든 신자들 하나하나가 그리스도를 따르는 제자라고 한다면, 에베소서에서 언급한 교회는 여전히 신자들의 교회를 말하며, 단순히 추상적인 교회가 아니다.

신약성서에 등장하는 '에클레시아'라는 말은 대부분 지역교회를 지칭하고 있다. 홉스(Hobbs)는 신약성서에서 '교회'라는 말을 사용할 때 조직화된 전체 기독교를 의미하거나 여러 교회들을 묶은 교회집단(a group of churches)을 지칭한 경우는 한 번도 없다고 말한다.[3] 신약성서에서 에베소서의 경우처럼 우주적 교회가 아닌 실질적인 교회는 항상 지역교회를 지칭하고 있다는 것이다. "네덜란드의 암스테르담에 남아 있는 영국인들

---

1) John S. Hammett, *Biblical Foundations for Baptist Churches: A Contemporary Ecclesiology* (Grand Rapids, MI: Kregel Publications, 2005), 29, 31. 이 중에 9번은 에베소서에 나온다.

2) E. Y. Mullins, *Baptist Beliefs* (Valley Forge, PA: Judson Press, 1912), 63.

3) Herschel Hobbs, *The Baptist Faith and Message*, 2nd ed. (Nashville, TN: Convention Press, 1996), 65.

의 신앙고백서"(1611)의 제11항은 신약성서(마18:20; 롬8:32; 고전3:22)를 근거로 교회의 최소단위로서 2-3명으로 구성된 교회라도 "그리스도의 몸(고전2:27)이며 온전한 교회"(고전14:23)라고 말한다.[4] 침례교회의 지역교회 자치권 개념은 기본적으로 바로 이 지역교회의 온전성(the completeness of the local church)에서 온다. 지역교회는 그리스도를 머리로 하는 그리스도의 몸이기 때문에 그 자체로 온전하다는 논리이다. 지역교회가 이미 그리스도를 머리로 하는 그리스도의 몸이라면 그 교회에 권위를 행사하는 어떤 상위기관도 있을 수 없다. 그래서 동일한 신앙고백서는 12항에서 "한 회중이 그리스도를 소유하는 것 같이 모든 회중은 그리스도를 소유한다(고전10:7)"고 말하고, 하나님의 말씀은 각 교회에 주어지는 것이므로(골1:5-6) "어떤 교회라도 다른 교회에 대하여 특권을 행사할 수 없다"고 분명히 명시한다.[5]

1644년의 "런던신앙고백서"에서는 출교를 언급하면서 "이 권한은 모든 특별 회중에게" 부여되었다고 말한다. 여기서 "특별 회중"(particular congregation)이라는 말은 '개(個) 교회'로 번역되는 것이 더 명확하다. 바로 그 '개 교회'가 그 교회의 문제를 주체적으로 해결한다는 것이다.[6] 이 고백서의 47항은 더욱 명확하게 "비록 개별적인 회중들이 별도로 여러 개의 지체로 되어 있다 하더라도, 그 각자는 그 자체로 작고 균형 잡힌 하나의 자치단체"라고 명시하면서 지역교회의 온전성을 시사하고 있다.[7] 이러한 점에서 신자들의 교회로서 침례교회는 그 자체로 온전한 그리스도의 몸을 이룸으로써 항상 지역교회를 의미한다.

남침례교단의 대표적 신앙고백서 "침례교 신앙과 교훈"도 제6항 "교회"

4) William L. Lumpkin, 「침례교 신앙고백서」, 김용복 외 2인 역 (침례교신학연구소 펴냄. 대전: 침례신학대학교출판부, 2008), 146.

5) Ibid., 147.

6) Ibid., 206.

7) Ibid., 207.

에서 교회를 "침례 받은 믿는 자들의 지역 구성체"(a local body of baptized believers)라고 정의했다.[8] 여기서 교회를 정의할 때 교회라는 단어 앞에 정관사(definite article)를 사용하지 않고 부정관사(indefinite article)을 사용함으로써 교회는 하나의 지역교회를 지칭한다는 것을 잘 보여준다.[9]

'지역교회 자치주의'를 '개(個)교회주의'로 지칭하는 경우가 많이 있다. 결국 같은 의미라 하더라도 이 두 용어에 담겨 있는 뉘앙스는 상당히 다를 수 있다. 후자는 '개교회 이기주의'로 비치는 때가 종종 있다. 실제로 침례교회 바깥에서는 침례교회의 '개교회주의'를 그런 식으로 오해하여 싫어하는 경우들이 적지 않게 있다. 침례교회는 교회 간의 연합을 잘 할 줄 모른다는 것이다. 침례교회가 연합을 할 줄 모른다는 것은 침례교회의 역사를 조금만 살펴봐도 사실이 아님을 알 수 있다. 그들은 신앙고백서를 함께 발표하는 등 초기부터 교회 간의 교제와 연대를 활발하게 했다. 20세기에 와서 남침례교단(Southern Baptists)이 창출한 '협동사역프로그램'(Cooperative Program)은 침례교회 역사에서 교회들 간의 협력이 얼마나 중요하고 요긴한지를 보여준 대표적인 사례이다. 침례교회가 이기적인 '개교회주의'에 빠졌다는 비판은 그들의 역사가 인정하지 않는다. 이러한 잘못된 오해를 사지 않기 위해서라도 침례교회는 이제 '개교회주의'라는 말보다는 '지역교회 자치주의'를 사용해야 한다.

한국의 침례교회들 가운데는 여전히 '개교회주의'라는 말을 고수하면서 실제로 '교회이기주의'라는 비판에서 자유롭지 못한 교회들이 더러 있다. 그러한 교회들에게 '개교회주의'는 전체 교단에 기여하는 부담에서 벗어나는 구실을 제공해 주기도 한다. 그러나 이러한 일은 침례교회가 원래 말하려고 하는 '개교회주의'와는 거리가 멀다. 그들이 '개교회주의'

---

8) Hobbs, *Baptist Faith and Message*, 64.

9) Ibid.

를 통해서 말하고자 하는 것은 '개(個)교회 자치주의'를 말한다. 즉, 지역교회의 자치권을 인정한다는 말이다. 원래 용어의 참뜻도 '자치권'이라는 말에 있기 때문에 이것은 지역교회의 고립을 의미하기보다는 지역교회의 권위를 인정하는 말이다.

지역교회 자치권은 지역교회의 문제를 그 지역교회의 회중이 결정하는 권위를 말한다. 여기에는 어떤 외부 조직이나 기관도 간여할 수 없고, 어떤 형태의 권위행사도 할 수 없다는 말이다. 지역교회 자치권 문제는 지역교회와 지방회, 그리고 지역교회와 총회와의 관계에서 설명되어야 한다.

지역교회와 지방회/총회와의 관계

지역교회와 지방회의 관계, 그리고 지역교회와 총회의 관계는 '지역교회 자치권' 개념에서 이해되어야 한다. 이 두 관계는 원리적으로 같은 설명이 될 수밖에 없기 때문에 여기서는 지방회와 총회를 따로 구분해서 설명하지 않을 것이다. 지역교회 자치주의는 어떤 경우에도 지방회나 총회가 지역교회의 독립성과 자율성을 침해해서는 안 된다는 논리이다.

침례교회적인 지역교회와 지방회 혹은 총회의 관계를 이해하기 위해서는 권위의 원천이 어디에 있는지, 그리고 그 권위 행사의 방향이 어떻게 되는지를 잘 이해해야 한다. 이미 앞에서 지역교회의 권위는 그리스도를 머리로 하는 회중주의적 권위라고 설명했다. 이 회중주의적 권위는 회중을 구성하는 각 개인들의 신앙적 권위에 기반을 둔다. 그리스도와 각 믿는 자의 관계에 끼어들거나 간섭할 그 이외의 권위는 없다. 즉, 기독교의 신앙적 권위는 각 믿는 자들이 그리스도를 구세주와 주님으로 고백하면서 그리스도로부터 부여받음으로써 생기는 것이다. 그리스도께서는 이 신앙적 권위를 신앙고백을 한 각 개인들에게 부여한 것이며 그 이외의 어떤 직위에 대해서나 또는 어떤 종류의 조직이나 기관에게도 부여하지 않으셨다. 그러므로 한 지역교회의 신앙적 권위는 그 교회의 외부로부터 오는 어떤 권위에 의해서도 지배받거나 침해당하지 않는다. 다시 말해서, 신앙고백을 한 각 믿는 자들은 각각 그리스도로부터 신앙의 권위를 부여받는다는 것이며, 이 권위는 모든 신앙적 권위의 원천이다. 모든 신앙적 권위는 여기서부터 출발한다. 각 신자들의 권위가 회중주체적 권위를 세우게 되며, 이 회중 주체적 권위가 각 지역교회 권위의 원천이 된다. 오히려, 지방회 혹은 총회의 권위는 각 지역교회들로부터 온다고 말해야 한다.

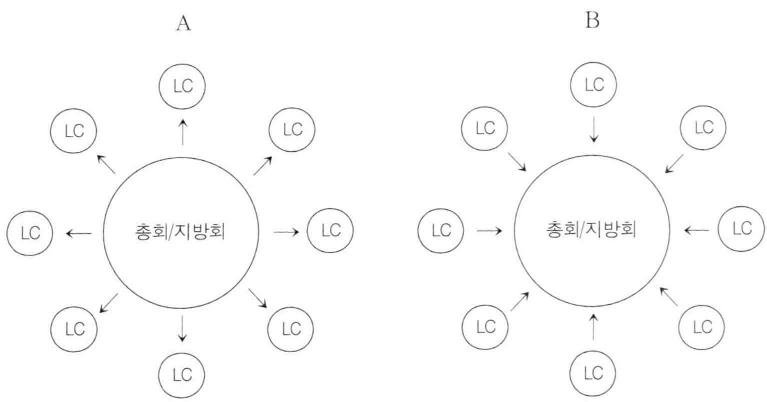

LC : 지역교회(Local Church)

위의 다이어그램에 표시된 화살표는 권위가 행사되는 방향을 표시한다. 다이어그램 A는 중앙조직이나 기관의 권위가 지역교회들에게 행사되는 모습을 보여준다. 이는 지방회나 총회가 지역교회들 위에 있는 권위적 상위기관임을 말한다. 이는 교회의 신학과 신앙에 관한 교단 총회의 모든 공식적인 입장이나 결정은 지역교회가 반드시 따라야 할 사항임을 말해준다. 어떤 지역교회가 특정한 교단에 가입되어 있다면 반드시 그 교단 총회가 취하고 있는 신학적, 교리적 입장, 정해온 규범들, 결정한 사항들에 동의하고 따라야 하며, 그렇지 않으면 그 교단으로부터 탈퇴하거나 탈퇴 당하게 된다. 이는 권위의 원천이 지방회나 총회에 있음을 말해준다.

다이어그램 B는 화살표의 방향이 반대로 되어 있다. 권위의 행사가 지역교회들에서 지방회나 총회로 향해 있다. 이는 권위의 원천이 지역교회들에 있다는 것을 보여준다. 지방회나 총회의 권위 출처가 각 지역교회라는 말이다. 즉, 지방회나 총회가 사용하는 권위는 각 지역교회가 부여해준 권위이며, 지방회나 총회는 그 부여된 권위 범위 안에서 권위를 사용해야 한다는 것이다. 굳이 말하자면 지역교회들이 지방회나 총회의 상위기관인 셈이다. 다이어그램 B는 침례교회의 지방회나 총회가 지역교회들 위에 군림하는 권위조직이나 상위기관이 아님을 잘 보여준다.

지방회 혹은 총회의 설립 목적은 영국의 특수침례교회 내에서 침례교연합(Baptist Union)이 형성된 배경과 미국 침례교회들이 최초로 전국적 총회 조직을 만들게 된 배경에 잘 나타나 있다. 전자의 경우는 총회가 지역교회들의 모임으로서 그들의 교제를 중시했다는 점을 잘 보여주고 있고, 후자의 경우는 지역교회들의 공동사역이 총회의 중요한 설립 목적이 되고 있음을 잘 보여준다. 지방회나 총회의 설립 목적은 바로 여기에 있다. 교회 간의 교제 형성과 공동 협력사역이 그것이다. 침례교회의 지방회와 총회가 이 목적을 벗어나서는 그 존립의 이유가 없다.

여기서는 오늘날 한국 침례교회의 상황에서 목회자 안수 문제를 예로 들어서 지역교회와 지방회의 관계를 설명해보고자 한다. 한국에서 한 지역의 침례교회가 사역자에게 목사 안수를 주기 위해서는 지방회가 규정해둔 지방회 회칙을 따르도록 되어 있다. 그 회칙은 대체로 지역교회의 사역자에게 목사 안수의 여부를 지방회가 결정하도록 되어 있다. 그러므로 지역교회가 인정한 목사안수 지원자는 지방회에 보내져서 여러 가지 검증을 받게 된다. 그는 지방회가 요구하거나 부과하는(imposing) 사항들, 즉 안수 지원자로서의 자격 조건으로서 지방회가 정해둔 원칙들을 충족시켜야 한다. 지방회는 대체로 서류를 통하여 신학교육 과정 이수 및 학위, 교회에서의 사역 경험, 제출된 여러 편의 논문들을 심사하고, 지방회가 구성한 시취위원회는 직접적인 면접의 방법으로 안수지원자에 대해 여러 가지 검증을 한다. 그리고 안수 여부에 대해서는 지방회가 최종적으로 결정한다. 결론적으로 이것은 지방회가 지역교회 자치권을 침해한 것이다.

위의 과정을 지역교회 자치주의 원칙에 입각해서 재구성하면 다음과 같다. 먼저 지역교회는 그 교회에서 충분한 기간 교인으로 있었거나 사역을 한 사람을 안수후보자로 세운다. 물론 '충분한 기간'은 그 교회가 미리 정해둔 바에 따르면 된다. 전체 회중이 모인 가운데서 그 교회가 세운 회중주의적 방식에 따라 안수후보자의 자격 여부를 논의하고 확정한다. 이 과정에서는 대체로 안수후보자의 신앙인격, 전문사역에 대한 기본적인 은사, 그리고 전문 사역자로서 갖춰야 할 교육과 훈련의 과정 등을 검증하게 된다. 그 다음 단계로서 교회는 안수후보자로 확정된 자를 좀 더 전문적(교리적, 신학적)으로 검증하기 위해 지방회에 요청을 한다. 지방회는 지역교회가 보낸 안수후보자를 '전문적으로' 검증하기 위해 시취위원회를 구성하고 당사자를 면접한다. 지방회의 시취위원회는 그 검증의 결과를 지역교회로 보낸다. 이 경우 서면으로 할 수도 있고, 시취위원이 직접 그 지역교회를 방문하여 회중 앞에서 그 결과를 발표할 수 있다. 지역교회는 다시 전체 회중 앞에서 그 결과를 토대로 하여 안수여부를 최종적으로 결정한다.

목회자 안수와 관련된 위의 두 가지 방식은 최종적으로 안수 여부를 누가 결정하느냐에 있어서 분명한 차이를 보여준다. 전자의 경우는 지방회가 안수후보자에 대한 검증방식을 규정하고 그 규정에 따라 안수 여부를 결정한다. 이는 안수를 통해 사역자를 세우는 권위가 지방회에 있음을 말한다. 후자의 경우는 안수후보자에 대한 검증방식과 안수 여부의 결정을 지역교회가 한다. 이는 사역자를 세우고 안수하는 권위가 지역교회에 있다는 입장이다. 침례교회가 지역교회 자치주의를 주장한다면 후자의 방식을 따르는 것이 옳다. 이 경우 지방회는 지역교회 위에 있는 권위기관이 아니라 지역교회를 보조하고 돕는 기관이다. 안수지원자를 검증하는 일도 말 그대로 검증에 그쳐야 한다. 그리고 시취위원회가 지역교회에 결정사항을 통보하는 것이 아니라 검증의 결과를 견해로 제시하는 것이다.

어떻게 침례교회가 되는가?

침례교회는 지방회나 총회에 가입함으로써 침례교회가 되는 것이 아니다. 침례교회는 침례교회의 교회론에 입각하여 신자들의 교회를 세우면 침례교회가 된다. 어떤 지역교회가 그 지역의 침례교 지방회에 소속되지 않았다고 해서 침례교회가 아닌 것이 아니다. 어떤 지역교회가 침례교 총회에 가입하지 않았다고 해서 침례교회가 아닌 것이 아니다. 침례교회 여부를 결정하는 것은 지방회나 총회가 아니라 그 지역교회이다. 그 지역교회가 침례교회의 교회론에 따라 교회를 설립하면 침례교회이다. 앞에 언급한 대로 교회가 교회인 것은 예수 그리스도의 말씀에 따라 그가 구세주와 주님이라는 신앙고백(마16:16-18)을 한 자들이 두 세 사람 모이는(마18:20) 데 있다. 마찬가지로 침례교회는 침례교회의 교회론에 따라 두 세 사람 이상의 신자들이 모였을 때 이미 세워졌다. 그 교회가 지방회나 총회에 가입하는 것은 그 다음 단계이다. 그리고 그 가입여부는 그 교회가 결정하는 것이지 지방회나 총회에 의해 요구되는 것은 아니다.

여기서 역사적으로 침례교의 지방회나 총회가 설립되는 과정을 살펴봐야 할 필요가 있다. 침례교회는 지방회나 총회가 먼저 세워진 뒤에 각 지역교회가 설립된 것이 아니다. 항상 먼저 지역교회들이 각각 설립되었으며, 그 다음 단계로 지방회가 설립되었고, 또 총회가 설립되었다. 이러한 현상은 16세기 종교개혁 시대에 이루어진 다른 개신교 교단 전통들과는 확연하게 차별화된다. 예를 들어 루터교는 루터의 종교개혁을 지지하는 제후나 영주의 결정에 따라 그 정치적 영역 전체에서 가톨릭교회 교구체제 전체가 일시에 루터교 교구체제로 전환되었다. 각 교구교회는 처음부터 루터교라는 전체 체제의 안내와 통제(규범)에 따라 그 체제의 일부로 시작되었다. 어떤 지역의 교회도 전체 체제로부터 독립한 개체로 남겨진 경우는 없었다. 츠빙글리의 취리히 교회와 칼뱅의 제네바 교회도 마찬가지였다. 각 도시의 시의회가 그 도시 전체의 교회를 하나의 통합체로 이해했기 때문에 각 지역의 교구교회는 처음부터 그 통합체제의 한 부분으로 시작된 것이다.

침례교회는 하나의 지역교회가 세워짐으로써 시작되었다. 그러한 교회가 인근 지역에 여러 개 생겼을 때 그들은 교회 간의 교제 관계를 형성하면서 지방회와 총회를 형성했다. 어떤 교회들은 처음부터 이러한 단체에 가입하는 것을 꺼려했다. 그 이유는 그러한 단체가 지역교회의 상위에 있는 권위 기관이 될 수 있다는 염려 때문이었다. 영국 특수침례교회 내에 전국적인 모임으로서 '침례교연합'(Baptist Union)이 결성되었을 때 어떤 침례교회들은 이러한 이유로 인해서 가입을 주저했고 아예 참여하지 않았던 교회들도 있었다. 그리고 지방회나 총회에 가입한 침례교회들도 지역교회의 독립성과 차치권이 훼손되지 않는 범위 안에서 참여했다.

침례교연합을 중심으로 특수침례교회와 일반침례교회가 통합되었을 때도 지역교회의 자치권은 분명히 명시되었다. 이 통합과정에서 신학적인 문제는 각 지역교회에 맡겨두는 방식을 취했다. 속죄론에 있어서 양 교단의 신학적 입장이 첨예하게 달랐지만 그러한 신학적인 부분은 각 지역교회에 맡겨둠으로써 통합의 걸림돌이 되지 않게 했다. 이것은 교리적인 문제에 있어서도 총회가 지역교회에 대해 어떤 권위 행사도 할 수 없다는 원칙에 입각한 일이었다.[10)]

미국 침례교회 최초의 전국 단위의 조직이었던 '삼년총회'(Triennial Convention)가 세워졌을 때 그들의 모임 방식은 각 지역교회가 회원이 되는 '총회방식'(convention method)을 취하지 않았다.[11)] 선교총회였던 그 모임은 선교를 위하여 자발적으로 참여한 각 신자들을 회원으로 구성하는 '협회방식'(society method)의 단체였다. 이러한 방식을 취한 배경에는 특히 그 총회를 주도적으로 이끌었던 북쪽 침례교인들이 '총회방식'의 모임방식은 자칫 지역교회 독립성을 훼손할 수 있다고 염려했기 때문이었다.[12)]

북침례교회의 교단 이름의 변천 과정을 보면 총회가 하나의 '보편 교회'라는 개념으로부터 탈피하기 위한 노력의 흔적이 보인다. 우선, 1845년에 남침례교(Southern Baptists)가 삼년총회로부터 분리하여 나온 뒤, 북침례교의 입장에서는 그것이 교단 분열이라는 인식이 별로 없었다. 그들의 관점에서는 삼년총회가 교단적 연합체로서 총회가 아니라 선교를 위한 자발적 모임에 불과했다. 그들로서는 삼년총회가 분열되었다고 말할 만한 교회 연합체가 아니었기 때문이며, 단지 남쪽의 침례교인들이 선교를 위한 협력 사역에 더 이상 동참하지 않는다는 정도로 이해했다.[13)] 이후

---

10) H. Leon. McBeth, *The Baptist Heritage: Four Centuries of Baptist Witness* (Nashville, TN: Broadman Press, 1987), 306-7.

11) 삼년총회의 원래 명칭은 "해외선교를 위한 미국 침례교단의 선교총회"(The General Missionary Convention of the Baptist Denomination in the United States for Foreign Missions)이다.

12) McBeth, *Baptist Heritage*, 347, 358.

13) Ibid., 392.

에 북침례교는 삼년총회의 명칭을 '미국침례교선교연합'(American Baptist Missionary Union)으로 바꾸었다. 20세기에 들어와서 북침례교는 협회방식의 모임방식에 한계를 느끼고 총회방식을 채택함으로써 교단 명칭을 '북침례교총회'(Northern Baptist Convention, 1908년)로 바꾸었다. 이 이름은 나중에 지역성을 탈피한다는 의미에서 '미국침례교총회'(American Baptist Convention, 1950년)로 바뀌었다가, 총회라는 이름이 지역교회의 상위 기관이라는 어감을 줄 수 있다는 이유 때문에 '미국침례교 교회협의회'(American Baptist Churches, 1972년)로 교체되었다. 총회와 지역교회 간의 관계가 상하 개념이 아니라는 것을 표명하려는 그들의 고심이 돋보인다.

남침례교단은 분열 이후 그들이 선호했던 '총회방식'을 채택하고 지금까지 그 방식을 유지하고 있지만, 지역교회 자치주의를 강조해오기는 마찬가지였다. 특히 19세기 중반에 있었던 남침례교단 내에 있었던 '지계석운동'(Landmark Movement)은, 그 운동의 과도한 주장들에도 불구하고, 교단 총회로부터 지역교회의 철저한 독립성을 주장함으로써 교단 내에서 지속적으로 지역교회 중심주의를 강조하는데 정서적으로 영향을 주었다.[14]

미국 침례교회의 지역교회 중심주의는 그 초기 때부터 내려온 것이었다. 최초의 신앙고백서인 "필라델피아신앙고백서"(Philadelphia Confession of Faith, 1742년)와 "뉴햄프셔신앙고백서"(New Hampshire Confession, 1833년)를 필두로 하여 미국 침례교회의 문헌에는 '보편적 교회'(church universal) 개념이 중요하게 논의된 경우는 거의 없었다.[15] 물론 이 표현

---

14) '지계석운동'이 지역교회 중심주의를 강조하긴 했지만 그 주창자들이 침례교회만이 유일한 참 교회라고 주장하고, 하나님나라(Kingdom of God)를 침례교회의 집합체와 동일시함으로써 오히려 그들이 배제하려고 했던 '보편교회'의 개념을 강화시키는 모순을 보여주기도 했다. 그러나 대부부의 남침례교단의 교회들은 이러한 극단적인 '침례교회주의'에 동조하지 않았기 때문에 이 운동이 동 교단에 영향을 끼친 것은 여전히 지역교회 중심주의였다고 봐야 할 것이다.

15) E. Jeffrey Mask, *At Liberty under God* (New York: University Press of America, 1997), 99.

을 사용하면서 세계에 있는 모든 신자들의 집합체를 설명하려고 한 사람들이 있지만, 실제적이고 구체적인 교회의 삶과 관련하여 논의되는 경우는 없었다. 오히려 그러한 표현이 자칫 지역교회 자치주의 원칙을 훼손할 수 있다는 염려 때문에 아예 그러한 표현을 의도적으로 사용하지 않는 경우들이 많았다. 20세기의 대표적인 남침례교 신학자들 가운데 B. H. 캐롤(Carroll)은 교회와 관련하여 어떤 경우에도 '보편적'이라는 말을 사용하지 않았고, W. T. 카너(Conner)는 "신약성서에서 발견되는 교회는 오직 지역교회"라고 강조했다.[16)]

16) Ibid., 100-1.

제10장

침례교회와 선교

1. 교회와 선교

"침례교회 신앙과 교훈"의 제12항 "전도와 선교"에서는 "모든 나라들 가운데 제자 삼는 일에 노력을 기울이는 것은 그리스도를 따르는 모든 사람들과 모든 주 예수 그리스도의 교회들의 의무이자 특권"이라는 말로 시작한다.[1] 이러한 선교에 대한 명확한 표현은 복음서와 사도행전에 나오는 그리스도의 직접적인 명령에 근거하고 있다. 마태복음 28장 19-20절, "그러므로 너희는 가서 모든 민족을 제자로 삼아 아버지와 아들과 성령의 이름으로 침례를 베풀고 내가 너희에게 분부한 모든 것을 가르쳐 지키게 하라"는 말씀과 누가복음 24장 46-48절, "그리스도가 고난을 받고 제 삼 일에 죽은 자 가운데서 살아날 것과 또 그의 이름으로 죄 사함을 받게 하는 회개가 예루살렘에서 시작하여 모든 족속에게 전파될 것이 기록되었으니 너희는 이 모든 일의 증인이라"는 말씀은 그리스도의 복음이 단순히 유대인들만을 위한 것이 아니라 세상 모든 사람들을 위한 것임을 선포하고, 동시에 그리스도의 제자들은 그 일을 위한 복음의

1) Herschel Hobbs, *The Baptist Faith and Message*, 2nd ed. (Nashville, TN: Convention Press, 1996), 94.

증인이 되어야 할 것을 명령한다. 마가복음 16장 20절은 그리스도의 명령에 따라 "제자들이 나가 두루 전파할새 주께서 함께 역사하사 그 따르는 표적으로 말씀을 확실히 증언"했음을 기록한다.

누가의 사도행전은 마가복음 16장 20절이 제자들의 복음 증거 사역을 간략하게 한 줄로 표현한 것을 구체적으로 펼쳐놓은 역사이다. 물론 누가가 듣고, 목격하고, 경험한 일을 중심으로 선별적으로 구성된 선교의 역사이긴 하지만 그 나름대로 복음이 예루살렘에서 땅 끝까지 전파된 일을 증언하려고 했음이 분명하다. 그러한 점에서 사도행전 1장 8절에 묘사된 그리스도의 명령은 사도행전 전체의 주제가 되는 말씀이다: "오직 성령이 너희에게 임하시면 너희가 권능을 받고 예루살렘과 온 유대와 사마리아와 땅 끝까지 이르러 내 증인이 되리라 하시니라." 누가는 그리스도의 이 말씀에 따라 그리스도의 제자들이 어떻게 복음을 예루살렘에서 시작하여 "온 유대와 사마리아"를 거쳐 이방 지역 곳곳으로 전했는지 보여주려고 했다.

전체 기독교 역사를 통틀어서 교회가 그리스도의 선교 명령을 부인하거나 거부한 경우는 없었다고 말해도 될 것이다. 그러나 역사의 과거로 돌아가서 냉정한 평가를 한다면, 물론 지엽적이고 개인적인 선교 사례들을 예외로 해야겠지만, 근대 선교운동이 일어나기 이전에 기독교인들이 진정한 의미에서 선교를 한 것은 대략 첫 3세기 동안이었다. 1세기에 그리스도의 사도들이 로마제국의 상황에서 복음을 전하기 시작한 이후로, 테르툴리아누스(Tertullianus)가 "순교자의 피가 흘려진 곳에서 교회가 세워졌다"는 증언을 자신 있게 할 수 있었을 정도로, 기독교인들은 온갖 어려움과 고초를 극복하면서 그들의 시대적 사명을 감당했다. 기독교인들에 대해서 덜 호의적이었던 역사가 에드워드 기번(Edward Gibbon)은 로마제국의 압제 하에서도 기독교가 꾸준하게 성장할 수 있었던 여러 이유 중 하나를 기독교인들의 열정이라고 꼽았다. 그 열정 가운데 하나는 바로 선교의 열정이라고 말할 수밖에 없다.

가장 초기의 기독교인들은 복음을 듣고 받아들인 이후에는 그들의 삶 가운데서 곧 바로 복음 전파자가 되었다.[2] 그리스도를 주로 고백한 자들이 곧 바로 전도자가 되는 것은 당연하고도 자연스러운 일이었다. 허셀 홉스(Hobbs)는 마태복음 28장 7절에 주목한다. 예수 그리스도의 부활을 알리는 천사가 무덤을 찾은 여인들에게 빈 무덤을 확인시킨 다음 부활의 소식을 전한 뒤에 "또 빨리 가서 그의 제자들에게 이르되 그가 죽은 자 가운데서 살아나셨고 너희보다 먼저 갈릴리로 가시나니 거기서 너희가 뵈오리라 하라 보라 내가 너희에게 일렀느니라 하거늘"이라고 말했다. 홉스는 여기서 "보라 내가 너희에게 일렀느니라"(lo, I have told you)는 말이 의미하는 바가 이제는 '너희들'의 차례라는 것을 암시한다고 해석한다. 천사가 하나님의 말씀을 전하는 일은 거기까지라는 것이다. 이제부터는 그의 말을 전해들은 여인들이 주님의 부활 소식을 전해야 한다는 것이다. 이후로 주님의 부활 소식을 전하는 일은 그것을 들은 사람들이 또 다른 사람들에게 전해야 할 일이 되었다는 것이다.[3]

2. 국가교회와 선교

4장에서 교회가 국가교회 체제로 전환되면서 일어난 여러 가지 변화들 가운데 선교의 변화에 대해 간단하게 언급했다. 아마 이 변화는 여러 다른 변화들 가운데 가장 명확한 변화 중 하나일 것이다. 4세기 초를 기점으로 기독교 선교 개념은 확연하게 바뀌었다. 교회가 급격하게 국가교회 체제로 바뀌기 시작했던 시점부터 선교는 자기희생적 헌신을 통하여 개인들의 회심을 일구어 내는 방식에서 세상의 편리하고 효율

2) 초기 기독교인들은 회심을 체험한 직후 곧 자신이 복음 증거의 사명을 가졌다는 인식을 자연스럽게 가졌다.

3) Hobbs, *The Baptist Faith and Message*, 94.

적인 수단들을 통하여 집단적인 회심을 이끌어내는 방식으로 이루어지기 시작했다.

우선 기독교가 로마 황제의 종교가 되면서 교회에 많은 사회적 혜택이 주어졌고, 기독교인이 되는 것이 사회적으로 유리해졌기 때문에 수많은 사람들이 교회로 유입되기 시작했다. 그들의 회심이 진지하게 검증되지 않은 상태에서 교회는 '교인들'로 범람하기 시작했다. 이러한 자발적 '대량 유입'(wholesale entrance) 사태는 '교회됨'과 '교인됨'의 기준을 심대하게 저하시켰다. 이러한 상황이 전개되는 가운데 선교는 이전 시대와는 전혀 다른 방향으로 가기 시작했고, 그 개념과 방식 자체에 근본적인 변화가 생기지 않을 수 없었다.

기독교 황제는 처음에는 그의 신민들에게 기독교인이 될 것을 권유했지만 나중에는 강요하기 시작했다. 380년에 "테살로니카 칙령"을 통해 제국이 기독교를 제국의 유일한 합법적 종교로 선언하면서 이제 로마제국의 권역 안에서 선교는 무의미해졌다. 모든 제국의 신민들이 적어도 형식적으로는 모두 기독교인들이 되었기 때문이다. 제국은 정치권력을 통하여 '한방에' 기독교 국가가 되었고, 교회는 이제 선교보다는 교회의 조직화와 관리에 집중하기 시작했다. 공식적 신학과 교리를 만들고, 제국의 행정구획에 따라 지역교회를 '교구체제화'하기 시작했다. 교회는 이제 '유목민'의 삶보다는 '정착민'의 삶을 추구하게 되었다. 이에 따라 교회의 삶의 방식에는 근본적인 변화가 일어났다. 제국 내에서 교회는 새로운 신자들을 얻어야 할 일보다는 기존 신자들을 관리하는 일에 관심을 집중했다. '신자들'과 그들의 신앙을 관리하는 방식은 결국 로마제국이 취해왔던 강요와 통제의 방식에서 크게 벗어나지 못했다. 교직의 계급화와 신조주의 강화는 교회가 일사불란하게 일원적 체제화 하는 과정에서 일어날 수밖에 없는 자연스러운 현상이었다.

많은 교회사가들은 4세기 초 이후 진정한 의미의 선교는 없어졌다는 말에 동의하지 않을 것이다. 그들은 실제로 중세교회가, 특히 서방교회가, 어떻게 확장되었는지 기술하면서 그것을 선교의 역사에 포함시키고 있기 때문이다. 물론 선교를 어떻게 정의할 것인가의 문제가 있긴 하지만, 여기서는 첫 3세기의 선교를 진정한 의미에서 선교라고 정의한다. 그것이 국가교회 체제 이전의 신자들의 교회의 선교라고 보기 때문이다.

중세 서방교회의 확장 역사를 보면, 그것이 첫 3세기의 교회 확장 역사와는 확연히 다르다는 것을 알 수 있다. 4세기 초 이후 기독교가 로마제국이라는 든든한 배경을 가지게 되면서 교회는 서서히 '버릇이 잘못 들기'(spoiled) 시작했다. 세속권력의 보호와 아낌없는 지원에 익숙해지면서 그것을 '현상'(*status quo*)으로 여기기 시작했고, 더 나아가 그 상황을 유지하려고 했고, 없을 때는 추구하려고 했다. 게르만족들의 침입으로 5세기의 혼란 상황이 서로마제국의 멸망으로 귀결된 이후 과도기를 거치면서 서방교회는 서서히 각 지역의 새로운 정치권력들을 현실로 받아들이기 시작했다. 그리고 각 지역을 정복한 게르만족들의 족장들이나 군주들의 기독교 개종 사건이 연이어지면서 교회는 그들과 새로운 정치적, 종교적 관계를 형성하기 시작했다. 프랑크 왕국을 설립한 클로비스(Clovis) 왕의 개종(496년), 이베리아 반도를 차지하고 있었던 서고트족의 레카레드(Reccared) 왕의 개종(587년), 그리고 영국을 지배하고 있었던 앵글로색슨족의 에셀버트(Ethelbert) 왕의 개종(600년경) 등이 그 대표적인 예이다.

서로마제국 멸망 이후 교회는 한동안 왕들의 개종에 그 선교의 일을 의존했다. 왕들의 개종은 과거에 콘스탄티누스 황제의 개종의 경우와 같이 왕의 통치영역에서 집단적인 개종으로 이어졌다. 그 결과 서로마제국의 멸망에도 불구하고 교회의 지경은 줄어들지 않았고, 각 지역에서 정치권력의 후원에 힘입어 더 확장되고 강화되었다. 8-9세기에 이르러 서방교회는 프랑크 왕국의 왕조가 교체되는 과정에 적극적으로 개입함으로써, 그리고 마침내 프랑크 왕 샤를마뉴(Charlemagne)에게 황제의 칭호를 부여함으로써, 중세적 신성로마제국의 비전을 성취했다. 이를 계기로 새 황제는 로마제국의 명예로운 계승자가 되었고, 교회는 새 제국과 새로운 '콘스탄티누스적 공생관계'에 들어갔다. 이 새로운 기독교 황제는 중동부 유럽의 지역들을 널리 정복하고 그 정복지에 기독교를 공식 종교로 표방함으로써 기독교의 지경을 넓혔다. 이제 기독교의 선교가 기독교 황제의 군사적 정복에 의해서 이루어졌음을 확인하게 된다.[4]

국가교회 체제에서 중세교회의 선교는 대체로 왕들의 개종과 정복에 의해 이루어졌다. 순수한 선교의 사역들이 곳곳에서 샘물처럼 흘러나왔다고 할 수 있겠지만, 정치적으로 이루어진 집단 개종의 홍수에 잠식되어 그 의미는 퇴색하고 말았다. 이러한 전통은 근대에 이르기까지 가톨릭교회의 선교적 방식이 되었다. 16세기 이후 새로 발견된 지역(중남미 지역)에서 가톨릭 선교는 식민주의(colonialism)라는 새로운 형태의 정치적 지배에 의해 주도될 수밖에 없었다.

16세기 개신교 종교개혁 운동 이후의 개신교 상황도 그렇게 다르지 않았다. 제4장에서 살펴본 바대로 루터 종교개혁의 실질적 결과는 루터교를 지지하는 독일의 제후들이 통치하는 영역에서 국가교회 체제로 완성되었다. 16세기에 루터교 선교는 제후들의 루터교 개종에 의한 것이었다. 물론 그러한 제후들의 개종 이면에 정치적 계산이 없었다고 말하는 것은 순진한 생각이다. "그 지역의 종교는 그 지역의 군주의 종교로 한다"(*cuius regio eius religio*)는 합의에 따라 그 지역에서 군주들의 교회에 대한 지배는 더 용이하게 되었음은 명약관화한 일이었다. 덴마크와 스칸디나비아 국가들이 루터교를 받아들인 것도 그 지역의 왕들의 결

4) 프랑크왕국의 샤를마뉴(Charlemagne)의 정복군이 피정복지의 백성들을 집단 개종시키는 과정에서 그들을 강제로 강물 속으로 들어가게 하여 침례를 준 사건은 유명하다. Justo L. Gonzalez, The Story of Christianity, vol. 1: The Early Church to the Dawn of the Reformation (SanFrancisco: HarperCollins Publisher, 1984), 267.

정이었다.

루터의 신학적 개혁의 근본이라고 할 수 있는 '이신칭의' 개념은 국가교회 체제에서는 퇴색될 수밖에 없다. 개인의 신앙을 근거로 한 구원의 신학은 국가교회 체제의 집단적 신앙고백의 현실과 논리적으로 어색할 수밖에 없다. '이신칭의' 개념은 각 개인을 전도하고 회심시키는 방식의 선교와 맞는 신학이다. 국가교회 체제에서의 강요된 신앙과 하나님의 은혜에 의한 개인적인 진지한 믿음과 회심이 논리적으로 만날 수 있는 지점은 없다고 봐야 할 것이다. 이것은 신학적 깨달음이 올바른 교회 체제와 선교 방식 안에서 이해되지 못할 때 그 의미를 상실할 수 있음을 보여주는 예이다. 국가교회 체제에서 '오직 믿음,' '오직 은혜'라는 구호는 진공관 속에서 외쳐진 소리에 불과하다. 신학적 옳음도 그에 걸맞은 체제를 가지지 못하면 '신학적 화석'으로 전락할 수밖에 없다.

츠빙글리의 취리히 개혁과 칼뱅의 제네바 개혁 역시 국가교회 체제 내에서의 변화였기 때문에 그 진행 방식과 결과 모두 정치적 프로세스였음은 루터교의 상황과 대동소이한 일이었다. 이후 국제적으로 가장 성공한 개혁으로서 개혁교 전통은 유럽의 곳곳에서 뿌리를 내렸지만, 그 지역의 정치적 주체들의 용인이 없이 그렇게 된 경우는 없었다. 이후에 개신교 세력과 가톨릭 세력은 각각 지역을 차지하거나 빼앗기는 과정에서 엄청난 폭력을 휘두르게 되었다. 그들에게 선교는 여전히 땅 차지의 개념에서 벗어나지 못했기 때문에 그들이 의지할 수밖에 없는 것은 정치권력의 힘이었다.

3. 신자들의 교회와 선교

3장에서 신자들의 교회는 그리스도의 부름을 받고 세상과 구별된 사람들의 모임이지만 동시에 세상으로 보냄을 받은 사명 공동체라고 했다.

"세상에 속하지 말라"는 그리스도의 준엄한 요구는 세상과의 구별을 강조한 것이지만, 그것은 분리를 위한 구별이 아니라 다시 세상으로 보냄을 받기 위한 구별임을 분명히 시사한다. 그리스도의 '세상으로부터' 부름과 '세상으로' 보냄이라는 명령은 교회의 역동적 존재양식이다. 그러므로 신자들의 교회는 본질적으로 선교하는 교회이다. 선교는 교회의 존재 양식이다. 선교의 노력을 다하는 삶은 그리스도의 가르침을 통해 반복적으로 명확하게 표현된 명령에 근거하고 있지만 동시에 중생한 삶의 "영적 필요"라고 말하는 것은 그것이 곧 믿는 자들의 존재 양식이기 때문이다.[5)]

"침례교 신앙과 교훈"은 침례교회를 신약성서 교회로 정의하면서 그러한 교회는 "그의 가르침에 헌신되어, 그의 말씀에 의해 그들에게 맡겨진 은사들, 권리들, 특권들을 행사하고, 복음을 땅 끝까지 퍼뜨리기를 노력한다"고 표명한다. 교회를 믿는 자들의 모임이라는 정의에서 끝나지 않고 그리스도께서 그의 제자들에게 분부한 사명을 교회가 기본적으로 해야 할 일이라는 것을 명시하고 있다.

국가교회는 그 자체가 국가체제 내에서 그 힘을 바탕으로 유지하고 확장되는 교회이기 때문에 역사적으로 교회선교 역시 정치적 수단과 힘을 통해서 할 수밖에 없었다. 그 체제 안에서는 왕의 개종에 이은 집단개종, 그리고 정치적, 군사적 정복을 통한 교회 지경의 확대라는 방식이 모두 정당화되었다. 신자들의 교회는 국가체제를 기반으로 하지 않기 때문에 교회를 규정하는 내적 요인과 동력으로 존립하게 된다. 그들의 선교 역시 교회의 내적 본질과 정체성의 발현(manifestation)으로 이루어질 수밖에 없다. 각 사람에게 그리스도를 증거하는 방식이 그것이다. 16세기와 17세기에 각각 신자들의 교회 전통이 시작되었을 때 그들의 선교

5) Hobbs, *The Baptist Faith and Message*, 94.

는 4세기 초 이전의 방식으로 이루어졌다. 교회는 그들의 선교 노력의 결과로 얻은 새로운 회심자들의 모임으로 세워졌다. 그들의 존재 양식이 그대로 그들의 존재 방식이 되었다. 신자들의 교회라는 존재 양식은 곧 선교라는 존재 방식으로 발현된 것이었다.

그들의 존재 방식으로서 시작한 선교운동은 곧 개신교 근대 선교운동의 신호탄이 되었다. 여기에 침례교회 선교사 윌리엄 캐리(William Carey)가 등장했다. 그의 새로운 성경 읽기와 이해, 그리고 그 말씀에 대한 헌신은 결과적으로 개신교의 선교지평을 열었다. 그는 당시에 많은 침례교회 목회자들을 포함한 사역자들이 마태복음 28장 19절의 그리스도의 '대위임'(Great Commission)이 1세기의 제자들에게만 주어진 것으로 이해했던 것과는 달리, 그 위임이 오늘날 교인들에게도 유효한 것임을 확신했다. 그는 1792년에 「이교도들의 회심을 위한 방법을 강구해야 할 기독교인들의 의무에 관한 탐구」(*An Enquiry into the Obligations of Christians to use Means for the Conversion of the Heathens*)를 출판하고, 같은 해에 특수침례교회 목회자들의 연례회에서 행한 설교 "하나님으로부터 위대한 일을 기대하라; 하나님을 위해 위대한 일을 시도하라"(Expect Great Things from God; Attempt Great Things for God)를 통해 침례교회 목회자들을 자극하여, '침례교선교회'(Baptist Missionary Society)를 결성하는 데에 산파 역할을 했다. 그는 이 선교회의 최초 선교사로 인도에 파송되어 평생을 그곳에서 선교했으며, 그곳에서 뼈를 묻었다.

윌리엄 캐리의 인도 선교는 결과적으로 작게는 근대 침례교회 선교운동을, 크게는 근대 개신교 선교운동을, 여는 선구적인 일이 되었다. 영국과 미국의 다양한 개신교단들은 캐리의 선교에 자극을 받기 시작했고 그들의 교단 내에 선교회를 조직하기 시작했다. 캐리의 선교는, 간접적이지만 매우 극적(劇的)인 방법으로, 미국 침례교의 전국적 교단 총회가 설립되는 계기를 마련해 주었다. 미국 회중교회(Congregational Church)가 설립한 윌리엄스대학(Williams College)에서 공부하고 있었던 일단의 젊은 이들은 캐리의 선교 소식에 자극을 받으면서 그들의 정기적 기도모임에서 해외선교에 헌신하게 되었고, 그들의 요청과 자극은 그들이 속한 교단으로 하여금 미국 땅에 세워진 최초의 해외선교회인 "미국 해외선교위원회"(The American Board of Commissioners for Foreign Missions)를 설립하게 만들었다. 이 선교회는 첫 선교사로서 새뮤얼 밀스(Samuel Mills) 부부, 아도니람 저드슨(Adoniram Judson) 부부, 그리고 루터 라이스(Luther Rice)를 임명했다. 그들 가운데 저드슨 부부와 라이스는 각각 인도로 가는 배 안에서 신약성서를 검토한 끝에 침례교회의 신앙을 받아들이기로 결정했다. 그들은 도착 즉시 윌리엄 캐리의 동역자 윌리엄 워드(William Ward)에게서 침례를 받았다. 그 중에 라이스는 미국의 침례교회들로부터 선교 후원을 조성하기 위해 곧 바로 미국으로 돌아가서 전국을 다니며 침례교회들을 설득하여 여러 선교 후원회를 조직하기에 이르렀다. 일은 여기서 멈추지 않았고 전국에 흩어져 있는 17개의 선교회를 하나로 묶어서 전국 단위의 해외선교회를 설립되기에 이르렀다. 이것이 곧 1814년에 세워진 "해외선교를 위한 미국 침례교단의 선교총회"(The General Missionary Convention of the Baptist Denomination in the United States for Foreign Missions)였다. 이 선교총회가 세워질 당시는 오직 해외선교만을 위한 조직이었고 삼년마다 한 번씩 전체 모임을 연다고 해서 "삼년총회"(Triennial Convention)로 불렸다. 바로 이 전국적 기구가 1845년에 분열하면서 오늘날의 북침례교(American Baptist Churches)와 남침례교(Southern Baptist)라는 교단들의 모체가 되었다.

미국 침례교회의 전국적 단위의 총회는 해외선교라는 시대적 사명에 따라 선교협력 기구를 만드는 과정에서 설립되었음을 볼 때, 그들에게 있어서 선교는 총회라는 기구의 정체성과 밀접한 관련을 가진다. 그 설립과정을 미루어 보면 그들에게 있어서 총회는 그 자체로 존재해야 할 본질적 이유를 가지고 있지 않았다. 그것은 선교의 당위성 때문에 선택적으로 설립된 기구였다는 것이다. 그들에게 본질적인 것은 선교라는 교회 사역이었다. 각 지역교회들이 감당하던 교회의 사역으로서 선교가 이제는 지역교회들의 연합적 사역으로 이해되었고, 그것을 위해 선택적인 조직을 만들게 된 것이다. 즉, 시대의 요청에 따라 한 교회가 감당하기 힘든 광범위한 해외선교사역이 교회 간의 협력을 바탕으로 하는 공동사역으로 확장됨에 따라, 그 필요에 부응하는, 연합 기구로서 총회가 형성된 것이다. 미국 침례교의 최초의 전국 총회가 '선교총회'였음은 바로 이런 점을 잘 시사한다. 맥베스가 미국 침례교회사를 기술하면서 19세기 전반기(1800-1845년)를 두고 "선교를 위한 연합"(United for Mission)이라는 제목을 붙인 것은 매우 적절하다.

나가는 말

한국 침례교회의 역사는 이제 100년을 훌쩍 넘겼다. 그들은 이제 그들의 미성숙에 대해 일천한 역사 탓을 할 때는 지났다. 그들은 이제 그들의 역사적 특성들을 어떻게 이해하고, 체화하고, 실천해야 하는지, 그리고 더 나아가 이러한 침례교회의 유산들을 어떻게 다른 기독교 공동체들과 나누고 공유할 지에 대해 고민해야 할 때가 되었다. 그들은 가장 먼저 그들의 역사와 유산을 되돌아보며 그들이 어떤 교회인지를 명확하게 이해해야 한다. 그들이 여러 교회전통들 가운데 왜 침례교회 전통에 있는지, 그것이 의미하는 바가 무엇인지 알아야 한다. 침례교회에 속하는 일이 다른 교회에 속하는 일과 같지 않다면, 침례교인들은 그 차이가 무엇인지, 그들의 공동체적 삶의 방식이 어떻게 다른지, 잘 인식하고 드러낼 수 있어야 한다.

돌이켜보면, 첫 침례교인들은 그들이 침례교회를 세우기까지 끊임없이 진화하면서 이전 전통으로부터 분리해서 나온 사람들이었다. 16세기 종교개혁 전까지 대부분의 유럽인들은 중세 로마가톨릭교회에 속해 있었다. 그 중 영국인들은 16세기 종교개혁 시대를 거치면서 원했든 원하지 않았든 영국국교회에 속하지 않을 수 없게 되었다. 그 영국국교회 가운데서 청교도들은 그 체제 안에서 영국교회를 좀 더 개신교적 모습으로 개혁하려고 했던 사람들이었다. 그들 청교도들 가운데 더 이상 그 일이 가능하지 않다고 판단한 일부가 영국국교회로부터 분리하여 나온 사람들이 영국 분리주의자들이었고, 그들은 따로 그들의 교회를 세우기 시작했다. 침례교인들은 17세기 전반부에 두 차례에 걸쳐 그러한 분리주의자들 가운데서 또 다시 분리하여 나온 사람들이었다. 17세기에 침례교인들은 그들의 이상, 즉 신약성서 교회를 재발견할 때까지 그들이 원래 있었던 위치에서 가장 멀리까지 간 사람들이었다.

이전 전통에서 나와서 새로운 전통으로 들어가게 된 사람들의 정체성은 새로운 전통과 이전 전통의 차이점에서 발견될 수밖에 없다. 영국국교회가 중세 가톨릭교회와 다르지 않다면 영국국교회의 분리는 정치적 요식 행위에 불과한 일이었을 것이다. 다른 점이 있었다면 후자는 반드시 그들의 삶을 통하여 그 다른 점을 드러낼 수 있어야 했을 것이다. 영국 분리주의자들 또한 청교도들을 포함하여 그 시대의 영국국교회와 다른 점이 없었다면, 그들의 분리는 아무런 의미 없는 일이 되었을 것이다. 17세기의 상황에서 침례교인들은 그들이 바로 직전에 속해 있었던 분리주의자들과 근본적인 차이가 있었고, 그들은 그 차이 때문에 더 이상 분리주의 전통에 머물러 있을 수 없었다. 그들 간의 근본적인 차이는 교회론에 있었다. 16세기에도 그랬지만 17세기 영국에서도 신자들의 교회를 세우는 일은 그 시대의 다른 교회들과 확연하게 다른 방향으로 가는 일이었다.

한국의 침례교회는 그들의 역사적 뿌리와 정체성에 충실하기 위하여 그들이 침례교회로서 오늘날 다른 교회들과 여전히 다를 수밖에 없는 것들이 무엇인지 잘 인식하고 그것들을 그들의 삶을 통하여 분명히 표현할 수 있어야 한다. 그들의 이어온 신앙과 삶의 유산이 성서적 진리에 비추어 여전히 옳은 것이라고 확신한다면 그것을 지켜나가는 일에 최대의 관심을 가져야 한다. 그것이 그들이 하나의 교회로서 존재하는 이유이기 때문이다. 이 말은 전통주의(traditionalism)에 빠지라는 말이 아니다. 침례교회가 전통주의에 빠지는 것 그 자체가 그들의 정체성과 맞지 않는 일이다.

침례교회가 전통주의에 빠지지 않기 위해서는 역사적으로 취해왔던 주장들이나 입장들이 모두 성서적이라는 착각에 빠져서는 안 된다. 그들도 그들의 역사 가운데 문화적, 정치사회적 통념에서 비롯된 입장들을 취해왔다. 예를 든다면, 가장 대표적인 것은 평화의 문제이다. 앞에서도 언급되었지만, 대체로 침례교인들은 역사적으로 정당전쟁의 입장을 취해왔다. 그렇다고 해서 그것이 침례교회의 본질적인 입장이라고 할 수 없다. 침례교회 내에 항상 칼뱅주의자들과 아르미니우스주의자들이 공존해왔듯이 정당전쟁론자들과 평화론자들이 공존해왔다. 물론 정확한 통계적 비율은 확인된 바 없지만, 침례교인들은 대체로 정당전쟁론자들이었음은 부인할 수 없다. 그렇지만 그랬기 때문에 침례교인들은 무조건 정당전쟁론을 고수해야 한다는 것은 잘못된 것이다. 과거에 그랬기 때문에 현재도 그래야 한다는 것은 그야말로 '전통주의'(traditionalism)의 발상이다. 과거에 그랬더라도 그것이 성서에 비추어 잘못된 것이라면 청산해야 하고 새로운 성서적 대안을 찾아야 한다. 18세기 말에서 19세기 초에 특수침례교회의 칼뱅주의자들이 그들의 시대적 사명을 앞에 두고 새로운 성경읽기를 하면서 고착화된 '고등칼뱅주의'(Hyper-Calvinism)의 늪에서 나와서 성서를 근거로 선교의 당위성을 주장하게 된 사실과 그 결과 근대 개신교 선교운동의 선구자적 위치를 점하게 된 사실을 기억할 필요가 있다.

성서주의(biblicism)는 침례교인들이 전통에 얽매이지 않게 해 주었고, 또 앞으로도 그렇게 해 줄 중요한 유산이다. 그들이 진정한 침례교인들이기 위해서는 침례교회의 역사와 전통 가운데서 취해왔던 입장들을 항상 새로운 성서 읽음과 새로운 성서 이해를 통하여 끊임없이 반성하고 수정해나가야 한다. 이것은 모든 것을 무조건 바꿔야 한다고 말하는 것이 아니다. 예를 들어 신자침례는 과거에도 성경에 비추어 성서적이라고 생각했고, 오늘날도 성서에 비추어 성서적이라고 생각하기 때문에 그것을 계속 계승하고 있는 것이다. 그러나 과거에 성서에 비추어 성서적이라고 생각한 것이 오늘날 새로운 성서 읽음과 이해를 통하여 그렇지 않다고 생각한다면 수정되고 교정되어야 한다. 이렇게 할 때 전통주의의 올무에 빠지지 않게 된다.

전통주의에 빠지지 않기 위해서는 먼저 새로운 성서 읽음과 이해를 멈추지 말아야 한다. 과거에 읽고 이해한 것들은 결코 성서 그 자체는 아니다. 그것은 성서의 해석일 따름이다. 제2장에서도 언급되었지만, 성서는 기독교 신앙의 '텍스트'이고 신앙과 관련된 모든 것의 출발점이면서 동시에 불변의 기준이며, 그렇기 때문에 늘 돌아가야 할 귀착점이다. 그에 비해 성서의 해석은 늘 시대적이고, 문화적이고, 가변적인 것이다. (여기서 성서 해석이 가변적이라는 말은 태도의 문제이다. 과거의 모든 해석이 바뀌어야 한다는 것은 아니다.) 그렇기 때문에 '성서로 돌아가야 한다'는 명제는 늘 옳다. 결국 새로운 성서 읽음과 이해의 작업은 성서로 돌아가는 행위이다. 그것은 현재의 성서해석에 머물지 않고 새로운 시대에 성령의 인도에 따라 더 보편적인 해석으로 나아가는 일이다. 전통주의에 빠지지 않기 위해서는 다양한 성서 이해에 귀를 기울이고, 그러한 다양한 해석들이 서로 소통할 수 있는 교회 문화를 창출해야 한다. 여기에 인내와 용납의 정신(엡4:2)이 필요하다.

침례교회는 또한 '교단주의'(denominationalism)에 빠지지 말아야 한다. 교단과 그 교단의 정체성은 중요한 것이지만 어떤 경우에도 교단주의의 덫에 빠지는 것은 늘 경계해야 할 일이다. 교단주의에 빠지는 일은 교회를 제도화시키는 또 하나의 길이 될 수 있기 때문이다. 각 교단이 그들의 역사 가운데 신학적, 교리적 정체성을 형성해 나가는 일과 그들이 견지해야 한다고 생각하는 중요한 특성들을 지키고 이어가는 일은 바람직한 일이지만, 그것을 절대화하고, 획일화하고, 고착화하는 것은 잘못된 일로서 바람직하지 않다. 교단주의는 그 교단을 정체시키고 강압적 정신과 구조를 만들어내고, 더 나아가서는 교단을 권위체제화하게 된다. 그렇게 되면 교인들 혹은 교회들 간에 인내와 관용을 전제로 하는 대화와 소통은 막히고, 결국 의사전달 방식은 일방적인 하향식이 될 것이다.

교단주의에 빠지지 않기 위해서는 첫째 교단의 신학과 교리를 절대화해서는 안 된다. 한 교단의 신학적, 교리적 전통은 그들이 그들의 역사 가운데 수렴해온 '최선의 것이라고 생각해온 것' 혹은 '진리에 대한 최선의 근사치라고 생각해온 것'이지 '최선' 혹은 '진리'가 아니다. 그들은 여전히 진리를 향해서 가는 도상에 있다고 생각해야 한다. 교회 혹은 교단은 이 지상에서 그리스도 안에서 성령의 인도하심으로 계속해서 진리를 추구하는 과정에 있는 존재이지 거기에 이미 도달한 존재가 아니다.

둘째, 교단 내의 교회들과 기관들(총회와 지방회를 포함하여)이 서로 상호적인 수평관계를 유지하는 일이다. 교단 내의 관계들이 수직화 되는 순간 그 교단은 재빨리 권위체계화되고 상위에 있는 교회 혹은 기관이 권위행사를 하게 되면서 상위에서 결정한 사항들이 일방적으로 하위에 전달된다. 이것은 곧 위에서 결정한 것들을 자연스럽게 아래에 강요하는 방식을 취하게 만든다. 이렇게 되지 않기 위해서는 교단 내의 모든 구성체들이 서로 상호적이고 수평적인 관계를 잘 유지해야 한다. 이러한 관계가 균등과 조화를 이루어낼 수 있는 공동체적 정신을 고취시킬 수 있다.

에베소서 4장 1-4절: "너희가 부르심을 받은 일에 합당하게 행하여 모든 겸손과 온유로 하고 오래 참음으로 사랑 가운데서 서로 용납하고 평안의 매는 줄로 성령이 하나 되게 하신 것을 힘써 지키라 몸이 하나요 성령도 한 분이시니 이와 같이 너희가 부르심의 한 소망 안에서 부르심을 받았느니라." 하나님의 사역을 하는 데 있어서 여기에 어떤 형태의 수직적 관계나 권위적 관계도 찾기 힘들다. 그리스도의 부르심에 따라 합당하게 행하는 일을 위해 필요하다고 여기는 것들은 겸손, 온유, 오래 참음, 사랑, 용납, 평안 등의 말로 표현되었다.

에베소서 5장 21절, "그리스도를 경외함으로 피차 복종하라," 이하에서 사도 바울은 상호복종(mutual submission)의 개념을 설파하고 있다. 그리스도 안에서 어떤 관계이든지, 즉 아내와 남편, 자녀와 부모, 종과 상전 관계들–그 당시 사회에서 가장 왜곡된 관계들로서 전형적인 권위와 굴종의 관계들–을 들어서 "피차 복종"을 강조하고 있다. 교단 내에서 제기된 새로운 운동이나 방식들에 대해 교단의 전통에서 벗어난다고 해서 무조건 배격하고 배제해서는 안 된다. 새로운 문제의식에 대해 시간이 걸리더라도 교인들 간에, 교회들 간에, 더 나아가 지방회들 간에 가능한 채널을 통하여 대화하고 함께 고민하는 과정이 필요하다. 한 지역 교회 내에서도 그렇지만 교회들 간에도 그러한 대화를 통한 공감대 형성을 할 수 있는 방식들이 준비되어 있어야 한다. 이러한 대화 채널을 활용하고 좋은 결과들을 끌어내기 위해서는 그 일을 원활하게 할 수 있는 기술(skill)과 경험의 축적이 필요할 것이다.

침례교회의 운명은 과거나 현재도 그랬지만 미래에도 역시 교인들에게 달려있다. 아무리 교회가 크고 뛰어난 목회자의 리더십이 있다고 해서 바람직한 침례교회가 되는 것은 아니다. 침례교회가 진정한 의미에서 침례교회가 되는 것은 진정한 신앙고백과 헌신으로 교회로 들어온 진지한 교인들에 달려 있다. 그들이 교회의 주체가 되고 침례교회의 역사적 특성들에 충실한 사역의 중심에 있다면, 교회의 크기에 관계없이, 그들의 교회는 참된 신약성서 교회를 구현해 나가게 될 것이다. 그렇게 될 때 진정한 의미에서 좋은 침례교회가 될 것이다.

참고자료

단행본

김용국. 「미국침례교회사」. 대전: 침례신학대학교출판부, 2014.

김용복. 「침례교신학: 침례교인의 신앙과 신학 유산」,개정판. 대전: 침례신학대학교출판부, 2009.

김승진. 「침례교회와 역사: 침례교회사의 주요 논제들」, 수정증보판. 대전: 침례신학대학출판부, 2009.

성결교회와 역사연구소편. 「유아세례 다시보기」. 안양: 도서출판 바울서신, 2004.

침례교신학연구소편. 「기독교 영성: 더 넓고 깊게」. 대전: 침례신학대학교출판부, 2011.

침례신학대학교출판부편. 「침례교회 정체성: 역사, 신학, 실천」. 대전: 침례신학대학교출판부, 2014.

________. 「다문화시대에 다시 보는 한국침례교회」. 대전: 침례신학대학교출판부, 2009.

________. 「문화를 알면 교육이 보인다」. 대전: 침례신학대학교출판부, 2003.

________. 「침례교회예전: 침례와 주의 만찬」. 대전: 침례신학대학교출판부, 2008.

________. 「한국침례교와 신앙의 특성」. 대전: 침례신학대학교출판부, 2000.

________. 「한국침례교의 신학적 특성」. 대전: 침례신학대학교출판부, 2003.

________. 「한국침례교의 실천적 특성」. 대전: 침례신학대학교출판부, 2001.

허긴. 「한국침례교회사」. 대전: 침례신학대학교출판부, 1999.

허긴 박사 은퇴기념논문집 발간위원회편. 「한국침례교회와 역사: 회고와 성찰」. 대전: 침례신학대학교출판부, 2010.

Basden, Paul A. ed., *Has Our Theology Changed?* Nashville, TN: Broadman & Holman Publishers, 1994.

Beasley-Murray, G. R. *Baptism in the New Testament*. William B. Eerdman Publishing Company, 1962.

______. *Baptism Today and Tomorrow*. New York: St. Martin's Press, 1966.

Brackney, William H. *The Baptists*. Westport, CT: Praeger Publishers, 1994.

______. ed. *Baptist Life and Thought: 1600-1980, A Source Book*. Valley Forge, PA: Judson Press, 1983.

Brand, Chad Owen and R. Stanton Norman, eds. *Perspectives on Church Government: Five Views of Church Polity*. Nashville, TN: B&H Academic, 2004.

Callen, Barry L. 「급진적 기독교」. 배덕만 역. 대전: 대장간, 2010.

Coggins, James R. *John Smyth's Congregation: English Separatism, Mennonite Influence, and the Elect Nation*. Waterloo, Ontario: Herald Press, 1991.

Cullmann, Oscar. *Baptism in the New Testament*. Translated by J. K. S. Reid. Studies in Biblical Theology. London: SCM Press, 1950.

Dawson, Joseph Martin. *America's Way in Church, State, and Society*. New York: Macmillan Company, 1953.

Deweese, Charles W., ed. 「21세기 속의 1세기 신앙: 침례교 신앙 정의하기」. 김승진 역. 대전: 침례신학대학교출판부, 2005.

______. Freedom: The Key to the Baptist Genius. The Baptist Heritage Library. Brentwood, TN: Baptist History and Heritage Society, 2006.

______. *An Introduction to Baptists*, 2nd ed. The Baptist Heritage Library. Atlanta, GA: Baptist History and Heritage Society, 2008.

Duesing, Jason G., Thomas White, and Malcolm B. Yarnell, III, eds. *Upon This Rock: The Baptist Understanding of the Church*. Nashville, TN: B&H Academic, 2010.

Durnbaugh, Donald F. The Believers' Church: *The History and Character of Radical Protestantism*. New York: Macmillan Company, 1968.

Ehler, Sidney Z. & John B. Morrall, eds. *Church and State through the Centuries: A Collection of Historic Documents*. Translated by Sidney Ehler and John Morrall. Cheshire, CT: Biblo-Moser, 1988.

Estep, william R. 「왜 침례교인인가?: 침례교인의 신앙과 역사적 유산」. 김승진 역. 서울: 요단, 2014.

______. *The Anabaptist Story: An Introduction to Sixteenth-Century Anabaptism*, 3rd ed. Grand Rapids, MI: William B. Eerdmans Publishing Company, 1996.

______. *Renaissance and Reformation*. Grand Rapids, MI: William B. Eerdmans Publishing Company, 1986.

______. *Revolution within the Revolution: The First Amendment in Historical Context, 1612-1789*. Foreword by Bill Moyers. Grand Rapids, MI: William B. Eerdmans Publishing Company, 1990.

______. *Why Baptists?: A Study of Baptist Faith and Heritage*. The Baptist Distinctives Committee of the Baptist General Convention of Texas, 1997.

Ehler, Sidney Z. and John B. Morrall, eds. *Church and State through the Centuries: A Collection of Historic Documents*. Translated and edited by Sidney Ehler and John Morrall. (publication info)

Evans, B. *The Early English Baptists*. 2 Vols. London: J. Heaton and Son, 1862.

Fenwick, Malcolm C. *The Church of Christ in Corea: A Pioneer Missionary's Own Story*. A Reprint of the 1911 Edition Published by George H. Doran Company, New York. Seoul: Baptist Publications, 1967.

Garrett, James Leo, Jr. *Baptist Church Discipline*, 2nd ed. Paris: Baptist Standard Bearer, 2004.

Garrett, James Leo, Jr., ed. *We Baptists*. Study and Research Division, Baptist World Alliance. Franklin, TN: Providence House Publishers, 1999.

George, Timothy and David Dockery, eds. 「침례교신학자들」, 상·하권. 침례교신학연구소 펴냄. 대전: 침례신학대학교출판부, 2008, 2010.

Gonzalez, Justo L. *The Story of Christianity, vol. 1: The Early Church to the Dawn of the Reformation*. SanFrancisco: HarperCollins Publisher, 1984.

________. 「기독교 사상사」, 1권. 이형기, 차종순 역. 서울: 한국장로교출판사, 1998.

Greer, E. Eugene, Jr., ed. *Baptists: History, Distinctives, Relationships*. Dallas, TX: Church Services Division of Baptist General Convention of Texas, 1996.

Hammett, John S. *Biblical Foundations for Baptist Churches: A Contemporary Ecclesiology*. Grand Rapids, MI: Kregel Publications, 2005.

Hauerwas, Stanley, N. Murphy, and M. Nation, eds. *Theology without Foundations: Religious Practice and the Future of Theological Truth*. Nashville: Abingdon Press, 1994.

Hauerwas, Stanley and William H. Willimon. *Resident Alien: Life in the Christian Colony*. Nashville: Abingdon Press, 1989.

Helwys, Thomas. *The Mystery of Iniquity*. Oxford: Bodleian Library; reprinted London: Kingsgate Press, 1935.

Hinson, E. Glenn. *Who Interprets the Bible for Baptists?* The Baptist Heritage Library. Brentwood, TN: Baptist History and Heritage Society, 2003.

Hobbs, Herschel H. 「침례교 신앙과 메시지: 미 남침례교단의 신앙고백 해설서」. 김용민, 임형모 역. 대전: 엘도론, 2011.

______. *The Baptist Faith and Message*, 2nd ed. Nashville, TN: Convention Press, 1996.

Hobbs, Herschel H. and Edgar Y. Mullins. 「기독교신앙의 6대 공리: 침례교의 신학적 유산」. 김용복 역. 대전: 침례신학대학교출판부, 2005.

Humphreys, Fisher. *Baptist Theology: A Really Short Version*. The Baptist Heritage Library. Brentwood, TN: Baptist History and Heritage Society, 2007.

Humphreys, Fisher and Paul E. Robertson. *God So Loved the World: Traditional Baptists and Calvinism*. New Orleans: Insight Press, 2000.

Jeschke, Marlin. *Believers Baptism for Children of the Church*. Scottdale, PA: Herald Press, 1983.

Koelpin, Arnold J., ed. *No Other Gospel: Essays in Commemoration of the 400th Anniversary of the Formula of Concord, 1580-1980*. Milwaukee: Northwestern Publishing House, 1980.

Lumpkin, William L. 「침례교 신앙고백서」. 김용복 외 2인 역. 침례교신학연구소 펴냄. 대전: 침례신학대학교출판부, 2008.

______. *A History of Immersion*. Nashville, TN: Broadman Press, 1962.

Maring, Norman H. and Winthrop S. Hudson. *A Baptist Manual of Polity and Practice*, 2nd. Valley Forge, PA: Judson Press, 1991.

Mask, E. Jeffrey. *At Liberty under God*. New York: University Press of America, 1997.

McBeth, H. Leon. 「침례교회의 역사와 유산」. 김용국, 남병두, 장수한 역. 대전: 침례신학대학교출판부, 2014.

McBeth, H. Leon. *The Baptist Heritage: Four Centuries of Baptist Witness*. Nashville, TN: Broadman Press, 1987.

Murray, John. *Christian Baptism*. Phillipsburg, NJ: Presbyterian and Reformed Publishing Company, 1980.

McClendon, James William, Jr. *Ethics: Systematic Theology*, vol. 1. Nashville: Abingdon Press, 1986.

______. *Doctrine: Systematic Theology*, vol. 2. Nashville: Abingdon Press, 1994.

McGrath, Alister. 「그들은 어떻게 이단이 되었는가」. 홍병룡 역. 서울: 포이에마, 2011.

Mullins, E. Y. *Baptist Beliefs*. Valley Forge, PA: Judson Press, 1912.

Mullins, E. Y. and Herschel Hobbs. 「기독교 신앙의 6대 공리」. 김용복 역. 대전: 침례신학대학교출판부, 2005.

Murry, John. *Christian Baptism*. Phillipsburg, NJ: Presbyterian and Reformed Publishing Company, 1980.

Newman, A. H. *A History of Antipedobaptism: From the Rise of Pedobaptism to A. D. 1609*. Philadelphia: American Baptist Publication Society, 1897.

Norman, R. Stanton. *The Baptist Way: Distinctives of a Baptist Church*. Nashville, TN: Broadman & Holman Publishers, 2005.

O'Brien, William R. *Challenges Confronting Baptist Missions*. The Baptist Heritage Library. Brentwood, TN: Baptist History and Heritage Society, 2003.

Patterson, W. Morgan. *Baptist Successionism: A Critical View*. n.p., 1979.

Pinson, William M., Jr. *Issues Testing Baptist Polity*. The Baptist Heritage Library. Atlanta, GA: Baptist History and Heritage Society, 2003.

Root, Michael and Risto Saarinen, eds. *Baptism and the Unity of the Church*. Grand Rapids, MI: William B. Eerdmans Publishing Company, 1998.

Schaff, Philip, ed. Ante-Nicene Fathers, 8 vols. Grand Rapids, MI: William B. Eerdmans Publishing Company, 2001.

______, ed. *Creeds of Christendom, with a History and Critical Notes*, vol. 1, *The History of Creed*, 6th ed. Harper and Brothers, 1877.

______, ed. *Nicene and Post-Nicene Fathers*, First and Second Series. A Select Library of the Christian Church. Peabody, MA: Hendrickson Publisher, 1994.

Shelley, Bruce L. 「현대인을 위한 교회사」. 박희석 역. 고양: 크리스찬다이제스트, 1993.

Shurden, Walter B. 「침례교회의 정체성: 신앙 안에서 지켜야 할 네 가지 자유들」. 김태식 옮김. 서울: 서로사랑, 1999.

Smyth, John. *The Works of John Smyth.* 2 vols. Edited by. W. T. Whitley. Cambridge University Press, 1915.

Stoffer, Dale R., ed. *The Lord's Supper: Believers Church Perspective.* Scottdale, PA: Herald Press, 1997.

Stookey, Laurence Hull. *Baptism: Christ's Act in the Church.* Nashville, TN: Abingdon Press, 1982.

Sullivan, James L. *Baptist Polity As I See It.* Nashville, TN: Broadman Press, 1983.

Tie, Peter L. *Restore Unity, Recover Identity, Refine Orthopraxy: The Believers' Priesthood of Ecclesiology of James Leo Garrett, Jr.* Eugene, OR: WIPF & STOCK, 2012.

Torbet, Robert G. *A History of the Baptists*, 3rd ed. Valley Forge: Judson Press, 1963.

Underwood, A. C. *A History of the English Baptists.* London: Carey Kingsgate Press, 1947.

Vedder, Henry C. *A Short History of the Baptists.* Philadelphia: American Baptist Historical Society, 1907.

Walker, J. Brent. *Religious Liberty and Church-State Separation.* The Baptist Heritage Library. Brentwood, TN: Baptist History and Heritage Society, 2003.

White, B. R. *The English Baptists of the Seventeenth Century.* A History of the English Baptists, vol. 1. Edited by B. R. White. London: Baptist Historical Society, 1983.

Walker, Williston and Others. 「기독교회사」. 송인설 역. 고양: 크리스챤다이제스트, 1993.

Yoder, John H. *Body Politics: Five Practices of the Christian Community Before the Watching World*. Scottdale, PA: Herald Press, 2002.

______. *The Christian Witness to the State*. Scottdale, PA: Herald Press, 2002; originally published by Faith and Life Press, 1964.

______. *The Priestly Kingdom: Social Ethics As Gospel*. Notre Dame, IN: University of Notre Dame Press, 1984.

2. 정기간행물

김용국. "17세기 영국 일반침례교 아르미니우스주의의 형성과 발전에 관한 연구." 「복음과 실천」, 44 (2009년 가을): 95-124.

남병두. "16세기 종교개혁의 사상적 원천에 관한 연구." 「복음과 실천」, 52 (2013년 가을): 217-42.

남병두. "루터의 뱁티즘 신학." 「역사신학논총」, 5 (2003년 6월): 273-93.

______. "Balthasar Hubmaier의 검(the Sword)에 대한 이해." 「복음과 실천」, 38 (2006년 가을): 66-95.

______. "Balthasar Hubmaier의 주의 만찬에 관한 이해." 「복음과 실천」, 40 (2007년 가을): 125-54.

______. "James McClendon의 'baptist vision': 침례교 신학의 한 방법론으로서의 가능성." 「복음과 실천」, 32 (2003년 가을): 129.

______. "Marsilius of Padua의 정치사상과 그 교회사적 의의." 「복음과 실천」, 54 (2014년 가을호): 161-91.

______. "Petr Chelčický: 그의 시대와 사상." 「복음과 실천」, 48 (2011년 가을호): 213-40

______. "Roger Williams의 박해에 대한 이해." 「한국교회사학회지」, 22 (2008): 57-91.

________. "침례교 기원에 관한 소고." 「복음과 실천」, 44 (2009년 가을): 125-56.

_______. "침례교회사에 나타난 정교분리: 영미 침례교를 중심으로." 「복음과 실천」, 42 (2008년 가을호): 195-224.

배국원. "반기초주의와 신학." 「복음과 실천」, 28 (2001 가을): 31-64.

Belyea, Gordon L. "Origins of the Particular Baptists," *Themelios* 32 (May 2007): 40-67.

Bender, Harold Stauffer. "John Smyth and the Dutch Mennonites: A Communication." *Mennonite Quarterly Review* 4 (October 1930): 306-7.

______. "The Anabaptist Vision." *Church History* 13 (1944): 3-24.

Coggins, James R. "The Theological Positions of John Smyth." *The Baptist Quarterly* 30 (April 1984): 247-64.

Estep, William R. "On the Origins of English Baptists." *Baptist History and Heritage* 22 (April 1987): 19-26.

Guastad, Edwin. "Church and State Re-examined: A Baptist View." *Journal of Church and State* 4 (May 1962): 76-82.

______. "Roger Williams and the Principle of Separation," *Foundations* 1 (1958): 55-64.

______. "Roger Williams: Beyond Puritanism," *Baptist History and Heritage* 24 (October 1989): 11-19.

Hertzler, James R. "English Baptists Interpret Continental Mennonites in the Nineteenth Century." *Mennonite Quarterly Review* 54 (January 1980): 42-52.

Hudson, Winthrop S. "Who Were the Baptists?" *The Baptist Quarterly* 16 (July 1956): 303-12.

Kliever, Lonnie D. "General Baptist Origins: The Question of Anabaptist Influence." *Mennonite Quarterly Review* 36 (October 1962): 291-321.

Leonard, Bill J. *An Introduction to Baptist Principles*. The Baptist Heritage Library. Brentwood, TN: Baptist History and Society, 2005.

Manley, Kenneth Ross. "Origins of the Baptists: the Case for Development from Puritanism-Separatism." *Baptist History and Heritage* 22 (October 1987): 34-46.

McBeth, H. Leon. "Baptist Beginnings." *Baptist History and Heritage* 15 (October 1980): 36-41, 65.

Macoskey, Robert A. "The Contemporary Relevance of Balthasar Hubmaier's Concept of the Church," *Foundations* 6 (1963): 99.

McClendon, James William, Jr. "Baptism as a Performative Sign." *Theology Today* 23 (October 1966): 403-16.

______. "The Concept of Authority: A Baptist View." *Perspectives in Religious Studies* 16 (Summer 1989): 101-7.

Payne, Ernest A. "Contacts Between Mennonites and Baptists." *Foundations* 4 (January 1961): 39-55.

______. "Who Were the Baptists?" *The Baptist Quarterly* 16 (October 1956): 339-42.

Rainbow, Jonathan H. "Confessor Baptism: The Baptismal Doctrine of the Early Anabaptists." *American Baptist Quarterly* 8 (December 1989): 276-90.

Richardson, Wyman Lewis. "The Rule of Christ and Congregational Polity: A Unique Challenge and Opportunity," *Southwestern Journal of Theology* 47 (Fall 2004): 45-53.

Saito, Goki. "An Investigation into the Relationship between the Early English General Baptists and the Dutch Anabaptists." *Mennonite Quarterly Review* 54 (January 1980): 67-8.

Sellers, Ian. "Edwardians, Anabaptists and the Problem of Baptist Origins." *The Baptist Quarterly* 29 (July 1981): 97-112.

Sprunger, Keith L. "English Puritans and Anabaptists in Early Seventeenth-century Amsterdam." *Mennonite Quarterly Review* 46 (April 1972): 113-28.

Stassen, Glen H. "Anabaptist Influence in the Origin of the Particular Baptists." *Mennonite Quarterly Review* 36 (October 1962): 322-48.

______. "Opening Menno Simons's Foundation-Book and Finding the Father of Baptist Origins Alongside the Mother--Calvinist Congregationalism." *Baptist History and Heritage* 33 (Spring 1998): 34-44.

______. "Revisioning Baptist Identity by Naming Our Origin and Character Rightly." *Baptist History and Heritage* 33 (Spring 1998): 45-54.

Ward, Roy B. "Ekklesia: A Word Study." *Restoration Quarterly* 2 (1958): 164-79.

Whittock, Martyn J. "Baptist Roots: The Use of Models in Tracing Baptist Origin." *The Evangelical Quarterly* 57 (1985): 317-26.

Renihan, James M. "An Examination of the Possible Influence of Menno Simons' Foundation Book upon the Particular Baptist Confession of 1644." *American Baptist Quarterly* 15 (September 1996): 190-207.

Shurden, Walter B. "The Authority of a Baptist Association." *Baptist History and Heritage* 40 (Winter 2005): 6-7.

______. "Baptists and Biblical Religion." *Baptist History and Heritage* 42 (Summer-Fall 2007): 6-7.

______. "Baptists and the Hard Part of the Bible." *Baptist History and Heritage* 42 (Spring 2007): 6-7.

______. "The Baptist Identity and The Baptist Manifesto." *Perspectives in Religious Studies* 25 (Winter 1998): 321-40

______. "The Historical Background of Baptist Associations. *Review and Expositor* 77 (Spring 1980): 161-75.

______. "Ill News from Twenty-first Century America." *Baptist History and Heritage* 39 (Spring 2004): 6-7.

______. "John E Steely...On Being Baptist," *Perspectives in Religious Studies* 20 (Winter 1993): 430-446.

Shurden, Walter B. and Lori Redwine Varnadoe. "The Origins of the Southern Baptist Convention: A Historiographical Study." *Baptist History and Heritage* 37 (Winter 2002): 71-96.

Smucker, Donovan. "The Theological Triumph of the Early Anabaptist-Mennonites." *The Mennonite Quarterly Review* 19 (October 1945): 5-26.

Stassen, Glen H. "Anabaptist Influence in the Origin of the Particular Baptists." *Mennonite Quarterly Review*, vol. 36 (October 1962): 322-48.

______. "Opening Menno Simons's Foundation-Book and Finding the Father of Baptist Origins Alongside the Mother--Calvinist Congregationalism." *Baptist History and Heritage*, vol. 33 (Spring 1998): 34-44.

______. "Revisioning Baptist Identity by Naming Our Origin and Character Rightly." *Baptist History and Heritage*, vol. 33 (Spring 1998): 45-54.

Steinmetz, David C. "John Calvin and the Jews: A Problem in Political Theology." *Political Theology* 10 (July 2009): 391-409.

Vose, Heather M. "Our Baptist Heritage: Christian Citizenship and Church/State Relations." In *Faith, Life, and Witness: The Papers of the Study and Research Division of the Baptist World Alliance, 1986-1990*, ed. William H. Brackney with Ruby J. Burke, 193-203. Birmingham, AL: Samford University Press, 1990.

Whittock, Martyn J. "Baptist Roots: The Use of Models in Tracing Baptist Origin." *The Evangelical Quarterly*, vol. 57 (1985): 317-26.

Yarbrough, Slayden A. "The English Separatist Influence on the Baptist Tradition of Church-State Issues." *Baptist History and Heritage* 20 (July 1985): 14-23.

Yoder, John Howard. "The Turning Point in the Zwinglian Reformation." *The Mennonite Quarterly Review* 32 (April 1958): 128-40.

______. "The Evolution of the Zwinglian Reformation" *The Mennonite Quarterly Review* 43 (January 1969): 95-122.

미출판 자료

Garrett, James Leo, Jr. "Advocates of Religious Toleration and Freedom," Day-Higginbotham Lectures delivered at Southwestern Baptist Theological Seminary, Fort Worth. Waco, TX: Baylor University Book Store, 1978.

Nam, Samuel Byungdoo. "A Comparative Study of the Baptismal Understanding of Augustine, Luther, Zwingli, and Hubmaier." Ph.D. diss. Southwestern Baptist Theological Seminary, 2002.

인터넷 자료

Busher, Lepnard. Religions Peace or a Plea for Liberty of Conscience. http://quod.lib.umich.edu/e/eebo/A17345.0001.001?rgn=main;view=fulltext. 2015년 1월 11일 접속.

Gordon, Alexander. "Taylor, Dan." *Dictionary of National Biography, 1885-1900.* Vol. 55. Smith, Elder & Company, 1898. http://en.wikisource.org/wiki/Taylor,_Dan_(DNB00). 2015년 1월 15일 접속.

"The Mystery of the Church," *Lumen Gentium*, Documents of II Vatican Council, http://www.vatican.va/archive/hist_councils/ii_vatican_council/documents/vat-ii_const_19641121_lumen-gentium_en.html. 2014년 12월 접속.

Reagan, David. "Thank the Baptists for Freedom of Religion." http://www.learnthebible.org/thank-the-baptists-for-freedom-of-religion.html. 2014년 12월 27일 접속.

Shurden, Walter B. "Thomas Helwys, A Short Declaration of the Mystery of Iniquity." http://centerforbaptiststudies.org/resources/iniquity.htm. 2014년 12월 26일 접속.

The Lord's Teaching Through the Twelve Apostles 혹은 *The Didache.* Roberts-Donalson English Translation. http://www.earlychristianwritings.

com/text/ didache-roberts.html. 2015년 1월 15일 접속.

Whitley, W. T. "Leonard Busher, Dutchman." http://www.biblicalstudies.org.uk/pdf/tbhs/01-2_107.pdf. 2015년 1월 10일 접속.

"또 무리에게 이르시되 아무든지 나를 따라오려거든
자기를 부인하고 날마다 제 십자가를 지고 나를 따를 것이니라"
(누가복음 9장 23절)

침례교회 특성 되돌아보기
- 신약성서적 교회회복을 위하여 -

지 은 이　남병두
발 행 인　배국원
초판발행　2015년 5월 14일
등록번호　출판 제6호(1979. 9. 22)
발 행 처　침례신학대학교 출판부(하기서원)
주　　소　대전광역시 유성구 북유성대로 190(305-358)
전　　화　(042)828-3255, 3257/E-mail:public@kbtus.ac.kr
팩　　스　(042)828-3256　홈페이지 http://www.kbtus.ac.kr

값 14,000원

ISBN 978-89-93630-65-7 93230